Direito **Ponto a Ponto**

CB142586

Direito Civil - Lei de Introdução ao Código Civil, Parte Geral e Direito das Coisas
Luís Paulo Cotrim Guimarães

Direito Civil - Família
José Luiz Gavião de Almeida

Direito Civil - Contratos
Maria Ligia Mathias
Maria Helena Daneluzzi

Direito Imobiliário
Washington Carlos de Almeida

Direito Notarial e Registral
Juliana de Oliveira Xavier Ribeiro

Direito Processual Civil - Execução
Márcia Conceição Alves Dinamarco
Fabio Montanini Ferrari

Direito Processual Civil - Processo Cautelar
Nelton Agnaldo Moraes dos Santos

Direito Processual Civil - Procedimentos Especiais
Alexandre David Malfatti

Direito de Empresa
Armando Luiz Rovai

Direito Constitucional
Tomos I e II
Luis Carlos Hiroki Muta

Direito Eleitoral
Ricardo Cunha Chimenti

Direito Administrativo - Tomos I e II
Márcia Walquiria Batista dos Santos
João Eduardo Lopes Queiroz

Direito da Seguridade Social - Direito Previdenciário, Infortunística, Assistência Social e Saúde
Jediael Galvão Miranda

Direito do Trabalho
Rodrigo Garcia Schwarz

Direito Processual do Trabalho - Processo de Conhecimento e Tutelas de Urgência (antecipada e cautelar) - Tomo I
Thereza C. Nahas

Direito Processual do Trabalho - Execução e Procedimentos Especiais - Tomo II
Yone Frediani

Direito Penal - Parte Geral
Christiano Jorge Santos

Direito Processual Penal
Tomos I e II
Gustavo Henrique Badaró

Direito Econômico
Fabiano Del Masso

Direito Tributário
Guilherme de Carvalho Jr.

Direito Internacional
Friedmann Wendpap
Rosane Kolotelo

Direito Ambiental
Márcia Dieguez Leuzinger e Sandra Cureau

Ética
Viviane Séllos Gondim

PRÓXIMOS LANÇAMENTOS:

Direito Civil
Obrigações

Direito Civil
Responsabilidade Civil

Direito Civil
Sucessões

Direito Processual Civil
Processo de Conhecimento

Direito do Consumidor

Direito Constitucional
Tomo III

Direito Penal
Parte Especial

Legislação Penal Especial

Filosofia do Direito

História do Direito

Direito Administrativo

Tomo I

CÓPIA NÃO AUTORIZADA É CRIME
ABDR
ASSOCIAÇÃO BRASILEIRA DE DIREITOS REPROGRÁFICOS
RESPEITE O DIREITO AUTORAL

Preencha a **ficha de cadastro** no final deste livro
e receba gratuitamente informações
sobre os lançamentos e as promoções da
Editora Campus/Elsevier.

Consulte também nosso catálogo
completo e últimos lançamentos em
www.campus.com.br

Márcia Walquiria Batista dos Santos
João Eduardo Lopes Queiroz

Direito Administrativo

Tomo I

Fechamento desta edição: 15 de março de 2008

ELSEVIER

CAMPUS
JURÍDICO

© 2008, Elsevier Editora Ltda.

Todos os direitos reservados e protegidos pela Lei nº 9.610, de 19/02/1998.
Nenhuma parte deste livro, sem autorização prévia por escrito da editora, poderá ser reproduzida ou transmitida, sejam quais forem os meios empregados: eletrônicos, mecânicos, fotográficos, gravação ou quaisquer outros.

Projeto Gráfico
Interface Designers

Copidesque
Maria da Glória Silva de Carvalho

Revisão Gráfica
Irênio Silveira Chaves

Editoração Eletrônica
SBNIGRI Artes e Textos Ltda.

Coordenação Acadêmica
Thereza Nahas e Márcia Conceição Alves Dinamarco

Projeto Gráfico
Elsevier Editora Ltda.
A Qualidade da Informação
Rua Sete de Setembro, 111 — 16º andar
20050-006 — Rio de Janeiro — RJ — Brasil
Telefone: (21) 3970-9300 Fax: (21) 2507-1991
E-mail: info@elsevier.com.br
Escritório São Paulo
Rua Quintana, 753 – 8º andar
04569-011 – Brooklin – São Paulo – SP
Telefone: (11) 5105-8555

ISBN: 978-85-352-2397-2

Muito zelo e técnica foram empregados na edição desta obra. No entanto, podem ocorrer erros de digitação, impressão ou dúvida conceitual. Em qualquer das hipóteses, solicitamos a comunicação à nossa Central de Atendimento, para que possamos esclarecer ou encaminhar a questão.
Nem a editora nem o autor assumem qualquer responsabilidade por eventuais danos ou perdas a pessoas ou bens, originados do uso desta publicação.

Central de Atendimento
Tel.: 0800-265340
Rua Sete de Setembro, 111, 16º andar – Centro – Rio de Janeiro
E-mail: info@elsevier.com.br
Site: www.campus.com.br

CIP-Brasil. Catalogação-na-fonte.
Sindicato Nacional dos Editores de Livros, RJ

S233d
v.1

Santos, Márcia Walquiria Batista dos, 1961-
Direito administrativo, tomo I / Márcia Walquiria Batista dos Santos, João Eduardo Lopes Queiroz. – Rio de Janeiro : Elsevier, 2008.
328 p. – (Direito ponto a ponto)

Inclui bibliografia
ISBN 978-85-352-2397-2

1. Direito administrativo – Brasil. I. Queiroz, João Eduardo Lopes. II. Título. III. Série.

08-1080. CDU: 342.9(81)

"Sou dos que continuam a acreditar nas virtudes da iniciativa particular e na necessidade da existência da livre empresa e de um mercado competitivo. Onde essas instituições desaparecem, cai-se na Administração Pública, com mais ou menos autonomias e democracias de base, mas sempre tendendo para a burocracia, para a irresponsabilidade, para a estagnação e, o que é mais grave, para a sujeição de todas as pessoas a um sistema de centros de decisão ligados rigidamente entre si que tolhe a liberdade nos seus mais íntimos aspectos e tira do homem a alegria de viver."

Marcello Caetano

Márcia Walquiria Batista dos Santos

Para Arthur, que com seu sorriso maravilhoso, inteligência e graciosidade sempre me inspira e me faz acreditar que a relação de mãe-filho deve ser conquistada diariamente, como um ato de criação que nunca termina e é levado para a eternidade.

João Eduardo Lopes Queiroz

Presto aqui uma singela homenagem ao jurista, professor e amigo, Marcos Juruena Vilela Souto, que sempre me dispensou palavras de carinho e apoio em todos os projetos pelos quais tenho me empenhado. Pessoa na qual eu me inspiro todos os dias para que possa não me transformar apenas num jurista ou num grande professor, mas me tornar cada dia mais humano em minhas posturas na vida.

Dedico ainda essa obra a três homens notáveis: Lázaro José de Queiroz, Ricardo Garcia e Denizart Faiad, seres de extrema grandeza tanto no coração como na vida. Se Deus dissesse para optar em ser alguma pessoa, com certeza optaria por ser uma dessas três.

Márcia Walquiria Batista dos Santos

Agradeço aos meus queridos amigos que suportam minhas ausências quando estou diante de projetos como este e que, mesmo assim, continuam sendo meus amigos.

Em especial, agradeço a duas amigas que acreditaram que eu chegaria ao final desta obra e esperaram além do tempo previsto para que os originais ficassem prontos: Marisa Harms e Theresa Nahas.

Ao meu parceiro de livro, João Eduardo Lopes Queiroz, amigo de longa data, por ter aceitado o convite de dividir comigo esta tarefa de criação, demonstrando, mais uma vez, que é especialista no assunto e que se supera a cada dia que passa.

Por fim, agradeço à minha família do coração, a quem devo o suporte emocional para encarar atividades como essa, pois demonstram que estão sempre torcendo por mim.

João Eduardo Lopes Queiroz

Agradeço em primeiro lugar à Editora Elsevier pela compreensão e apoio para que concluíssemos essa obra.

Agradeço em segundo lugar à minha esposa Daniela Nascimento Andrade de Queiroz pela paciência em me acompanhar nesses últimos anos.

Agradeço também aos meus pais, Lázaro José de Queiroz e Maria Madalena Brasileiro Lopes Queiroz, e a minha irmã Janaína Lopes de Queiroz, responsáveis pela minha formação e por terem crença em todos os meus projetos de vida.

Agradeço às minhas tias Valéria Lopes, Eunice Lopes, Fátima Queiroz, Eula Brás e Graziela Lopes, e minha avó Geralda Brasileiro, todas por mim consideradas segunda mãe.

Agradeço ainda ao amigo e professor José Eduardo Martins Cardozo, por ter me ensinado o Direito Administrativo; à amiga e professora Márcia Walquíria Batista dos Santos, por sempre me impulsionar e acreditar que sou melhor do que realmente sou; ao amigo Gilson Caraçato, por me apoiar e participar de minhas iniciativas; ao professor Floriano de Azevedo Marques Neto, ícone do Direito Público moderno e de humildade, sempre atendendo aos meus pedidos; e ao professor Paulo Roberto de Almeida, exemplo de sabedoria plena e busca constante por conhecimento.

Em especial ao amigo Simão Pedro de Lima, que sempre esteve ao meu lado nos momentos mais difíceis e soube me orientar para que eu pudesse seguir o melhor caminho.

Márcia Walquiria Batista dos Santos

Formou-se em Direito, em 1983, pela Pontifícia Universidade Católica do Rio Grande do Sul (PUC-RS). Doutora em Direito Público pela Faculdade de Direito da USP. Atualmente é Procuradora chefe da consultoria jurídica da Universidade de São Paulo. Foi professora de Metodologia da Pesquisa Jurídica na Fundação Armando Álvares Penteado (Faap-SP) e dos cursos de Pós-graduação da Faculdade de Direito da Universidade Presbiteriana Mackenzie. Membro do Centro de Direito Administrativo, Ambiental e Urbanístico (Cedau). Ex-procuradora do Município de Florianópolis. É autora do livro *Licença urbanística,* e co-autora de *Temas polêmicos de licitações e contratos,* com a coordenação de Maria Sylvia Zanella Di Pietro; *Estudos sobre a Lei de Licitações e Contratos,* com a coordenação de Maria Garcia; *Licitações e contratos: roteiro prático,* com a coodernação de Marcia Walquiria; *Licitações e contratos* ; *Processo administrativo: aspectos atuais*; *Responsabilidade Fiscal*; organizadora e co-autora do livro *Curso de Direito Administrativo Econômico,* vols. I, II e III e *Direito do Agronegócio,* entre outros. É autora, ainda, de vários artigos em periódicos de Direito Público, em especial na área de licitações e contratos, direito ambiental e urbanístico.

João Eduardo Lopes Queiroz

Reitor do Centro de Ensino Superior de São Gotardo. Professor de Administração Pública e Direito Administrativo na mesma instituição. Professor na Pós-graduação do Centro de Atualização em Direito (CAD) e da Cesumar. Mestrando em Direito das Relações Internacionais pelo Uniceub. Especialista em Direito Administrativo Econômico pelo Mackenzie e Gestão de Agronegócios pela UFSCar. Autor e co-autor das obras: *Curso de Direito Administrativo Econômico,* vols. I, II e III; *Direito do Agronegócio* e *Direito Ambiental visto por nós advogados,* entre outras. Colaborador de várias revistas jurídicas brasileiras.

Apresentação

Hodiernamente, organizar uma obra que aborde todos os temas do Direito Administrativo brasileiro, sem se esquecer de um ou outro assunto, tem ficado cada vez mais difícil.

As mudanças promovidas no Estado brasileiro e também no mundo inteiro têm provocado profundas alterações no Direito Administrativo, tornando-o mais dinâmico e trazendo para o ordenamento jurídico conceitos e institutos novos ou, às vezes, não tão novos, mas que nunca foram positivados em nosso sistema jurídico.

O Estado provedor passou nos últimos anos a ser um Estado regulador, trazendo consigo institutos até então inexistentes, com posturas e instrumentos mais eficientes, sendo que o Direito Administrativo teve que acolhê-los, traçando a orientação jurídica necessária para a legitimação dessas mudanças.

Tivemos a retirada do Estado de várias atividades econômicas e lhe foram suprimidos segmentos de prestações de serviços; tudo isso em razão da privatização. A partir de meados da década de 1990, surgiram os primeiros órgãos reguladores dessas atividades e de serviços públicos privatizados, inspirados tanto nos modelos americanos de regulação, quanto nos modelos europeus, o que gerou uma maior dificuldade em institucionalizá-los. Sugiram novas perspectivas de ação administrativa, que o Direito Administrativo teve que acolher. Instrumentos e institutos como o Contrato de Gestão, Parcerias Público-Privadas, Agências Reguladoras, Consórcio Público, entre outros, mudaram a forma com que o jurista vizualizava o Direito Administrativo.

Respaldada nessas mudanças, essa obra procurou sistematizar esse Direito Administrativo dinâmico, e porque não dizer, mais flexível e aberto a inovações.

Desta forma, os autores procuraram desmistificar alguns institutos e conceitos, trazendo uma visão simples do Direito Administrativo, respaldada em uma análise profunda de seus institutos e instrumentos.

A crescente competitividade no mercado profissional e a demanda de um público cada vez mais exigente motivaram a Editora Campus/Elsevier a conceber a série *Direito Ponto a Ponto.*

O Direito, em essência, desafia para uma trajetória profissional que se inicia em um complexo curso de graduação e segue pelo exame da OAB, a advocacia, a preparação para concursos públicos e, ainda, as constantes alterações legislativas, que mudam sistemas, conceitos e procedimentos.

Os personagens do Direito precisam, portanto, absorver diariamente cada vez mais informações em um curto período de tempo. O desafio é aprender e compreender, pensar e raciocinar, crescer e amadurecer intelectualmente.

A necessidade premente de livros que atinjam o ponto de equilíbrio necessário para obter conhecimento direto sem prejuízo do aprofundamento doutrinário, da interpretação jurisprudencial, da discussão atual de assuntos polêmicos é o fundamento da série *Direito Ponto a Ponto.*

A série é escrita por autores de intensa atuação profissional e acadêmica, imbuídos do espírito de renovação e do compromisso de manter excelência do conteúdo doutrinário e aprimoramento contínuo das novas edições. Os autores são advogados, juízes, promotores, especialistas, mestres, doutores e professores, todos comprometidos com o ensino jurídico.

Pontos polêmicos e de interesses profissionais, pontos de concursos e pontos de graduação são tratados em cada um dos volumes. É o Direito *ponto a ponto* que oferecemos a nossos leitores.

Editora Campus/Elsevier

Sumário

Capítulo 1
Elementos do Direito Administrativo

1.1. O DIREITO ADMINISTRATIVO

1.1.1. Histórico e fontes

Apesar de antecedentes até no Direito Romano, com o *ius publicium*,[1] o Direito Administrativo no passado, ocupava-se naquele período das regras sobre a organização administrativa, sobre assuntos tributários, cargos públicos e a fiscalização de atividades privadas, principalmente em relação ao comércio de alimentos, tendo sido a expressão "Direito Administrativo" usada somente em 1814 na França e na Itália. Em 1819, em Paris, onde foi criada a primeira Cadeira de Direito Administrativo.

Deve ser atribuído, portanto, o surgimento do Direito Administrativo, pelo menos nos moldes atuais, à consolidação histórica do Estado de Direito. José Eduardo Martins Cardozo atribui o seu nascimento naquele período:

> a necessidade de se estruturar os órgãos que integrados ao Poder Executivo, teriam por atividade típica o exercício da função administrativa, a definição do regime jurídico diferenciado e próprio, tanto no plano das prerrogativas quanto no dos limites, que haveria de regrar o exercício dessa função (2005, p. 46).

Em relação a seu marco regulatório,

> tem-se indicado como certidão de nascimento do Direito Administrativo uma lei francesa, a qual criou os primeiros tribunais para julgamento da Administração Pública. Essa lei mais conhecida por sua referência, segundo o calendário da Revolução Francesa, como a Lei de 28 do pluvioso do ano VIII (Ferreira, 1981, p. 33).

Instante, portanto, em que se vê na França o surgimento do Direito Administrativo, e sua expansão pela Europa relacionada a outra expansão, a napoleônica.

[1] O *ius publicium* eram normas relativas à organização do Estado, das províncias e cidades.

A partir do surgimento do Direito Administrativo, principalmente na França, surge a sua mola propulsora, o Conselho de Estado, um Tribunal Administrativo empenhado em resolver "o conjunto das contestações nascidas da atividade administrativa, quando esta se exerce subordinada ao Direito Administrativo" (Rivero, 1981, p. 155).[2] Este Tribunal surge em virtude do respeito ao princípio das separações dos poderes, que pela sua interpretação literal (excluído o sistema de freios e contrapesos),[3] estaria assente no fato de:

> os poderes exercem suas funções com independência em relação aos demais. Cada um tem suas autoridades, que não devem respeito hierárquico às autoridades do outro Poder. O presidente da República é impotente para dar ordens ao juiz. O presidente do Congresso Nacional não avoca para si atribuições do Poder Legislativo (Sundfeld, 1998, p. 43).[4]

Por intermédio desse órgão de jurisdição administrativa é que se viu um maior desenvolvimento do Direito Administrativo, principalmente em relação aos seus princípios informadores e ao modelo de regime jurídico, que posteriormente se espalhou pelo mundo.

No Brasil, o Direito Administrativo surgiu como Ciência do Direito em 1855, quando se criou a cadeira Direito Administrativo na Faculdade de Direito de São Paulo, que foi regida por um dos primeiros administrativistas deste país,

---

[2] Expressão empregada por Jean Rivero. Esse autor ainda ressalta que "existem, pois, em França, duas ordens de jurisdições: a ordem judicial ordinária, que tem no topo o Tribunal de Cassação, e a ordem administrativa, sob autoridade do Conselho de Estado."

[3] Paulo Fernando Silveira, citando Jonathan Rose, explica a utilidade do Sistema de Freios e Contrapesos: "Debaixo do princípio da separação, esclarece Jonathan Rose, cada ramo do poder foi provido de independentes meios de exercer 'checks on and balance' as atividades dos outros dois, assim garantindo que nenhum ramo pudesse alguma vez exercer autoridade ditatorial sobre os trabalhos do Governo. Desse modo, os três ramos do Governo são separados e distintos um do outro. Os poderes dados a cada um são delicadamente controlados pelo poder dos outros dois. Cada ramo serve de controle sobre potenciais excessos dos outros dois" (Silveira, 1999, p. 99-100). O próprio Jonathan Rose ressaltou que: "O mais importante, estabeleceu-se o princípio de um equilíbrio de forças a ser mantido entre as três frentes de Governo – o executivo, o legislativo e o judiciário. Debaixo deste princípio, foram conferidos a cada frente os meios independentes para exercitar os freios e contrapesos um equilibrando as atividades dos outros, garantindo assim que nenhuma frente pudesse mostrar autoridade ditatorial em cima do funcionamento do Governo (tradução nossa)" (Rose, 1986).

[4] Carlos Ari Sundfeld completa sua asserção dispondo que "a cada função corresponde uma espécie de ato – de norma – estatal: a lei – função legislativa –, o ato administrativo – função administrativa – e a sentença – função jurisdicional. A lei se submete à Constituição. O ato administrativo e a sentença são inferiores à lei. A sentença pode anular (isto é, desfazer os efeitos, tirar do mundo jurídico) o ato administrativo ilegal."

o professor José Antônio Joaquim Ribas.[5] Neste período surgiram várias obras de Direito Administrativo, das quais arrolamos as mais consideráveis: Vicente Pereira do Rego, *Elementos de Direito Administrativo*, 1857; Prudêncio Giraldes Tavares da Veiga Cabral, *Direito Administrativo Brasileiro*, 1859; Visconde de Uruguai, *Ensaios sobre o Direito Administrativo*, 1862; Furtado de Mendonça, *Excerto de Direito Administrativo Pátrio*, 1865; José Rubino de Oliveira, *Epítome do Direito Administrativo Pátrio*, 1865; José Antônio Joaquim Ribas, *Direito Administrativo Brasileiro*, 1866 – entre outras.

Deste período em diante surgiram várias obras marcantes que representaram fontes doutrinárias do Direito Administrativo, podendo-se referenciar a dos professores: Themístocles Brandão Cavalcanti, *Instituição de Direito Administrativo Brasileiro*, 1936, e *Tratado de Direito Administrativo*, 1948-49; Ruy Cirne Lima, *Princípios de Direito Administrativo*, 1939; José Cretella Jr., em destaque, *Curso de Direito Administrativo*, 1962, e o *Tratado de Direito Administrativo*, 1966-72; Mário Masagão, *Curso de Direito Administrativo*, 1959; Hely Lopes Meirelles, *Direito Administrativo Brasileiro*, 1964; Oswaldo Aranha Bandeira de Mello, *Princípios de Direito Administrativo*, 1969; Diogo de Figueiredo Moreira Neto, *Curso de Direito Administrativo*, 1970-71; Caio Tácito, *Direito Administrativo*, 1975; Manoel de Oliveira Franco Sobrinho, *Curso de Direito Administrativo*, 1979; Celso Antônio Bandeira de Mello, *Elementos de Direito Administrativo*, 1980, mais tarde reeditado como *Curso de Direito Administrativo*, 1993; Diógenes Gasparini, *Direito Administrativo*, 1989; Maria Sylvia Zanella Di Pietro, *Direito Administrativo*, 1990; José dos Santos Carvalho Filho, *Manual de Direito Administrativo*, 1993; Lúcia Valle Figueiredo, *Curso de Direito Administrativo*, 1994; Odete Medauar, *Direito Administrativo Moderno*, 1996; Toshio Mukai, *Direito Administrativo Sistematizado*, 1998; Marçal Justen Filho, *Curso de Direito Administrativo*, 2005; João Eduardo Lopes Queiroz, José Eduardo Martins Cardozo e Márcia Walquiria Batista dos Santos, *Curso de Direito Administrativo Econômico*, v. I, II e III, 2006 – entre outras que também poderiam ser arroladas.

Todas essas brilhantes obras representaram um grande avanço no Direito Administrativo brasileiro. Por meio destas *fontes*, a jurisprudência absorveu os conceitos e princípios básicos para formação e sua atual consolidação, podendo ser também considerada uma das *fontes* do Direito Administrativo.

[5] Para melhor estudo do histórico do Direito Administrativo no Brasil, v. Maria Sylvia Zanella Di Pietro, "500 anos de Direito Administrativo Brasileiro", disponível em www.direitopublico.com.br.

Para se estabelecer as principais fontes do Direito Administrativo, necessário se faz dividi-las em primárias ou originárias e secundárias ou derivadas, adotando desta forma a concepção de Walter Jellinek (1929, p. 111), absorvida dentre outros por Ruy Cirne Lima (2007, p. 73). As fontes primárias são aquelas que se bastam por si só. E as derivadas são as que têm sua validade atribuída às fontes primárias.

No Direito Administrativo, são fontes primárias ou originárias:

a) as Normas Constitucionais e Infraconstitucionais, incluídas: a Constituição Federal; a Lei Complementar[6] e a Ordinária;[7] a Lei Delegada[8] prevista no art. 59, IV, da CF; a Medida Provisória; os Decretos Legislativos[9] e as Resoluções;[10]
b) Tratados e Acordos Internacionais;[11]
c) os princípios gerais do Direito.[12]

---

[6] Leis Complementares, segundo José Afonso da Silva, são aquelas "integrativas de normas constitucionais de eficácia limitada, contendo princípio institutivo ou de criação de órgãos" (Silva, 2006, p. 462) e que exigem para sua aprovação a maioria absoluta dos votos da Câmara de Deputados e Senado Federal. Assim, para aprovação de uma Lei Complementar na Câmara de Deputados, é necessário que mais da metade, ou seja, 257 deputados votem a favor da aprovação, uma vez que atualmente a Câmara tem 513 deputados federais.

[7] Leis Ordinárias são aquelas que exigem apenas maioria simples dos votos nas duas Casas Legislativas para a sua aprovação e disciplinam assuntos comuns, que a Constituição não atribuiu um regime de especialidade.

[8] Segundo José Afonso da Silva, "delegação legislativa significa a atribuição de função legislativa a quem não tem: o Poder Executivo". E a Lei Delegada "é a face passiva da delegação legislativa. A elaboração de leis delegadas não comporta atos de iniciativa, nem votação, nem sanção, nem veto, nem promulgação. Trata-se de mera edição, que se realiza pela publicação autenticada". Desta forma, não há processo legislativo, há apenas processo elaborativo (Silva, 2006, p. 460).

[9] Decretos Legislativos, na concepção de Paulo Alberto Pasqualini, "são atos destinados a regular matérias de competência exclusiva do Congresso Nacional, que tenham efeitos externos, e que independem de sanção presidencial e, por conseguinte, são insuscetíveis de veto (CF, art. 49)" (Lima, 2007, p. 80).

[10] Resoluções "são atos legislativos, também destinados a regular matérias de competência do Congresso e de suas duas Casas, mas com efeitos 'interna corporis'. Há, contudo, exceções, em que resoluções têm efeito externo, como no caso delegação legislativa ao presidente da República, para editar lei delegada e nos casos de resoluções do Senado sobre matéria financeira e tributária (CF, arts. 68, § 2º, 52, IV a X, e 155, § 2º, V)" (Lima, 2007, p. 80).

[11] Em geral, os Tratados e Acordos Internacionais são referendados através de Decretos Legislativos via Congresso Nacional, tomando forma no mundo jurídico e estabelecendo regras que deverão ser observadas pelo Direito.

[12] Servindo de critério para sua exata compreensão e inteligência exatamente por definir a lógica e a racionalidade do sistema normativo, no que lhe confere a tônica e lhe dá sentido harmônico" (Mello, 2000, p. 748).

De outro lado, são fontes derivadas ou secundárias:

a) o Regulamento;[13]

b) a Doutrina;[14]

c) a Jurisprudência;[15]

Nessa linha, pode-se dizer que os princípios do Direito Administrativo são vetores para soluções interpretativas dentro de seu campo de atuação. Longe de serem normas jurídicas, e talvez até superiores a elas, pois eles vêm do Direito Natural, os princípios têm por utilidade serem sustentáculos, subsídios, para criação de normas jurídicas. Segundo Miguel Reale, "toda forma de conhecimento filosófico ou científico implica a existência de princípios, isto é, de certos enunciados lógicos admitidos como condição ou base de validade das demais asserções que compõem dado campo do saber" (Reale, 1995, p. 299). No entendimento do citado jurista, princípios gerais de direito são "enunciações normativas de valor genérico, que condicionam e orientam a compreensão do ordenamento jurídico, quer para sua aplicação e integração, quer para a elaboração de novas normas" (*Ibidem*, p. 300). Princípios, para Odete Medauar, "constituem as bases nas quais assentam institutos e normas jurídicas" (Medauer, 1993, p. 95). É a partir dessas bases, que afinal indicam as diretrizes a adotar, que se formulam as normas jurídicas.

A melhor definição de princípios na doutrina brasileira é aquela proposta por Celso Antônio Bandeira de Mello, que preconiza que os princípios representam o "mandamento nuclear de um sistema, verdadeiros alicerces dele, disposição fundamental que se irradia sobre diferentes normas.

[13] Eduardo García de Enterría e Tomáz-Ramón Fernández admitem o Regulamento como "toda norma escrita ditada pela Administração" (Enterría; Fernandez, 1990, p. 197). Celso Antônio Bandeira de Mello, no mesmo sentido, conceitua Regulamento como "ato geral e (de regra) abstrato, de competência privativa do Chefe do Poder Executivo, expedido com a estrita finalidade de produzir as disposições operacionais uniformizadoras necessárias *à execução da lei* cuja aplicação demande atuação da Administração Pública" (Mello, 2004, p. 311). Existem atos regulamentares de primeiro plano, que surgem para o mundo jurídico na figura do *Decreto*. E atos regulamentares de segundo plano travestidos de Resoluções, Instruções, Portarias, Regimentos e quaisquer outros atos gerais emanados pelo Poder Executivo. Ressalta Celso Antônio Bandeira de Mello em relação a esses atos gerais: "É que, na pirâmide jurídica, alojam-se em nível inferior ao próprio regulamento. Enquanto este é o ato do Chefe do Poder Executivo, os demais assistem a autoridades de escalão mais baixo e, de conseguinte, investidas de poderes menores" (Mello, *ibidem*, p. 337).

[14] A doutrina é que permeia a ação daqueles que trabalham com o Direito, influenciando na elaboração legislativa, nas decisões contenciosas e não contenciosas. Também é ela que distingue as regras de Direito Público que serão aplicadas ao Direito Administrativo, e as regras de Direito Privado, aplicadas as relações civis, empresariais e trabalhistas.

[15] A jurisprudência é fonte derivada no Direito Administrativo, todavia de caráter essencial. Tanto a jurisprudência decorrente dos Tribunais Jurisdicionais como dos Tribunais Administrativos são de observância obrigatória no Direito Administrativo. É o caso, por exemplo, das Súmulas nº 346 e nº 473 do Supremo Tribunal Federal que tratam da nulidade e anulabilidade dos atos administrativos: "Súmula 346. A Administração Pública pode declarar a nulidade dos seus próprios atos" e "Súmula 473. A Administração pode anular seus próprios atos, quando eivados de vícios que os tornem ilegais, porque deles não se originam direitos, ou revogá-los, por motivo de conveniência ou oportunidade, respeitados os direitos adquiridos e ressalvada, em todos os

d) os Costumes.[16]

Feitas estas primeiras considerações, explicaremos o que é, atualmente, o Direito Administrativo.

1.1.2. Conceito

O Direito Administrativo é o ramo do Direito Público, regido por um conjunto de normas e regras jurídicas que disciplinam a atuação dos órgãos administrativos com competências constitucionalmente expressas, bem como a atuação de particulares respeitando as normas administrativas já produzidas.[17] Dizer que o Direito Administrativo é um conjunto de normas e regras jurídicas vai diretamente ao encontro do direito do administrado qual seja, de não ser obrigado a fazer ou deixar de fazer alguma coisa senão em virtude de lei. Como ressalta Renato Alessi.

> O primeiro direito do administrado frente à Administração consiste, portanto, na garantia de legalidade do comportamento administrativo e da aderência do mesmo comportamento ao interesse público, hipoteticamente descrito na norma (1966, v. II, p. 567).

Disciplinar por sua vez a atuação dos órgãos administrativos é colocar à disposição um aparato de normas que vai orientar a ação administrativa, de forma que a Administração Pública possa realizar a sua *função administrativa*.

---

casos, a apreciação judicial." Em relação às decisões dos Tribunais Administrativos, basta ressaltar que as decisões proferidas pelo Tribunal de Contas em resposta a consultas de temas referentes à Licitações, Gestão Fiscal, Servidores Públicos entre outros, nos termos da Lei Orgânica do Tribunal de Contas da União – Lei nº 8.443/1992, art. 1º, XVII têm caráter normativo.

[16] Há autores que também –, dividem o Costume em: Costume e Costume *secundum legem*, entendendo que o primeiro se situaria como fonte primária do Direito Administrativo e o segundo como fonte secundária. Relata Ruy Cirne Lima: "é insensatez, porém, prescrever a lei que lhe fique o costume subordinado ou limitar-lhe as manifestações. Essa mesma prescrição legal será a primeira, evidentemente, a ser sobrepujada e vencida pelo costume, se assim o exigirem as condições sociais" (Lima, 2007, p. 82). Todavia, essa posição amparada na Doutrina do Direito Administrativo alemão, não se adéqua ao nosso sistema constitucional, que ampara o Princípio da Legalidade como sua base fundamental, inclusive ressalvando no art. 5º, II, que *ninguém será obrigado a fazer ou deixar de fazer alguma coisa senão em virtude de lei*, excluindo dessa forma o direito costumeiro, a não ser se positivado através de Lei, o que deixa por óbvio de representar costume. O que se pode vislumbrar é o costume decorrente da deficiência legislativa, ou seja, aquele costume inerente às práticas administrativas e praxes burocráticas.

[17] Jean Rivero formulou o seguinte conceito para o Direito Administrativo: "O Direito Administrativo é o conjunto de regras jurídicas distintas das do Direito Privado que regem a atividade administrativa das Pessoas Públicas" (Rivero, 1981, p. 25).

Aos particulares cabe, por sua vez, se orientarem pelas normas administrativas, de forma a não ir de encontro ao que a Administração considera como práticas inadequadas. Para isso é que o Estado se utiliza de todos os outros ramos do Direito, como, por exemplo, o Direito Penal, para coibir práticas que o Estado considera inadequadas ao comportamento social.

Atribuir ao Direito Administrativo natureza jurídica de Direito Público acaba sendo intuitivo, uma vez que

> estabelecer a natureza jurídica de uma figura significa situá-la num sistema de direito, fixando-lhe o lugar que ocupa no mundo jurídico. A determinação da natureza jurídica impõe-se para melhor compreensão e exata aplicação das regras que informam o instituto (Medauar, 1976, p. 47).

e todas as normas de Direito Administrativo têm por característica figurarem como normas de Direito Público, dada a indisponibilidade de seus comandos que figuram inclusive como um dos seus princípios basilares.

Explicando bem o significado de Direito Público, Carlos Ari Sundfeld preconiza:

> podemos dizer que o Direito Público é o ramo do Direito composto de normas jurídicas tratando: a) das relações do Estado com os indivíduos; b) da organização do próprio Estado, através da divisão de competências entre os vários agentes e órgãos; c) das relações entre Estados (1998, p. 27).

Muito se criticou a divisão do Direito em Público e Privado. Os argumentos, apesar de convincentes, não foram bastantes para derrubar essa dicotomia.

Themistocles Brandão Cavalcanti acentuou que

> a divisão entre o público e privado não pode ser perfeita, porque mesmo nas relações em que são interessados os particulares, a intervenção do Estado veio quebrar a tão decantada autonomia do Direito Privado. [...] A tutela do Estado, a necessidade de estabelecer um regime de maior equilíbrio social, impuseram a predominância do poder público dentro de um regime de intervenção mais ou menos velada, de acordo com a estrutura política e social do Estado (1946, p. 13-14).

Jellinek observou que o Direito Privado não só encontra no Direito Público o seu contraposto e o seu limite, mas a ele se vê condicionado e às suas normas se submete. Afirmou em seguida que "sem direito público não é possível o Direito Privado" (1946, p. 14).

Fritz Fleiner ressaltou que

> o Direito Público e o Direito Privado não se acham separados por um abismo. Na vida jurídica eles se penetram e se completam um ao outro. Já fizemos res-

> saltar de que maneira a mais recente legislação determinou a intervenção do direito público nas instituições de Direito Privado (1933, p. 43).

Portanto, o Direito Administrativo apresenta-se como o Direito Público por excelência, por atuar principalmente disciplinando a função administrativa.

1.1.3. A função administrativa

Em relação à função administrativa, admitida com a conotação de Poder, Renato Alessi (1966, p. 3) admite que o Poder do Estado traz insculpido o dever jurídico de sua aplicação sempre que se tratar de uma relação que vise a uma finalidade de interesse coletivo. Em outro momento, Renato Alessi, para distinguir função administrativa (que ele também chama de função pública em sentido estrito) das demais funções públicas, faz uma prospecção na qual exprime a função pública por meio da legislação, da jurisdição e da administração (1970, p. 7-9). Nesse sentido, o Poder Público, ao desenvolver sua atividade, estaria representando o interesse da coletividade. Em seguida, Alessi reduz a função administrativa à emissão de comandos complementares ou de atos integrativos aos preceitos normativos abstratos com a finalidade de lhes dar executoriedade (Alessi, 1966, p. 15-29). Este autor não exclui a possibilidade de órgãos não-administrativos praticarem atipicamente atos administrativos e ressalva o princípio da legalidade como basilar da função administrativa.

Essa tendência adotada por Renato Alessi, sob influxo aristotélico, foi contrariada entre outros por Oswaldo Aranha Bandeira de Mello, que reduziu a classificação das funções fundamentais do Estado-Poder em administrativa e jurisdicional.

Esse autor considera que

> tanto na ação legislativa como na executiva do Estado-poder verifica-se sua manifestação relativa à consecução da ordem normal do Estado-sociedade, com caráter predominantemente operativo, de atuação na sua órbita presente, tendo em vista o interesse futuro da vida social, pois visam ao estabelecimento, respectivamente, do programa de ação do Estado-poder e dos indivíduos existentes no Estado-sociedade e das respectivas relações entre os indivíduos e deles com o Estado-poder e à efetivação por este do referido programa. Envolvem, assim, a gerência dos negócios do Estado-sociedade pela exteriorização da vontade do Estado-poder, através da deliberação normativa e sua execução, em atenção ao bem dos indivíduos coletivamente considerados. Constituem, portanto, dois momentos sucessivos de uma mesma função. A ação legislativa e a executiva,

> realmente, ante o aspecto acima considerado, correspondem a duas expressões distintas de uma mesma faculdade do Estado-poder – qual seja: de realização ou integração da ordem social. Englobam preocupação similar, de criar novas utilidades sociais e melhorar as existentes, através de normas jurídicas, que as dispõem, ou atos jurídicos, que as concretizam, e atos materiais complementares. Consideram, na verdade, os fins utilitários do Estado-poder, de gerência dos seus negócios, mediante programa de ação e sua efetivação; e, por isso, se pode denominar dita função de "administrativa", ante do significado desta expressão. [...] A ação judicial distingue-se pela natureza do objeto – portanto, pela sua essência – das outras duas, pois tem preocupação diversa, a de manter a ordem jurídica em vigor, a de assegurar o direito vigente, acaso ameaçado ou desrespeitado, que busca proteger, e a realização efetiva da decisão, sua conseqüência lógica (Mello, 2007, p. 49-50).

Todavia, preferimos, por critérios metodológicos, adotar a concepção de Renato Alessi, não que a de Oswaldo Aranha Bandeira de Mello seja inadequada, mas pelo simples fatos de que uma ou outra quando levadas a efeitos práticos caem na tripartição constitucional do poder, o que sabemos não se confundir com a função administrativa em tese, mas que na sua execução acabam os poderes individualizados por representar a forma como essa função se expressará, e sua expressão se dará sempre respeitando os princípios fundamentais aplicados ao Direito Administrativo, e o seu próprio regime jurídico administrativo.

Desta forma, a função administrativa consubstancia-se na prática de atos tendo em vista a satisfação das necessidades públicas ou coletivas, satisfação esta que representa *a missão*, a *razão de ser, o fundamento* da Administração Pública.

1.2. REGIME JURÍDICO-ADMINISTRATIVO

Para que se possa permear pelo Direito Administrativo, é necessário detectar as regras que compõem o seu regime jurídico. Ressalta-se, de imediato, que nas relações jurídicas de Direito Administrativo um de seus pólos (ou até os dois) sempre estará a Administração Pública, e que esta é dotada de alguns direitos subjetivos em relação a outra parte desta relação, direitos subjetivos estes que se denominam poderes ou direitos de supremacia.

A relação jurídico-administrativa é orientada por alguns vetores, que se traduzem em princípios, normas e valores reitores da atuação dos agentes públicos e também dos administrados.

Podem-se resumir esses vetores em dois princípios gerais, que servirão de sustentação à própria atuação da Administração Pública, justificando e fundamentando seus atos.

De um lado, temos o Princípio da Supremacia do Interesse Público, que assegura ao executor da lei a prerrogativa ou privilégio que o colocará em uma posição jurídica de superioridade em relação ao administrado, partindo do pressuposto de que o interesse público deve prevalecer sobre o interesse privado. Este princípio afirma que aqueles que têm o dever de buscar a satisfação do interesse público, devem ter privilégios e prerrogativas jurídicas, de modo que se coloquem em uma posição de superioridade em relação àqueles que perseguem a satisfação de interesses privados, não permitindo desta forma a sucumbência do coletivo em prol do particular.

Em razão deste princípio é que a Administração tem privilégios, poderes, em que até cláusulas exorbitantes são permitidas em seus contratos e se permitem também ingerências sobre a propriedade privada (tombamento, desapropriação, servidão etc.). O mundo do Direito Administrativo é visto pela desigualdade, que favorece o Direito Público dos povos.

É por esta razão que se um guarda de trânsito pede a um particular que pare seu veículo, ele tem que parar, pois ele é agente da Administração Pública. Já se outro particular dá a mesma ordem, não se está obrigado a acatar.

O outro princípio basilar da Administração Pública é o da Indisponibilidade do Interesse Público, que afirma que o administrador público não pode dispor livremente dos interesses públicos, devendo seguir rigorosamente a vontade da coletividade expressa em lei. O administrador público age vinculado à satisfação dos interesses da coletividade, atuando dentro dos limites da lei, rigorosamente, mesmo em seu poder discricionário.

Desta forma, diferentemente do homem comum, que pode fazer tudo o que a lei não proíbe, o homem público (administrador público) só pode fazer o que a lei prevê; é vedado a ele agir, se ausente a previsão legal.

1.3. PRINCÍPIOS BÁSICOS DO DIREITO ADMINISTRATIVO

Em qualquer análise que se possa fazer acerca de uma determinada temática jurídica, terá como antecessora uma análise dos princípios que sobre ela erradia. Para Celso Spitzcovisk *et al.*,

> os princípios surgem como parâmetros para a interpretação do conteúdo das demais regras jurídicas, apontando as diretrizes que devem ser seguidas pelos aplicadores da lei (2006, p. 33).

Da doutrina francesa, inspiradora de todo o Direito Administrativo brasileiro, vem a lição clara de Jean Rivero:

> Os princípios gerais do direito têm força obrigatória em relação à Administração: os atos dela que os transgridem são anulados e podem, se tiverem causado algum dano, originar responsabilidade administrativa. Têm, pois, o valor de direito positivo (1981, p. 67).

Portanto, quem se proponha a analisar qualquer tema atinente ao Direito Administrativo, deverá anteriormente realizar um estudo sobre o seu *mandamento nuclear,*[18] seu *alicerce,*[19] sua *disposição fundamental.*[20]

Celso Antônio Bandeira de Mello afirma que "violar um princípio é muito mais grave que transgredir uma norma qualquer",[21] já que a sua não obediência seria diretamente proporcional a ofensa "não apenas de um específico mandamento obrigatório, mas a todos o sistema de comandos".[22]

Para analisar os princípios do Direito Administrativo, preferimos adotar o critério de se examinar os que são explícitos no ordenamento jurídico máximo de um Estado de Direito, a sua Constituição Federal.

O art. 37 da Constituição Federal estabelece a obrigatoriedade de obediência por parte da Administração Pública Direta e Indireta de qualquer dos Poderes da União, dos Estados, do Distrito Federal e dos Municípios, aos princípios da legalidade, impessoalidade, moralidade, publicidade e eficiência.

Outros princípios aplicados à Administração Pública também podem ser encontrados no texto constitucional, todavia, de modo esparso. Entre eles, selecionamos o princípio da Isonomia, o da Inafastabilidade do Controle Judicial dos atos administrativos, o princípio do Devido Processo Legal e da Ampla Defesa, insculpidos no art. 5º, *caput* e os incisos XXXV, LIV e LV, respectivamente.

Ainda no texto constitucional, constante no art. 37, podem-se encontrar três princípios: o da Licitação (art. 37, XXI), o da Participação Popular (art. 37, § 3º) e o da Responsabilidade Civil do Estado (art. 37, § 6º).

[18] Termo empregado por Celso Antônio Bandeira de Mello para conceituar princípios (Bandeira de Mello, 2005, p. 842).

[19] *Idem.*

[20] *Idem.*

[21] *Idem.*

[22] *Idem.*

1.3.1. Princípio da Legalidade

Para Canotilho, o princípio da legalidade é um dos "subprincípios concretizadores do princípio do Estado de Direito" (1998, p. 249), inclusive adotado em nosso ordenamento constitucional como um dos princípios fundamentais (art. 5º, II). Michel Stassinopoulos é rígido em relação à aplicação desse princípio, aduzindo que "em um Estado de Direito a Administração não se encontra apenas na impossibilidade de agir *contra legem* ou *practer legem*, mas está obrigada a agir sempre *secundum legem*" (1954, p. 69). Ainda nesse mesmo sentido, Afonso Rodrigues Queiró sustenta que "a atividade administrativa é uma atividade de subsunção dos fatos da vida real às categorias legais" (1940, p. 19), traçando o Poder Executivo como a *longa manus* do legislador (1968, p. 9), pois sua ação consistiria apenas na efetivação do que fora disposto pelo Legislativo.

O princípio da legalidade não deve ser compreendido apenas como aquele sustentado no não-fazer sem previsão legal, ou seja, que a legalidade é atuar em conformidade com a lei e com os princípios do campo administrativo. O aspecto que se deseja conceder à legalidade, neste caso, sobrepuja o não-fazer administrativo, já que neste a legalidade se mitiga quando se depara com a solução de um fato que não está previsto legalmente, pois se tem tornado consensual que, se não houver regra escrita em lei, não quer dizer que o administrador não possa atuar: ele deve, sim, atuar, mas de acordo com a analogia, os costumes e os princípios gerais do Direito Público.

Hartmut Maurer, analisando o princípio da legalidade, o coloca como o mais importante da Administração e estabelece que "ele compõe-se de dois componentes, ou seja, a primazia da lei e a reserva da lei" (2001, p. 45). Admite em seguida que a primazia se relaciona com o poder vinculado, traduzido na "vinculação da Administração às leis existentes" (2001, p. 45). Por sua vez, Maurer considera que a "reserva pede, para o tornar-se ativo da Administração, um fundamento de autorização legal" (2001, p. 45).

Caio Tácito, em estudo brilhante sobre o princípio da legalidade, após apontar sua inserção no sistema jurídico brasileiro desde a Carta Imperial de 1824, o coloca como fundamento de direitos individuais e pondera que ele tem, entre seus objetivos, reprimir o absolutismo do Estado por meio do condicionamento da atividade da Administração Pública. Sustenta a noção de que a lei "é a medida necessária de deveres, direitos e obrigações, tanto nas relações privadas como no plano de atuação pública" (Tácito, 1997, v. 2, p. 143). Argumenta ainda este autor, que

> a Administração Pública, dotada de uma margem reconhecida de discricionariedade, em benefício do interesse geral, encontra na regra de competência, explicitada na lei que qualifica o exercício da autoridade, a extensão do poder de agir. Dissemos, em outra oportunidade, que não é competente quem quer, mas quem pode, segundo a norma do Direito. Ao contrário da pessoa de Direito Privado, que, como regra, tem a liberdade de fazer aquilo que a lei não proíbe, o administrador público somente pode fazer aquilo que a lei autoriza, expressa o implicitamente. No entanto, quando as Constituições e, por via de conseqüência, as leis adotam como finalidade essencial pôr termo ao absolutismo dos poderes do Estado, logo se tornou evidente a incompatibilidade de um novo absolutismo: o do irrestrito exercício dos direitos e liberdades individuais (1997, v. 2, 143-44).

Alguns autores como Maria Paula Dallari Bucci atribuem a esse princípio o título de "princípios dos princípios", pois ele gera como conseqüência

> restrições ao exercício de poderes normativos pela autoridade administrativa, a qual deve estar sempre fundamentada em uma prescrição legal ou em uma regra de habilitação jurídica, contida na norma de competência (2006, v. III, p. 835).

Portanto, o Princípio da Legalidade é aquele que estabelece a obrigatoriedade dos órgãos e agentes públicos, que exercem poderes públicos, atuarem no âmbito das leis, a não ser nas hipóteses expressamente identificadas. É incompatível com a legalidade o exercício de poder arbitrário entendido como atos realizados com base numa análise estritamente de caráter pessoal.

1.3.2. Princípio da Impessoalidade

O princípio da impessoalidade da Administração Pública é aquele que apregoa que o administrador deve agir de forma objetiva, sem analisar os seus critérios subjetivos internos e externos, que se traduzirá na total ausência de marcas pessoais e particulares do administrador.

Cármen Lúcia Antunes Rocha (1994, p. 158 ss.) aponta o nepotismo, o partidarismo, a pessoalidade administrativa e elaboração normativa, e a promoção pessoal como os principais vícios de pessoalidade na Administração Pública. O nepotismo se consubstancia quando os agentes públicos, usufruindo dos cargos que ocupam, fazem concessões de favores a parentes e amigos, sem analisar os critérios objetivos, mas sim puramente subjetivos. Próximo ao nepotismo se encontra o partidarismo, todavia, nesse caso se afastam as afeições pessoais, e entram os elos político-partidários, principalmente resultantes de troca de favores políticos. A pessoalidade administrativa e elaboração normativa ocorrem com a produção de normas que se destinem a privilegiar os próprios agentes públicos. Por fim, a promoção pessoal aparece quando o agente público promove uma amostragem dos fatos e atos por ele praticados, no intuito de perpetuar-se no cargo público.

Outro ângulo de visão deste princípio é apontado por José Eduardo Martins Cardozo, que considera que a

> impessoalidade deve ter sua ênfase não mais colocada na pessoa do administrador, mas "na própria pessoa do administrado". Passa a afirmar-se como uma garantia de que este não pode e não deve ser favorecido ou prejudicado, no exercício da atividade da Administração Pública, por suas exclusivas condições e características pessoais (1998, p. 155).

1.3.3. Princípio da Moralidade

De acordo com Maria Sylvia Zanella:

> Sempre que em matéria administrativa se verificar que o comportamento da Administração ou do administrado que com ela se relaciona juridicamente, embora em consonância com a lei, ofende a moral, os bons costumes, as regras de boa administração, os princípios de justiça e de eqüidade, a idéia comum de honestidade, estará havendo ofensa ao princípio da moralidade (2001, p. 79).

O Direito sempre se preocupou com o confronto entre a sua essência e a própria moral. Isto se traduz nas leis que combatem os atos contrários ao bom senso comum, o que já poderia ser detectado como atos imorais. A inteligência do próprio Direito Penal é nesse sentido, ou seja, coibir por meio de sanções atos considerados contrários à moral.

Entretanto, há uma diferença entre a moral comum e a moral administrativa. Diogo de Figueiredo Moreira Neto explica que "a moral comum é orientada por uma distinção puramente ética, entre o bem e o mal, enquanto a moral administrativa é orientada por uma diferença prática entre boa e má administração" (2005, p. 96).

Romeu Felipe Bacellar Filho completa essa distinção consignando que, ao contrário do que ocorre com a moral comum, a moral administrativa não é alterada com o passar dos tempos (2005, p. 44).

Para Caio Tácito, a moralidade administrativa "tem como diretrizes o dever de boa administração, a preservação dos bons costumes e a noção de eqüidade no confronto entre o interesse público e o dos administrados" (2001, v. 1, nº 8). Explica posteriormente que o

> princípio da moralidade é ameaçado ou violado pela corrupção administrativa que tem raízes seculares como desvio ético, a ser combatido no plano da responsabilidade administrativa como da responsabilidade penal e civil do servidor público, ou, ainda, com a adoção de medidas preventivas, entre as quais avulta a competência do Tribunal de Contas (2001, v. 1, nº 8).

Aponta ainda o autor que

> entre as formas de procedimento ilícito que podem gerar a corrupção administrativa, figura a conduta funcional caracterizada pelo desvio de poder no qual, sob a aparência de legalidade, o servidor público viola essencialmente o princípio da finalidade do ato administrativo. No desvio de poder – como exprime sua denominação – o agente abandona o fim legítimo da competência para servir, entre outras hipóteses, ao enriquecimento ilícito e à corrupção administrativa (2001, v. 1, nº 8).

Weida Zancaner estabelece como parâmetros de afronta ao princípio da moralidade:

> o agir visando interesses pessoais, com o fito de tirar proveito para si ou amigos, ou quando editar atos maliciosos ou desleais, ou ainda, atos caprichosos, atos exarados com o intuito de perseguir inimigos ou desafetos políticos, quando afrontar a probidade administrativa, quando agir com má-fé ou de maneira desleal (2001, ano 1, nº 9).

Podem-se apontar como os principais desdobramentos do princípio da moralidade:

a) estar albergado pela CF nos art. 5º, LXXIII, e 37 o que deixa em aberto a possibilidade de proteção jurídica ao bem público via ação popular, sem ônus para o ator da ação, do que se denota força dada pelo Constituinte a este princípio;
b) no plano infraconstitucional houve também a elaboração de uma norma que confere um *plus* à sua concretização, que é a Lei de Improbidade Administrativa – Lei nº 8.429/1992 (2001, ano 1, nº 9);
c) através do princípio da moralidade também se combate os desvios de poder, pois qualquer ato em que o agente se utiliza de seu cargo para buscar finalidade distinta do objetivo do próprio ato tem na sua subjetividade uma reprovação imediata.

Celso Spitzcovisk (2006, p. 57) ressalta que as hipóteses de atos de improbidade estão devidamente divididas no Direito Positivo pela Lei nº 8.429/1992, tratando de atos de improbidade administrativa que importam enriquecimento ilícito (art. 9º), que causam prejuízo ao erário (art. 10) e, os que atentem contra os princípios da Administração Pública (art. 11). Spitzcovisk ainda relaciona algumas hipóteses de constante ocorrência e que foram descritas pelo legislador de forma exemplificativa: a utilização, em obra ou serviço particular, de veículos, materiais ou equipamentos públicos (art. 9º, IV); a aquisição, a permuta ou a locação de bem ou serviço por preço superior ao do mercado (art. 10, V); a liberação de verbas públicas de forma irregular (art. 10, XI); e a fraude à licitude de concurso público (art. 11, VI).

Sobre a probidade administrativa, Caio Tácito (2001) a define como a "norma que rege a conduta do agente público como elemento subjetivo na prática do serviço público, cuja violação caracteriza o instituto da improbidade administrativa, regulada de modo especial na Lei nº 8.429/1992 (2001, v. 1, nº 8)". O autor expõe que, "como seus antecedentes, do ângulo da condenação do enriquecimento ilícito, cabe indicar a Lei nº 3.164/1957 (Lei Pitombo-Godoy Ilha) e a Lei nº 3.502/1958 (Lei Bilac Pinto). A primeira lei submete a seqüestro e perda, em favor da Fazenda Pública, os bens adquiridos pelo servidor público por influência ou abuso do cargo ou função pública ou de emprego em autarquia.[23] A segunda lei prevê igual sanção ao servidor público ou empregado em autarquia, sociedade de economia mista e fundação pública, beneficiário de enriquecimento ilícito, definindo-se, no art. 2º, seis tipos de infrações dessa natureza", que são considerados casos de enriquecimento ilícito, quais sejam:

a) a incorporação ao patrimônio privado, sem as formalidades previstas em leis, regulamentos estatutos ou em normas gerais e sem a indenização correspondente, de bens ou valores do patrimônio de qualquer entidade vinculada ao Poder Público;
b) a doação de valores ou bens do patrimônio do Poder Público a indivíduos ou instituições privadas, ainda que de fins assistenciais ou educativos, desde que feita sem publicidade e sem autorização prévia do órgão que tenha competência expressa para deliberar a esse respeito;
c) o recebimento de dinheiro, de bem móvel ou imóvel, ou de qualquer outra vantagem econômica, a título de comissão, percentagem, gratificação ou presente;
d) a percepção de vantagem econômica por meio de alienação de bem móvel ou imóvel, por valor sensivelmente superior ao corrente no mercado ou ao seu valor real;

[23] Esta lei é que institui, como medida complementar, o registro público obrigatório de valores e bens do patrimônio privado dos ocupantes de cargos ou funções públicas (art. 3º).

e) a obtenção de vantagem econômica por meio da aquisição de bem móvel ou imóvel por preço sensivelmente inferior ao corrente no mercado ou ao seu valor real;

f) a utilização em obras ou serviços de natureza privada de veículos, máquinas e materiais de qualquer natureza de propriedade da Administração Direta (União, Estado, Distrito Federal, Município e seus respectivos ministérios e secretarias), da Administração Indireta (entidade autárquica, sociedade de economia mista, fundação de Direito Público, empresa incorporada ao patrimônio da União ou entidade que receba e aplique contribuições parafiscais), e, bem assim, a dos serviços de servidores públicos, ou de empregados e operários de qualquer dessas entidades.

Concluindo, Caio Tácito (2001) sustenta que

> a improbidade administrativa se manifesta por ação ou omissão de caráter disciplinar que contraria o dever de boa administração. Tem como sujeito ativo o servidor público ou empregado de autarquia, sociedade de economia mista e fundação pública e como sujeito passivo a pessoa jurídica administrativa cujos bens ou valores são atingidos. Os atos ou omissões típicos da improbidade administrativa têm, como já referido, como modelos de sanções, a suspensão de direitos políticos, a perda da função pública, a indisponibilidade de bens, o ressarcimento ao erário, multa civil, bem como a proibição de contratar com o Poder Público ou de receber benefícios, incentivos ou subvenções.

1.3.4. Princípio da Publicidade

O Princípio da Publicidade é inerente à própria designação da Administração "Pública". Ele se configura na obrigação do administrador público agir com transparência e conferir acessibilidade a todos seus atos.

A publicidade se faz com a publicação dos atos administrativos em órgãos oficiais (Diário Oficial da União, Diário do Estado e do Município, se houver), bem como da exposição em lugares próprios dos atos administrativos praticados (por exemplo, afixação no mural da prefeitura de portarias e editais de licitação).

Com o objetivo de garantir o direito de acesso do cidadão a documentos públicos foi que o constituinte atribuiu à publicidade *status* de Direito Fundamental, obrigando os órgãos públicos a fornecerem informações públicas aos particulares que a solicitarem (art. 5º, XXXIII e XXXIV).

1.3.5. Princípio da Eficiência

Eficiência[24] é a qualidade de fazer com excelência, sem perdas ou desperdícios (de tempo, dinheiro ou energia). Eficiente é aquilo ou aquele que chega ao resultado, que produz o seu efeito específico com nenhum ou com um mínimo de erros.

Diferentemente, eficácia é atingir o objetivo proposto, cumprir, executar, operar, levar a cabo. É o que produz o efeito desejado. A eficiência admite gradações: é possível a uma pessoa, máquina ou organização, ser mais ou menos eficiente. A eficácia, não. Dicionários em inglês usam o termo quando se trata de remédio ou problema: medicamento eficaz, método de tratamento eficaz, eficácia das armas e da estratégia usada.

Na comparação entre os dois termos, podemos citar o exemplo de certos ataques dos Estados Unidos ao Afeganistão: foram eficazes no sentido de atingir os alvos, mas não foram eficientes porque causaram perdas humanas e materiais muito altas.

É possível atingir eficiência (obter resultado com economicidade) sem eficácia (resultado inútil ou indesejado), como é possível obter eficácia sem eficiência (resultado desejado atingido plenamente, porém com alto custo). E também é possível realizar ambos.

Efetividade é também qualidade do que atinge seu objetivo: é a capacidade de funcionar normalmente, com resultado concreto satisfatório. Por exemplo: a duração efetiva da prova foi de uma hora; o diretor efetivo (de fato, de verdade) é fulano de tal. Como visto, dada a sua alta carga de relatividade e subjetividade, o uso do termo eficiência é corrente em várias ciências especulativas e raro no Direito.

Paulo Modesto, grande estudioso deste princípio, explica que,

> no sistema jurídico brasileiro, em face das normas referidas, o princípio da eficiência diz mais do que a simples exigência de economicidade ou mesmo de eficácia no comportamento administrativo. Entendo eficácia como a aptidão do comportamento administrativo para desencadear os resultados pretendidos. A eficácia relaciona, de uma parte, resultados possíveis ou reais da atividade e, de outro, os objetivos pretendidos. A eficiência pressupõe a eficácia do agir

[24] "Um conceito muito importante para a Administração científica é o conceito de eficiência. A eficiência significa a correta utilização dos recursos (meios de produção) disponíveis. Assim, a eficiência está voltada para a melhor maneira pela qual as coisas devem ser feitas ou executadas (métodos de trabalho), a fim de que os recursos (pessoas, máquinas, matérias-primas etc.) sejam aplicados de forma mais racional possível. A eficiência preocupa-se com os meios, com os métodos mais indicados, que precisam ser planejados a fim de assegurar a otimização dos recursos disponíveis" (Chiavenato, 1993, p. 237-38).

> administrativo, mas não se limita a isto. A eficácia é, juridicamente, um *prius* da eficiência (2004, v. I, nº 2).

Nesse mesmo estudo, o autor diferencia a eficiência administrativa, do princípio jurídico da eficiência:

> Eficiência, para fins jurídicos, não é apenas o razoável ou correto aproveitamento dos recursos e meios disponíveis em função dos fins prezados, como é corrente entre os economistas e os administradores. A eficiência, para os administradores, é um simples problema de otimização de meios; para o jurista, diz respeito tanto à otimização dos meios quanto à qualidade do agir final. Recorde-se que o administrador público é obrigado a agir tendo como parâmetro o melhor resultado (2004, v. I, nº 2).

Tecemos estas considerações acerca de eficiência em geral, para tentarmos extrair da lição dos doutos um enfoque jurídico para o termo, já que, como diz Celso Antonio Bandeira de Mello em relação ao princípio da eficiência,

> não há nada a dizer sobre ele. Trata-se, evidentemente, de algo mais do que desejável. Contudo, é juridicamente tão fluido e de tão difícil controle ao lume do Direito, que mais parece um simples adorno agregado ao art. 37 ou o extravasamento de uma aspiração dos que buliram no texto (2007, p. 11-12).

Hely Lopes Meirelles arrola o princípio como um dos deveres da Administração, entendendo que o

> princípio da eficiência exige que a atividade administrativa seja exercida com presteza, perfeição e rendimento funcional. É o mais moderno princípio da função administrativa, que não se contenta em ser desempenhada apenas com legalidade, exigindo resultados positivos para o serviço público e satisfatório atendimento das necessidades da comunidade e seus membros (2002, p. 94).

Para Maria Sylvia Zanella Di Pietro,

> o princípio apresenta dois aspectos, podendo tanto ser considerado quanto à forma de atuação do agente público, do qual se espera o melhor desempenho possível de suas atuações e atribuições, para lograr resultados melhores, como também em relação ao modelo racional de organizar, estruturar, disciplinar a Administração Pública, idem quanto ao intuito de alcançar resultados na prestação de serviço público (2001, p. 83).

A mesma autora sustenta, em outra ocasião (2002, p. 239-240), que a eficiência é princípio que se soma aos demais princípios impostos à Administração, não podendo sobrepor-se a nenhum deles, especialmente o da legalidade, sob pena de sérios riscos à segurança jurídica e ao próprio Estado de Direito.

O art. 74, II, da Constituição de 1988, na redação original previa claramente que os poderes Legislativo, Executivo e Judiciário manterão, de forma integrada, sistema de controle interno com a finalidade de comprovar a legalidade e avaliar os resultados, quanto à *eficácia e eficiência* da gestão orçamentária, financeira e patrimonial nos órgãos e entidades da Administração Federal.

Não estamos convencidos de que a introdução literal do "princípio da eficiência" tenha trazido qualquer benefício que já não constava da própria Constituição. Mesmo porque ineficiência grosseira tem nome: chama-se imoralidade administrativa.

A inclusão expressa desse princípio na Constituição brasileira é inócua, na medida em que tal princípio já se encontrava implícito no ordenamento. Cabe aos dirigentes da Administração, em todos os níveis, promover e exigir eficiência de todos os órgãos e agentes sob seu comando.

Para concluir, merece destaque a lição de Nicolau Sevcenko:

> Eficiência, excelência ou eficácia são princípios altamente positivos e desejáveis, desde que não se transformem em panacéias, em fins definidos por si mesmos ou por escalas qualitativas, indiferentes aos contextos em que são aplicados, às pessoas e aos recursos envolvidos ou a critérios qualitativos que mantenham compromissos com valores que mantenham compromisso com valores éticos, sociais ou ambientais (2002, p. 40-42).

De todo modo, com este e com outros nomes, o princípio da eficiência decorre de toda a ordem administrativa constitucional, entretanto não se pode sobrepor a quaisquer outros. É plenamente compatível com o princípio da moralidade, se não o próprio.

Capítulo 2
Administração Pública e Direito Administrativo

2.1. AS ESTRUTURAS ADMINISTRATIVAS

2.1.1. Conceitos e elementos de Estado

2.1.1.1. Conceito de Estado

A palavra Estado vem do latim *status*, com o sentido de "estar firme". Assume, todavia, diversos sentidos, porque vários são os ângulos em que ele pode ser visto. No sentido de sociedade política permanente, a denominação Estado surge pela primeira vez no século XVI na obra *Príncipe*, de Maquiavel, indicando, no entanto, as comunidades formadas pelas Cidades-Estados. Nicolau Maquiavel, em sua análise, considerou que "todos os governos que tiveram e têm autoridade sobre os homens são Estados" (1996, p. 13).

O Estado indica todo o nosso passado numa vida em sociedade. E também o futuro. Vemos os governantes, serviços, territórios; vemos regras e basta-nos infringi-las para conhecermos os traços da polícia e do juiz, a autoridade de que eles estão investidos. Mas o Estado não é um território, nem população, nem corpo de regras obrigatórias. Certamente que todos estes dados não são estranhos ao Estado, mas ele os transcende.

O Estado pertence à ordem do espírito. É uma idéia. Qualquer análise da noção de Estado dá a esta questão uma resposta tão simples como plena de conseqüências: os homens inventaram o Estado para não obedecer à obediência. É o poder público.

O que importa para nós é que o Estado é ente personalizado, apresentando-se não apenas exteriormente, nas relações internacionais, como internamente, neste caso, como pessoa jurídica de Direito Público interno, capaz de adquirir direitos e contrair obrigações na ordem jurídica.

Colocadas essas premissas, optou-se por adotar o conceito de Estado que nos é dado por Dalmo de Abreu Dallari, em que ele é visto como "a ordem jurídica soberana que tem por fim o bem comum de um povo situado em determinado território" (2003, p. 118). Neste conceito, a noção de poder está implícita na de soberania, segundo o mesmo autor.

Respeitada a tripartição de poderes, os Poderes de Estado são o Legislativo, o Executivo e o Judiciário. O objeto de estudo do Direito Administrativo, como veremos, é o segundo nesta ordem. Desse modo, o Direito Administrativo vai atuar disciplinando e direcionando a ação administrativa no exercício da função administrativa, ou seja, o Direito Administrativo não se aterá às funções legislativas e judicantes.

2.1.1.2. Elementos do Estado

O Estado é, assim, uma comunidade política. Mas o Estado não surge para regular a vida da humanidade inteira, dirige-se a um círculo determinado de indivíduos que constituem grupo, sociedade e que por meio de marca comum que recebem da ordenação estatal podem afigurar-se como unidade e ter denominação coletiva: o povo.

POVO – Quantos compõem o povo? Aqueles, cujo regulamento global das relações sociais surgem e se mantêm no Estado, que denominam-se cidadãos do Estado. O povo, pois, está em relação estreita com os fins do Estado. Este regula a vida social de um grupo de indivíduos dotados de certa estabilidade e permanência, o qual considera seus cidadãos. Se o povo desaparecesse, desapareceria o próprio Estado.

Por sua vez, o que irá limitar a atuação jurídica e política do Estado são suas linhas de circunscrição – elemento denominado território.

TERRITÓRIO – Para a ordenação estatal há a necessidade de um povo fixado estavelmente em um território. As tribos nômades, ainda que apresentem todos os atributos de Estado, não constituem Estado pela falta de uma sede fixa.

Outro elemento do Estado é a sua soberania, conceito amplo, que abarca poder e sua plena eficácia, constatada na possibilidade de fixar normas jurídicas dentro de seu Território e exigir a sua observância sem interferência externa.

SOBERANIA – Elemento indispensável para convivência pacífica entre nações e para imposição de normas dentro de um dado Estado. Como o povo elege o Estado como forma de regulação social, ele próprio aceita a soberania como um de seus elementos.

Para Miguel Reale, a soberania representa "o poder de organizar-se juridicamente e de fazer valer dentro de seu território a universalidade de suas decisões nos limites dos fins éticos de convivência" (1960, p. 27).

2.2. ORGANIZAÇÃO DO ESTADO E DA ADMINISTRAÇÃO

2.2.1. Organização do Estado

Em nenhuma forma de Estado admitiu-se que os detentores da autoridade a exercessem exclusivamente no interesse próprio. Mesmo no regime absolutista ou soberano, em seu interesse privado, constituía de certo modo a compensação pelos serviços que ele prestava e pela atividade que exercia no interesse público.

Nos tempos modernos prevalece a idéia de que todo o serviço para o Estado é exercido exclusivamente no interesse público. Precisou-se, ainda, que este interesse público seja o próprio interesse do povo, considerando unitariamente.

Dentro da organização do Estado é necessário firmar alguns conceitos como:

ESTADO DEMOCRÁTICO – O art. 1º da Constituição de 1988 caracteriza o Estado brasileiro como Estado democrático de direito. A esta expressão pode-se acrescentar o adjetivo "social". "Democrático" nos faz lembrar o "Governo do povo para o povo", ou seja, termo associado aos aspectos de formação do Governo, ao modo pelo qual são escolhidos aqueles que tomam as decisões em nome do povo. Ligados a estes conceitos estão o de extensão do direito de voto, formação de partidos políticos, participação do povo na escolha dos governantes etc.

A partir da metade da década de 1950 começa a surgir a preocupação com uma democracia mais completa, com a que transpõe o limiar da eleição dos representantes políticos para expressar-se também no modo de tomada de decisão dos eleitos. É a conotação funcional ou operacional do Estado. É a democracia administrativa se fazendo presente e necessária.

ESTADO DE DIREITO – Na sua concepção inicial, visava afrontar o Estado absolutista, limitando o poder com o direito, como garantia dos indivíduos contra o arbítrio. No Estado de direito os governantes e autoridades públicas submetem-se ao direito e são objeto de normas jurídicas.

O Direito Administrativo vincula-se à concepção de Estado de direito, porque fixa normas para as atividades da Administração.

ESTADO SOCIAL – Apesar da Constituição Federal não se referir ao Estado "Social", é uma preocupação do seu texto adequar os aspectos sociais, democráticos e de direito (legais).

GOVERNO E ADMINISTRAÇÃO PÚBLICA – Muitos autores associam as duas palavras, mas entendemos que são diferentes. Governo e Poder Executivo não são a mesma coisa. Governo pressupõe tomada de decisão, decidir o futuro da coletividade, ao passo que a Administração Pública representa a execução de tarefas administrativas e cotidianas da sociedade.

Admitimos, porém, que na prática distinguir Governo de Administração Pública é tarefa árdua.

2.2.2. Organização da Administração

Tratar da Organização da Administração Pública significa analisar a sua estrutura legal, os entes e/ou órgãos que desempenharão a função administrativa, e os agentes investidos de competência para realizar tal função.

Na realidade, o Estado é um organismo – e organismo dinâmico, por excelência –, mas de índole social, regido por leis normativas. Órgãos, aparelhos e funções são termos utilizados pelo Direito Administrativo.

Órgão provém do grego *órganom*, que significa instrumento, ferramenta. Os próprios gregos já empregavam esse termo para designar os órgãos do corpo humano, ou seja, partes que exercem atividades, que executam trabalhos para o corpo.

Um sistema de órgãos que convergem para a mesma função geral é um aparelho. No Brasil, há quatro aparelhos: o federal, o estadual, o distrital e o municipal.

Pode-se esboçar uma classificação dos órgãos da Administração, em que se tem:

a) conforme a constituição: classificam-se os órgãos em singulares e coletivos. Singulares são os constituídos por um só elemento humano, um só titular, como, por exemplo, o professor, um escriturário, um delegado de polícia. Coletivos são os constituídos por várias pessoas físicas, como, por exemplo, o Conselho Técnico Administrativo de vários Institutos, as Congregações de professores etc.;
b) quanto à abrangência: classificam-se em órgãos centrais e locais. Centrais são aqueles que exercem atividades sobre todo o território subordinado ao aparelhamento de que fazem parte, como, por exemplo, o Ministério da Fazenda, que atuando em todo o território Nacional, em matéria de sua pasta, é classificado como órgão central federal. Locais são, por sua vez, aqueles que exercem atividades que se projetam sobre uma parcela apenas do território subordinado ao aparelhamento de que fazem parte,

como, por exemplo, um delegado de polícia que, embora pertencendo ao aparelhamento administrativo do Estado, atua tão-somente sobre a porção territorial que lhe foi confiada.

Traçar a noção do que seja a Administração Pública é indispensável, principalmente em virtude de sua complexidade. Renato Alessi, depois de observar que a noção de Administração Pública é complexa, que ultrapassaria a pessoa "Estado", sintetiza seu entendimento:

> Portanto, na noção de Administração Pública devem entrar não apenas os órgãos administrativos verdadeiros e próprios do Estado, *strictu sensu*, constitutivos daquela que se costuma chamar Administração Direta do Estado, mas, além disso, as pessoas jurídicas públicas menores, constitutivas da assim chamada Administração Indireta, os quais também se incluem, portanto, como sujeitos ativos da função administrativa, e precisamente como sujeitos auxiliares do Estado; donde serem também denominados entes auxiliares. Não basta. Além daqueles que são propriamente os entes auxiliares, aos quais se acaba de fazer referência (entes jurídicos públicos menores), o Estado se vale, às vezes, como sujeitos auxiliares de sua ação administrativa, também de sujeitos privados, os quais, ainda que não entrem no âmbito da Administração Pública de um ponto de vista subjetivo, na medida em que conservam a qualidade de sujeitos privados, conquanto sem dúvida estejam postos na condição de sujeitos (sujeitos auxiliares também eles) de função administrativa. Resumindo, auxiliares ativos da função administrativa são os Órgãos Administrativos do Estado (Administração Direta), as pessoas jurídicas menores (Administração Indireta), além dos particulares investidos de funções administrativas (funções públicas em sentido estrito). Entretanto, somente as duas primeiras categorias constituem aquela que é a Administração Pública (Alessi, 1960, p. 80 ss).

Desta forma, no Brasil há normas que dispõem sobre a Organização da Administração, as principais em nível federal são: o Decreto-Lei nº 200, de 25 de fevereiro de 1967, que dispõe sobre a Organização da Administração Pública Federal, e a Lei nº 10.683, de 28 de maio de 2003, que tratou da organização da Presidência da República e dos Ministérios.

Colocadas num primeiro plano as principais normas que disciplinam a Organização da Administração Pública, pretende-se, a partir de agora, fazer uma breve exposição sobre o funcionamento da Administração, apontando seu quadro organizativo. Num primeiro momento, mencionaremos os princípios da organização administrativa e, posteriormente, a organização administrativa dos Órgãos Administrativos do Estado (Administração Direta) e das pessoas jurídicas menores (Administração Indireta).

Os estudiosos do Direito Administrativo comumente salientam que a expressão *Administração Pública* pode possuir dois significados jurídicos diferentes. O primeiro seria o relacionado a um certo tipo de atividade direta ou indireta do Poder Público, a que se dá o nome de sentido *material* ou *objetivo*, também chamado de *funcional* ou *externo*.

De outro lado, ter-se-ia a mesma expressão utilizada no sentido do movimento empregado para o desenvolvimento da atividade administrativa de interesse coletivo, este é o denominado sentido *orgânico* ou *subjetivo*, também chamado de *formal* ou *interno*; nesse sentido, a grafia do termo deve ser com letras iniciais maiúsculas, como ressalta Fernando Garrido Falla (1958, p. 12):

> o vocábulo administração tem em castellano uma dupla significação que pode induzir a confusão: em sentido objetivo, se refere à ação de administrar (administração, com minúscula); em sentido subjetivo, faz referência ao sujeito dessa ação (Administração, com maiúscula).

O art. 37 da Constituição da República estabelece uma série de preceitos que devem orientar a atuação da Administração Pública Direta, Indireta ou Fundacional. Neste dispositivo, o sentido em que se emprega a expressão administração pública só pode ser o *subjetivo* ou *orgânico*, já que se refere às expressões *"direta, indireta ou fundacional"* que lhe seguem.

Marcello Caetano encara a Administração Pública material como um

> conjunto de decisões e operações mediante as quais o Estado e/ou outras entidades públicas procuram, dentro das orientações gerais traçadas pela Política e diretamente ou mediante estímulo, coordenação e orientação das atividades privadas, assegurar a satisfação regular das necessidades coletivas de segurança e de bem-estar dos indivíduos, obtendo e empregando racionalmente para esse efeito os recursos adequados (1997, p. 5).

Já no sentido orgânico, a conceitua como um

> sistema de órgãos hierarquizados ou coordenados a que está atribuída a promoção e realização dos interesses coletivos por iniciativa própria, para execução de preceitos jurídicos ou por imposição do bem comum, e utilizando todas as técnicas adequadas à obtenção dos resultados visados, podendo também praticar atos jurisdicionais relacionados com a sua atividade fundamental (1997, p. 5).

2.2.2.1. Princípios norteadores da organização administrativa

A administração, como Ciência, está envolta em uma série de processos administrativos que objetivam resultados. Conforme já pregou William H. Newman, a administração deve ser entendida como "a orientação, a direção e o controle dos esforços de um grupo de indivíduos visando a um objetivo comum" (1964, p. 4).

Num momento posterior, Newman afirma que se poderia analisar a administração expondo as funções do administrador, ou seja, fixando suas tarefas. Estas tarefas podem ser separadas por processos preordenados, que seriam: o planejamento, a organização, a reunião de recursos, a direção e o controle.

Newman enumera e explica cada um desses processos, observando sua concepção:

1. PLANEJAR – determinar a tarefa a realizar. No sentido aqui empregado, o planejamento abrange uma vasta gama de decisões, tais como esclarecer os objetivos, firmar as políticas, traçar programas e campanhas, estabelecer métodos e procedimentos específicos e fixar a programação diária.
2. ORGANIZAR – agrupar as atividades necessárias à realização dos planos em unidades administrativas e definir as relações entre a chefia e os empregados dessas unidades.
3. REUNIR RECURSOS – obter, para utilização pela empresa, o pessoal de chefia, o capital, as instalações e tudo mais que seja necessário à execução dos planos.
4. DIRIGIR – emitir instruções. Isto inclui a questão vital de explicação aos responsáveis pela sua execução, bem como o contato pessoal, diário, entre o "patrão" e seus subordinados.
5. CONTROLAR – assegurar que os resultados obtidos correspondam, tanto quanto possível, aos planos. Isto implica estabelecer padrões, dar às pessoas motivação para atingi-los, comparar os resultados obtidos com o padrão estabelecido e a necessária ação corretiva quando a execução desviar-se do plano (1964, p. 4).

Dizer que a esses processos bem se ajusta a Administração Pública não seria irrazoável, pois o bom administrador público sempre faz seu planejamento para gestão da *res publica*, devendo fixar metas e meios para serem cumpridos, sempre dirigindo, controlando a execução de seus planos.

Pode-se apontar alguns vetores nos quais se baseia a Administração Pública para reger seu quadro organizacional. O Decreto-Lei nº 200, de 25 de fevereiro de 1967, que dispõe sobre a organização da Administração Federal, encarregou-se de estipular cinco princípios para suas atividades. Entretanto, há outros princípios que são indispensáveis à organização administrativa – e, portanto, serão também apontados.

a) Princípio da hierarquia

A hierarquia caracteriza-se por uma organização vertical, em que se têm dois sujeitos, o superior e o inferior/subalterno. O primeiro tem, em regra, poderes de direção, enquanto o segundo tem o dever de obedecer aos direcionamentos traçados pelo primeiro.

Este princípio liga-se intrinsecamente ao poder hierárquico, uma vez que tal poder é conferido ao administrador para organizar a estrutura funcional da Administração Pública bem como fiscalizar a atuação dos seus funcionários. Caracteriza-se o poder hierárquico pela autoridade do chefe sobre o subordinado que, recebendo instruções e ordens, cumpre-as no interesse da função. É um dos princípios mais importantes da Administração, pois por meio dele é que o administrador, desde os tempos mais remotos, vem compondo e escalonando a Administração Pública.

Deste princípio e da própria hierarquia decorrem alguns efeitos: o primeiro efeito consiste no poder de comando de agentes superiores sobre outros hierarquicamente inferiores. Estes, a seu turno, tem dever de obediência para com aqueles, cabendo-lhes executar as tarefas em conformidade com as determinações superiores. Outro efeito da hierarquia é o de fiscalização das atividades desempenhadas por agentes de plano hierárquico inferior para a verificação de sua conduta não somente em relação às normas legais e regulamentares, como ainda no que disser respeito às diretrizes fixadas por agentes superiores. Decorre também da hierarquia o poder de revisão dos atos praticados por agente de nível hierárquico mais baixo. Se o ato contiver vício de legalidade, ou não se coordenar com a orientação administrativa, pode o agente superior revê-lo para ajustamento a essa orientação ou para restaurar a legalidade.

Por fim, derivam do escalonamento hierárquico a delegação e a avocação. "Delegação é a transferência de atribuições de um órgão a outro no aparelho administrativo." O poder de delegação não é irrestrito e, por isso, não atinge certas funções específicas atribuídas a determinados agentes; a delegação abrange funções genéricas e comuns da Administração. Cuida-se de fato administrativo que vislumbra maior eficiência na ação dos administradores públicos. A avocação é fato inverso. Através dela, "o chefe superior pode substituir-se ao subalterno, chamado a si (ou avocando) as questões afetas a este, salvo quando a lei só lhe permita, intervir nelas após a decisão dada pelo subalterno". Acrescente-se que a avocação, embora efeito do sistema hierárquico, não deve ser disseminada em profusão, uma vez que excepciona as regras normais de competência administrativa. Daí o seu caráter de excepcionalidade.

A subordinação e vinculação também são características intrínsecas ao poder hierárquico, ambas constituem relações jurídicas peculiares do sistema administrativo. Não se confundem, porém. A primeira tem caráter interno e se estabelece entre órgãos de uma mesma pessoa administrativa, como fator decorrente da hierarquia. A vinculação, ao contrário, possui caráter externo e resulta do controle que pessoas federativas exercem sobre pessoas pertencentes à Administração Indireta. É de subordinação a relação entre a divisão e um departamento dentro da Secretaria de determinado Município, por exemplo. Mas se configura como vinculação a que liga um Estado-Membro a uma de suas autarquias ou empresas públicas.

Celso Spitzcovsky menciona a dupla importância desse princípio, tanto para a Administração como para os administrados, pregando ele que:

> Na primeira hipótese, destarte, permite o esclarecimento quanto à forma de ingresso, quanto aos critérios para ascensão na carreira, quanto ao cumprimento de ordens estabelecidas por superiores hierárquicos. Encontra-se intimamente relacionado com as questões envolvendo a delegação, bem como a avocação de competências, pois só poderão se realizar dentro dos limites previamente estipulados pela Administração. Para a segunda hipótese, a importância desse princípio se revela, em especial, para aqueles que, embora não integrantes da Administração, litigam com ela. (...) exemplo, o conhecimento da forma pela qual se estrutura a Administração assume contornos importantes em relação à propositura de ações judiciais contra o Poder Público, em especial quando se trata de mandado de segurança (2001, p. 47).

A hierarquia comporta duas distinções ou espécies: a hierarquia *interna* e a *externa*. A primeira liga-se à organização hierárquica entre os agentes públicos; já a segunda trata da hierarquia entre os órgãos públicos.

É interessante ainda mencionar que o superior hierárquico é portador de quatro poderes inerentes ao seu cargo ou função: o poder de direção, o de supervisão, o de inspeção e o disciplinar.

O primeiro representa o poder do agente superior de dar ordens, passar instruções normativas, monitorar seus subalternos em relação aos serviços que serão prestados. Já o poder de supervisionar consiste em suspender ou revogar os atos praticados pelos subalternos que estejam eivados de vícios. A inspeção tem por finalidade promover a constante fiscalização dos serviços e atitudes dos subalternos. E o poder disciplinar é a atribuição que tem o superior para punir seus inferiores por qualquer ato contrário aos princípios constitucionais da Administração Pública, bem como por atos praticados *contra legem*.

Cabe, aqui, ressaltar que o princípio da hierarquia é indispensável para que se tenha uma boa administração e organização administrativa. Qualquer que seja o estágio encontrado na Administração Pública de um país, esteja em um alto grau de evolução ou não, sem esta hierarquia não há como se chegar a uma Administração eficiente.

b) Princípio da desconcentração

Historicamente, com o crescimento desmesurado do Estado, foi necessário que o Rei dividisse suas funções administrativas entre pessoas de sua confiança, para que pudesse, assim, manter sua posição dentro do Estado. Desse modo, diagnosticando o problema, encontrou como saída a criação de Ministérios, os quais iniciaram a chamada **desconcentração**.

Na moderna Administração, com o grande número de afazeres estatais, torna-se praticamente impossível uma única pessoa concentrar todos os poderes de decisão em suas mãos, como ocorria no passado, com o **sistema da centralização**; surgindo, então, o **sistema da desconcentração**.

A desconcentração figura como um dos principais sistemas de organização administrativa. Pressupõe hierarquia, pois "consiste em distribuir poderes de decisão pelos vários graus de uma hierarquia, em vez de os reservar sempre ao superior máximo" (Caetano, 1996, p. 71).

Para o francês Jean Rivero a desconcentração figura como modalidade da centralização, pois consiste "na transferência para um agente local do Estado de um poder de decisão até aí exercido pelo supremo da hierarquia. Continua a ser o Estado quem decide; mas no local, e não a partir de Paris" (1981, p. 355).

c) Princípio da descentralização

A Administração Pública do Estado liberal, em que pese à sua tentativa de se diferenciar do absolutismo estatal, prosseguiu centralizando, unificando e estadualizando, contrariando sua própria idéia de evolução estatal. Como ressalta Vital Moreira: "A Administração Pública do Estado liberal era por definição única e estatal" (Vital Moreira, 1997, p. 35).

Jean Rivero entendeu que, tratando-se do plano empírico, a centralização dificilmente iria tão longe, já que esbarraria numa realidade francesa – e pode-se dizer mundial: as **comunas**,[1] que eram coletividades com vida jurídica própria. O regime administrativo não poderia ignorá-las como pessoas

[1] Para nós, *cidades*.

jurídicas com necessidades regionalizadas e com rendimentos particulares; e, lógico, deveriam ter sua própria vida jurídica – o que vai contra o regime de centralização que, segundo Rivero, "comporta circunscrições, mas não reconhece coletividades".[2]

Com o "amadurecimento" do Estado, percebeu-se que não havia mais espaço para um Estado centralizador de todas as atividades administrativas e econômicas. A solução encontrada foi, então, a descentralização.

Themístocles Brandão Cavalcanti advertia que

> a centralização absoluta, a concentração da autoridade e das decisões administrativas nos órgãos centrais, constituiria um empecilho irremediável ao movimento da máquina burocrática (1966, p. 76).

Para justificar sua afirmação, o autor menciona um caso esdrúxulo ocorrido na França. Seu presidente, que tinha função de autorizar construções, por meio do Decreto de 15 de janeiro de 1933, teria autorizado um camponês a construir, às margens de uma estrada de ferro, um galinheiro de três metros – o que demonstra claramente os problemas burocráticos causados por este instituto, que já nessa época, quando o volume de pessoas num Estado não era tão grande, gerava casos patéticos.

Adentrar o tema *descentralização* tem sido um grande problema para qualquer estudioso do Direito Público. Isto porque a doutrina não chegou a uma pacificação quanto à definição e divisão do tema, podendo-se, assim, encontrar classificações de várias ordens.[3] Todavia, sem que isso signifique a nossa adesão, parece-nos útil, num segmento como o presente, adotar o esforço explicatório de Guido Zanobini, Marcos Juruena Villela Souto e Vital Moreira que propuseram uma forma simplificada, mas globalizadora, de todas as tendências doutrinárias conhecidas.

Para esses autores, a **descentralização administrativa** deve ser considerada um gênero que engloba até a desconcentração, determinando-a em sentido amplo. Guido Zanobini e Marcos Juruena Villela Souto a consideram um gênero; e Vital Moreira fala em descentralização em sentido amplo.

O primeiro fala em **descentralização administrativa** subdividindo-a em duas espécies: a **burocrática**, que é a própria desconcentração, pois há uma divisão interna de competências dentro da mesma pessoa jurídica; e a **autárquica**, que se subdividiria em **territorial** e **institucional**. A **territo-**

[2] Nesse sentido, Rivero, 1981, p. 354.

[3] Para estudar todas essas classificações detalhadamente, vide o nosso *Curso de Direito Administrativo Econômico*. v. I. São Paulo: Malheiros, 2006, p. 165 e ss.

rial existe quando aos entes locais – Municípios, Estados ou outra circunscrição administrativa – são atribuídos poderes, sendo que o serviço utilizará dessa autonomia para melhor atender aos interesses da região em que está atuando. É **institucional** quando se trata de institutos privados, empresas públicas e sociedades de economia mista, ou pessoas de direito público, autarquias e fundações, todos responsáveis pela prestação de serviços públicos (Zanobini, 1950, v. 2; 1990, p. 7 ss.).

Marcos Juruena Villela Souto explica bem essa posição unicista da descentralização:

> Não é apenas através da criação de autarquias ou de entidades paraestatais que ocorre a descentralização. (...). Esta é a descentralização por outorga ou institucional, na qual o Estado, através de lei, cria uma entidade (nova pessoa jurídica) e a ela transfere a titularidade de uma atividade administrativa. Assim, as autarquias e paraestatais passam a personalizar uma determinada função. (...). A descentralização por desconcentração ocorre dentro da própria estrutura administrativa, sem criação de uma pessoa jurídica, objetivando o descongestionamento do serviço através da repartição das funções entre os órgãos. (...). Por fim, tem-se a descentralização por delegação ou por colaboração, pela qual se transfere para terceiros, estranhos à estrutura da Administração Pública (Direta, Indireta ou Fundacional), a execução transitória de atividades que a ela cabem. É que nem sempre (aliás, raras vezes) os órgãos e entidades que integram a Administração Pública são auto-suficientes para solucionar as demandas que decorrem do dinamismo do interesse público. Daí a necessidade de chamar a iniciativa privativa a prestar a sua colaboração, o que ocorre através de atos administrativos, unilaterais (permissões), bilaterais (contratos) ou multilaterais (convênios e consórcios). Existe, ainda, o reconhecimento de serviços de utilidade pública (exemplo: organizações não-governamentais) (2001, p. 9).[4]

Nosso ordenamento positivo recepcionou a descentralização administrativa sem fazer distinção entre a mesma e a desconcentração, que é o que se infere da leitura do art. 10, § 1º, do Decreto-Lei nº 200/1967:

> *Art. 10. A execução das atividades da Administração Federal deverá ser amplamente descentralizada.*
>
> *§ 1º. A descentralização será posta em prática em 3 (três) planos principais: a) dentro dos quadros da Administração Federal, distinguindo-se claramente o nível de direção do de execução; b) da Administração Federal para a das unidades federadas quando estejam devidamente aparelhadas e mediante convênio; c) da Administração Federal para a órbita privada, mediante contratos ou concessões.*

[4] Para melhor aprofundamento, veja, do mesmo autor, 2002, p. 219-24.

Marcello Caetano, ao interpretar o Decreto-Lei nº 200/1967 e escrever sobre o Direito Administrativo brasileiro em 1976, relatou que:

> Na doutrina européia é corrente a distinção entre esses dois sistemas, que, todavia, não parece ter sido aceita no Brasil pelo legislador da notável Reforma Administrativa constante do Decreto-Lei nº 200, de 25 de fevereiro de 1967. (...). Para nós, só existe descentralização quando a lei, em vez de reunir as atribuições de interesse público numa só entidade, as distribui por diversas pessoas jurídicas, sobretudo quando dotadas de autonomia administrativa (1996, p. 71).

Entretanto, a própria doutrina brasileira tece críticas ao que fora estipulado nesse decreto-lei. Maria Sylvia Zanella Di Pietro, por entender que nosso sistema adota a divisão descentralização/desconcentração, manifesta-se sobre a confusão do legislador da seguinte forma:

> No primeiro caso, não há descentralização, mas desconcentração; no segundo, há apenas cooperação entre Governos Federal, Estadual e Municipal para a execução de serviços de interesse comum; no terceiro, com referência a contrato, há apenas execução indireta de obras e serviços por terceiros, conforme previsto no art. 9º do Decreto-Lei nº 2.300, de 21 de janeiro de 1986. Apenas com referência à concessão pode-se entender que o termo "descentralização" foi empregado adequadamente, abrangendo descentralização por colaboração (2001, p. 349).

Vital Moreira entende a descentralização de uma forma ampla, o que talvez mais se aproxima do que pretendia o art. 10, § 1º, do Decreto-Lei nº 200/1967, ao dispor sobre os planos de descentralização. Segundo ele,

> a descentralização da Administração directa do Estado – tomada a noção de descentralização em sentido amplíssimo – conhece três degraus: a criação de organismos relativamente autônomos dentro da Administração do Estado (empresas públicas, estabelecimentos públicos autónomos etc.); a criação de organismos administrativos de base profissional, separados da Administração do Estado; a entrega de funções e serviços públicos a entidades privadas. Na segunda e na terceira dessas vertentes a descentralização administrativa é também uma "desestatização" da Administração (1997, p. 36).

d) Princípio da delegação

Delegar funções significa transmitir a outrem poderes para praticar atos administrativos. Sustenta-se a delegação no fato de que, como o Estado é muito amplo e não seria possível uma só pessoa praticar todos os atos, ele designa outras para que atuem também em nome do Poder Público, sem que a prestação do serviço público sofra abalos.

Marcello Caetano apontava a importância de distinguir *órgão* de *agente*; isto porque, enquanto este é mero colaborador "na formação da vontade a manifestar pelos órgãos, ou a dar execução às decisões destes sob sua direção e fiscalização", pode-se dizer que aquele tem como característica fundamental a "função de exprimir uma vontade imputável à pessoa coletiva". Ao mencionar o instituto da delegação ele relembra que:

> é hoje muito freqüente em todos os países a delegação de competência ou delegação de poderes em virtude da qual um órgão pode autorizar os agentes que a lei especificar a tomar decisões em seu lugar. Isto é: a lei, indicando qual o órgão normalmente competente para a prática de certos actos, prevê que haja outro elemento, órgão ou agente, eventualmente competente para os praticar, desde que se produza uma manifestação de vontade do órgão normal a encarregar o outro de fazer, manifestação que constitui o acto de delegação propriamente dito (1997, p. 52).

Ampliando o estudo sobre delegações, Diogo de Figueiredo Moreira Neto propõe critérios subjetivos e objetivos para explicar esse instituto. Os primeiros considerando o delegante e os segundos a natureza das atribuições transferidas.

Sob o critério subjetivo se poderia encontrar a delegação de funções de Poder a Poder; dentro de um Poder, de órgão a órgão; de uma unidade federada a outra; e delegação de funções a particulares. A primeira encontraria barreira no Pacto Federativo, cabendo somente na hipótese, excepcionada pela própria Constituição, da *lei delegada*.[5] A segunda hipótese foi recepcionada pela Constituição, e pode ocorrer, por exemplo, dentro do Poder Executivo entre o presidente e seus ministros de Estado, Procurador-Geral da República e Advogado-Geral da União. Para a delegação de funções de uma unidade federada a outra, ele exemplifica que ela pode se dar mediante convênio, que, segundo ele, foi recepcionado implicitamente no art. 25, § 1º, da Carta Constitucional. Por último, as atribuições que não têm caráter decisório, de

[5] Segundo Michel Temer:
"As leis delegadas derivam de exceção ao princípio da indelegabilidade de atribuições.
(...) prevista no art. 59, IV, e depois no art. 68 da Constituição, (...).
Delegar atribuições, para o constituinte, significa retirar parcela de atribuições de um Poder para entregá-lo a outro Poder.
(...) é, efetivamente, a transferência de parte da atividade legislativa ao presidente da República.
A delegação ao presidente da República se faz por meio de resolução do Congresso Nacional (art. 68, § 2º).
(...) só é possível delegar ao presidente da República se este solicitar" (2000, p. 150).

simples execução material – tais como serviços públicos não-essenciais –, segundo o autor, poderiam ser transferidas a particulares por lei, contrato ou ato administrativo.

Em relação ao critério objetivo das delegações, Diogo de Figueiredo Moreira Neto as divide em três: delegações de funções normativas, administrativas e jurisdicionais (1998, p. 25-26).

Portanto, *in casu*, ao se mencionar a delegação como princípio se pretende apenas demonstrar que na Administração Pública é comum a prática de delegações com o intuito de distribuir melhor as funções e/ou atividades para que haja uma melhor especialização da Administração.

e) Princípio da desburocratização

Como bem explica o jurista português Diogo Freitas do Amaral, o princípio da desburocratização

> significa que a Administração Pública deve ser organizada e deve funcionar em termos de eficiência e de facilitação da vida aos particulares – eficiência na forma de prosseguir os interesses públicos de caráter geral, e facilitação da vida aos particulares em tudo quanto a Administração tenha de lhes exigir ou haja de lhes prestar (...). É um princípio difícil de aplicar, mas impõe ao legislador, e à própria Administração, que esta permanentemente se renove nas suas estruturas e nos seus métodos de funcionamento, para conseguir alcançar tal objetivo (2001, v. 1, p. 726).

No Brasil podemos entendê-lo como um princípio constitucional implícito que se encontra dentro do explicitado princípio da eficiência. Nesse sentido, o constitucionalista Alexandre de Moraes o considera uma das características do princípio da eficiência.[6]

Atualmente, podemos encontrar o Programa Nacional de Desburocratização, criado pelo presidente Figueiredo em 1979, na tentativa de proporcionar serviços e assistência sem tantas dificuldades. Esse Programa foi instituído pelo Decreto nº 83.740/1979 e revigorado em 2000 com a criação do Comitê Interministerial de Desburocratização, no âmbito do Ministério do Planejamento, Orçamento e Gestão, e os Comitês Executivos Setoriais de Desburocratização,

[6] Moraes considera que deve ser dado à desburocratização o mesmo sentido dado pelos publicistas portugueses José Joaquim Gomes Canotilho e Vital Moreira, que, em sua obra *Constituição da República Portuguesa Anotada*, sustentaram: "(...) burocracia administrativa, considerada como entidade substancial, impessoal e hierarquizada, com interesses próprios, alheios à legitimação democrática, divorciados dos interesses da população, geradora dos vícios imanentes às estruturas burocráticas, como mentalidade de especialistas, rotina e demora na resolução dos assuntos dos cidadãos, compadrio na seleção de pessoal, (...)" (Moraes, 2002, p. 109 e 111).

com o Decreto nº 3.335, de 11 de janeiro de 2000. Seus objetivos ligam-se ao impulsionamento da redução da interferência do Governo na vida do cidadão e nas atividades das empresas e outras entidades organizadas, com vistas a abreviar a solução dos casos em que essa interferência se fizer necessária, viabilizar a redução de custos e, principalmente, promover a contribuição para a melhoria do atendimento ao público nos órgãos e nas entidades da Administração Pública Federal. Entretanto, ele ainda não engrenou.

f) Princípio da aproximação dos serviços às populações

Consiste na estruturação da Administração de forma a tornar os serviços por ela prestados mais acessíveis à população. Acessibilidade, aqui, deve ser entendida como:

a) uma aproximação geográfica dos serviços, onde o estudante tenha direito a uma vaga em escola situada em seu bairro, ou o doente o direito de ser internado em hospital no seu bairro, e neste ponto retirar seus medicamentos;
b) uma desburocratização, para facilitação do acesso do usuário aos serviços públicos, no sentido de não fazer com que um idoso, que mal consegue chegar ao hospital, tenha que enfrentar uma fila às 4h da manhã para ser atendido, quiçá, no outro dia, se era mais fácil ele marcar sua consulta dando apenas um telefonema;
c) uma aproximação humana, ou seja, deve o funcionário público receber treinamento para que trate todos usuários de serviços públicos com mais irmandade e cordialidade – pouco existentes no funcionalismo público brasileiro.

Por fim, cabe ressaltar que os serviços públicos concedidos, sujeitos a tarifas ou preços públicos, não podem ser considerados inacessíveis caso o cidadão não tenha recursos para prover ao seu pagamento. Um exemplo que pode ser aqui citado são os pedágios em algumas rodovias brasileiras: há pequenos fazendeiros que diariamente têm que transitar por estas rodovias e que, por isso, acabam tendo que pagar valores incompatíveis com sua renda. Essa situação deve ser analisada tendo em vista o princípio da proporcionalidade, sopesando-se o fato de eles estarem sendo indiretamente impedidos de trabalhar, por essa condição imposta pelo Estado. Neste caso, a situação exposta deve ser particularizada, "desigualando os desiguais" e os submetendo a uma isenção ou taxação menor que a daquelas pessoas que ocasionalmente transitam por essas rodovias.

g) Princípio da participação dos interessados na gestão da Administração Pública

Significa, aqui, dizer que a função do cidadão não fica restrita à de mero eleitor. Ele deve participar do cotidiano da Administração, inclusive quando da tomada de decisões administrativas. Continua havendo a democracia representativa, entretanto com algumas prerrogativas dadas aos cidadãos no sentido de legitimar sua participação na gestão administrativa.

Fabiana de Menezes Soares afirma, em relação ao princípio participativo, que

> podemos afirmar que o conteúdo do conceito de democracia se assenta "hodiernamente na soberania popular (poder emanado do povo) e na participação popular", no exercício do poder de forma indireta e direta; é o princípio participativo.

E observa:

> A história atual assinala uma nova direção democrática, no sentido de abandonar o modelo marxista centralizador e ideologicamente dogmático e reafirmando os valores da liberdade e igualdade condizentes com uma sociedade pluralista, voltada para um desenvolvimento econômico e social que atinja principalmente as camadas populares (1997, p. 67-8).

Portanto, no seu sentir, a participação é tão importante, que é reflexo da evolução democrática de um país.

Diogo de Figueiredo Moreira Neto elenca as formas possíveis de administração participativa, ressaltando que há "13 institutos de participação administrativa, cobrindo um vasto espectro caracterológico, desde a simples "influência" do administrado na decisão do Poder Público até a "vinculação decisional (1992, p. 125). As formas mais comuns que se têm visto de participação são as ouvidorias, as audiências públicas, os colegiados públicos, os orçamentos participativos, a provocação de inquérito civil e as denúncias públicas.

h) Princípio do planejamento

O princípio do planejamento é de suma importância para o setor público, principalmente porque *administrar* pressupõe *planejar*, pois administrar sem planejar é inconcebível. Tanto o é que, atualmente, tem-se tentado inibir administrações não-planejadas e, conseqüentemente, desastrosas, com altos gastos públicos, sem resultados concretos. Numa dessas tentativas é que sobreveio a Lei de Responsabilidade Fiscal (Lei Complementar nº 101), que até, de certa forma, incrimina situações em que não houve prévio planejamento pelo administrador.[7]

i) Princípio da coordenação

O princípio da coordenação pode ser entendido em dois sentidos: primeiro no seu sentido tradicional, aquele previsto no Decreto-Lei nº 200/1967, arts. 8º e 9º; e o segundo sentido é o da Administração Pública coordenada.

No sentido legal e estudado pela doutrina tradicional, *coordenação* significa que as atividades da Administração deverão estar devidamente ordenadas para a execução dos planos e programas de Governo. Hely Lopes Meirelles entende que o princípio da coordenação tem por objetivo "entrosar as atividades da Administração, de modo a evitar a duplicidade de atuação, a dispersão de recursos, a divergência de soluções e outros males característicos da burocracia". Coordenar é "harmonizar todas as atividades da Administração, submetendo-as ao que foi planejado e poupando-a de desperdícios, em qualquer de suas modalidades" (Meirelles, 2002, p. 736). Convém ressaltar que a coordenação deve dar-se no mínimo nos moldes dos arts. 8º e 9º do Decreto-Lei nº 200/1967.

Para Manuel de Oliveira Franco Sobrinho, coordenar

> não é aqui apenas uma palavra de dicionário, mas "ação de controle diretivo" das variadas e dispersas funções administrativas. Tanto que o legislador, após o "planejar", tendo em apreço o "quadro brasileiro", passou a considerar, face à hierarquia de posições, os aspectos na Administração da coordenação, da descentralização, da delegação de competência e do controle.

Ressalta o autor, em outro momento, que

> o importante mesmo é o planejamento ou a planificação das atividades governamentais. Surge a coordenação como a conseqüência de dois fatos: a) um, cuja natureza é da essência dos regimes institucionais administrativos; b) outro, marcado pelos liames que dão sistema aos planos de Governo e de administração (1975, p. 72-73).

Nesse sentido, Eduardo García de Enterría e Ramón Fernandez:

> se as diretrizes se revelam como instrumentos idôneos para assegurar uma coordenação pontual das ações de uma pluralidade de sujeitos dotados de autonomia funcional, só os planos, enquanto atos complexos que incorporam um diagnóstico da situação, um prognóstico de sua evolução, um quadro de prioridades e objetivos e um programa sistemático de ação em função daqueles,

[7] Para estudo completo deste tema matéria, vide o texto Planejamento de autoria de Floriano de Azevedo Marques Neto e João Eduardo Lopes Queiroz, em *Curso de Direito Administrativo*. (Queiroz, 2006, p. 40-127).

> podem assegurar globalmente a convergência imprescindível das distintas ações, sem a qual não pode conseguir-se o ótimo de eficácia em nenhum sistema. Os planos, a planificação, constituem por isso a máxima expressão da coordenação em seu aspecto funcional (1998, p. 324).

Lembra William H. Newman que

> a necessidade de coordenação não constitui novidade. Já no século XVIII o pessoal de produção de James Watt dirigia aos projetistas memorandos do seguinte teor: "Encarecemos a necessidade de dispensarem mais cuidado aos flanges das peças fundidas. Estamos tendo inúmeras razões de queixa nesse sentido, e fomos obrigados a desbastar os ferros para dar-lhes o devido formato. Um pouco mais de atenção da sua parte ter-nos-ia evitado essa despesa." O agente de compras reclamava: "As rodas do movimento alternativo são tão ruins que será necessário substituí-las. Quebrou-se a parte superior da biela. Seus munhões apresentam ranhaduras da espessura de uma moeda desgastada. É mau o ajuste das cremalheiras e setores dentados, havendo ainda uma série de outras falhas." Ao que replicavam os engenheiros: "Por que, em vez de declararem simplesmente e em termos gerais, que há desajuste de peças, não nos fornecem especificações detalhadas?" (1964, p. 417).

Newman explica que a execução das atividades administrativas deve ser sincronizada, unificando as atividades de determinado grupo de trabalho.

Assim, *Administração Pública coordenada* pode ser entendida como a cooperação e a colaboração entre órgãos e entidades públicas e outras entidades públicas ou privadas, respectivamente. Desta forma, a Administração busca alcançar seus objetivos realizando gestão associada,[8] parcerias[9] e privatizações em sentido amplo; sendo que estas últimas foram justificadas pela busca da eficiência e pela insuficiência do Estado em continuar gerenciando eficientemente essas empresas.

[8] Prevista no art. 214 da CF, deve-se entendê-la como atuação conjunta dos entes federativos nas matérias de competência comum. Ela se dá por meio de consórcio, se os entes estiverem no mesmo nível governamental (o Município de São Gotardo celebra um consórcio intermunicipal de saúde com o Município de Matutina, por exemplo), ou por convênio, se se tratar de entes de níveis diversos (União e Municípios, por exemplo, para promoção de educação continuada).

[9] "Parcerias", aqui, no mesmo sentido dado por Maria Sylvia Zanella Di Pietro, ou seja, "para designar todas as formas de sociedade que, sem formar uma nova pessoa jurídica, são organizadas entre os Setores Público e Privado, para a consecução de fins de interesse público. Nela existe a colaboração entre o Poder Público e a iniciativa privada nos âmbitos social e econômico, para satisfação de interesses públicos, ainda que, do lado do particular, se objetive o lucro. Todavia, a natureza econômica da atividade não é essencial para caracterizar a parceria, como também não o é a idéia de lucro, já que a parceria pode dar-se com entidades privadas sem fins lucrativos que atuam essencialmente na área social e não econômica" (2002, p. 33-34).

j) Princípio da cooperação

Para explicar o que significa "cooperação", recorremos, aqui, às lições de Waldo Dwight:

> Administração Pública é uma espécie do gênero Administração, gênero esse que, por sua vez, pertence a uma família que podemos chamar de "ação humana cooperativa". A palavra "cooperativa" é aqui definida em termos de resultado: a ação humana é cooperativa se produzir efeitos que estariam ausentes caso a cooperação não se efetuasse. Assim – para tomar de um exemplo freqüente citado –, quando dois homens rolam uma pedra que nenhum dos dois poderia rolar sozinho, eles cooperam. O resultado, a pedra rolada, é o teste. Mas suponha que um dos homens emprestou seu esforço contra a vontade, talvez sob ameaça de castigo físico por parte do outro: isso é cooperação? É, no sentido aqui referido. A cooperação, como é usada comumente, sugere boa vontade, talvez até entusiasmo; portanto, estamos forçando o sentido habitual (Dwight, 1964, p. 10).

Explicado o que é *cooperação*, Dwight entendeu-se apto a explicar a Administração voltada para seu aspecto cooperativo, relatando ele, naquele momento, que "estamos agora em posição de descrever a Administração. Administração é um tipo de esforço humano cooperativo que possui um alto grau de racionalidade" (*idem*).

Pensar em *cooperação* na Administração Pública implica dizer que ela se dá no âmbito interno da Administração. Se sair deste, estar-se-á falando em *colaboração*, que se dá por meio de parcerias.

Nesse sentido, Don K. Price sustenta que,

> de forma geral, o sistema que tem sido às vezes denominado de "Governo cooperativo" caracteriza-se pela execução de programas de grandes dimensões, e não por uma única repartição nacional, tal como o Departamento de Correios, mas por uma constelação de repartições federais, estaduais e municipais, em cooperação entre si e com instituições mistas ou privadas, com as organizações econômicas e com as trabalhistas (1968, p. 99).

l) Princípio do controle

Controlar é ter em mente o planejamento e avaliar os resultados, na tentativa de estabelecer uma harmonia entre eles.

Celso Antônio Bandeira de Mello explica que

> o princípio do controle administrativo ou tutela vincula-se também ao princípio da indisponibilidade do interesse público. Efetivamente, o Estado, através da chamada função administrativa, procede à persecução de interesses que consagrou como pertinentes a si próprio. A implementação deles é feita pelo próprio Estado (mediante os órgãos da Administração) (1968, p. 304).

m) Princípio da competência

Constitui o último que nos propusemos a estudar, mas de grande importância para a organização administrativa. A *competência* pode ser definida como um conjunto de faculdades, de poderes e de atribuições que correspondem a um determinado órgão em relação aos demais.

A competência pode ser atribuída por lei ou por delegação, sendo elemento essencial para a validade do ato administrativo praticado.

José Antonio García-Trevijano Fos sustenta que

> o princípio da competência possibilita que cada órgão possa manifestar externamente a pessoa jurídica de que faz parte; a não ser assim se levaria ao absurdo de que todos os atos (e contratos) de uma organização teriam que levar-se a cabo pela cabeça visível da mesma: o chefe de Estado seria o único que poderia manifestar a capacidade deste. Tomando o conceito de competência, em contrapartida, no sentido amplo, cada um dos órgãos inferiores pode realizar atos e celebrar contratos que se imputam à pessoa jurídica (1957, p. 187).

A competência pode ser orgânica ou funcional. A primeira refere-se à competência do Governo como órgão supremo do Poder Executivo, sendo ele constituído na esfera federal pelo conselho de ministros e pelo chefe de Estado e de Governo. A competência funcional é a que indica os atos políticos ou fundamentos referentes à organização.

A competência pode ser classificada também em razão da matéria, do lugar, do grau, do tempo, necessária e eventual, interna e externa, pessoal, concorrente e alternativa.

Em razão da matéria significa dizer que a cada fim deve corresponder um órgão.

Em razão do lugar refere-se à circunscrição territorial em que o agente pode exercer sua função administrativa.

A competência *em razão do grau* verifica-se em virtude da verticalização da organização administrativa, diferenciando-se pelo grau ocupado na mesma. Por exemplo: o chefe de Gabinete é subordinado ao ministro correspondente.

Em razão do tempo, se nota quando um órgão é direcionado a uma atividade específica, mas com duração predeterminada. É o caso dos Ministérios extraordinários, por exemplo (como o Ministério Extraordinário de Segurança Alimentar e Combate à Fome: realizados seus objetivos, em tese, ele deveria ser extinto).

Quanto à competência *necessária* e à *eventual*, a primeira se tem em razão de fatos gerais e normais da organização administrativa, e a segunda quando há algumas circunstâncias especiais que a justifiquem.

A competência *pessoal* baseia-se na vigência e eficácia das normas referentes a determinadas pessoas.

Quanto à competência *concorrente* e à *alternativa*, a primeira serve para dizer quando dois ou mais órgãos devam atuar conjuntamente, por se tratar de matérias de mútuos interesses. Já a segunda ocorre quando um órgão pode atuar, mas resolve deixar que outro o faça.

2.2.3. Administração Direta

A Administração Direta é composta pelos órgãos componentes do Executivo, esteja ele em nível federal, estadual, distrital e/ou municipal, mas possuem uma estrutura organizacional e as funções predeterminadas.

Odete Medauar, conceituando a Administração Direta, assim se manifesta: "é o conjunto dos órgãos integrados na estrutura da chefia do Executivo e na estrutura dos órgãos auxiliares da chefia do Executivo" (2002, p. 67).

O número de órgãos integrados e auxiliares do chefe do Poder Executivo não é fixo, sendo que é de costume neste país aumentar ou diminuir de Governo a Governo. Para se ter uma idéia, o Governo anterior tinha sob seu comando vinte Ministérios.[10] O atual entendeu necessárias a criação de mais dois – o Ministério das Cidades e o Ministério do Desenvolvimento Social e Combate à Fome – e a separação do Ministério do Esporte e Turismo. Ou seja, o número, que antes era de vinte, atualmente foi elevado para 23 Ministérios.

Esses aspectos serão brevemente traçados. Entretanto, preocupar-nos-emos em maior grau com os aspectos federais, principalmente pelo fato de nossos estados-membros e Municípios terem sua própria Constituição e Lei Orgânica Municipal – o que dificulta sua análise, restando-nos apontar os parâmetros constitucionalmente traçados a eles.

2.2.3.1. Administração Direta federal

O art. 76 do estatuto constitucional dispõe que "o Poder Executivo é exercido pelo presidente da República, auxiliado pelos ministros de Estado". Ou seja, a Administração Pública Federal é composta pela Presidência da República e pelos Ministérios,[11] que se subdividem em vários órgãos e entidades.

[10] A Lei nº 9.649/1998 previa a existência de 20 Ministérios, quais sejam: da Agricultura e do Abastecimento; da Ciência e Tecnologia; das Comunicações; da Cultura; da Defesa (Comandos Militares); do Desenvolvimento Agrário; do Desenvolvimento, Indústria e Comércio Exterior; da Educação; do Esporte e Turismo; da Fazenda; da Integração Nacional; da Justiça; do Meio Ambiente; de Minas e Energia; do Planejamento, Orçamento e Gestão; da Previdência e Assistência Social; das Relações Exteriores; da Saúde; do Trabalho e Emprego; e dos Transportes.

[11] Inclusive a previsão do Decreto-Lei nº 200/1967 era nesse sentido. No seu art. 4º, I, ele previa: "A Administração Federal compreende: I – a Administração Direta, que se constitui dos serviços integrados na estrutura administrativa da Presidência e dos Ministérios."

Diferente do sistema parlamentarista-monárquico ou parlamentarista-republicano – onde há o chefe de Governo, representado pela figura do primeiro-ministro, e o chefe de Estado, configurado pelo monarca e pelo presidente, respectivamente –, no sistema presidencialista, como é o nosso, o presidente exerce as funções de chefe de Governo e chefe de Estado, o que alarga a estrutura da presidência da República.

O presidente da República tem atribuições executivas de natureza política (quando pratica atos com fundamento direto na Constituição Federal) e administrativa (quando pratica atos fundamentados em leis), que deverão sempre se respaldar em preceitos legais; ou seja, o princípio da legalidade também vige para o presidente, que compõe eminentemente o Executivo. Mesmo em seu poder regulamentar o Poder Executivo é vinculado às leis preexistentes.

A respeito dessas situações, leciona Geraldo Ataliba que, se o poder regulamentar:

> não pode dispor sequer *ultra legem*; com maior razão, as demais faculdades ficam rigorosamente circunscritas ao querer legislativo. O cunho absolutamente administrativo – no sentido de subordinado, serviente – dessas atribuições é bastante evidente, a despeito de todas as aparências em contrário (2004, p. 54-55).

Em que pesem a determinação e a fixação das competências do chefe do Poder Executivo federal em todas as nossas Constituições, desde o Império,[12]

[12] A Constituição atual fixa as atribuições do presidente no art. 84, sendo elas as funções de: I – nomear e exonerar os ministros de Estado; II – exercer, com o auxílio dos ministros de Estado, a direção superior da Administração Federal; III – iniciar o processo legislativo, na forma e nos casos previstos nesta Constituição; IV – sancionar, promulgar e fazer publicar as leis, bem como expedir decretos e regulamentos para sua fiel execução; V – vetar projetos de lei, total ou parcialmente; VI – dispor sobre a organização e o funcionamento da Administração Federal, na forma da lei; VII – manter relações com Estados estrangeiros e acreditar seus representantes diplomáticos; VIII – celebrar tratados, convenções e atos internacionais, sujeitos a referendo do Congresso Nacional; IX – decretar o estado de defesa e o estado de sítio; X – decretar e executar a intervenção federal; XI – remeter mensagem e plano de Governo ao Congresso Nacional por ocasião da abertura da sessão legislativa, expondo a situação do país e solicitando as providências que julgar necessárias; XII – conceder indulto e comutar penas, com audiência, se necessário, dos órgãos instituídos em lei; XIII – exercer o comando supremo das Forças Armadas, promover seus oficiais-generais e nomeá-los para os cargos que lhes são privativos; XIV – nomear, após aprovação pelo Senado Federal, os ministros do Supremo Tribunal Federal e dos Tribunais Superiores, os Governadores de Territórios, o Procurador-Geral da República, o presidente e os Diretores do Banco Central e outros servidores, quando determinado em lei; XV – nomear, observado o disposto no art. 73, os ministros do Tribunal de Contas da União; XVI – nomear os magistrados, nos casos previstos nesta Constituição, e o Advogado-Geral da União; XVII – nomear membros do Conselho da República, nos termos do art. 89, VII; XVIII – convocar e presidir o Conselho da República e o Conselho de Defesa Nacional; XIX – declarar guerra, no caso de agressão estrangeira, autorizado pelo Congresso Nacional ou referendado por ele, quando ocorrida no intervalo das sessões legislativas, e, nas mesmas condições, decretar, total ou parcialmente, a mobilização nacional; XX – celebrar a paz, autorizado ou com o referendo do Congresso Nacional; XXI – conferir con-

por diversas vezes houve abuso de limites, tendo o presidente invadido áreas restritas a outros Poderes ou competências.

a) Presidência da República

A Presidência da República[13] é constituída pela Casa Civil,[14] pela Secretaria-Geral,[15] pela Secretaria de Relações Institucionais,[16] pela Secretaria de

decorações e distinções honoríficas; XXII – permitir, nos casos previstos em lei complementar, que forças estrangeiras transitem pelo território nacional ou nele permaneçam temporariamente; XXIII – enviar ao Congresso Nacional o plano plurianual, o projeto de lei de diretrizes orçamentárias e as propostas de orçamento previstos nesta Constituição; XXIV – prestar, anualmente, ao Congresso Nacional, dentro de sessenta dias após a abertura da sessão legislativa, as contas referentes ao exercício anterior; XXV – prover e extinguir os cargos públicos federais, na forma da lei; XXVI – editar medidas provisórias com força de lei, nos termos do art. 62; XXVII – exercer outras atribuições previstas nesta Constituição.
Sendo delegáveis aos ministros de Estado, ao Procurador-Geral da República ou ao Advogado-Geral da União as atribuições de dispor sobre a organização e o funcionamento da Administração Federal; a de conceder indulto e comutar penas, com audiência, se necessário, dos órgãos instituídos em lei; e a de provimento dos cargos públicos federais. Os delegatários devem se ater aos limites traçados nas respectivas delegações.

[13] Conforme a previsão do art. 1º da Lei nº 10.683, que disciplinou a organização da Administração direta Federal.

[14] A Casa Civil é o órgão que tem por função auxiliar o presidente no desempenho de algumas de suas funções – quais sejam: assistir ao presidente na coordenação e na integração das ações do Governo, no controle prévio de constitucionalidade e legalidade dos atos presidenciais, na análise do mérito, da oportunidade e da adequação das propostas com as diretrizes governamentais; realizar a coordenação política do Governo, o relacionamento com o Congresso Nacional e os partidos políticos, a interlocução com os entes federados; promover a publicação e preservação dos atos oficiais e supervisionar e executar as atividades administrativas da Presidência da República e supletivamente da Vice-Presidência da República.

[15] A secretaria-geral tem por competência auxiliar no desempenho de suas funções, direta e imediatamente, ao presidente da República; assessorar no relacionamento e articulação com as entidades da sociedade civil e na criação e implementação de instrumentos de consulta e participação popular de interesse do Poder Executivo, bem como na elaboração da agenda futura do presidente; auxiliar na preparação e formulação de subsídios para os pronunciamentos do presidente, na promoção de análises de políticas públicas e temas de interesse do presidente, na realização de estudos de natureza político-institucional; na formulação, supervisão, coordenação, integração e articulação de políticas públicas para a juventude e na articulação, promoção e execução de programas de cooperação com organismos nacionais e internacionais, públicos e privados, voltados à implementação de política de comunicação e divulgação social do Governo e de implantação de programas informativos; na coordenação, normatização, supervisão e controle da publicidade e dos patrocínios dos órgãos e das entidades da Administração Pública Federal, direta e indireta, e de sociedades sob controle da União; na convocação de redes obrigatórias de rádio e televisão; ainda podendo o presidente, se entender necessário, designar-lhe outras atribuições.

[16] À secretaria de Relações Institucionais compete assistir ao presidente no assessoramento sobre a gestão estratégica e políticas públicas; na análise e avaliação estratégicas; na formulação da concepção estratégica nacional; na articulação de centros de produção de conhecimento, pesquisa e análise estratégica; na promoção de estudos e elaboração de cenários exploratórios; na elabo-

Comunicação Social,[17] pelo Gabinete Pessoal,[18] pelo Gabinete de Segurança Institucional[19] e pelo Núcleo de Assuntos Estratégicos.[20]

ração, coordenação e controle de planos, programas e projetos de natureza estratégica, assim caracterizados pelo presidente; nos assuntos relativos à política de comunicação e divulgação social do Governo e de implantação de programas informativos; cabendo-lhe a coordenação, a normatização, a supervisão e controle da publicidade e de patrocínios dos órgãos e das entidades da Administração Pública Federal, direta e indireta, e de sociedades sob controle da União; e também convocar redes obrigatórias de rádio e televisão.

[17] À secretaria de Comunicação Social compete assistir na formulação e implementação da política de comunicação, informação e divulgação social; na organização e desenvolvimento de sistemas de informação e pesquisa de opinião pública; na coordenação da comunicação interministerial; na coordenação, normatização, supervisão e controle da publicidade e de patrocínios dos órgãos e das entidades da administração pública federal, direta e indireta, e de sociedades sob controle da União; na convocação de redes obrigatórias de rádio e televisão; na coordenação e consolidação da implantação do sistema brasileiro de televisão pública; enfim, em qualquer função determinada pelo presidente que seja relativa à comunicação social do desempenho de suas atribuições.

[18] O gabinete pessoal do presidente tem por atribuição exercer as atividades de coordenação de agenda, de secretaria particular, de cerimonial, de ajudância de ordens e de organização do acervo documental privado do mesmo. É um órgão de apoio político e técnico do presidente, realizando tarefas de confiança e assessoramento especial, prestando apoio no desenvolvimento de seus trabalhos políticos, no cumprimento de tarefas de caráter presidencial e em suas relações públicas.

[19] O gabinete de segurança institucional é um daqueles a que mais funções foram atribuídas, competindo-lhe auxiliar o presidente no desempenho de suas atribuições; prevenir a ocorrência e articular o gerenciamento de crises; em caso de grave e iminente ameaça à estabilidade institucional, realizar o assessoramento pessoal em assuntos militares e de segurança; coordenar as atividades de inteligência federal e de segurança da informação; utilizando-se do poder de polícia que lhe é atribuído, zelar pela segurança pessoal do chefe de Estado, do vice-presidente da República, e respectivos familiares, dos titulares dos órgãos essenciais da Presidência da República, e de outras autoridades ou personalidades, quando determinado pelo presidente, ressaltando que os locais onde o chefe de Estado e o vice-presidente da República trabalham, residem, estejam ou haja a iminência de virem a estar, e adjacências, são áreas consideradas de segurança das referidas autoridades, podendo este gabinete adotar as medidas necessárias para sua proteção, bem como coordenar a participação de outros órgãos de segurança nessas ações; velar também pela segurança dos palácios presidenciais e das residências do presidente e de seu vice; ainda cabe a este gabinete a função de coordenar e integrar as ações do Governo nos aspectos relacionados com as atividades de prevenção do uso indevido de substâncias entorpecentes, que causem dependência física ou psíquica, bem como aquelas relacionadas com o tratamento, a recuperação e a reinserção social de dependentes.

[20] Ao Núcleo de Assuntos Estratégicos da Presidência da República compete assessorar o presidente da República na gestão, análise e avaliação de assuntos de natureza estratégica; na formulação da concepção estratégica nacional e na articulação de centros de produção de conhecimento, pesquisa e análise estratégica; na preparação e promoção de estudos e elaboração de cenários exploratórios na área de assuntos de natureza estratégica; e na elaboração, coordenação e controle de planos, programas e projetos de natureza estratégica, assim caracterizados pelo presidente da República.

b) Os Ministérios

A Napoleão Bonaparte é que se atribui a paternidade da criação dos Ministérios. Sua idéia inicial era que os ministros, que eram considerados altos funcionários vinculados à sua autoridade, não tinham por missão a simples supervisão ou controle dos serviços, mas sim a responsabilidade de sua direção e efetivo comando, semelhante ao que se via nas unidades militares. Eram obrigados, portanto, a ter um conhecimento profundo dos serviços que tinham a seu cargo – o que, pela própria natureza, se tornava inviável dadas as enormes grades de atribuições que eles abarcavam. Essa idéia ainda permanece na Administração Pública, e é por isso que se nota um grande número de Ministérios.

Os Ministérios são parte da Administração Direta Federal. Surgem como órgãos de desconcentração do Poder; ou seja, como o presidente não tem condições de pessoalmente exercer todas as atividades exigidas por um Estado, ele se utiliza desses órgãos, repartindo a competência para exercício das suas diversas atividades governamentais por meio da nomeação em comissão dos ministros para exercerem as funções que estão disciplinadas no parágrafo único do art. 87 da Carta Constitucional Brasileira – quais sejam: de orientação, coordenação e supervisão dos órgãos da Administração Federal enquadrados em áreas de competência;[21] referendamento dos atos e decretos assinados pelo presidente; expedição de instruções normativas[22] para a execução das leis, decretos e regulamentos; além de outras funções delegadas ou outorgadas pelo presidente. Os ministros têm como obrigação, a cada ano de gestão, apresentar um relatório das atividades realizadas.

A doutrina estrangeira aponta algumas classificações para os Ministérios, sendo relevantes, no nosso entender, duas classificações: a do italiano Guido Zanobini e a do português Diogo Freitas do Amaral. Vejamos estas classificações:

Para Guido Zanobini, há quatro classes de Ministérios:

1) os destinados a recolher e a distribuir os meios econômicos necessários à organização e funcionamento do Estado (Finanças, Tesouro, Orçamento, Participações do Estado);
2) aqueles relativos às relações internacionais e à defesa militar do Estado (Negócios Estrangeiros, Defesa Nacional);

---

[21] Conforme o art. 20 do Decreto-Lei nº 200/1967, que trata da organização federal.

[22] Que são atos administrativos editados, neste caso, pelos ministros, visando a estipular diretrizes para a realização de algumas atividades.

3) os voltados para a manutenção da ordem pública e jurídica interna (Interior, Justiça); e
4) aqueles destinados à realização do bem-estar e do progresso material e moral da população (todos os outros) (1957, p. 22-25).

Já Diogo Freitas Amaral agrupa os Ministérios em cinco categorias:

1) *os políticos* – onde "as atribuições políticas são predominantes, por lhes estar confiado o exercício das principais funções de soberania do Estado (Administração Interna, Justiça, Negócios Estrangeiros)";
2) *os militares* – que se preocupam com as Forças Armadas de um país, em relação à sua estrutura e organização. É o caso do Ministério da Defesa Nacional;
3) *os econômicos* – "aqueles que superintendem nos assuntos de caráter econômico, financeiro e monetário (Finanças, Planejamento, Agricultura, Comércio, Indústria)";
4) *os sociais* – são os responsáveis por "questões de natureza social e cultural e no mundo do trabalho (Educação, Cultura, Ciência, Juventude, Desportos, População, Emprego, Saúde, Trabalho, Segurança Social)". Esses Ministérios realizam intervenções nestas questões por determinação do Estado, a depender do contexto histórico vivenciado;
5) *os técnicos* – preocupam-se com a "infra-estrutura e com os direitos difusos e coletivos (Obras Públicas, Habitação, Urbanismo, Ambiente, Transportes, Comunicações)" (2001, p. 271-72).

Os Ministérios exercem funções de fiscalização e supervisão dos órgãos a eles vinculados. Aqui, só a título de exemplo, podemos citar as agências reguladoras e outras autarquias a eles vinculadas.

No Decreto-Lei nº 200/1967, em seu art. 25, há fixação de objetivos para a supervisão ministerial,[23] que Manoel de Oliveira Franco Sobrinho sintetizou em:

[23] O art. 25 do Decreto-Lei nº 200/1967 prevê os objetivos da supervisão ministerial em relação a cada Ministério competente pela pessoa jurídica da Administração Indireta. Esses objetivos também podem ser aplicados aos Estados, Municípios e Distrito Federal, no que couber (invocando o princípio do paralelismo), respeitadas suas leis organizativas; são eles: I – assegurar a observância da legislação respectiva; II – promover a execução dos programas de Governo; III – observar os princípios do planejamento, coordenação, descentralização, delegação e controle; IV – coordenar as atividades dos órgãos supervisionados e harmonizar sua atuação com a dos demais Ministérios; V – avaliar o comportamento administrativo dos órgãos supervisionados e diligenciar no sentido de que estejam confiados a dirigentes capacitados; VI – proteger a administração dos órgãos supervisionados contra interferências e pressões legítimas; VII – fortalecer o sistema do mérito; VIII – fiscalizar a aplicação e utilização de dinheiros, valores e bens públicos;

> a) a existência de uma atividade de acompanhamento e fiscalização das tarefas a executar;
>
> b) condições dentro das quais as tarefas devem ser executadas;
>
> c) participação tutelar permanente dos titulares de áreas nos problemas gerais e departamentais;
>
> d) meios programados para a efetivação dos projetos e fortalecimento dos objetivos (1975, p. 110).

Enfatizou que, quanto a estes meios programados, eles devem voltar-se para a avaliação do trabalho dos funcionários e suas técnicas operacionais utilizadas e, ainda, "aos critérios de análise crítica para o levantamento dos fatores positivos e negativos que afetam o serviço" (1975, p. 110). Observando, ainda, que:

> Pelo contexto, se quer: a) que o fluxo do trabalho administrativo seja planejado, evitando demoras ou pontos de congestionamento; b) que haja elementos de avaliação do comportamento administrativo dos órgãos supervisionados em termos de fiscalização eficaz (1975, p. 110).

Justificando o autor que "sem tais cometimentos não há supervisão racional possível e adequada". O autor ainda salienta a importância da previsão de passagem ao Tribunal de Contas de informes sobre a administração financeira e patrimonial das autarquias; e em face do art. 25, XI,

> duas situações de relação administrativa ficaram criadas: a) uma de parte da Administração, que se vê obrigada a prestações de gestão; b) outra do Tribunal, que há de apreciá-las, aprová-las ou não (1975, p. 116).

Há na estrutura de cada Ministério uma secretaria-executiva, o gabinete do ministro e uma consultoria jurídica.

À secretaria-executiva compete supervisionar e coordenar as outras secretarias integrantes do Ministério e, ainda, exercer as funções que o ministro determinar. Importante ressaltar que no Ministério das Relações Exteriores essa secretaria não existe.

O gabinete do ministro, conforme conceito de Jean Rivero,

> é o grupo dos colaboradores pessoais do ministro, livremente escolhidos por ele numa base de confiança; as suas funções terminam quando ele abandona o Ministério. (...) O Gabinete é organizado segundo uma hierarquia particular

IX – acompanhar os custos globais dos programas setoriais do Governo, a fim de alcançar uma prestação econômica de serviços; X – fornecer ao órgão próprio do Ministério da Fazenda os elementos necessários à prestação de contas do exercício financeiro; XI – transmitir ao Tribunal de Contas, sem prejuízo da fiscalização deste, informes relativos à administração financeira e patrimonial dos órgãos do Ministério.

> (diretor do gabinete, chefe do gabinete, adjuntos, encarregados de missão). (...) As funções do Gabinete, sempre importantes, mas difíceis de enunciar, pois dependem das concepções próprias de cada ministro, são em parte de ordem política, em parte de ordem administrativa, dado que o ministro prefere confiar o estudo de certos assuntos particulares importantes ou delicados aos seus colaboradores pessoais, em vez de o fazer aos serviços (1981, p. 391).

Ou seja, o gabinete é o responsável pelo assessoramento direto do ministro.

A consultoria jurídica realiza, basicamente, funções de orientação e emissão de pareceres sobre assuntos jurídicos.[24] O Ministério da Fazenda não tem Consultoria Jurídica, dado que as funções de consultoria nesse Ministério são exercidas pelo procurador-geral da Fazenda Nacional.

c) Funções

Primordialmente, é necessário refrisar que ao Poder Executivo cabe atuar concretizando o disposto nas leis (função administrativa) e na Constituição (função governamental).

José Maria Pinheiro Madeira, tratando das Administrações Públicas Diretas, ressalta que estas são "o conjunto de órgãos das pessoas políticas que têm como função típica a atividade administrativa do Estado, por determinação do direito positivo" (2001, p. 131).

Portanto, conclui-se que as funções da Administração Direta são as inerentes à execução das funções administrativas. Cabe lembrar, entretanto, que as chamadas *funções governamentais*, previstas na Constituição, também acabam

[24] Todas as competências das Consultorias Jurídicas são fixadas pela Lei Complementar nº 73/1993: "Art. 11. Às Consultorias Jurídicas, órgãos administrativamente subordinados aos ministros de Estado, ao Secretário-Geral e aos demais titulares de Secretarias da Presidência da República e ao Chefe do Estado-Maior das Forças Armadas compete, especialmente: I – assessorar as autoridades indicadas no *caput* deste artigo; II – exercer a coordenação dos órgãos jurídicos dos respectivos órgãos autônomos e entidades vinculadas; III – fixar a interpretação da Constituição, das leis, dos tratados e dos demais atos normativos a ser uniformemente seguida em suas áreas de atuação e coordenação quando não houver orientação normativa do Advogado-Geral da União; IV – elaborar estudos e preparar informações, por solicitação da autoridade indicada no *caput* deste artigo; V – assistir a autoridade assessorada no controle interno da legalidade administrativa dos atos a serem por ela praticados ou já efetivados, e daqueles oriundos de órgão ou entidade sob sua coordenação jurídica; VI – examinar, prévia e conclusivamente, no âmbito do Ministério, Secretaria e Estado-Maior das Forças Armadas: a) os textos de edital de licitação, como os dos respectivos contratos ou instrumentos congêneres, a serem publicados e celebrados; b) os atos pelos quais se vá reconhecer a inexigibilidade, ou decidir a dispensa, de licitação".

surgindo como funções da Administração Direta, uma vez que muitas delas são refletidas em leis dispostas no ordenamento jurídico. Com isso, poderia parecer que se tornaram funções administrativas; todavia, sua natureza continua sendo de função governamental.

2.2.3.2. Administração Direta estadual

O Brasil, por ter adotado como forma de Estado o Federalismo, tem na sua estrutura Estados-membros com capacidade de auto-organização da sua estrutura fundamental. Essa auto-organização, em geral, é feita dentro das Constituições Estaduais, observando o princípio do paralelismo das formas. Ou seja, como leciona Odete Medauar,

> os Estados-membros devem ter "a estrutura básica da Administração direta" que, conforme ela enfatiza, "observa o mesmo esquema da Administração Federal: o chefe do Executivo encabeça a Administração e tem como auxiliares os secretários de Estado" (2002, p. 70-71).

Em geral, nas Constituições Estaduais consta governador, vice-governador, secretários estaduais e, em algumas, o Conselho de Governo como integrantes do Poder Executivo.

As leis estaduais é que irão fixar a composição e as competências dos órgãos que elas também criam, como, por exemplo, o número de secretarias estaduais e suas competências.

Mencionaremos, em apertada síntese, as atribuições gerais dos governadores e dos secretários, pois como cada Estado tem sua lei organizativa.

a) O Governo

O governador é o chefe do Poder Executivo do Estado-membro, dirigindo a Administração Estadual auxiliado pelos seus colaboradores[25] e os secretários de Estado e pelo vice-governador.[26]

---

[25] Seus principais colaboradores são o conselho de Governo e o gabinete. O conselho, de praxe, é formado pelo vice-governador do Estado; o presidente da Assembléia Legislativa; os líderes da Maioria e da Minoria na Assembléia Legislativa; o Secretário de Estado da Justiça e seis brasileiros natos. Já, o gabinete, como ensina Odete Medauar, é formado "por órgãos de assessoramento direto, tais como Assessoria ou Consultoria Jurídica, Assessoria Parlamentar, Assessoria de Imprensa, Casa Civil ou Secretaria de Governo etc." (2002, p. 71).

[26] Como ressalta Celso Bastos, o vice-governador "auxiliará o governador sempre que for convocado pelo mesmo para missões especiais. Além de ter outras atribuições especiais conferidas por lei complementar" (1994, p. 78).

Fazendo uma análise das Constituições do Estado de Minas Gerais e do Estado de São Paulo, só como parâmetros, apontaremos as atribuições e responsabilidades do governador.[27]

São atribuições do governador: representar o Estado, ou delegar essa representação, nas suas relações jurídicas, políticas e administrativas; nomear e exonerar os secretários de Estado; exercer, com auxílio dos secretários de Estado, a direção superior da Administração Estadual; prover e extinguir os cargos públicos do Poder Executivo, bem como prover os cargos de direção ou administração superior das autarquias e fundações públicas, sempre observando o disposto na Constituição Federal e na Estadual; nomear e exonerar os dirigentes de autarquias; iniciar e vetar projetos de lei, fundamentando; sancionar, promulgar e fazer publicar as leis, bem como expedir decretos e regulamentos para sua fiel execução; elaborar leis delegadas; expor a situação do Estado à Assembléia do Estado, na sua sessão inaugural, solicitando ajustes, se necessário; decretar intervenção em Município e nomear interventor; prestar, anualmente, à Assembléia Legislativa, dentro de 60 dias da abertura da sessão legislativa ordinária, as contas referentes ao exercício anterior; enviar à Assembléia Legislativa projetos de lei relativos ao plano plurianual, diretrizes orçamentárias, orçamento anual, dívida pública e operações de crédito; indicar diretores de sociedades de economia mista e empresas públicas; nomear o procurador-geral de Justiça, o procurador-geral do Estado, o procurador-geral da Fazenda Estadual e o defensor público geral; convocar assembléias extraordinárias; extinguir cargo desnecessário, desde que vago o ocupado por servidor público não-estável; dispor, na forma da lei, sobre a organização e a atividade do Poder Executivo; fixar ou alterar os quadros, vencimentos e vantagens do pessoal das fundações instituídas e mantidas pelo Estado; celebrar parcerias com entidades de Direito Público e/ou Privado; conferir condecorações e distinções honoríficas; contrair empréstimo externo ou interno e fazer operação ou acordo externo de qualquer natureza, após autorização da Assembléia Legislativa, observados os parâmetros de endividamento regulados em lei, dentro dos princípios da Constituição da República; subscrever ou adquirir ações, realizar ou aumentar capital, desde que haja recursos hábeis, de sociedade de economia mista ou de empresa pública, bem

[27] O que se fez foi uma junção dos arts. 90 e 47 das Constituições de Minas Gerais e de São Paulo, respectivamente, só para se ter noção das atribuições dadas aos governadores. Não pretendemos, de maneira alguma, excluir outras atribuições de outros Estados; só utilizamos estas duas para critérios explicativos.

como dispor, a qualquer título, no todo ou em parte, de ações ou capital que tenha subscrito, adquirido, realizado ou aumentado, mediante autorização da Assembléia Legislativa; delegar, por decreto, a autoridade do Executivo, funções administrativas que não sejam de sua exclusiva competência; enviar à Assembléia Legislativa projeto de lei sobre o regime de concessão ou permissão de serviços públicos, bem como de criação de agência reguladora estadual; apresentar ao órgão federal competente o plano de aplicação dos créditos concedidos pela União, a título de auxílio, e prestar as contas respectivas; prover um quinto dos lugares dos Tribunais do Estado, observado o disposto no art. 94 e seu parágrafo da CF; nomear três conselheiros para o Tribunal de Contas do Estado, sendo um dentre auditores e outro dentre membros do Ministério Público, alternadamente, e um terceiro à sua livre escolha, e nomear também os auditores do Tribunal de Contas; exercer o comando superior da Polícia Militar e do Corpo de Bombeiros Militar, promover seus oficiais e nomeá-los para os cargos que lhes são privativos; relevar, atenuar ou anular penalidades administrativas impostas as servidores civis e a militares do Estado, quando julgar conveniente; enfim, exercer qualquer outra atribuição prevista na Constituição do Estado, bem como praticar os demais atos de administração a que lhe for dada competência.

b) Secretário de Estado

As Constituições Estaduais sempre exigiram o requisito *idade* para ocupação desse cargo, o qual, em regra, é 21 anos, talvez por entenderem que era necessária a maioridade civil para o cargo,[28] ou talvez por entenderem que, psicologicamente, era a idade mais adequada. Tem-se exigido também que ele, no ato de sua posse, faça declaração pública de bens, para depois, ao término do exercício de seu cargo, refazer essa declaração; isso para verificar sua licitude e demonstrar a transparência na gestão.

As competências normalmente atribuídas aos secretários são as de orientar, coordenar e supervisionar os órgãos de sua secretaria e das entidades da Administração Indireta a ela vinculadas; referendar atos e decretos do governador; expedir instruções para a execução de lei, decreto e regulamento; apresentar ao governador do Estado relatório anual de sua gestão, que deverá ser publicado no órgão oficial do Estado; comparecer à Assembléia Legislativa, nos casos e para os fins indicados na Constituição; e praticar os atos pertinentes

[28] Até o ano de 2002 só se adquiria ao completar 21 anos. Com o novo Código Civil foi reduzida para 18 anos, de acordo com seu art. 5º.

às atribuições que lhes forem outorgadas ou delegadas pelo governador do Estado.

2.2.3.3. Administração Direta municipal

A Administração Direta municipal em regra é formada pelo Gabinete do prefeito e pelas secretarias. Pode também conter dentro de seu quadro outros órgãos criados por lei específica.

O Município, como ente federado, tem competência para estabelecer sua estrutura administrativa, e ele o faz por meio de sua Lei Orgânica, que é uma verdadeira Constituição municipal.

A constante busca que se tem firmado na Administração Pública no sentido da melhor administração acabou por atingir também os Municípios, para os quais devem ser destinadas atenções especiais, uma vez que é neles que todos moramos.

O Município tem como chefe do Poder Executivo o prefeito, que conta com seus auxiliares, os secretários. Em Municípios maiores, como o de São Paulo, pode-se encontrar até subprefeituras para auxiliar o prefeito. Elas existem para que haja maior democratização da Administração, bem como para melhor apreciação dos problemas de todas as regiões constantes de uma cidade do porte de São Paulo. Como os secretários, os subprefeitos são nomeados livremente pelo prefeito.

Conforme prevê o disposto art. 77 da Lei Orgânica municipal de São Paulo, a Administração municipal é exercida, em nível local, por meio de subprefeituras, sendo que a lei é que definirá suas atribuições, número e limites territoriais, bem como as competências e o processo de escolha do subprefeito, contendo elas até dotação orçamentária própria. O art. 78 dispõe que, sem prejuízo do estabelecido em legislações, competem ainda ao subprefeito três atribuições:

1) coordenar e supervisionar a execução das atividades e programas da subprefeitura, de acordo com as diretrizes, programas e normas estabelecidos pelo prefeito;
2) sugerir à Administração municipal, com a aprovação do Conselho de Representantes, diretrizes para o planejamento municipal;
3) propor à Administração municipal, de forma integrada com os órgãos setoriais competentes e com aprovação do Conselho de Representantes, prioridades orçamentárias relativas aos serviços, obras e atividades a serem realizados no território da subprefeitura.

Conforme já se ressaltou em relação aos Estados, para promover um melhor estudo da Administração Direta municipal, deve-se analisar cada Lei Orgânica do Município correspondente.

Por fim, cabe dizer que a Constituição Federal define para os Municípios as seguintes competências (art. 30):

> *I – legislar sobre assuntos de interesse local;*
>
> *II – suplementar a legislação federal e a estadual no que couber;*
>
> *III – instituir e arrecadar os tributos de sua competência, bem como aplicar suas rendas, sem prejuízo da obrigatoriedade de prestar contas e publicar balancetes nos prazos fixados em lei;*
>
> *IV – criar, organizar e suprimir Distritos, observada a legislação estadual;*
>
> *V – organizar e prestar, diretamente ou sob regime de concessão ou permissão, os serviços públicos de interesse local, incluído o de transporte coletivo, que tem caráter essencial;*
>
> *VI – manter, com a cooperação técnica e financeira da União e do Estado, programas de educação pré-escolar e de ensino fundamental;*
>
> *VII – prestar, com a cooperação técnica e financeira da União e do Estado, serviços de atendimento à saúde da população;*
>
> *VIII – promover, no que couber, adequado ordenamento territorial, mediante planejamento e controle do uso, do parcelamento e da ocupação do solo urbano;*
>
> *IX – promover a proteção do patrimônio histórico-cultural local, observadas a legislação e a ação fiscalizadora federal e estadual.*

2.2.3.4. Administração Direta distrital

No Distrito Federal, o Poder Executivo é exercido pelo governador do Distrito Federal, auxiliado pelos secretários de Governo.

O Distrito Federal organiza-se em Regiões Administrativas[29] geridas pelo administrador regional. Cada Região Administrativa do Distrito Federal terá um Conselho de Representantes Comunitários, com funções consultivas e fiscalizadoras.

O art. 32 da CF estabelece o balizamento para o Distrito Federal se reger. Segundo ele, o Distrito Federal reger-se-á por Lei Orgânica, sendo a ele atribuídas as competências legislativas reservadas aos Estados e Municípios.

---

[29] Uma vez que o art. 32 da CF proíbe sua divisão em Municípios.

Segundo o art. 100 da Lei Orgânica do Distrito Federal, o governador tem por atribuições:

> *I – representar o Distrito Federal perante o Governo da União e das unidades da Federação, bem como em suas relações jurídicas, políticas, sociais e administrativas;*
>
> *II – nomear os membros do Conselho de Educação do Distrito Federal;*
>
> *III – nomear e exonerar secretários de Governo;*
>
> *IV – exercer, com auxílio dos secretários de Governo, a direção superior da Administração do Distrito Federal;*
>
> *V – exercer o comando superior da Polícia Militar e do Corpo de Bombeiros Militar do Distrito Federal, e promover seus oficiais;*
>
> *VI – iniciar o processo legislativo, na forma e nos casos previstos nessa Lei Orgânica;*
>
> *VII – sancionar, promulgar e fazer publicar as leis, bem como expedir decretos e regulamentos para sua fiel execução;*
>
> *VIII – nomear, na forma da lei, os comandantes-gerais da Polícia Militar e do Corpo de Bombeiros Militar, bem como o diretor da Polícia Civil;*
>
> *IX – vetar projetos de lei, total ou parcialmente;*
>
> *X – dispor sobre a organização e o funcionamento da Administração do Distrito Federal, na forma dessa Lei Orgânica;*
>
> *XI – remeter mensagem e plano de Governo à Câmara Legislativa por ocasião da abertura da sessão legislativa, expondo a situação do Distrito Federal e indicando as providências que julgar necessárias;*
>
> *XII – nomear os conselheiros do Tribunal de Contas do Distrito Federal, após a aprovação pela Câmara Legislativa;*
>
> *XIII – nomear e destituir o procurador-geral do Distrito Federal, na forma da lei;*
>
> *XIV – nomear os membros do Conselho de Governo;*
>
> *XV – nomear e destituir presidente de instituições financeiras controladas pelo Distrito Federal, após a aprovação pela Câmara Legislativa;*
>
> *XVI – enviar à Câmara Legislativa projetos de lei relativos a plano plurianual, diretrizes orçamentárias, orçamento anual, dívida pública e operações de crédito;*
>
> *XVII – prestar anualmente à Câmara Legislativa, no prazo de 60 dias após a abertura da sessão legislativa, as contas referentes ao exercício anterior;*
>
> *XVIII – prover e extinguir os cargos públicos do Distrito Federal, na forma da lei;*
>
> *XIX – nomear e demitir diretores de sociedades de economia mista, empresas públicas e fundações mantidas pelo Poder Público;*

XX – subscrever ou adquirir ações, realizar ou aumentar capital, desde que haja recursos disponíveis, de sociedade de economia mista ou de empresa pública, bem como dispor, a qualquer título, no todo ou em parte, de ações ou capital que tenham subscrito, adquirido, realizado ou aumentado, mediante autorização da Câmara Legislativa;

XXI – delegar, por decreto, a qualquer autoridade do Executivo atribuições administrativas que não sejam de sua exclusiva competência;

XXII – solicitar intervenção federal na forma estabelecida pela Constituição da República;

XXIII – celebrar ou autorizar convênios, ajustes ou acordos com entidades públicas ou particulares, na forma da legislação em vigor;

XXIV – realizar operações de crédito autorizadas pela Câmara Legislativa;

XXV – decretar situação de emergência e estado de calamidade pública no Distrito Federal;

XXVI – praticar os demais atos de administração, nos limites da competência do Poder Executivo;

XXVII – nomear, exonerar, demitir e destituir servidores da Administração Pública direta.

Aos secretários de Governo compete, basicamente: exercer a orientação, coordenação e supervisão dos órgãos e entidades da Administração do Distrito Federal, na área de sua competência; referendar os decretos e os atos assinados pelo governador referentes à área de sua competência; expedir instruções para a execução das leis, decretos e regulamentos; apresentar ao governador relatório anual de sua gestão; praticar os atos pertinentes às atribuições que lhes forem outorgadas ou delegadas pelo governador do Distrito Federal; comparecer à Câmara Legislativa ou a suas comissões nos casos e para os fins indicados na Lei Orgânica; delegar a seus subordinados, por ato expresso, atribuições previstas na legislação.

O Conselho de Governo é o órgão superior de consulta do governador do Distrito Federal. A ele compete pronunciar-se sobre questões relevantes suscitadas pelo Governo do Distrito Federal, incluída a estabilidade das instituições e outros problemas. O governador preside o Conselho, que é formado pelo vice-governador do Distrito Federal; pelo presidente da Câmara Legislativa; pelos líderes da maioria e da Minoria na Câmara Legislativa; por quatro cidadãos brasileiros natos, residentes no Distrito Federal há pelo menos 10 anos, maiores de 30 anos de idade, todos com mandato de 2 anos, vedada a recondução, sendo dois nomeados pelo governador e dois indicados pela Câmara Legislativa. É bom lembrar que não deve haver contribuição adicional para os participantes do Conselho.

2.2.4. Administração Indireta

O Estado possui uma série de funções extremamente complexas, quer quanto ao número de atividades que exerce, quer quanto à variedade dessas atividades. Esse fato trouxe como conseqüência imediata a sobrecarga de seus serviços bem como a necessidade de adaptar a sua máquina administrativa à multiplicidade de serviços a seu cargo.

A razão do desenvolvimento do processo de administração consiste na atribuição de personalidade jurídica a certos serviços e, dessa maneira, desintegrando parte da dependência do Estado. Este último apenas conserva sobre seus serviços uma vigilância e um controle cuja medida varia de acordo com a lei institucional de cada uma das entidades.

Manuel de Oliveira Franco Sobrinho, analisando essa complexidade das funções pondera:

> Na verdade, quanto mais complexa a organização política do Estado, menos se liberta ele da necessidade de racionalizar as suas técnicas, de estabelecer processos adequados aos fins pretendidos ou de se organizar em acordo com a lei científica da divisão do trabalho administrativo. Para isso, sem fugir da sua estrutura constitucional, não só cria como reconhece, a existência de órgãos, subórgãos, órgãos auxiliares e organismos vários, que integrados funcionam como seres independentes, dependentes ou interdependentes, dentro de regime jurídico e princípios normativos coordenados de Administração. O objetivo real não é outro que aquele hoje aceito e consagrado: o da racionalização do Estado e do poder, o da racionalização dos meios para a efetivação dos serviços públicos, o da racionalização dos métodos no exercício da atividade administrativa (1972, p. 52).

A Administração Indireta é composta pelas pessoas jurídicas de Direito Público e Privado, instituídas por lei específica, decorrentes de descentralização administrativa,vinculadas ao órgão da Administração Direta competente para a sua área da atuação, seja qual for o ente da Federação a que se liga.

Em se tratando de Administração Indireta estadual ou municipal, em regra a vinculação é com o Gabinete do chefe do Executivo. Em relação à Administração Indireta federal, a vinculação é com os Ministérios, órgãos desconcentrados da Administração Direta, e que também realizam a supervisão dos órgãos vinculados a eles.

Celso Antônio Bandeira de Mello, explica que

> a mencionada supervisão almeja assegurar a realização dos objetivos fixados nos atos de constituição da autarquia, harmonizar seu comportamento com a política e a programação do Governo no setor de atuação dela, garantir sua eficiência administrativa e sua autonomia administrativa, operacional e financeira, comportando para tanto as seguintes medidas:
>
> – nomeação, pelo ministro, dos dirigentes da pessoa, e designação dos representantes do Governo em seus órgãos de controle;
>
> – recebimento sistemático de relatórios, boletins, balancetes, balanços e informações que permitam ao ministro acompanhar as atividades dela e a execução do orçamento-programa e da programação financeira da autarquia, aprovados pelo Governo;
>
> – aprovação anual da proposta de orçamento-programa e da programação financeira;
>
> – aprovação de contas, relatórios e balanços, diretamente ou por meio de representantes ministeriais nos órgãos de controle da autarquia;
>
> – fixação das despesas de pessoal e de administração da autarquia;
>
> – fixação de critérios para gastos de publicidade, divulgação e relações públicas;
>
> – realização de auditoria e avaliação periódica de rendimento e produtividade;
>
> – intervenção por motivo de interesse público (Mello, 1987, p. 78).

O Decreto-Lei nº 200, de 1967, dispõe em seu art. 4º, inciso II, que fazem parte da Administração Indireta: as autarquias, as empresas públicas e as sociedades de economia mista, definindo cada uma dessas pessoas jurídicas. Entretanto, atualmente o quadro é outro; podemos dizer que a Administração Indireta é composta pelas autarquias, pelas fundações, pelas empresas públicas, pelas sociedades de economia mista e pelas agências reguladoras e entidades similares a estas, que também são autarquias.

As fundações foram acrescentadas pela Lei nº 7.596, de 1987.[30] E as agências reguladoras, como já mencionado, nada mais são do que autarquias, justificando-se esse destaque a elas dadas por serem objeto de grande discussão

[30] O professor Manoel de Oliveira Franco Sobrinho já advertia em 1979, em relação às fundações públicas que: "Não é preciso que a lei diga, mas, quando criadas ou formalizadas pela vontade pública, colocam-se necessariamente na Administração indireta, sob tutela e prevenção legal. De uma ou de outra maneira dependem do Estado, fazem-se organismos públicos tipificados" (1979, p. 63).

jurídica contemporânea, principalmente no campo do Direito Administrativo Econômico.

2.2.4.1. Autarquias

O termo autarquia significa "poder próprio" e foi usado pela primeira vez por Santi Romano em 1897, na identificação da situação de entes territoriais e institucionais do Estado unitário italiano. O autor admitia que autarquia era a Administração Indireta do Estado exercida por pessoa jurídica, defendendo os próprios interesses e também os do Estado.

Celso Antônio Bandeira de Mello, em estudo clássico sobre este instituto, o definiu como "[...] a pessoa de direito público exclusivamente administrativa". Explicando que

> é pessoa jurídica, uma vez que só para esta ordem de pessoas se coloca a personalidade pública. [...] Sendo exclusivamente administrativa tem caráter auxiliar, isto é, consiste em entidade criada para secundar os entes políticos aos quais competiria, em princípio, desenvolver as atividades conferidas à titularidade das autarquias. [...] Distingue-se das pessoas políticas porque estas últimas dispõem de capacidade mais ampla não se limitando ao campo da administração. (1968, p. 266-27).

Frisando ainda que "a autarquia, por conseguinte, realiza Administração Pública na condição de pessoa situada abaixo do Estado" (1968, p. 266-27).

Nos ensinamentos de Hely Lopes Meirelles:

> Autarquias são entes administrativos autônomos, criados por lei, com personalidade jurídica de direito público interno, patrimônio próprio e atribuições estatais específicas. São entes autônomos, mas não são autonomias. Inconfundível é autonomia com autarquias: aquela legisla para si; esta administra a si própria, segundo as leis editadas pela entidade que a criou (1986, p. 285).

Já nos dizeres de Diógenes Gasparini:

> As autarquias são detentoras, em nome próprio, de direitos e obrigações, poderes e deveres, prerrogativas e responsabilidades. Ademais, em razão de sua personalidade, as atividades que lhes são trespassadas, os fins e interesses que perseguem são próprios, assim como são próprios os bens que possuem ou que venham a possuir (1995, p. 224).

As autarquias caracterizam-se por possuírem personalidade jurídica própria, sendo assim, sujeito de direitos e encargos, por si próprias. Caracterizam-se ainda por possuírem patrimônio e receita próprios, o que significa que os bens e receitas das autarquias não se confundem, em hipótese alguma, com os bens e receitas da Administração Direta a que se vinculam, sendo estes geridos pela própria autarquia (Medauar, 1999, p. 77-78).

O fato de as autarquias serem pessoas de Direito Público culmina na possibilidade destas entidades serem titulares de interesses públicos, ao contrário de empresas públicas e sociedades de economia mista que são pessoas de Direito Privado e podem apenas receber qualificação para exercício de atividade pública, não podendo, no entanto, titularizar esse tipo de atividade.

A noção de autarquia foi dada pela Reforma Administrativa de 1967, tendo o Decreto-Lei nº 200 definido e qualificado as autarquias no seu art. 5º, inciso I, como

> *o serviço autônomo, criado por lei, com personalidade jurídica, patrimônio e receita próprios, para executar atividades típicas da Administração Pública, que requeiram, para seu melhor funcionamento, gestão administrativa e financeira descentralizada.*

As autarquias são criadas para o estabelecimento de regimes diferentes, técnicos, administrativos e jurídicos, adaptados às exigências de cada órgão, para assim realizarem suas próprias tarefas, as quais diferem dos padrões comuns do exercício da Administração Pública.

Com o intuito da descentralização, faz-se a criação da autarquia por meio da lei, de forma que a autarquia possa realizar serviços anteriormente realizados pela entidade burocrática, agora, de maneira agilizada e descentralizada, não ocorrendo mais inconvenientes burocráticos que caracterizavam a entidade que a criou.

Em remate, a criação de uma autarquia se faz necessária para exercer, de forma própria, serviços antes efetuados burocraticamente pela entidade que agora a criou.

Com a criação de uma autarquia, o Estado passa a ter facilitada a sua tarefa administrativa. Assim, confere-se à autarquia desembaraço de ação e liberdade administrativa suficientes, e não excedentes, para segundo seu próprio critério, perseguir finalidades específicas que lhes são atribuídas por lei. Isso posto, as autarquias não estão sujeitas ao regime jurídico da Administração Direta.

São autarquias, nos dias de hoje: INSS, IBPC e Ibama, na esfera federal; Hospital das Clínicas, Ipen, DAEE, USP, Unicamp e Unesp, na esfera estadual de São Paulo.

Vale dizer que algumas das autarquias citadas pertencem a um regime especial; como, por exemplo, o Banco Central, o Ibama e algumas universidades. O que diferencia essas autarquias das comuns é, por vezes, o modo de escolha ou nomeação do dirigente, ou ainda a existência ou não de mandato do dirigente.

USP, Unesp e Unicamp são autarquias universitárias, de regime especial, como determina a Lei nº 5.540, de 28 de novembro de 1968, ao reescrever o Título IX da Lei de Diretrizes e Bases de 1961, esta que, pela primeira vez, atribuiu às universidades e estabelecimentos isolados de ensino superior a condição de autarquias de regime especial, ou ainda, fundações. O art. 207 da Constituição Federal determina:

> *As universidades gozam de autonomia didático-científica, administrativa e de gestão financeira e patrimonial e obedecerão ao princípio da indissolubilidade entre ensino, pesquisa e extensão.* [31]

Por fim, o que enquadra a autarquia como de regime especial são as regalias que a lei criadora lhe confere para o pleno desempenho de suas finalidades específicas, observadas as restrições constitucionais.

Pressupõe o Decreto-Lei ainda que as autarquias sejam vinculadas ao "Ministério cuja área de competência estiver enquadrada sua principal atividade", conforme se pode denotar do art. 4º, § 1º.

Quanto à natureza jurídica das autarquias, cabe dizer nessa esteira conceitual que ela é uma pessoa jurídica pública e administrativa, sendo que ela só existirá se precedida a sua criação por Lei Ordinária no mínimo.

Existem vários critérios que podem ser levados em consideração na classificação das autarquias.

Em rápidas pinceladas, Maria Sylvia Zanella Di Pietro (1998, p. 319-20) leva em consideração o tipo de atividade exercida: econômicas, de crédito, industriais, de previdência e assistência, profissionais ou corporativas, culturais ou de ensino.

Outro critério adotado pela autora é o da capacidade administrativa que distingue as autarquias como sendo geográfica (ou territorial) ou de serviço (ou institucional). Por último, as autarquias podem ser diferenciadas por um critério relativo à estrutura e as subdivide em fundacionais ou corporativas.

[31] Odete Medauar esclarece alguns aspectos do regime das autarquias universitárias que notificam seu caráter especial: "a) nomeação do Reitor pelo Chefe Executivo, mediante lista elaborada pela própria universidade; b) o Reitor detém mandato, insuscetível de cessação pelo Chefe do Executivo; c) a organização e as principais formas de funcionamento estão contidas no Estatuto e no Regimento, elaborados pela própria universidade; d) existência de órgãos colegiados centrais na administração superior, com funções deliberativas e normativas, dos quais participam docentes, representantes do corpo discente e da comunidade; e) carreira específica para o pessoal docente, com progressão ligada à obtenção de graus acadêmicos e concursos" (1999, p. 82).

Ainda a respeito da classificação das autarquias, Reis Friede posiciona-se:

> Várias têm sido as classificações propostas para as autarquias, atendendo-se aos critérios de suas finalidades ou às espécies de serviços que executam. Tirante a classificação genérica (federais, estaduais e municipais), podem ser agrupadas em três tipos, em virtude de caracteres realmente distintivos e aplicações de ordem prática: a) territoriais, b) corporativas e, c) fundacionais (1996, p. 236).

Enumerando as suas principais características temos que:

1 – Como são pessoas jurídicas de Direito Público, seu regime jurídico é o de Direito Público, ou seja, regem-se pelos princípios da Administração Pública; atuam em nome próprio; os atos emitidos são por natureza atos administrativos; presunção de legalidade dos atos administrativos, além dos privilégios estabelecidos, em relação aos acordos trabalhistas, no Decreto-Lei federal nº 779/1969 (presunção de legitimidade dos ajustes para a extinção de contrato laboral); suas contratações submetem-se à licitação; seus empregados são considerados agentes públicos;[32] seus dirigentes são escolhidos pelo chefe do Poder Executivo ou por pessoa por este delegada, e no caso dos servidores autárquicos sua admissão é concursada, nos termos do art. 37, II, da CF; só existe se criada por lei, e assim também é que deixa de existir; submete-se ao controle hierárquico; têm responsabilidade subsidiária,[33] direito de regresso contra seus servidores (CF, art. 37, § 6º) e não se submetem à falência; gozam de isenções tributárias em relações a seus bens, rendas e aos serviços a que se vinculam (art. 150, § 2º, da CF); gozam ainda do privilégio de

[32] No entanto, quanto ao regime trabalhista, os funcionários tanto podem ser *estatutários* quanto *celetistas*. Diógenes Gasparini ensina que: "Sujeitam-se, desse modo, a todas as obrigações constitucionais e legais, ao mesmo tempo em que fruem dos direitos, vantagens e prerrogativas que um ou outro regime de pessoal lhes concede. De sorte que a União, os Estados-membros, o Distrito Federal e os Municípios, no âmbito de suas competências, deverão instituir os respectivos regimes jurídicose os correspondentes planos de carreira para os servidores de suas autarquias". E lembra ainda o professor que: "Não há necessidade que o regime de pessoal da autarquia seja unicamente estatutário ou celetista, pois pode-se ter um regime misto. Apontando em seguida a seguinte solução: As atividades mais simples, de natureza braçal, serão desempenhadas por empregados sob o regime de empregos (celetista), enquanto as demais o serão por servidores sob o regime de cargo (estatutário)" (2003, p. 292).

[33] Como a autarquia é sujeito de Direito, ela responde pelos próprios atos. A Administração Pública a que pertence a autarquia não se responsabiliza pelas suas obrigações autárquicas nem por danos causados a terceiros. Destarte, não há responsabilidade solidária da Administração Pública por atos ou negócios da autarquia por ela criada. "Apenas no caso de exaustão de seus recursos é que a autarquia irromperá a responsabilidade do Estado, esta é a responsabilidade subsidiária" (Bandeira de Mello. In: *op.cit.*, p. 106).

terem seus bens e rendas impenhoráveis (CF, art. 100 e §§),[34] e proteção de seus bens contra usucapião (Decreto-Lei nº 9.760/1946); têm prazos processuais em quádruplo para responder e em dobro para recorrer (CPC, art. 188, e Decreto-Lei federal nº 7.659/1945), bem como da prescrição qüinqüenal de suas dívidas (Decreto-Lei federal nº 4.597/1942), salvo disposição diversa constante de lei especial, e pagamento de custas, se vencida, a final (CPC, art. 27); execução fiscal de seus créditos (CPC, art. 578); dispensa de juntada em juízo, pelo seu procurador, do competente mandato; e não tem o lucro com elemento essencial, pois não concorrem com a iniciativa privada.

2 – Nada mais é do que uma *longa manus* do Poder Executivo que a institui por meio de lei específica (art. 37, XIX, da CF), seja ela municipal, distrital, estadual ou federal, o que justifica a sua responsabilidade subsidiária. Devendo ser estabelecida a sua organização por decreto, regulamento ou estatuto. E submetendo-se conseqüentemente ao controle de legalidade de seus atos.

3 – Na instituição das autarquias, deve-se fixar: sua competência; seus fins; destiná-la patrimônio; explicitar os meios de subsistência. Pois nela há a auto-administração com capacidade financeira própria.

4 – As autarquias classificam-se em:[35]

a) *econômica*;

> [...] destinada ao fomento da produção e da circulação de certos produtos, considerados essenciais à vida do país (Telles,1999, p. 18), ou seja, [...] destinadas a regular a produção e comércio, tais como o Departamento Nacional

[34] Para melhor entendimento, adotaremos as palavras de Maria Sylvia Zanella Di Pietro: "O processo especial de execução contra a Fazenda Pública, previsto no art. 100 da CF e arts. 730 e 731 do CPC, aplica-se a todas as entidades de direito público, expressão utilizada no § 1º do deferido dispositivo constitucional e que alcança as autarquias e fundações públicas; disso resulta a impenhorabilidade de seus bens" (*op. cit.*, p. 343).

[35] Celso Antônio Bandeira de Mello utilizou três critérios para classificar as autarquias, são eles: a) critério da pessoajurídica criadora da autarquia; b) critério da estrutura jurídica da Autarquia; c) critério do fator demarcatório da autarquia. Pelo primeiro há a divisão em autarquias municipais, estaduais, distritais e federais, conforme o respectivo ente federativo que a instituiu. Pelo segundo as autarquias são corporações públicas (quando é formada por uma agremiação de sujeitos consorciados para o atingimento de um escopo. Exemplo: OAB) ou fundações públicas (quando há afetação de um patrimônio a um fim. Exemplo: Fundação Padre Anchieta). Por último, o terceiro critério é o que classifica as autarquias em territoriais e de serviços (Mello, 1987, p. 84-85).

do Café (hoje Instituto Brasileiro do Café),[36] Instituto do Açúcar e do Álcool,[37] [...] (Venâncio, 1998, p. 412).

b) *especiais*: quando são lhe dados privilégios superiores ao das autarquias comuns, ex.: agências reguladoras, agências executivas, Banco Central do Brasil, Conselho Administrativo de Defesa Econômica etc.;
c) *simples*: trata-se de qualquer autarquia que não seja dado um regime especial;
d) *territoriais (geográfica)*: equivale à descentralização territorial; invocando as lições do professor Celso Antônio Bandeira de Mello, este pontifica que:

> [...] as autarquias territoriais desenvolvem seus cometimentos em área geográfica própria, em território que é objeto de seu poder, [...] têm suas competências definidas em função de um território, como as Comunas e Departamentos europeus e os Territórios federais no Brasil. [...] O território, para elas, não é apenas [...] um limite dentro no qual podem manifestar suas competências. É mais do que isto: é a área que lhes compõe o modo de ser, traço, pois que lhes integra fundamentalmente a existência (Bandeira de Mello, 1987, p. 85).

e) *institucionais (de serviços)*: são aquelas que destinam-se à prestação de determinados serviços previstos;

> [...] Isto é: têm capacidade especial. Já as autarquias territoriais têm capacidade genérica, pois sua aptidão jurídica não é definida em função do serviço mas dos interesses administrativos considerados, no sistema jurídico, como próprios da coletividade sediada em um dado território (Bandeira de Mello, 1987, p. 85).

f) *profissionais ou corporativas*: são as que se destinam ao controle do exercício de atividades profissionais, tais como: OAB, CREA, CRM, Sindicatos e outras;
g) *constelação autárquica*: resulta da união de várias Autarquias, espalhadas territorialmente, mas com a mesma denominação. Exemplo: Universidade de São Paulo;

[36] O Instituto Brasileiro do Café extinguiu-se no início dos anos 1990, tendo o papel intervencionista do Governo praticamente desaparecido nesta área, passando a iniciativa privada a atuar com grande desenvoltura no mercado do café. A partir desse momento, houve um grande despertar do Brasil para o mercado de cafés especiais, que antes era ocupado por seus concorrentes, principalmente a Colômbia que dominava esse mercado, figurando o mercado de cafés do Brasil hoje como o mais emergente do mundo.

[37] Esse instituto também foi extinto, prevalecendo hoje a desregulamentação desse setor. Ao ser criada a Agência Nacional do Petróleo, que poderia incluir a regulação do álcool em seus principais objetivos, tratando-o como combustível, ela não o fez, pois priorizou o tratamento do petróleo como combustível.

h) *quanto à sua finalidade:* "[...] classificam-se, ainda, as autarquias como de crédito, industriais, de previdência, assistência e culturais" (Telles, 1999, p. 19).

As *de créditos* destinam-se às operações bancárias, como o Banco Central (no passado englobava-se aqui a Caixa Econômica Federal, entretanto, atualmente essa foi transformada em empresa pública).

As *industriais* são as que têm por fito os serviços industriais mantidos pelo Estado.

As *de previdência* são as destinadas ao amparo dos cidadãos ou suas famílias, em relação a doenças, mortes, acidentes de trabalho, idade avançada, prisão e outros infortúnios; para isso foi criado o INSS.

As *assistenciais*, pode-se dizer que:

> São aquelas incumbidas de auxiliar, ajudar, subsidiar, amparar, visando proteger a determinadas categorias sociais, de um modo geral, as menos favorecidas, com o objetivo de suavizar desigualdades regionais e sociais. Por exemplo o Incra (Instituto Nacional de Colonização e Reforma Agrária) (Madeira, 2001, p. 212).

E *as culturais*, são as que visam a disseminar a cultura, ciência e educação pelo país, por exemplo, o Iphan (Instituto do Patrimônio Histórico e Artístico Nacional), o CNPq (Conselho Nacional de Desenvolvimento Científico e Tecnológico), e as universidades públicas.

5 – Quanto ao controle das autarquias:

> Tutela ou controle das autarquias – isto é, o poder de influir sobre elas com o propósito de conformá-las ao cumprimento dos objetivos públicos em vista dos quais foram criadas, harmonizando-as com a atuação administrativa global do Estado – está designado como supervisão ministerial. Todas as entidades da Administração indireta encontram-se sujeitas à supervisão da Presidência da República ou do ministro a cuja Pasta estejam vinculadas. Este último a desempenha auxiliado pelos órgãos superiores do Ministério. São objetivos deste controle ou "supervisão" assegurar o cumprimento dos objetivos fixados em seu ato de criação; harmonizar sua atuação com a política e programação do Governo no correspondente setor de atividade; zelar pela obtenção de eficiência administrativa e pelo asseguramento de sua autonomia administrativa, operacional e financeira (Bandeira de Mello, 1998, p. 104).

Existem diversos tipos de controle. Pode ser preventivo, quando a autarquia, para realização de um certo ato, necessita da prévia manifestação do controlado; ou pode ser repressivo quando o controle não se faz necessário previamente para a manifestação do ato, diferindo, assim, substancialmente do controle preventivo. Nota-se que o controle preventivo pode ser de legalidade (ou legitimidade) quando a lei tiver habilitado o controlador a examinar o comportamento da autarquia em acordo com os textos legais. Poderá este ser de mérito, no caso do controlador analisar, por força da lei, o comportamento autárquico sob o ponto de vista da conveniência e oportunidade. Outrossim, ressalta-se a existência de um controle extraordinário, não necessariamente previsto por lei, que cabe à Administração central e visa a coibir desmandos das autarquias. Exemplifica-se esse controle por meio dos atos de intervenção e de destituição dos entes autárquicos.

Entrementes, Diógenes Gasparini, a respeito do controle das autarquias, faz uma ressalva:

> Esses controles não vedam nem inibem, por parte da autarquia, a propositura de medidas judiciais contra os atos abusivos da Administração Pública a que pertence. A autarquia é pessoa jurídica de direito público e como pessoa é sujeito de direitos e obrigações. Pode, ademais, não se conformar com os atos de tutela, por entendê-los ilegais, e tomar, em juízo, as medidas cabíveis com o fito de anulá-los (2003, p. 226).

A Administração Pública só poderá efetuar tal controle dentro dos princípios abrangentes do Direito Administrativo, ou seja, os atos efetuados devem ser legítimos e concordantes com o bem da coletividade. Atos que não atendam aos princípios preestabelecidos estarão viciados e sofrerão posterior anulação, tanto pela própria Administração, quanto pelo Poder Judiciário. O que diferencia a Administração Indireta (autarquias) da Administração Direta (centralizada), é que a primeira possui controle finalístico, isto é, tem administração própria e vinculada a um órgão da entidade estatal que a criou, enquanto a Administração Direta possui uma subordinação hierárquica plena e ilimitada. Vale dizer que a Supervisão Ministerial é responsável pelo controle administrativo e é aplicável às entidades da Administração Indireta vinculada a um Ministério, como determina o Decreto-Lei nº 200/1967, art. 19 e seguintes. O termo supervisão não significa subordinação, pois essa é decorrente de poder hierárquico, enquanto aquela resulta de um sistema legalizado imposto às autarquias sujeitas apenas ao controle finalístico da administração que a institui. A respeito da forma de controle das autarquias, o ilustre Hely Lopes Meirelles se pronuncia:

> Entre nós, o controle das autarquias se realiza na tríplice linha política, administrativa e financeira, mas todos eles adstritos aos termos da lei que os estabelecesse. O controle político, normalmente se faz pela nomeação de seus dirigentes pelo Executivo; o controle administrativo se exerce através da super-

> visão ministerial (Decreto-Lei nº 200/1967, art. 26) ou de órgão equivalente no âmbito estadual e municipal, bem como por meio de recursos administrativos internos e externos, na forma regulamentar; o controle financeiro se opera nos moldes da Administração Direta, inclusive prestação de contas ao Tribunal competente (2002, p. 293).

Podemos finalizar essas argumentações, estabelecendo a noção de que: *a autarquia é a pessoa jurídica de direito público, o que significa ter praticamente as mesmas prerrogativas e sujeições da Administração Direta; o seu regime jurídico pouco difere do estabelecido para esta, aparecendo, perante terceiros, como a própria Administração Pública; difere da União, Estados e Municípios – pessoas públicas políticas – por não ter capacidade política, ou seja, o poder de criar o próprio direito; é pessoa pública administrativa, porque tem apenas o poder de auto-administração, nos limites estabelecidos em lei.*

2.2.4.2. Fundações

No passado, a prestação do serviço público era realizada por autarquias, em todas as suas espécies, e por meio de concessões e permissões. Evoluindo no tempo, o serviço público passou a ser prestado por pessoas de Direito Privado com repasse pelo Estado de recursos públicos, na busca de eficientizar essa prestação dos serviços. O Estado então cria as comumente chamadas pela doutrina de pessoas governamentais, entre elas as fundações públicas, que nada mais são do que autarquias fundacionais, e as fundações privadas instituídas ou autorizadas a sua instituição por lei, que integram a Administração Indireta.

Diógenes Gasparini ressalta que tanto as estatais como as fundações, apesar de integrarem a Administração Indireta, "não a integram se destinadas a intervir na atividade econômica". E adverte para o fato de que a fundação privada, de acordo com o Decreto-Lei nº 200/1967, "não participa da Administração Indireta, e isso torna nossa sistematização descoincidente, nesse particular, com a instituída por esse diploma legal, pois, para nós, integra" (2003, p. 343).

Seguindo essa mesma linha, a doutrina majoritária sustenta que as fundações privadas também fazem parte da Administração Indireta.

Odete Medauar, ao estudar as fundações, apontou as principais polêmicas criadas em torno delas na atualidade, segundo ela:

> a) As locuções "fundação de direito público" e "fundação de direito privado" aparecem com freqüência. Na verdade, as fundações criadas pelo poder público

> ou são qualificadas como pessoas jurídicas de direito privado (a maioria) ou como pessoas jurídicas de direito público. O ordenamento pode atribuir tanto a personalidade jurídica privada como a personalidade jurídica pública. Mesmo dotada da natureza de pessoa jurídica privada, se for criada pelo poder público e integrar a Administração Indireta, norteia-se por grande carga de normas de direito público. Por isso, o uso daquelas locuções gera confusão e não corresponde à realidade. Na expressão "fundação pública", contida na atual redação dos arts. 4º e 5º do Decreto-Lei nº 200/1967, o vocábulo "pública" identifica a entidade como fundação "estatal", em contraponto a fundação oriunda de recursos privados, mantida e administrada por particulares. O termo "pública" também aparece no título "empresa pública", significando aí "estatal", sem que se diga empresa de direito público ou empresa de direito privado; a empresa pública, mesmo com esse qualificativo, é pessoa jurídica de direito privado e tem grande carga de direito público incidindo sobre sua atuação. b) Aparecem, na doutrina e na jurisprudência, afirmações no sentido de que as "fundações de direito público" são espécies do gênero autarquia, sendo, portanto, autarquias (2002, p. 92-3).

Ao se falar das fundações, deve-se distinguir bem as fundações privadas das fundações públicas, pois as primeiras são pessoas jurídicas de Direito Privado e as segundas pessoas jurídicas de Direito Público.

O professor Diogenes Gasparini, como nós, entende que fundação é um gênero que tem como espécies as fundações públicas e privadas, sendo que o que as distingue é o regime jurídico que lhe é atribuído. Pondera ele que fundação pública pode ser conceituada "[...] como sendo o patrimônio público personalizado segundo regras de Direito Público, destinado à persecução de finalidades de interesse da coletividade". E quanto à fundação privada instituída pelo Poder Público, para ele essa apresenta-se, ou pode ser definida, como "[...] o patrimônio público personalizado segundo as regras de Direito Privado, destinado à persecução de finalidades de interesse da coletividade" (2003, p. 344).

a) Fundação Estatal

Como já vimos, o art. 37 da Constituição da República estabelece uma série de preceitos que devem orientar a atuação da Administração Pública Direta, Indireta ou Fundacional.

Não deve causar espécie o fato do *caput* do art. 37 da Constituição da República utilizar a expressão "administração fundacional" como algo distinto da "Administração Indireta", enquanto a nossa legislação vigente e a nossa própria doutrina entendem que as fundações criadas e mantidas pelo

Poder Público integram a própria Administração Indireta. Menos por uma imprecisão, ao que cremos, e mais por um desejo de deixar induvidoso que as discutidas fundações estatais ou governamentais *também* estão submetidas aos princípios consagrados nos seus incisos, a redação do aludido preceito constitucional optou por ser menos técnica porém mais eficaz. Buscou evitar interpretações ou futuras construções legislativas que tivessem por resultado o retirar as entidades fundacionais dos comandos que impõe a toda Administração Pública. Cedeu em elegância e técnica. Ganhou na certeza da latitude de seus termos.

Todavia, atualmente, tramita no Congresso Nacional, um projeto-lei que visa a regulamentar a fundação estatal, que, a princípio, ainda permanece como aquela criada por lei específica, sem fins lucrativos, integrante da Administração Pública Indireta, com personalidade jurídica de Direito Público ou Privado, nesse último caso, para o desempenho de atividade estatal que não seja exclusiva de Estado, atividades estas ligadas aos serviços de saúde, assistência social, cultura, desporto, ciência e tecnologia, meio ambiente, previdência complementar do servidor público (art. 40, §§ 14 e 15, da Constituição Federal), comunicação social, e promoção do turismo nacional.

Quando for fundação de Direito Privado, será regulada pelos dispositivos do Código Civil brasileiro, em seus arts. 62 a 69, e da Lei nº 6.515/1973, que exige o registro de sua escritura e respectivo estatuto social junto ao Cartório de Registro de Títulos e Documentos.[38]

O Estatuto Social é a peça de primordial importância para a entidade. Por meio dele são estabelecidas as normas gerais e específicas pelas quais serão regidas as atividades da fundação. Já o Regimento Interno é documento apensado ao Estatuto Social como atribuição de regulamentar, detalhar, complementar as normas rígidas exaradas no Estatuto Social da entidade.

Quando for fundação de Direito Público, esta será instituída pelo Poder Público, criada por lei específica, observado o processo legislativo, portanto, estando revestida das características de "fundação pública", inciso XIX do art. 37 da Constituição Federal.

[38] Para se criar uma fundação privada deve-se seguir o seguinte rito: requerimento ao Ministério Público, solicitando a aprovação da minuta do Ato de Instituição, dotação e estatutos; lavratura da ata de instituição e dos Estatutos Sociais; registro da ata de instituição e dos Estatutos Sociais no Registro de Títulos e Documentos; comprovar a integralização dos bens, dotação inicial.

b) Fundações de Direito Público

O art. 4º, inciso II, do Decreto-Lei nº 200, de 1967, alterado pela Lei nº 7.596, de 1987, que introduziu a Fundação Pública como parte da Administração Indireta, bem como, a definiu por meio da inserção do inciso IV no art. 5º, entende a fundação pública como:

> *a entidade dotada de personalidade jurídica de Direito Privado, sem fins lucrativos, criada em virtude de autorização legislativa, para o desenvolvimento de atividades que não exijam execução por órgãos ou entidades de Direito Público, com autonomia administrativa, patrimônio gerido pelos respectivos órgãos de direção e funcionamento custeado por recursos da União e de outras fontes.*

Essa definição dada pela lei é de absoluta imprecisão, uma vez que em regra as fundações são pessoas de Direito Público, só serão de Direito Privado se o Poder Público, ao instituí-las, assim determinar.

Celso Antônio Bandeira de Mello ressaltou em relação à definição dada às fundações públicas pela Lei nº 7.596/1987 que:

> É absolutamente incorreta a afirmação normativa de que as fundações públicas são pessoas de Direito Privado. Na verdade, são pessoas de Direito Público, consoante, aliás, universal entendimento, que só contendido. Saber-se se uma pessoa criada pelo Estado é de Direito Privado ou de Direito Público é meramente uma questão de examinar o regime jurídico estabelecido na lei que a criou. Se lhe atribuiu a titularidade de poderes públicos, e não meramente o exercício deles, e disciplinou-a de maneira a que suas relações sejam regidas pelo Direito Público, a pessoa será de Direito Público, ainda que se lhe atribua outra qualificação. Na situação inversa, a pessoa será de Direito Privado, mesmo inadequadamente nominada (2000, p. 142).

Como já analisamos as autarquias, não nos deteremos na análise das fundações públicas, pelo fato de se tratar de autarquias fundacionais. Por exemplo: Funai, UNB, Fapesp, Fundap, Cepam.

c) Fundações de Direito Privado instituídas pelo Poder Público

As fundações privadas instituídas pelo Poder Público possuem o regime semelhante ao das estatais que serão estudadas posteriormente, ou seja, mesmo sob regime privatístico determinado pelo Estado, elas não se regerão amplamente pelo regime de Direito Privado, visto que não há como desvencilhá-las de alguns aspectos do regime publicístico.[39] A título ilustrativo, pode-se

[39] Nesse sentido, a professora Odete Medauar ressalta que: "mesmos dotadas, em expressiva maioria, da natureza de pessoas jurídicas de direito privado, o § 3º do art. 5º do Decreto-Lei nº 200/1967, na parte final, excluiu as fundações públicas da incidência dos preceitos do Código Civil concernentes às fundações públicas, ante sua natureza jurídica, seu regime jurídico pauta-se pelas normas constitucionais e ordinárias aplicáveis a todas às fundações públicas, pelas normas previstas nas leis que as criam e nos seus estatutos. Desse modo, sua atuação é regida precipuamente pelo direito público, devendo observar os princípios arrolados no "caput" do art. 37 da

mencionar que o seu controle externo e interno[40] não são sufocados pelo fato de elas absorverem o regime privado.

Estipulamos um quadro comparativo para melhor entendimento das diferenças entre as fundações de Direito Civil e as fundações de Direito Privado instituídas pelo Poder Público.

Fundação de Direito Civil	Fundação de Direito Privado Instituída pelo Poder Público
Regidas pelo Código Civil, arts. 62 a 69.	Regidas também pelo Código Civil, mas com "derrogações por normas de direito público",[41] ou seja, devem ser também observados os princípios constitucionais da Administração Pública, e seu aparato legal decorrente e/ou recepcionado pelos arts. 37 e ss. da Constituição.

Constituição Federal e os preceitos contidos nos incisos desse artigo" (Medauar, 2002, p. 97). Advogam também nesse sentido os professores Celso Antônio Bandeira de Mello, Maria Sylvia Di Pietro, José Cretella Júnior e Diógenes Gasparini. Em posição diametralmente oposta, o professor Manoel de Oliveira Franco Sobrinho entendia que: "Jamais será preciso com as 'fundações' retirar delas a sua peculiar configuração jurídica: o Estado quando as cria tem por objeto obter a cooperação de uma pessoa jurídica privada, indispensável em certos casos para a organização de serviços do interesse da Administração. [...] Trata-se, no Brasil, ao que se vê, de uma nova forma de 'administração delegada', realizada por conta e risco do poder público, utilizando-se o Estado do recurso das normas privadas, ou das regras que estabelecidas estão na legislação civil. [...] Assim não fosse, poderia o poder público, denominá-las de estabelecimentos públicos num processo próprio de descentralização por serviço, pois num sentido de compreensão geral tanto os estabelecimentos como as fundações somente podem ser criados através de lei" (Franco Sobrinho, 1972, p. 94-95). Também acolhia esse entendimento o professor Hely Lopes Meirelles.

[40] "O controle ainda pode ser interno ou externo, consoante decorra de órgão integrante ou não da própriaestrutura em que se insere o órgão controlado. É interno o controle que cada um dos Poderes exerce sobre seus próprios atos e agentes. É externo o controle exercido por um dos Poderes sobre o outro; como também o controle da Administração Direta sobre a Indireta" (Di Pietro, 2001, p. 587).

[41] Nos dizeres de Maria Sylvia Di Pietro (2001, p. 366). A precitada autora, explica na página seguinte de seu *Direito Administrativo* que: "A posição da fundação governamental privada perante o poder público é a mesma das sociedades de economia mista e empresas públicas; todas elas são entidades públicas com personalidade jurídica de direito privado, pois todas elas são instrumentos de ação do Estado para a consecução de seus fins; todas elas submetem-se ao controle estatal para que a vontade do ente público que as instituiu seja cumprida; nenhuma delas se desliga da vontade do Estado, para ganhar vida inteiramente própria; todas elas gozam de autonomia parcial, nos termos outorgados pela respectiva lei instituidora".

São criadas com patrimônio particular, por meio de escritura pública ou testamento, sendo constituída somente para fins religiosos, morais, culturais ou de assistência (art. 62, parágrafo único do Código Civil), e administrada da forma que o instituidor estabelecer. A Lei das Organizações Sociais tenta equiparar essas fundações, no que atine aos seus privilégios, às fundações instituídas pelo Poder Público. Para isso, deve-se preencher os requisitos previstos neste ordenamento (art. 2º da Lei nº 9.637/1998), para que sejam qualificadas como organizações sociais e assim possa receber estímulos positivos do Poder Público. Essa estimulação positiva a estas atividades, como não poderia deixar de ser, tem como conseqüência a fiscalização pelo Poder Público da destinação dada às verbas transferidas.	São instituídas com patrimônio público, sendo criadas para prestação de serviço público, ou seja, não é dada a elas a possibilidade de exploração de atividade econômica, como ocorre com as estatais. São permitidas por lei, pois esta não as institui, apenas autoriza a sua criação (art. 37, XIX, da CF), que só se concretizará após aquisição de personalidade jurídica por meio do registro dos seus estatutos sociais no cartório de títulos e documentos, pois ela é uma pessoa jurídica de Direito Privado. Entretanto, de outro lado, à sua extinção se dá por lei. O art. 150, § 2º, da CF parece ter dado imunidade em relação aos impostos das fundações, inclusive às fundações privadas instituídas e que são mantidas pelo Poder Público, pois não especifica se seriam fundações públicas ou privadas instituídas pelo Poder Público.[42] Não possuem o privilégio processual (arts. 188 e 475 do CPC), dado às fundações públicas.

[42] Nesse mesmo sentido advoga a professora Maria Sylvia Di Pietro (2001, p. 373).

O Ministério Público Estadual é que a fiscaliza (no Distrito Federal é o Ministério Público), após formar a sua personalidade jurídica registrando os seus estatutos sociais no órgão competente. Não se submetem, portanto, ao controle do Tribunal de Contas, a não ser as qualificadas como organizações sociais.[43] Submetem-se à Lei de Falências. A contratação não é precedida de licitação e como não se submete ao controle do Tribunal de Contas, por óbvio, não se submete à Lei de Responsabilidade Fiscal. Também não se submete à Lei de Improbidade Administrativa (Lei nº 8.429 de 1992).	Submetem-se ao controle interno e externo, conseqüentemente, seus agentes são considerados em sua natureza funcionários públicos, logo, a Administração Direta é subsidiariamente responsável pelos atos da fundação. Essas fundações não se submetem à Lei de Falências, dado ao fato de serem prestadoras de serviços públicos. Devem licitar para contratar. Submetem-se aos comandos da Lei de Responsabilidade Fiscal (inteligência do art. 1º, § 3º, I, *b* da Lei Complementar nº 101 de 2000), e também da Lei de Improbidade Administrativa.

[43] O professor Paulo Modesto ensina que "se denominam sinteticamente organizações sociais as entidades privadas, fundações ou associações sem fins lucrativos, que usufruem do título de organização social. [...] De fato, as organizações sociais são juridicamente entidades bastante semelhantes às tradicionais entidades privadas declaradas de utilidade pública, mas com elas não se identificam de modo completo. São traços comuns às duas entidades: a) a iniciativa privada voluntária na sua criação e na sua constituição; b) a existência de limites gerais à livre constituição e funcionamento dos órgãos de direção ou gerência como requisito para o exercício de ato posterior de reconhecimento ou qualificação; c) a afetação a uma finalidade de interesse público ou socialmente relevante; d) o recebimento de favores especiais, subsídios, isenções e contribuições do Estado; e) a submissão a uma vigilância especial e a limitações de ordem administrativa que vão além do simples poder de polícia exercido sobre as demais pessoas privadas; f) sujeição ao controle do Tribunal de Contas e à supervisão do Ministério Público; g) a necessidade de reconhecimento formal por parte do Estado, segundo um procedimento especial regulado em lei; h) a destinação legal do patrimônio social a outra entidade de mesma natureza, em caso de extinção da entidade, não sendo permitido seja o patrimônio repartido entre os membros da instituição; i) a submissão ao regime jurídico das pessoas de direito privado, com derrogações de direito público. [...] As organizações sociais, no entanto, apresentam também características especiais que as distinguem de modo parcial das tradicionais entidades privadas declaradas de utilidade pública. Em resumo, os traços diferenciais básicos são os seguintes: a) os seus estatutos devem prever e adotar determinado modelo de composição para os seus órgãos de deliberação superior, inclusive prevendo a participação necessária de representantes do Estado, como requisito para permitir o ato posterior de qualificação pelo Poder Público; b) o trespasse de bens e recursos públicos nelas está condicionado à assinatura de contratos de

2.2.4.3. Estatais

São empresas controladas direta ou indiretamente pelo Poder Público. Neste termo estão incluídas as empresas públicas, sociedades de economia mista, e empresas controladas direta ou indiretamente pelo Poder Público (como por exemplo, as subsidiárias).

Algumas questões sempre são suscitadas quando se propõe a estabelecer um estudo sobre as estatais. Uma primeira que podemos vislumbrar é referente ao que estaria reunido dentro de seu conceito, se todo o conjunto de pessoas jurídicas controlado direta ou indiretamente pelo Poder Público, ou se somente as empresas públicas e as sociedades de economia mista, mais especificamente; se as empresas em que o Estado possui uma reduzida participação no seu capital social, mas não efetivamente o seu controle, estariam também dentro deste conceito de estatais e de Administração Indireta.

Claramente é admitida pela Constituição da República a existência de empresas que, controladas pelo Poder Público, não sejam integrantes da Administração Indireta. É o que se depreende dos incisos I, II e III, do § 5º, do art. 165, da nossa lei maior. Cuida o artigo em questão do conteúdo da lei orçamentária anual. Segundo este dispositivo, esta lei deverá compreender o orçamento fiscal (inciso I), o orçamento de investimentos (inciso II) e o orçamento da seguridade social (inciso III). Relativamente ao orçamento fiscal e de seguridade social, afirma que estes deverão ser referentes aos "Poderes da União, seus fundos, órgãos e entidades da Administração Direta e Indireta, inclusive fundações instituídas e mantidas pelo Poder Público" (no caso do inciso I), ou a União, "as entidades e órgãos a ela vinculados, da administração direta e indireta, bem como os fundos e fundações instituídos e mantidos

gestão com os órgãos competentes da administração pública federal; c) o estatuto deve prever, também como um requisito da qualificação, sujeição da entidade à publicação anual no Diário Oficial da União do relatório de execução do acordo ou contrato de gestão (relatório gerencial das atividades desenvolvidas, apoiadas pelo Poder Público, e não apenas do relatório formal da contabilidade da entidade); d) o estatuto deve prever, como requisito de qualificação, regras rígidas de reforma das finalidades sociais, bem como regras para a definição impessoal das regras a serem adotadas para a remuneração do pessoal da entidade e para o sistema de compras; e) o estatuto ainda deve prever que a entidade estará sujeita a controle externo de resultados, periódico e 'a posteriori', realizado por comissão de avaliação composta por especialistas de notória qualificação, especialmente destinado à verificação do cumprimento do contrato ou acordo de gestão firmado com o Poder Público; f) as entidades poderão utilizar bens materiais e recursos humanos de entidades extintas do Estado, desde que a extinção tenha sido realizada por lei específica; g) as entidades poderão também absorver atividades e contratos de entidade extintas, também quando autorizados por lei, bem como os seus símbolos designativos, desde que estes sejam seguidos obrigatoriamente do símbolo OS."

pelo Poder Público" (no caso do inciso II). Já quanto ao orçamento de investimento (inciso III), afirma que este deverá dizer respeito "às empresas que a União, direta ou indiretamente, detenha a maioria do capital social com direito a voto".

É importante ressaltar que sempre restou assentado na nossa cultura jurídica que empresas públicas e sociedades de economia mista são pessoas jurídicas de Direito Privado, concepção esta que em nada restou desconfirmada pelo texto constitucional. Sociedades de economia mista e empresas públicas, por conseguinte, não foram incluídas como entes que deveriam ter o mesmo regime funcional da Administração Direta e das pessoas de Direito Público que integram a Administração Indireta. Elas são constitucionalmente assumidas como pessoas jurídicas de Direito Privado, é o que o art. 173, § 1º, confirma. Embora este artigo diga respeito apenas às sociedades de economia mista e às empresas públicas exploradoras de atividade econômica, ao afirmar que a estas empresas se aplica o "regime jurídico próprio das empresas privadas" está supondo que a definição de existência destas pessoas sejam adequadas por princípio a esta imposição.

Todavia, apesar de serem pessoas de Direito Privado, também nos deixa claro o legislador constitucional que empresas públicas e sociedades de economia mista são entidades integradas à Administração Pública e, portanto, verdadeiros instrumentos da ação do Estado. Agem realizando atividades mediante delegação do Estado (serviços públicos), ou explorando atividades econômicas postas sob o alcance do Estado (por serem decorrentes de imperativo da segurança nacional ou de relevante interesse público – art. 173, *caput*, da Constituição Federal). Atuam, nesse sentido, sempre em campos de atividades de interesse do Estado, nos termos em que o ordenamento jurídico admite esta atuação. São, pois, verdadeiros agentes estatais.

Tal configuração, por óbvio, acaba por impedir que em nosso direito pessoas que não sejam juridicamente criadas ou assumidas como verdadeiros instrumentos da ação governamental possam vir a ser definidas como empresas públicas ou como sociedades de economia mista. Assim, jamais poderão ser enquadradas no Direito brasileiro como empresas dessa natureza aquelas pessoas jurídicas cuja participação do Estado em seu capital social se dá por meras razões fortuitas, como, por exemplo, aquelas cujas cotas ou ações se incorporaram ao patrimônio público por inexistência de herdeiros (herança jacente), mesmo que o Poder Público possuísse a totalidade ou a maioria do capital societário votante desta empresa.

Exposta essas premissas, podemos apontar de forma sintética os elementos comuns ao conceito de empresa pública e de sociedade de economia mista. São eles:

a) pessoas jurídicas de Direito Privado dotadas de um regime jurídico especial;
b) devem ser necessariamente empresas criadas ou assumidas pelo Estado como um instrumento da sua ação para atuarem em campos juridicamente impostos ou admitidos como de seu interesse (prestação de serviços públicos ou exploração de atividade econômica).

Um aspecto importante desta análise não pode deixar aqui de ser referido. Diz o art. 37, XIX, da Constituição da República que "somente por lei específica poderão ser criadas empresa pública, sociedade de economia mista, autarquia e fundação pública", de onde se conclui que a criação por lei é um elemento que deve integrar o âmbito constitucional de empresas públicas e sociedades de economia mista, ou seja, sem a autorização legal para sua criação, não há de se falar em sociedade de economia mista ou de uma empresa pública.

Colocados esses elementos conceituais e constitucionais, passa-se nesse momento a responder uma segunda indagação: no que consistiriam suas diferenças?

Num primeiro momento e ainda no plano constitucional, ter-se-ia que a diferença conceitual se reduz a um único aspecto: a empresa pública deve ser composta por capitais exclusivamente públicos, enquanto a sociedade de economia mista deve ser constituída de capitais públicos e privados. O único elemento que temos para o estabelecimento destas duas pessoas jurídicas vinculadas à Administração Indireta é a sua própria denominação e a cultura jurídica vigente no momento da entrada em vigor do Texto Constitucional. Uma é chamada de empresa "pública". A outra de sociedade de economia "mista". Sabendo-se que na nossa cultura jurídica as expressões "empresas" e "sociedades constituídas para fins econômicos" não poderiam qualificar *in casu* qualquer distinção relevante, a distinção constitucional deve recair apenas no que deve ser o "público" e no que deve ser o "misto". E, por óbvio, tais qualificações apenas poderiam recair em relação ao seu capital social.

De fato, de acordo com as nossas concepções dominantes, as pessoas jurídicas de Direito Público que integram a Administração Indireta são as autarquias, enquanto empresas públicas e sociedades de economia mista, como já reiteradamente referido, são pessoas jurídicas de Direito Privado. Logo, a expressão "pública" que acompanha a palavra "empresa" ou a palavra "mista" que acompanha a expressão "sociedade de economia" não podem se referir a uma qualificação da ontologia jurídica pública ou privada destes entes. Não são as empresas públicas pessoas de Direito "Público" ou as sociedades de economia mistas pessoas de um não identificado direito "misto", uma vez que são reconhecidamente – repita-se novamente – pessoas privadas.

Estas expressões – sociedade de economia mista e empresa pública –, acolhidas em nossa cultura jurídica, expressa em lei e em escritos doutrinários, portanto, foram utilizadas pelo nosso legislador constitucional com um sentido certo. Uma destas pessoas que integram a Administração Indireta é uma pessoa de Direito Privado composta por capitais exclusivamente públicos (empresa pública). A outra, também pessoa de Direito Privado, é composta por uma conjugação de capitais públicos e privados (sociedade de economia mista). Nisso, entendemos, reside o paradigma acolhido pela Constituição para a definição nuclear destas duas particulares espécies de empresas estatais.

Daí naturalmente decorre que, em larga medida, o delineamento pormenorizado do conceito destas pessoas e de outros aspectos relativos à sua configuração jurídica e ao seu regime especial foi deixado pelo nosso legislador constitucional para o âmbito legal. Assim, a exigência ou não da adoção de forma societária de Direito Privado correspondente às tipologias existentes no Direito Mercantil (sociedade anônima, por quotas de responsabilidade anônima), a relação que deve existir entre o capital público e o capital privado nas sociedades de economia mista, a definição do que propriamente deva se entender por "capital público" (capital pertencente a pessoas de Direito Público ou a pessoas de Direito Privado controladas pelo Poder Público) ou por "capital privado" (capital pertencente a pessoas de Direito Privado controladas pelo Poder Público ou a pessoas privadas comuns não sujeitas a qualquer espécie de controle estatal), acabam por constituir relevantes questões não solucionadas *a priori* pelo legislador constitucional. O seu enfrentamento haverá de ser feito pelo legislador ordinário que, ao menos nesses aspectos, não deverá se sentir vinculado a qualquer situação predisposta pelo Texto Constitucional.

O que não poderá fazer, por óbvio, a nossa lei, é definir empresa pública como pessoa jurídica de Direito Público (posto que estas são autarquias), ou afirmar que tais entes estatais podem ter a participação de capital privado. Ou ainda afirmar que sociedades de economia mista não são pessoas jurídicas de Direito Privado, ou que podem ser compostas por capitais exclusivamente públicos ou exclusivamente privados. Afinal, em quaisquer destas perspectivas haveria direta contrariedade aos núcleos conceituais firmados para estes entes na nossa Constituição. No mais, tudo pode ser dito pelo nosso legislador ordinário. A definição mais detalhada dos seus conceitos, suas peculiaridades quanto às formas societárias que podem assumir estas empresas e ainda outras características e especificidades do seu próprio regime especial, haverão de ser trabalhadas em lei.

Portanto, *empresa pública é a pessoa jurídica de Direito Privado criada ou assumida pela Administração Pública para ser um instrumento da sua ação na prestação de serviços públicos ou na exploração de atividade econômica, submetida a um regime jurídico especial e constituída por recursos exclusivamente públicos.*

Por sua vez, *sociedade de economia mista é a pessoa jurídica de Direito Privado criada ou assumida pela Administração Pública para ser um instrumento da sua ação na prestação de serviços públicos ou na exploração de atividade econômica, submetida a um regime jurídico especial e constituída necessariamente pela conjugação de recursos públicos e privados.*

Logo, pela própria natureza destas pessoas, as normas legais que as disciplinarem podem ser pertinentes a dois distintos campos do Direito: o Direito Comercial e o Direito Administrativo.

O Direito Comercial disciplinará empresas públicas e sociedades de economia mista sob a ótica do seu próprio objeto, qual seja: as regras que regulamentam a atuação dessas pessoas como empresas privadas. Caberá a ele definir a forma societária que deve ser utilizada para essas pessoas; isto é, se devem ser constituídas obrigatoriamente ou não dentro das mesmas tipologias que criou para as empresas privadas comuns; a possibilidade de virem a compor o capital social de outras sociedades comerciais e a tipologia societária que assumirão as pessoas de que venham participar, além de outras regras especiais necessárias para a definição da especificidade do seu regime jurídico em face dos fins a que se destinam.

Já o Direito Administrativo se ocupará em disciplinar estas empresas estatais a partir da ótica dos controles que devem sobre ela recair, ou seja, na perspectiva de serem cumpridos os princípios gerais que governam todas as atividades da Administração Pública. A esse campo do Direito, assim, competirá disciplinar as regras que devem governar os procedimentos exigidos para a celebração de seus contratos (licitação) e para a realização de concursos públicos destinados a contratação de seus empregados; a definição das formas e procedimentos de fiscalização de seus atos pelo Poder Executivo, pelos Tribunais de Contas e pelo próprio Legislativo, ao lado de outras regras a estas pessoas impostas para o cumprimento dos princípios acima referidos.

E o Direito Comercial já o fez. A União, ao editar a Lei nº 6.404, de 15 de dezembro de 1976 ("Lei das Sociedades Anônimas"), dedicou inteiramente o seu capítulo XIX (arts. 235 a 242) à disciplina das denominadas sociedades de economia mista.

Buscando regular esta particular espécie de entidades da Administração Indireta, afirma este diploma legislativo, em seu art. 235, que "as sociedades anônimas de economia mista estão sujeitas a esta lei, sem prejuízo das disposições especiais de lei federal". Logo, trouxe o legislador uma importante conseqüência para as sociedades de economia mista de todo o país. Obrigou a todas as entidades estatais assim identificadas a se submeterem, em princípio, aos ditames da Lei das Sociedades Anônimas, e por conseguinte, a obrigatoriamente serem constituídas nesta particular forma de sociedade, ou seja, na forma de sociedades anônimas. Com isso, vedou terminantemente a possibilidade dessas pessoas estatais de Direito Privado virem a ser constituídas, em todo o país, sob qualquer outra forma societária.

Dessa forma, tanto as sociedades de economia mista federais como as estaduais, distritais e municipais devem obrigatoriamente ser criadas na forma de sociedades anônimas, é o que restou consignado como requisito para a sua existência; todavia, se o próprio legislador em outro momento entender possível a criação de sociedades de economia mista com outra configuração societária, assim o poderá fazer, sem prejuízo constitucional e ao seu próprio conceito.

Pode restar dúvida quanto à possibilidade de, se em algum ponto do país for criada uma sociedade de economia mista de configuração societária distinta da sociedade anônima, ela ser considerada desvinculada da Administração Indireta, não sujeita, portanto, aos controles característicos impostos pelo nosso ordenamento jurídico a estas pessoas. Somente pelo critério societário não é possível desvinculá-la da Administração Indireta, pois ela estaria apenas "irregularmente constituída". O que deve ser feito é se impor a imediata correção da sua forma societária ou a sua própria extinção.

Uma outra disposição contida na Lei nº 6.404/1976, porém, tem grande relevância para a delimitação do conceito de sociedade de economia mista em âmbito nacional. Trata-se do § 2º do aludido art. 235 dessa lei, que obriga as companhias de que participarem, majoritária ou minoritariamente, as sociedades de economia mista, a se sujeitarem a essa lei sem exceções previstas em relação a sua disciplina nesta lei. O que pretende o legislador com este dispositivo legal é afirmar que todas as sociedades de que participarem as sociedades de economia mista estão também necessariamente sujeitas "ao disposto nesta lei", ou seja, que devem ter obrigatoriamente a forma de sociedades anônimas e se submeter aos ditames da Lei nº 6.404/1976. Em relação à afirmação de que a sua submissão a essa lei deve se dar "sem as exceções previstas neste capítulo", resta demonstrada que a intenção do legislador nesse dispositivo legal é de determinar que as sociedades de que participarem majoritariamente as sociedades de economia mista jamais possam ser juridicamente definidas como sociedades de economia mista; ou seja, as sociedades submetidas a controle de sociedades de economia mista, e que possuam remanescentes acionários em mãos de particulares não devem ser qualificadas juridicamente como sociedades de economia mista, mas apenas como sociedades controladas pelo Poder Público, de modo a que não sejam consideradas integrantes da Administração Indireta.

O que fez o nosso legislador foi apenas determinar que a participação majoritária de sociedades de economia mista em uma sociedade anônima, que possua remanescente acionário em mãos de particulares, não qualifique juridicamente que a composição societária desta última empresa seja constituída em qualquer medida pela predominância de recursos públicos, para fins da sua definição tipológica. Os recursos de uma sociedade de economia mista na constituição majoritária de uma sociedade anônima, nestes termos, haverão de ser considerados juridicamente, para tais fins, privados.

Assim sendo, temos que as sociedades anônimas controladas por sociedades de economia mista, e que possuam remanescente acionário nas mãos de particulares, não são conceitualmente passíveis de serem enquadradas legalmente na definição de sociedades de economia mista. Serão consideradas, para todos os fins de direito, tanto para a União, como para Estados, Distrito Federal e Municípios, como empresas controladas pelo Poder Público, mas desvinculadas da Administração Indireta. Sua sujeição a controles administrativos apenas se dará, por conseguinte, quanto aos dispositivos que fizerem menção a *empresas sob controle do Poder Público* ou a expressão equivalente, e não a todos os que afirmarem a incidência destes aos entes da *Administração Indireta*.

Esse mesmo dispositivo legal, porém, deixa em aberto uma outra indagação. Declara ele que ficariam sujeitas ao disposto na Lei das Sociedades Anônimas, sem as exceções previstas no capítulo das sociedades de economia mista, também as companhias nas quais sociedades de economia mista participem minoritariamente. O que pretende o legislador com isso não é dizer que qualquer sociedade anônima, por ter uma minoritária participação de uma sociedade de economia mista perderá necessariamente a condição jurídica de ser também enquadrada como uma sociedade de economia mista.

Neste contexto é difícil aceitar, por exemplo, um entendimento que admite que, *uma sociedade anônima criada para ser um instrumento da ação do Poder Público e que cuja maioria das suas ações com direito a voto pertença a União, apesar de possuir substantiva parte do remanescente destas ações sob o domínio de particulares, venha a perder a condição de ser uma sociedade de economia mista pelo simples fato de uma dada sociedade de economia mista, na condição também de acionista minoritário, vir a possuir igualmente uma parcela das ações desta empresa*, ou seja, haveria aqui uma evidente colidência desta interpretação com o núcleo conceitual já apresentado para as sociedades de economia mista. Sem dúvida, uma empresa com tal composição reuniria todos os requisitos para ser qualificada como uma verdadeira sociedade de economia mista à luz dos nossos preceitos constitucionais. Seja porque seria uma pessoa de Direito Privado criada para ser um instrumento da ação do Poder Público, ou porque seria uma pessoa constituída com recursos públicos (não há como possa uma lei dizer que os recursos da União não sejam públicos) e com recursos privados (não há também como possa uma lei dizer que os recursos de particulares não sejam privados).

Desta forma, a inteligência que se deve dar à participação minoritária de sociedades de economia mista em outras sociedades anônimas não é a de que essa situação afasta sempre e em qualquer caso a possibilidade de que esta empresa venha a ter a mesma qualificação de se constituir como uma sociedade de economia mista. O que devemos entender *in casu* é que, dando seqüência o legislador à qualificação de privados que atribuiu aos recursos de uma sociedade de economia mista, quando majoritários em uma sociedade anônima, veio a tratar esta mesma qualificação de forma variável, conforme as circunstâncias por ele valoradas. Assim, nessa medida, no caso de a maioria das ações com direito a voto de uma sociedade anônima vir a pertencer a uma pessoa de Direito Público (União, Estados, Distrito Federal, Municípios ou autarquias) ou mesmo a uma empresa pública, desde que inexista remanescente acionário nas mãos de particulares, a participação minoritária na composição do seu capital pertencente a uma sociedade de economia mista não deverá ser juridicamente qualificada como privada para fins de ser configurada uma sociedade de economia mista. Sua participação será definida, nesse caso, como sendo constituída por recursos públicos, de forma a que se configure no caso, não uma sociedade de economia mista, mas uma autêntica empresa pública.

Este o alcance que deve ser dado ao dispositivo em comento. A participação minoritária de sociedades de economia mista em sociedades anônimas, portanto, em alguns casos, mas não em todos, serve como um parâmetro de exclusão para a não configuração desta mesma sociedade anônima em sociedade de economia mista.

Conclui-se, então, que o caráter impositivo do art. 235, § 2º, da Lei nº 6.404/1976 jamais poderá ser suficiente para encobrir as conclusões conceituais decorrentes da própria Constituição. Serve apenas para definir como empresa pública a pessoa jurídica de Direito Privado que, tendo a participação majoritária de pessoa de Direito Público ou da Administração Indireta venha a ter como minoritária a participação de sociedade de economia mista sem que qualquer remanescente de capital pertença a pessoas privadas.

Por fim, observemos que outros aspectos pertinentes ao regime das sociedades de economia mista são indicados pela Lei nº 6.404/1976. Nenhum, porém, com a característica de poder ser utilizado para a delimitação do conceito destas pessoas da Administração Indireta.

De fato, este diploma legislativo, em caráter inovador, sujeita ainda as sociedades de economia mista às normas expedidas pela Comissão de Valores Mobiliários (art. 235, § 1º); fixa regras quanto ao direito dos acionistas na hipótese de sua aquisição por meio de desapropriação (art. 236, parágrafo único); delimita o campo de atuação destas sociedades aos empreendimentos ou atividades previstas "na lei que autorizou a sua criação" (art. 237, *caput*); determina que as instituições financeiras de economia mista possam participar de outras sociedades, desde que obedecidas as normas estabelecidas pelo Banco Central (art. 237, § 2º); assegura que "a pessoa jurídica" que controla a companhia de economia mista tem os deveres e a responsabilidades do acionista controlador, mas poderá orientar as atividades da companhia de modo a atender ao interesse público que justificou a sua criação (art. 238); impõe que tais empresas tenham obrigatoriamente "Conselho de Administração, assegurado à minoria o direito de eleger um dos conselheiros, se maior número não lhes couber pelo processo de voto múltiplo" (art. 239, *caput*), e ainda que "os deveres e responsabilidades" dos seus administradores sejam "os mesmos dos administradores das companhias abertas" (art. 239, parágrafo único); determina que devem ter estas empresas seu Conselho Fiscal funcionando de forma permanente (art. 240); e, finalmente, que "as companhias de economia mista não estão sujeitas a falência mas os seus bens são penhoráveis e executáveis, e a pessoa jurídica que a controla responde subsidiariamente, pelas suas obrigações". Nada, pois, que possa ser utilizado como acréscimo ao já referido em relação ao conceito destas entidades estatais.

No que concerne, porém, às empresas públicas, silenciou inteiramente a Lei nº 6.404/1976. Não lhe exigiu a forma de sociedade anônima nem determinou que a sua participação em outra empresa lhe retiraria necessariamente a qualidade de ser efetivamente um membro da Administração Indireta.

Podemos, portanto, concluir que em relação às empresas públicas não existe qualquer imposição legal aplicável a União, Estados, Distrito Federal e Municípios de que a sua participação majoritária ou minoritária em outra sociedade mercantil implique necessariamente a exclusão desta última empresa da Administração Indireta, seja por poder assumir também a forma de empresa pública, seja por poder ser qualificada igualmente como uma sociedade de economia mista.

Retornando a análise do Decreto-Lei nº 200/1967, no atinente ao tratamento destinado às estatais, podemos dizer que, já no seu art. 4º, este diploma legal tratou de dizer que a Administração Federal compreende a "Administração Direta, que se constitui dos serviços integrados na estrutura administrativa da Presidência da República e dos Ministérios" e a "Administração Indireta", que compreende as "autarquias, empresas públicas, sociedades de economia mista e fundações públicas". Em seguida, no seu § 5º, definiu os entes da Administração Indireta. E nisso, como habitualmente a doutrina reconhece, não foi feliz nas suas definições. Graves imprecisões, má técnica legislativa, disposições colidentes com outros mandamentos do seu próprio texto, caracterizam as definições apresentadas neste texto legislativo imposto pelo Governo militar da época.

Todavia, em relação aos conceitos de empresa pública e de sociedade de economia mista, define o art. 5º, II, do Decreto-Lei nº 200/1967 como sendo empresa pública.

> *a entidade dotada de personalidade jurídica de direito privado, com patrimônio próprio e capital exclusivo da União, criada por lei para a exploração de atividade econômica que o Governo seja levado a exercer por força de contingência ou de conveniência administrativa, podendo revestir-se de quaisquer das formas admitidas em direito.*

Desdobrando esse conceito, pode-se dizer que não inovou ao afirmar que as empresas públicas são pessoas dotadas de personalidade jurídica de Direito Privado, "com patrimônio próprio" e "criada por lei". Inovou, todavia, nas afirmações de que estes entes da Administração Indireta: tenham "capital exclusivo da União"; sejam criadas unicamente para a "exploração da atividade econômica"; possam revestir-se "de qualquer das formas admitidas em Direito".

No que concerne ao "capital exclusivo da União", esta exigência legal nos conduz literalmente à falsa idéia de que em âmbito federal seria impossível a existência de empresas públicas nos casos em que a União majoritariamente detivesse capitais em conjugação com outros capitais minoritários de pessoas de Direito Público ou de Direito Privado de Estados, Distrito Federal e Municípios.

Não é, todavia, o que ocorre. O próprio Decreto-Lei nº 900, de 29 de setembro de 1969, responsável por fixar esta redação acima referida do inciso II do art. 5º do Decreto-Lei nº 200/1967, desmente essa interpretação. Com efeito, afirma o art. 5º do Decreto-Lei nº 900/1969 que

> *desde que a maioria do capital votante permaneça de propriedade da União, será admitida no capital da empresa pública (art. 5º, inciso II, do Decreto-Lei nº 200, de 25 de fevereiro de 1967), a participação de outras pessoas jurídicas de direito público interno, bem como de entidades da Administração Indireta da União, dos Estados, Distrito Federal e Municípios.*

Temos, pois, que no âmbito da legislação federal as

> *empresas públicas se configuram sempre que o capital de uma pessoa jurídica de direito privado pertencer a União de forma exclusiva, ou for compartilhado, de modo a que esta possua a maioria do capital votante, com capitais oriundos de outras pessoas de direito público, ou mesmo de pessoas de direito privado integrantes da Administração Indireta de quaisquer dos entes da Federação.*

Disto decorre uma conseqüência importante. Como a Constituição da República deixou em aberto o conceito de "recursos públicos" e de "recursos privados" para fins da conceituação jurídica dos entes de Direito Privado da Administração Indireta, tratou a legislação federal de fixar o sentido de tais expressões para fins de melhor delimitar o conceito de empresa pública. Com isso implicitamente estabeleceu que se devem entender como "recursos públicos", para fins de qualificação jurídica de uma empresa pública controlada pela União, os remanescentes que integram o capital social de pessoa jurídica privada oriundos tanto de pessoas jurídicas de Direito Público como de pessoas de Direito Privado, desde que estas últimas integrem a Administração Indireta. Basta assim que a maioria do capital votante de uma empresa pertença à União para que o restante dos recursos que integram o seu capital social, uma vez pertençam a autarquias, a empresas públicas, a sociedades de economia mista e fundações governamentais ou estatais, sejam considerados igualmente públicos.

Assim, uma empresa não perderá a possibilidade de ser uma autêntica empresa pública se parcela do seu capital social pertencer ao patrimônio de uma das pessoas de Direito Privado da Administração Indireta (empresas públicas, sociedades de economia mista ou fundações estatais ou governamentais de Direito Privado). Isto porque, pela legislação federal, é suficiente que o restante do capital social de uma empresa cuja maioria do capital votante pertença a União esteja integrado ao patrimônio de uma pessoa da Administração, seja ela Direta ou Indireta, para que a totalidade dos recursos que o constituem sejam definidos como "públicos". Mesmo que estas pessoas da Administração Indireta – repita-se – sejam pessoas jurídicas de Direito Privado.

Nisto, aliás, existe total correspondência entre o Decreto-Lei nº 900/1969 e a interpretação que acima levamos a efeito acerca do art. 235, § 2º, da Lei nº 6.404/1967, no que concerne à definição de serem públicos os recursos que constituem a participação minoritária de sociedades de economia mista em sociedades anônimas controladas por pessoas de Direito Público ou empresas públicas.

Poderia, em virtude dessa afirmação, ser suscitado um novo e grave problema: como devem ser identificadas à luz da legislação federal as empresas constituídas exclusivamente ou apenas com a maioria do capital votante pertencente, não à União, mas a entes da Administração Indireta, na hipótese em que o remanescente deste capital venha a estar integrado ao patrimônio da própria União ou ao de qualquer outro ente da Administração Indireta federal, estadual, distrital ou municipal?

Seguindo-se literalmente as mal-talhadas letras em que se esculpiu a legislação federal em comento, não haveriam de ser estas pessoas, em nenhuma hipótese, conceituadas como empresas públicas. Afinal, segundo o art. 2º do Decreto-Lei nº 200 e o art. 5º do Decreto-Lei nº 900/1967, uma sociedade só se qualificaria como empresa pública no caso de ter o seu capital exclusivamente integrado ao patrimônio da União, ou na hipótese da própria maioria do seu capital votante se encontrar em poder desta. Se este capital – seja exclusivamente, seja majoritariamente – estiver nas mãos de uma pessoa da Administração Indireta e não da União propriamente dita, de antemão restaria desqualificada a hipótese de estarmos diante de uma empresa pública. Mesmo que – observe-se – o remanescente do seu capital pertença a uma pessoa jurídica de Direito Público ou a um outro ente da Administração Indireta.

De qualquer forma, continuaria a dúvida a respeito de qual espécie de empresa seria esta? Poderia ser uma sociedade de economia mista?

A resposta é clara e óbvia: impossível. Seria adequado afirmar-se, por exemplo, que uma autarquia federal que possuísse a maioria do capital social de uma pessoa jurídica de Direito Privado cujo remanescente deste capital estivesse em mãos de outra autarquia seria uma sociedade de economia mista? Também não, uma vez que a composição integral do seu capital, por definição, seria pública. Por outro lado, seria correto afirmar-se que uma pessoa cujo capital social é controlado por uma autarquia ou por uma empresa pública e tivesse seu capital remanescente nas mãos de uma sociedade de economia mista seria uma sociedade de economia mista? Mais ainda que não, pois cai novamente no já analisado § 2º do art. 235 da Lei nº 6.404/1976. E o que se dizer ainda da empresa controlada por uma autarquia ou por uma empresa pública, que tivesse o remanescente do seu capital social em mãos de uma outra empresa pública? Dentro de uma análise sistemática e lógica, à luz das próprias respostas anteriores, seria absurdo que tivéssemos *in casu* uma sociedade de economia mista. A mesma *ratio* que motivou a configuração da resposta às duas primeiras indagações deve fundamentar também o equacionamento da solução desta nova questão.

Claro, pois, que em todos estes casos a análise lógica do nosso ordenamento impõe que o conceito adequado para qualificar tais pessoas seja o de empresa pública. Diante da falta de comando legal explícito, esta é a única possibilidade a ser logicamente admitida.

Um problema, todavia, ainda remanesce em aberto. E na hipótese da maioria do capital votante pertencer a uma sociedade de economia mista federal, ficando o remanescente submetido a titularidade de ente da Administração Indireta da União, Estados, Distrito Federal e Municípios? Estaríamos diante também de uma empresa pública, ou o citado art. 235, § 2º, da Lei nº 6.404/1976, a afirmaria necessariamente como uma mera empresa controlada pelo Poder Público?

Neste caso, trata-se sem dúvida de uma empresa pública. Uma vez que, indiscutivelmente, diante de todo o exposto, o § 2º do art. 235 da Lei nº 6.404/1976 tem um caráter nitidamente excepcional diante dos demais dispositivos da legislação federal em vigor. A regra é, sem dúvida alguma, que os recursos advindos de entes da Administração Indireta para a formação do capital social de uma empresa sejam considerados públicos para fins da identificação da tipologia societária desta empresa. O artigo em referência, portanto, no que concerne às sociedades de economia mista, acaba por fugir a este comando geral, ao atribuir a qualificação de privados a estes recursos quando vierem a integrar majoritária ou minoritariamente uma sociedade anônima. Deve, pois, ser interpretado restritivamente, considerando que, no caso de participação de uma sociedade de economia mista majoritariamente de uma sociedade anônima, esta última empresa não possa ser qualificada apenas como sociedade de economia mista. Apenas – repita-se – como sociedade de economia mista. Se o remanescente do capital desta empresa não pertencer a particulares, mas tão somente a pessoa privada da Administração Indireta, sua identidade deverá ser, assim, de autêntica empresa pública. O preceito legal em comento em nada obsta esta qualificação.

Conclui-se, desta forma, que, quando diz a legislação em exame que uma empresa pública federal se configura apenas nos casos em que a União detém a exclusividade ou a maioria do capital votante, o que devemos interpretar é que tais empresas se definem juridicamente nos casos em que a Administração Direta ou Indireta detenham a exclusividade ou o controle do capital votante desta empresa privada, restando também o remanescente deste capital social nas mãos da Administração Direta ou Indireta da União, Estados, Distrito Federal ou Municípios, o que se leva a afirmar que *de acordo com a vigente legislação federal, e tomando-se por base a questão específica da composição do capital social, existem em adequada interpretação jurídica as seguintes possibilidades lógicas de configuração de uma empresa pública federal: a) empresa constituída com capital exclusivamente da União; b) empresa constituída com maioria do capital votante pertencente à União e o restante pertencente a autarquia, empresa pública, sociedade de economia mista ou fundação governamental federal, estadual, distrital ou municipal; c) empresa constituída com capital exclusivo de ente da Administração Indireta federal; d) empresa constituída com maioria do capital votante pertencente a ente da Administração Indireta Federal, e com o restante do seu capital pertencente a pessoa de direito público ou a ente da Administração Indireta federal, estadual, distrital ou municipal.*

Quanto ao fato de afirmar também de forma literal o art. 5º, II, do Decreto-Lei nº 200/1967, que as empresas públicas são criadas para a "exploração da atividade econômica", cumpre ponderar que também aqui o legislador federal incorreu em grave imprecisão técnica. Com efeito, como é sabido, muitas empresas públicas foram criadas em âmbito federal para prestarem serviços públicos e não para realizarem atividade econômica. E isto não é vedado pela Constituição da República. Logo, disto decorre que a expressão "exploração da atividade econômica" não pode juridicamente assumir qualquer conotação restritiva à configuração das empresas públicas em âmbito federal. Tanto as entidades criadas para prestar serviços públicos como as constituídas para exercerem atividade econômica propriamente dita podem ser enquadradas no âmbito de tais entidades da Administração Indireta da União.

Por fim, devemos examinar a determinação contida no art. 5º, II, do Decreto-Lei nº 200/1967 no sentido de que as empresas públicas podem "revestir-se de quaisquer das formas admitidas em direito".

Tal determinação se encontra inteiramente assentada aos mandamentos da Lei nº 6.404/1976 (Lei das Sociedades Anônimas). Como já observamos anteriormente, esta lei não indica nenhuma forma societária específica para as empresas públicas, contrariamente ao que estabelece para as sociedades de economia mista cuja forma societária obrigatoriamente imposta é a de sociedade anônima.

Nessa medida, essa determinação da legislação federal deve ter indiscutível aceitação no âmbito da União. A Administração Pública federal pode livremente optar ao constituir uma empresa pública por quaisquer das formas societárias admitidas em Direito.

Diante disso nos encontramos aptos a apresentar agora a definição apropriada de empresa pública federal. Formulada a partir do núcleo constitucional deste conceito, e dos complementos estabelecidos pelas normas legislativas atinentes ao campo do Direito Comercial e Administrativo, podemos dizer que esta pode ser afirmada no sentido de *que empresa pública federal é a pessoa jurídica de Direito Privado criada ou assumida com a exclusividade ou com a maioria do seu capital votante integrada a União ou a ente da Administração Indireta federal, com o objetivo de ser um instrumento da ação do Poder Público na prestação de serviços públicos ou na exploração de atividade econômica, estando sempre submetida a um regime jurídico especial e tendo, necessariamente, o eventual remanescente do seu capital social pertencente a pessoa jurídica de Direito Público ou a ente da Administração Indireta da própria União, dos Estados, do Distrito Federal ou dos Municípios.*

Também se ocupa o Decreto-Lei nº 200/1967, em seu art. 5º, III, da definição de sociedade de economia mista. Nos termos deste diploma legislativo:

> *sociedade de economia mista é a entidade dotada de personalidade jurídica de direito privado, criada por lei para a exploração de atividade econômica, sob a forma de sociedade anônima, cujas ações com direito a voto pertençam em sua maioria, à União ou a entidade da Administração Indireta.*

Diante do conceito decorrente da nossa Constituição para essas empresas, essa definição apresenta os seguintes aspectos inovadores para as sociedades de economia mista: a) seriam criadas para a exploração de atividade econômica; b) possuiriam necessariamente a forma de sociedades anônimas; c) suas ações devem pertencer na sua maioria à União ou a entidade da Administração Indireta.

Quanto ao fato de ser criada para a "exploração de atividade econômica", se aplica aqui o que se acabou de afirmar para as empresas públicas. Esta afirmação só pode ser interpretada como uma verdadeira imprecisão do legislador federal. A exemplo do que ocorre com as empresas públicas, sempre se admitiu a criação de sociedades de economia mista destinadas à prestação de serviços públicos. Seria descabido, por conseguinte, que a idéia do legislador fosse atribuir a esta expressão uma finalidade restritiva da identificação conceitual de tal espécie de entidades estatais.

No que concerne ao fato de que devem ser criadas na forma de sociedades anônimas, a regra *sub examine* se coloca em plena adequação com a anteriormente estudada norma contida no art. 235 da lei. Deveras, uma sociedade de economia mista dentre nós apenas poderá ser regularmente criada se for constituída na forma de sociedade anônima.

Por fim, devemos nos defrontar com o problema da composição de capitais de uma sociedade de economia mista. Diz o referido art. 5º, III, que uma sociedade de economia mista para se configurar exige apenas que suas ações com direito a voto pertençam, em sua maioria, à União ou à entidade da Administração Indireta.

Esta afirmação apresenta três graves problemas de interpretação.

O primeiro, e mais fácil de ser elucidado, reside na inexistência de qualificação federativa na expressão *entidade da Administração Indireta*. Evidentemente, este diploma legislativo no dispositivo em comento só poderá estar se referindo à Administração Indireta *federal*, já que ao Decreto-Lei nº 200/1967 não cabe estabelecer qualquer tipo de definições, por sua própria natureza, a qualquer outra órbita que não seja a exclusivamente federal. Assim, para que estejamos diante de uma sociedade de economia mista federal, devemos entender que deseja a lei que necessariamente as ações com direito a voto de uma sociedade anônima pertençam na sua maioria à União ou a entidade da Administração Indireta *federal*.

O segundo problema se liga à ausência de qualquer exigência de que o remanescente acionário da sociedade de economia mista se coloque em poder de pessoas privadas comuns. Realmente, a definição em questão cuida apenas de dizer que a maioria das ações com direito a voto pertençam à União ou à entidade da Administração Indireta Federal. Mas não de dizer que as demais ações, total ou parcialmente, devem estar submetidas a titularidade privada. Desta forma, parece prescindir a legislação federal da idéia de que as sociedades de economia mista devem se caracterizar pela conjugação de capitais públicos e privados, o que seria inaceitável, já que constitucionalmente se estabeleceu de forma irretorquível que estas pessoas se configurem por meio da conjugação de capitais públicos e privados. Jamais poderiam, por conseguinte, normas inferiores à Constituição ignorar este aspecto. O que nos leva a crer que apesar da omissão do art. 5º, III, do Decreto-Lei nº 200/1967, as sociedades de economia mista federais exigem para a sua configuração jurídica que a maioria das suas ações com direito a voto pertençam a União ou a ente da Administração Indireta Federal e que o remanescente destas ações pertençam total ou parcialmente a pessoas estritamente privadas.

Já o terceiro e último problema interpretativo não se prende a questões intrínsecas à redação do precitado dispositivo do Decreto-Lei nº 200/1967. Ao contrário se liga com a sua compatibilização com o disposto no art. 235, § 2º, da Lei nº 6.404/1976, o que já foi analisado e concluído que este dispositivo tem o condão de impedir que as empresas de que participarem, majoritária ou minoritariamente, as sociedades de economia mista venham receber também esta mesma qualificação de sociedades de economia mista.

O conceito firmado no art. 5º, III, do Decreto-Lei nº 200/1967 parece, todavia, marchar em outra direção, uma vez que estabelece que qualquer pessoa cuja maioria das ações com direito a voto pertença a ente da Administração Indireta federal (onde se incluem as sociedades de economia mista federal), e que tenha o seu remanescente acionário nas mãos de pessoas privadas (por força do esclarecido anteriormente) deva ser enquadrada como sociedade de economia mista federal.

O que se pode dizer deste conflito, ou aparente antinomia, é que pelo critério temporal ele não existiria, pois cumpre observar que a Lei nº 6.404/1976 é posterior ao início da vigência do Decreto-Lei nº 200/1967. Donde ser natural que, quanto ao aspecto em referência, tenha sido derrogado o art. 5º, III, deste último diploma legislativo.

Concluímos, pois, que não devem ser consideradas sociedades de economia mista federal as sociedades anônimas que possuírem a maioria das suas ações com direito a voto pertencentes a sociedades de economia mista federais. Serão estas pessoas consideradas meras empresas controladas pelo Poder Público, e não propriamente entes integrados à Administração Indireta.

Após essas afirmações, nos encontramos aptos a fornecer a definição de sociedade de economia mista federal. Partindo-se do núcleo conceitual decorrente da nossa lei maior e das normas legais federais pertinentes ao campo do Direito Comercial e do Direito Administrativo, podemos dizer que *sociedade de economia mista federal é a pessoa jurídica de Direito Privado criada ou assumida com o objetivo de ser um instrumento da ação do Poder Público na prestação de serviços públicos ou na exploração de atividade econômica, submetida a um regime jurídico especial e constituída por ações com direito a voto que pertençam, em sua maioria, à União ou à autarquia, à empresa pública ou à fundação integrada à Administração Indireta federal, de modo a que se configure também a existência de remanescente acionário em propriedade de particulares*.

Sem nos eximir da culpa e da confusão que possa estar na cabeça do leitor ao se defrontar com essas diversas considerações, vamos tentar minimizá-las ao estabelecer o conceito de empresa controlada pelo Poder Público em âmbito federal.

Cremos que *por empresas controladas pelo Poder Público federal devemos entender as pessoas jurídicas de Direito Privado que não foram criadas ou assumidas como instrumentos da ação do Poder Público, ou sendo constituídas na forma de sociedades anônimas para serem instrumento da ação estatal não integram a Administração Indireta federal, em face de possuírem a participação majoritária de sociedade de economia mista federal e remanescente acionário em propriedade de particulares.*

2.2.4.4. As agências reguladoras

a) Âmbito de criação das agências reguladoras no Brasil

Nos últimos dez anos o Brasil vem adotando uma política econômica intervencionista na busca do equilíbrio orçamentário ocasionado pela crise fiscal do Estado. Por outro lado, essa intervenção gerou duas conseqüências notáveis para o Estado, sendo a primeira delas um crescimento desajustado do aparelho administrativo estatal, mais especificamente, de empresas públicas, sociedades de economia mista e suas subsidiárias, aliada a uma segunda conseqüência que consiste no esgotamento da capacidade de investimento do setor público, o que levou a um desgaste na prestação desses serviços.

Diante dessa situação comprometedora, o Governo federal se viu obrigado a adotar medidas que incorressem na melhora dos serviços públicos. Criou-se, dessa forma, o Programa Nacional de Desestatização, por meio da Lei nº 9.491/1997, tendo este o objetivo de reajustar a posição do Estado na economia, passando à iniciativa privada todas as atividades que por elas possam ser executadas, de forma satisfatória, em nome da Administração Pública, mas no interesse de um melhor atendimento ao interesse coletivo.

O programa de desestatização que o Brasil vem adotando consiste na privatização de bens públicos e na concessão de serviços públicos que vêm sendo realizados por intermédio da criação das chamadas agências reguladoras.

b) A regulação

Francisco de Queiroz Bezerra Cavalcanti entende que:

> À medida em que o Estado deixa de ser ele mesmo, por si, ou através de pessoa jurídica sob o seu controle, o responsável por uma atividade econômica ou social, cresce a necessidade do aperfeiçoamento do sistema regulador, do decorrente poder de polícia, inclusive quanto à efetividade dessa regulação. Tal aperfeiçoamento do sistema regulador resultará, em proveito, ao final, dos próprios usuários dos serviços. Essa idéia norteadora da melhoria da qualidade do serviço vem se destacando até mesmo em relação aos próprios serviços que remanescem exercendo-se diretamente através do Estado, ou de suas empresas, ou de pessoas jurídicas administrativas (2000, p. 254).

Em face do exposto pelo autor, verifica-se que a adoção de um sistema regulador traduz a regulação como instrumento de desestatização. Desta forma, um mercado regulado para a competição, um Estado intervencionista e a criação de agências reguladoras como garantia de satisfação do interesse público são elementos essenciais à política que o Estado vem adotando, qual seja, a dos chamados Princípios da Regulação.

> Os Princípios da Regulação exigem preocupação com monopólios naturais; os órgãos reguladores não devem formular políticas setoriais, devendo ser dotados de independência e autonomia. Sua função é regular segmentos do mercado e serviços públicos, protegendo o consumidor, garantindo a livre escolha, o abastecimento e preços acessíveis (Souto, v. 216, 1999, p. 130).

Ainda com relação aos Princípios da Regulação, uma conduta direcionada deve ser adotada pelo órgão regulador para que este possa atuar, tanto na função reguladora, como em uma função fiscalizadora. Para tal, há a necessidade de o órgão regulador possuir uma ampla autonomia técnica, administrativa e financeira, de maneira a ficar, tanto quanto possível, imune aos entraves burocráticos, às tendências políticas e à falta de verbas orçamentárias, de tal sorte que, na busca desse objetivo, necessita expedir normas operacionais e de serviço para um melhor acompanhamento das demandas populares.

c) A regulação por meio das agências reguladoras: origem das agências reguladoras

A necessidade da regulação de atividades já ocorreu em muitos outros ordenamentos jurídicos antes do brasileiro, sendo o modelo norte-americano a principal fonte inspiradora para os demais ornamentos.

Hoje, as agências têm sido a base da Administração Pública nos Estados Unidos, pois é por meio delas que o Estado americano procura atender os interesses da comunidade.

Verifica-se, no caso norte-americano, tendência de fortalecimento do Estado-regulador, compreensível e compatível com o papel traçado para ele nos Estados Unidos, de regulador, disciplinador da iniciativa privada, do exercício por ela de atividades econômicas, culturais e sociais, postura imprescindível num país no qual as atividades empresariais são exercidas, basicamente, pela iniciativa privada. A proteção a valores e bens como a saúde, o meio ambiente, o trabalho, o consumo e a concorrência têm sido objeto de adequada atividade reguladora e de eficiente exercício do decorrente poder de polícia pelas agências reguladoras por meio do exercício de poderes como *rule making power, licencing power, power over business*. É importante observar que o *rule making power* apresenta-se como bem mais amplo que o poder de expedir normas secundárias por entes reguladores como os brasileiros e, por outro lado, não se deve olvidar que o controle judicial sobre os atos das Regulatory Agencies americanas não têm a amplitude do controle judicial previsto na Constituição brasileira, sobre a Administração Pública, inclusive, entes reguladores (Cavalcanti, 2000, p. 258).

d) As agências nos demais ordenamentos jurídicos

O Reino Unido também adotou a estrutura das agências reguladoras ou Executive Agency, popularmente conhecidas como Next Steps Agency. Tão importante foi a instauração dessas agências que, em 1993 já somavam 92 e utilizavam cerca de 60% dos agentes públicos britânicos.

A combinação do modelo norte-americano, associado ao modelo britânico e à desestatização motivada por motivos diversos e conseqüente redução do papel dos Estado como agente de serviços públicos, serviu como a grande fonte inspiradora dos atuais modelos adotados em países da América latina, inclusive o Brasil.

e) As agências reguladoras como autarquias especiais

A figura da autarquia foi utilizada pelo Governo na criação das agências reguladoras. No entanto, estas não são simples autarquias, e de regime especial, pois possuem maiores privilégios em relação à autarquia comum, pela necessidade de maior independência.

Hely Lopes Meirelles esclarece em seus ensinamentos o conceito de autarquia de regime especial:

> É toda aquela que a lei instituidora conferir privilégios específicos e aumentar sua autonomia comparativamente com as autarquias comuns, sem infringir os preceitos constitucionais pertinentes a essas entidades de personalidade pública (1997, p. 305).

Dentre os privilégios inerentes às autarquias de regime especial estão o da estabilidade de seus dirigentes, autonomia financeira e o poder normativo regulatório. A outorga desses amplos poderes que lhes foi concedida tem como objetivo primordial a execução satisfatória dos serviços públicos, dada a grande importância apresentada por esses no desenvolvimento do país.

As autarquias especiais, apesar de todas essas regalias, não gozam de plena independência e autonomia, sendo, portanto, relativamente dependente dos Poderes Executivo, Legislativo e Judiciário. Diogo de Figueiredo Moreira Neto entende que essa relativa independência se dá em relação a quatro aspectos básicos:

> - *independência política* dos gestores, investidos de mandatos e com estabilidade nos cargos durante um tempo fixo;
>
> - *independência técnica decisional*, predominando as motivações apolíticas para seus atos, preferentemente em recursos hierárquicos impróprios;
>
> - *independência normativa*, necessária para o exercício de competência reguladora dos setores de atividade do interesse público a seu cargo; e
>
> - *independência gerencial orçamentária e financeira ampliada*, inclusive com a atribuição legal de fonte de recursos próprios, como, por exemplo, as impropriamente denominadas taxas de fiscalização das entidades privadas executoras de serviços públicos sob contrato (2000, p. 148).

Com relação à eficiência de uma agência reguladora, destaca-se que será medida pelo funcionamento harmônico de suas atribuições e pela verificação do estrito cumprimento das regras legais que lhe disciplinam.

f) Agência reguladora e agência executiva

A reforma administrativa não criou apenas as agências reguladoras, as agências executivas também vêm sendo criadas e, estas também são autarquias, no entanto, diferem das primeiras em alguns pontos.

Toshio Mukai aponta as suas diferenças:

> As Agências Reguladoras possuem maior grau de autonomia que as agências executivas, pois se pretende assegurar sua maior independência em relação ao Poder Executivo, atribuindo-lhes receitas próprias e mandato por prazo certo aos seus dirigentes, os quais não serão demissíveis a qualquer momento. As Agências Reguladoras devem executar atividades permanentes, ao longo de vários mandatos governamentais, de planejamento, incentivo, regulação, fiscalização e controle sobre serviço público, mediante a lei com vistas a assegurar e promover a competição entre os agentes privados atuantes no setor e o acesso universal aos serviços sujeitos à sua jurisdição administrativa. As agências reguladoras destinam-se precipuamente à regulação de mercados determinados, usualmente caracterizados como serviços públicos monopolizados, como, exemplificativamente, os de energia elétrica, telecomunicações, saneamento básico, transportes e até o de petróleo, tradicionalmente considerado uma atividade econômica monopolizada pelo Estado (...) As agências executivas são apenas uma qualificação a ser reconhecida, mediante decreto, a uma autarquia ou fundação responsável por serviço ou atividade exclusiva do Estado, sendo seus dirigentes de livre nomeação e exoneração pelo presidente da República. A Lei nº 9.649, de 27/05/1998, nos arts. 51 e 52, dispõe que a qualificação de uma instituição como agência exige que ela tenha um plano estratégico de reestruturação e desenvolvimento institucional em andamento e um contrato de gestão com Ministério superior (1999, p. 500).

De forma simples, Marcos Juruena Villela Souto distingue agências reguladoras de agências executivas expondo o que determina a Constituição no seu art. 37, § 8º, de acordo com a redação da Emenda Constitucional nº 19, afirmando que é necessário um contrato de gestão com alguns elementos específicos para que a entidade ou órgão se transforme em agência executiva. Esses elementos são: objetivos estratégicos, metas, indicadores de desempenho, condições de execução, gestão de recursos humanos gestão de orçamento, gestão de compras e contratos. Para o autor, agência executiva é um título jurídico atribuído a um órgão ou entidade, que depende de adesão voluntária, com metas negociadas, compatíveis com os recursos, e não impostas, obedecendo a algumas etapas (1999, p. 127).

g) Criação, extinção das agências reguladoras e sua relação com a Administração Direta

O art. 37, XIX da Constituição Federal dispõe a respeito da criação da autarquia, criação por lei, assim como sua extinção, ambas visando ao interesse público. Tendo em vista que a criação de uma agência reguladora representa uma forma discricionária de desestatização de uma função regulatória, a lei que dispõe a respeito da criação das agências deve ser de iniciativa privativa de quem detem a direção superior da Administração (CF, art. 84, II, c/c 61, § 1º, II, *e*).

Oportuno se torna ressaltar que o poder hierárquico do administrador direto apenas é relativo à estruturação das funções executivas da agência, o que significa que não se pode invocar o poder de direção superior da Administração para interferir nas decisões dos agentes reguladores, que devem apenas se pautar pela independência em relação ao Poder Público.

Quanto à extinção, esta deve ser motivada por um interesse público relevante e não pela impossibilidade de o poder concedente interferir nos julgamentos do regulador independente.

h) As agências reguladoras existentes no Brasil e suas respectivas legislações

No âmbito federal, o Brasil possui, hoje, dez agências reguladoras, criadas por lei cada uma delas. No entanto, interessante é ressaltar que não há uma lei específica disciplinando a matéria em questão,[44] mas todas seguem praticamente o mesmo padrão.

As agências reguladoras brasileiras são: Aneel (Agência Nacional de Energia Elétrica), Anatel (Agência Nacional de Telecomunicações), ANP (Agência Nacional do Petróleo), ANVS (Agência Nacional de Vigilância Sanitária), ANS (Agência Nacional de Saúde Suplementar), ANA (Agência Nacional das Águas), ANTT (Agência Nacional dos Transportes Terrestres), Antaq (Agência Nacional de Transportes Aquaviários), Ancine (Agência Nacional do Cinema) e a Anac (Agência Nacional da Aviação Civil)

Alguns Estados do Brasil também estão adotando as agências reguladoras. No entanto, diferem das criadas pela União no que diz respeito à especialização: as agências criadas nos Estados não têm especialização, sendo conhecidas como "agências multissetoriais".

---

[44] Há, todavia um Projeto de Lei que será analisado na seqüência.

Pode-se citar no Estado de São Paulo a CSPE (Comissão de Serviços Públicos de Energia), no Estado do Rio de Janeiro a Asep (Agência Reguladora de Serviços Públicos), no Ceará a Arce (Agência Reguladora de Serviços Públicos do Estado do Ceará) e no Rio Grande do Sul a AGERGS (Agência Estadual de Regulação dos Serviços Públicos Delegados do Rio Grande do Sul).

Oportuno se torna lembrar que já existiam no Brasil outras espécies de entidades similares às agências reguladoras, tais como o Bacen (Banco Central do Brasil), o Cade (Conselho Administrativo de Defesa Econômica o CMN (Conselho Monetário Nacional) e ainda a CVM (Comissão de Valores Mobiliários).[45]

Em seguida, abordar-se-ão os principais aspectos de cada uma das agências nacionais e suas respectivas legislações.[46]

h.1) Aneel

A Agência Nacional de Energia Elétrica foi criada pela Lei nº 9.427, de 26 de dezembro de 1996, como uma autarquia sob regime especial, vinculada ao Ministério das Minas e Energia, com sede e foro no Distrito Federal, e com a finalidade de regular e fiscalizar a produção, transmissão e comercialização de energia elétrica, em conformidade com as políticas e diretrizes do Governo Federal. Instituída a agência, com publicação de seu Regimento Interno, extinguiu-se o Dnaee (Departamento Nacional de Águas e Energia Elétrica). Foi a primeira autarquia sob regime especial criada no país pelo Governo federal na fase de privatização de serviços públicos, privatização atendendo ao sentido de transferência de execução dos serviços públicos para o setor privado. No entanto, ressalta-se que o serviço continua sendo de caráter público e não privado, pois, embora o concessionário explore o serviço em nome do Poder Público, por sua conta de risco, a titularidade deste continua sendo do Poder Público, podendo este retomar execução a qualquer tempo, se houver interesse coletivo e atendidos os requisitos legais.

A Aneel tem o objetivo de proporcionar condições favoráveis para o desenvolvimento do mercado de energia elétrica em benefício da sociedade.

Seguem algumas das principais competências da Aneel:

[45] Para estudar essas entidades consideradas pela doutrina de "Similares às Agências Reguladoras", veja o nosso *Curso de Direito Administrativo Econômico* (Queiroz, 2006, p. 374-412).

[46] Faremos uma apertada síntese sobre as funções de cada agência, para maior detalhamento, veja o nosso *Curso de Direito Administrativo Econômico* (Queiroz, 2006, p. 297-373).

- implementar as políticas e diretrizes do Governo federal para a exploração de energia elétrica e o aproveitamento dos potenciais de energia elétrica;
- incentivar a competição e supervisioná-la em todos os segmentos do setor de energia elétrica;
- regular e fiscalizar a conservação e o aproveitamento dos potenciais e energia hidráulica, bem como a utilização dos reservatórios de usinas hidrelétricas;
- incentivar o combate ao desperdício de energia no que diz respeito a todas as formas de produção, transmissão, distribuição, comercialização e uso de energia elétrica;
- atuar, na forma da lei e do contrato, nos processos de definição e controle dos preços e tarifas, homologando seus valores iniciais, reajustes e revisões, e criar mecanismos de acompanhamento de preços;
- articular-se com órgão regulador do setor de combustíveis fósseis e gás natural para a elaboração de critérios de fixação dos preços de transporte desses combustíveis;
- estimular a melhoria do serviço prestado e zelar, direta e indiretamente, pela sua boa qualidade. Observado, no que couber, o disposto na legislação vigente de proteção e defesa do consumidor;
- dirimir, no âmbito administrativo, as divergências entre concessionários, permissionários, autorizados, produtores independentes e autoprodutores, entre esses agentes e seus consumidores, bem como entre usuários dos reservatórios de usinas hidrelétricas;
- promover a articulação com os Estados e Distrito Federal para o aproveitamento energético dos recursos de água e a compatibilização com a Política Nacional dos Recursos Hídricos;
- estimular e participar das atividades de pesquisa e desenvolvimento tecnológicos necessárias ao setor de energia elétrica;
- determinar o aproveitamento ótimo do potencial de energia hidrelétrica, em conformidade com os § 2º e 3º do art. 5º da Lei nº 9.074/1995;
- elaborar editais e promover licitações destinadas à contratação de concessionários para aproveitamento de potenciais de energia hidráulica e para a produção, transmissão e distribuição de energia elétrica;
- celebrar, gerir, rescindir e anular os contratos de concessão ou de permissão de serviços de energia elétrica e de concessão de uso do bem

público relativos a potenciais de energia hidráulica, bem como de suas prorrogações;

- declarar utilidade pública, para fins de desapropriação ou de instituição de servidão administrativa, dos bens necessários à execução de serviço ou instalação de energia elétrica, nos termos da legislação específica;
- celebrar convênios de cooperação, em especial com os Estados e o Distrito Federal, visando à descentralização as atividades complementares de regulação, controle e fiscalização, mantendo o acompanhamento e avaliação permanente da sua condução.

De acordo com o art. 7º da Lei nº 9.427/1996, a Administração da Aneel será objeto de contrato de gestão negociado e celebrado entre a diretoria e o Poder Executivo no prazo máximo de 90 dias após a nomeação do diretor-geral, devendo uma cópia do instrumento ser encaminhada para registro no Tribunal de Contas da União, onde servirá de peça de referência numa eventual auditoria operacional.

Destarte, procurou o Governo federal, com a criação da Aneel, uma melhor execução dos serviços públicos, dando uma ampla independência com relação ao Poder Público, para que os objetivos e finalidades sejam atendidos em prol da comunidade.

h.2) Anatel

A globalização da economia juntamente com a evolução tecnológica acarretaram mudanças no mercado das telecomunicações, não somente no Brasil, mas no mundo todo. Isso se evidencia pois a matéria foi objeto de acordo específico na Organização Mundial de Comércio, por força da qual cada um dos Estados-membros obrigou-se a assegurar aos prestadores de serviço de qualquer outro Estado-membro acesso às suas redes públicas de transporte, o que resultou na conexão de circuitos privados.

Nesse âmbito, a Emenda Constitucional nº 8, de 1995, flexibilizou o monopólio das telecomunicações, pois determinou a instituição de agência reguladora para este fim. Assim, com a Lei nº 9.472/1997, criou-se a Anatel, com estrutura organizacional semelhante aos órgãos reguladores americanos e colombianos. Vale lembrar que, antes da criação dessa lei, a Lei nº 9.295/1996 determinou que a função regulatória seria do ministro das Comunicações, em caráter provisório, até que fosse criado órgão regulador.

Algumas das características inerentes a essa agência se traduzem em, administrativamente, ela ser independente e, financeiramente, autônoma; não se subordina a nenhum órgão do Governo (suas decisões só podem ser contestadas judicialmente), e seus dirigentes têm mandato fixo e estabilidade.

Ressalta-se que todas as normas elaboradas pela Anatel são, antes de serem promulgadas, submetidas à consulta pública.

A Anatel possui diversas atribuições, dentre as quais destacam-se:

a) implementar a política nacional de telecomunicações;
b) propor a instituição ou eliminação na prestação de serviço no regime público;
c) propor o Plano Geral de Outorgas; propor o Plano Geral de Metas para a universalização dos serviços de telecomunicações;
d) administrar o espectro de radiofreqüências e o uso de órbitas;
e) compor administrativamente conflitos de interesses entre prestadoras de serviços de telecomunicações;atuar na defesa e proteção dos direitos dos usuários;
f) atuar no controle, prevenção e infração de ordem econômica no âmbito das telecomunicações, ressalvadas as competências legais do Cade;
g) estabelecer restrições, limites, ou condições a grupos empresariais para a obtenção e transferência de concessões, permissões e autorizações, de forma a garantir a competição e impedir a concentração econômica no mercado;
h) estabelecer estrutura tarifária de cada modalidade de serviço prestado em regime público.

Em suma, a Anatel tem como objetivo primordial promover o desenvolvimento das telecomunicações no País, através de uma eficiente infra-estrutura, com a finalidade de oferecer à sociedade serviços adequados, diversificados e a preços justos para a população a fim de satisfazer os interesses públicos, possibilitando o acesso de todos os cidadãos e de instituições ao serviço de telecomunicações, de modo que esse acesso chegue às mais diversas pessoas das mais diversas condições econômicas.

h.3) ANP

A Agência Nacional do Petróleo é uma autarquia vinculada ao Ministério das Minas e Energia e foi criada com a finalidade de administrar, em nome da União, o monopólio sobre a pesquisa e a lavra do petróleo e do gás natural em todo o território nacional. A essa agência compete promover a regulação, a contratação e a fiscalização das atividades inerentes à indústria petrolífera. Irá também regular e fiscalizar a distribuição e a revenda de combustíveis, zelando sempre pela prevalência do interesse público, pela preservação do meio ambiente e da livre concorrência, em benefício do desenvolvimento natural.

Sua criação foi determinada pela Lei nº 9.478/1997 e regulamentada pelo Decreto nº 2.455/1998 como uma autarquia de regime especial. Com relação à ANP, Eurico de Andrade Azevedo expõe seus ensinamentos:

> A situação da Agência Nacional do Petróleo é diferente das demais quanto ao seu objeto. Ela não regula, nem controla ou fiscaliza um serviço público. A pesquisa, lavra e refinação do petróleo não constituem serviços públicos, mas atividades econômicas monopolizadas pela União. Antes da Emenda Constitucional nº 9, de 1995, não podia a União ceder ou conceder qualquer tipo de participação, em espécie ou em valor, na exploração das jazidas de petróleo ou gás natural. A partir daquela Emenda foi facultado à União contratar com empresas estatais ou privadas a realização das atividades previstas nos incisos I a IV do art. 177 da CF. Para esse fim, foi editada a Lei nº 9.478 de 1997, estabelecendo as diretrizes gerais da política energética nacional e criando a Agência Nacional do Petróleo, isto porque, embora não constituindo serviço público, a exploração da indústria do petróleo é absolutamente essencial à economia da sociedade. (...) Por essa razão, a ANP foi criada também sob a forma autárquica especial, com todas as características de independência das outras duas agências já referidas, mas com a finalidade básica de promover a regulação, contratação e fiscalização das atividades econômicas integrantes da indústria do petróleo. Embora não constituindo função típica do Estado por tratar de atividade econômica, o legislador entendeu instituir uma agência reguladora poderosa, para poder controlar uma atividade que, por sua relevância econômica, a Constituição reservou ao Estado (2002, p. 145).

Nota-se que a ANP consiste em um órgão colegiado composto por uma diretoria que deverá compor-se por quadros técnicos capacitados na área da regulação, mas especificamente voltada aos objetivos da regulação da ANP.

Destarte, à ANP compete a implantação eficiente de uma política nacional de petróleo e gás, política esta capaz de atuar positivamente no desenvolvimento econômico do país.

h.4) Anvisa

A Agência Nacional de Vigilância Sanitária é mais uma iniciativa do Governo federal nesta nova fase de Estado regulador, decorrente da diluição do papel da Administração Pública como fornecedor exclusivo ou principal dos serviços públicos.

A Lei nº 9.782, de 26 de janeiro de 1999, criou a Anvisa como uma autarquia sob regime especial vinculada ao Ministério da Saúde.

De uma forma geral, a Anvisa tem como objetivo promover a proteção da saúde da população brasileira por meio de um controle sanitário da produção e comercialização de produtos e serviços submetidos à vigilância sanitária, inclusive dos ambientes, dos processos e das tecnologias a eles relacionados. Outrossim, a agência exerce o controle dos portos, aeroportos e fronteiras, estando associada ao Ministério das Relações Exteriores e instituições estrangeiras para tratar de assuntos internacionais na área de vigilância sanitária.

Em rápidas pinceladas, compete à Anvisa:

a) coordenar o Sistema Nacional de Vigilância Sanitária;
b) estabelecer normas, propor, acompanhar e executar as políticas, as diretrizes e as ações de vigilância sanitária;
c) estabelecer normas e padrões sobre limites de contaminantes, resíduos tóxicos, desinfetantes, metais pesados e outros que envolvam risco à saúde;
d) exigir, mediante regulamentação específica o credenciamento ou a certificação de conformidade no âmbito do Sistema Nacional de Metrologia, Normalização e Qualidade Industrial – Sinmettro –, de instituições, produtos e serviços sob regime de vigilância sanitária, segundo a sua classe de risco;
e) interditar, como medida de vigilância sanitária, os locais de fabricação, controle, importação, armazenamento, distribuição e venda de produtos e insumos, em caso de violação de legislação pertinente ou de risco iminente à saúde;
f) coordenar as ações de vigilância sanitária realizadas por todos os laboratórios que compõem a rede oficial de laboratórios de controle de qualidade em saúde;
g) monitorar e auditar os órgãos e entidades estaduais, distritais e municipais que integram o Sistema Nacional de Vigilância Sanitária;
h) monitorar a evolução dos preços de medicamentos, equipamentos, componentes, insumos e serviços de saúde;
i) a agência poderá assessorar, complementar ou suplementar ações estaduais, do Distrito Federal e municipais para exercício do controle sanitário;
j) as atividades de controle epistemológico e de vetores relativas a portos, aeroportos e fronteiras serão executadas pela Anvisa sob orientação

técnica e normativa da área de vigilância epistemológica e ambiental do Ministério da Saúde.

Nesse passo, concluímos que a finalidade da Anvisa é proteger e promover a saúde, garantindo a segurança sanitária de produtos e de serviços.

h.5) ANS

A instituição da Agência Nacional de Saúde Suplementar foi criada pela Lei nº 9.961, de 28 de janeiro de 2000, também como autarquia sob regime especial, vinculada ao Ministério da Saúde, com objetivo de promover a defesa do interesse público na assistência suplementar à saúde, regulando as operadoras setoriais, inclusive quanto às suas relações com prestadoras e consumidores, para, de uma forma eficaz, propiciar um desenvolvimento das ações de saúde no Brasil.

Para que a ANS atinja seus objetivos deverá propor políticas e diretrizes gerais ao Conselho de Saúde Suplementar, possibilitando, assim, a regulação do setor.

Deve, ainda, estabelecer normas relativas à adoção e utilização, pelas operadoras de planos e assistência à saúde, de mecanismos de regulação dos usos de saúde, estabelecendo também, normas para que haja um ressarcimento ao Sistema Único de Saúde por meio de uma integração de informações com os bancos de dados do SUS.

Compete também à ANS autorizar o registro dos planos privados de assistência à saúde e monitorar a evolução dos preços de planos de assistência à saúde, bem como fazer a defesa da concorrência relativas a esse setor.

Por último, cabe à ANS adotar medidas necessárias para estimular a competição no setor de planos privados de assistência à saúde e ainda podendo esta se articular com órgãos de defesa do consumidor relativos a serviços privados de assistência à saúde, sempre, observando-se o disposto na Lei nº 8.078, de 11 de setembro de 1990.

h.6) ANA

A Agência Nacional de Águas é a mais recente agência reguladora criada pelo Governo brasileiro. Instituída pela Lei nº 9.984/2000, vincula-se diretamente à Política Nacional de Recursos Hídricos – PNRH –, obedecendo seus fundamentos, objetivos e instrumentos, juntamente com órgãos e entidades públicas e privadas. A agência em questão passou a integrar o Sistema Nacional de Gerenciamento de Recursos Hídricos, incumbindo-lhe a responsabilidade de organizar, implantar e gerir o Sistema Nacional de Informações sobre Recursos Hídricos. Administrativamente, vincula-se ao Ministério do Meio Ambiente.

A Agência teria função reguladora para as bacias e rios federais, por esse motivo sua criação, trazendo mudanças significativas para os Comitês de Bacias Hidrográficas. Muitos divergem na questão, pois acreditam que a transferência de titularidades à ANA promoveu a quebra no sistema de gerenciamento de recursos, tornando mais burocrática e lenta a sua aplicação. O que ocorre é que, de acordo com a Lei de Política Nacional de Recursos Hídricos, caberia aos comitês de bacia hidrográfica, responsáveis pela totalidade de uma bacia, estabelecer mecanismos de cobranças pelo uso dos recursos e sugerir os valores a serem cobrados. No entanto, as Agências de Água exerceriam a função de secretaria executiva dos comitês de bacias hidrográficas, cabendo a estas, por delegação dos Comitês, efetuar a cobrança pelo uso da água. Com base nisso discute-se que, se com a redução das responsabilidades dos comitês, o recurso financeiro arrecadado passaria por uma série de entraves burocráticos desnecessários e pela incerteza do local de aplicação desses recursos. Desta maneira, aqueles que assim pensam acreditam ser a criação da ANA um peso na máquina administrativa governamental.

h.7) ANTT e Antaq

A ANTT – Agência Nacional de Transportes Terrestres e a Antaq – Agência Nacional de Transportes Aquaviários, vinculadas ao Ministério dos Transportes, foram criadas conjuntamente pela Lei nº 10.233/2001, sendo posteriormente regulamentadas pelos Decretos nº 4.130/2002 (ANTT) e nº 4.122/2002 (Antaq), tendo como principal mote a implementação das políticas formuladas pelo Conselho Nacional de Integração de Políticas de Transporte e pelo Ministério dos Transportes.

A ANTT e a Antaq têm por competência regular e supervisionar as atividades de prestação de serviços e de exploração da infra-estrutura de transportes terrestres e aquaviários exercidas por terceiros. Seus objetivos são garantir que os serviços de transporte sejam prestados com qualidade e modicidade nas tarifas e fretes, bem como harmonizar os distintos interesses do setor (dos usuários, de empresas concessionárias, permissionárias, autorizadas e arrendatárias, e de entidades delegadas), seja arbitrando conflitos de interesses, seja impedindo ou reprimindo a competição imperfeita ou a infração da ordem econômica.

As áreas de atuação da ANTT são a ferroviária (incluindo a exploração da infra-estrutura ferroviária, a prestação do serviço público de transporte ferroviário de cargas e prestação do serviço público de transporte ferroviário de passageiros), a rodoviária (exploração da infra-estrutura rodoviária, prestação do serviço público de transporte rodoviário de passageiros e prestação do serviço de transporte rodoviário de cargas), a dutoviária (cadastro de dutovias), a multimodal (habilitação do Operador de Transportes Multimodal) e de exploração de terminais e vias.

No caso da Antaq, as áreas de atuação são a navegação fluvial, lacustre, de travessia, de apoio marítimo, de apoio portuário, de cabotagem e de longo curso, os portos organizados, os terminais portuários privativos e o transporte aquaviário de cargas especiais e perigosas.

h.8) Ancine

A Ancine – Agência Nacional do Cinema – foi criada pela Medida Provisória nº 2.228/2001 (convertida em lei por força da Emenda Constitucional nº 32), mesmo diploma legal que dispôs sobre a Política Nacional do Cinema.

Os objetivos desta agência são: estimular o desenvolvimento da indústria cinematográfica; promover a integração das atividades governamentais a ela relacionadas; aumentar a competitividade; promover a auto-sustentabilidade e articulação dos vários elos de sua cadeia produtiva; estimular a universalização do acesso às obras cinematográficas e videofonográficas, especialmente as nacionais e garantir a participação diversificada das obras estrangeiras no mercado brasileiro.

Desta forma, não estão entre os objetivos da Ancine a formulação de políticas no setor do cinema, que continua sendo uma tarefa do Conselho Superior do Cinema, no qual se subordina a agência em questão; todavia, não estando submetida hierarquicamente ao mesmo.

Floriano Azevedo Marques Neto lembra que

> essa Agência vincula-se, de acordo com regra que consta da Medida Provisória nº 2.228/2001, ao Ministério do Desenvolvimento, Indústria e Comércio. O decreto que aprovou a estrutura regimental da Agência (Decreto nº 4.121/2002), porém, editado já à luz da Emenda Constitucional nº 32/2001, promoveu a vinculação da ANCINE à Casa Civil. Hoje, por força do art. 10 do Decreto nº 4.858, de 13 de outubro de 2003, a ANCINE vincula-se ao Ministério da Cultura. Afora essa relação, a ANCINE deve respeitar as áreas de competência reservadas ao Ministério das Comunicações, ao Ministério da Educação e ao Ministério da Cultura na área de comunicações audiovisuais (2006, v. III, p. 367).

A Ancine está limitada por sua própria norma instituidora de alcançar um nível de eficiência desejado, uma vez que a Medida Provisória nº 2.228/2001 limitou-se a prever que o seu quadro de recursos humanos seja composto por até 250 pessoas, logo, esse fator apresenta-se como limitante de sua possibilidade de cumprir os objetivos para os quais foi criada.

h.9) Anac

A Agência Nacional de Aviação Civil – Anac é disciplinada pela Lei nº 11.182/2005, que estabelece como função regulatória desta agência a fiscalização das atividades de aviação civil e de infra-estrutura aeronáutica e aeroportuária, tendo, portanto, herdado as competências que antes eram exercidas pelo Departamento de Aviação Civil e por unidades de Comando da Aeronáutica, e, ainda, representar o país junto aos organismos internacionais de aviação civil, quando não se tratar de assuntos referentes ao sistema de controle de espaço aéreo e ao sistema de investigação e prevenção de acidentes aeronáuticos.

Destaca Floriano Azevedo Marques Neto que

> não constitui objetivo da ANAC a formulação de políticas, cabendo a ela observar e implementar orientações, diretrizes e políticas estabelecidas pelo Conselho de Aviação Civil – CONAC, órgão do Ministério da Defesa, pasta a qual está vinculada (2006, v. III, p. 363).

Todavia, como mecanismos regulatórios, a Anac tem competência para delegar por meio de concessões, permissões e autorizações a exploração de serviços aéreos, e ainda, conceder ou autorizar a exploração da infra-estrutura aeroportuária, no todo ou em parte.

Outra importante atribuição é a de solucionar administrativamente conflitos de interesses ente prestadoras de serviços aéreos e de infra-estrutura no setor. E ainda fica ao seu cargo a fiscalização, construção e manutenção dos aeródromos, tornando-os adequados ao bom funcionamento.

i) O Projeto de Lei que disciplinará a atuação das agências

O projeto de lei em questão tem por objetivo estabelecer regras aplicáveis às agências reguladoras, relativamente a sua gestão, organização e mecanismos de controle social.

Objetiva resolver alguns problemas considerados pontos de desequilíbrio na atuação das agências, tais como:

a) adequação do grau de autonomia ou independência das agências em relação aos Ministérios;

b) a esfera de ação das agências reguladoras, tanto no planejamento quanto na outorga de concessões e permissões;
c) a necessidade de fortalecimento dos Ministérios com respeito a atribuições básicas de planejamento e formulação de políticas públicas na esteira da reorientação do papel do Estado nos últimos dez anos (do Estado-produtor para o Estado-regulador);
d) eficácia das agências na defesa dos interesses dos consumidores e no cumprimento de suas competências legais;
e) adequação dos meios para que as agências possam cumprir seu papel, inclusive no que tange à formação de um quadro de pessoal qualificado, com prerrogativas compatíveis ao exercício de seu papel de fiscalização e regulação;
f) a insuficiência de mecanismo de prestação de contas por parte das agências ao Congresso Nacional, inclusive no que tange ao poder do Congresso para convocar presidentes e diretores dessas entidades para prestar esclarecimentos.

Ele especifica quais as agências reguladoras que vão se enquadrar nesse modelo. E entre os seus principais pontos ele estabelece:

a) obrigatoriedade de que o processo de decisão das agências reguladoras tenha caráter colegiado nas suas deliberações;
b) obrigatoriedade de consulta pública após essas deliberações para legitimação dos processos;
c) realização facultativa de audiência pública ou outros meios de participação popular nas questões suscitadas, como subsídio às tomadas de decisões;
d) prestar contas por meio de um relatório anual circunstanciado de suas atividades;
e) firmar contrato de gestão[47] como instrumento de acompanhamento da atuação administrativa da agência reguladora e da avaliação do seu

[47] O contrato de gestão e de desempenho deve especificar:
I – as metas de desempenho administrativo e de fiscalização a serem atingidas, prazos de consecução e respectivos indicadores e os mecanismos de avaliação que permitam quantificar, de forma objetiva, o seu alcance;
II – a estimativa dos recursos orçamentários e cronograma de desembolso dos recursos financeiros necessários ao alcance das metas pactuadas;
III – as obrigações e responsabilidades das partes em relação às metas definidas;
IV – a sistemática de acompanhamento e avaliação, contendo critérios, parâmetros e prazos; V – as medidas a serem adotadas em caso de descumprimento injustificado das metas e obrigações pactuadas;

desempenho, e objetivar melhorar o acompanhamento da gestão, promovendo maior transparência e controle social, bem como aperfeiçoar as relações de cooperação da agência reguladora com o Poder Público;

f) aperfeiçoamento do sistema de ouvidoria[48] nas agências com ampla autonomia e insubordinação hierárquica;

g) melhoria das relações entre as agências e os órgãos de defesa da concorrência (Conselho Administrativo de Defesa Econômica - Cade - e Secretaria de Direito Econômico - SDE), com o objetivo de promover uma maior concorrência nos mercados regulados visando ganhos para a sociedade.

Este projeto de lei, que se espera converta em lei, se não disciplina todas as questões esperadas pelas próprias agências, já é um avanço no Direito Administrativo brasileiro por se tratar de uma tentativa de nortear e estabelecer regras para regulação realizada por estas autarquias em regime especial.

2.2.5. A atividade administrativa: poder e função na Administração Pública

2.2.5.1. Os poderes e deveres do Administrador Público

O Estado, embora se caracterize como instituição política, cuja atuação produz efeitos externos e internos, não pode deixar de estar a serviço da coletividade. A evolução do Estado demonstra que um dos principais motivos inspiradores de sua existência é justamente a necessidade de disciplinar as relações sociais, seja propiciando segurança aos indivíduos, seja preservando a ordem pública, ou mesmo praticando atividades que tragam benefício à sociedade. Não obstante, é impossível conceber que o Estado alcance os fins colimados sem a presença de seus agentes, estes, como visto anteriormente, o elemento físico e volitivo por meio do qual atua no meio jurídico.

Logicamente, o ordenamento jurídico há de conferir a tais agentes certas prerrogativas peculiares à sua qualificação de prepostos do Estado, indispensáveis à consecução dos fins públicos. Constituem elas os poderes administrativos.

VI – o período de vigência; e

VII – as condições para revisão e renovação.

[48] A atribuição principal do Ouvidor é a de zelar pela qualidade dos serviços prestados pela agência reguladora e acompanhar o processo interno de apuração das denúncias e reclamações dos usuários, seja contra a atuação dela ou contra a atuação dos entes regulados.

Mas ao mesmo tempo em que confere poderes, o ordenamento jurídico impõe, de outro lado, deveres específicos para aqueles que, atuando em nome do Poder Público, executam as atividades administrativas. São os deveres administrativos.

Poderes administrativos

Os poderes administrativos são os inerentes à Administração Pública, necessários ao atendimento do interesse público. Existem em decorrência da necessidade do Poder Público de atuar revestido de prerrogativas que o permitam satisfazer a aspiração coletiva, visando a agir de forma preventiva e coativa para sustentar o Estado Democrático de Direito.

a) Poder vinculado

É o conferido pelo Direito Positivo e amplamente ligado à estrita legalidade. O agente público ao atuar ficará adstrito aos requisitos da norma que conferiu a prática de um ato, do contrário o ato se tornará nulo. Não há margem de discricionariedade na ação do agente, o que podemos encontrar no seu contraponto, o poder discricionário.

b) Poder discricionário

No poder discricionário, o agente também deve se ater ao princípio da legalidade; todavia, é dada a ele uma margem de discrição na sua conduta, que, ressalte-se, vai ser voltada para a realização de uma atividade descrita na lei e apenas para esta.

Caio Tácito define o poder discricionário como "a faculdade concedida à Administração de 'apreciar o valor dos motivos e determinar o objeto' do ato administrativo, quando não o preestabeleça a regra de direito positivo"(Tácito, 1951). Ressalta-se que a discricionariedade, vista por etapas na formação do ato administrativo, será posteriormente estudada mais detalhadamente quando abordarmos a temática do *ato administrativo*.

José Eduardo Martins Cardozo sustenta que

> a discricionariedade administrativa deve ser sempre concebida como um campo de atuação livre outorgada pela lei ao administrador, dentro dos próprios limites que essa outorga normativa estabelece. É, em outras palavras, uma liberdade de escolha da conduta administrativa a ser adotada, a partir de um universo de condutas admitidas como válidas pela ordem jurídica vigente (2005, p. 49).

Guido Landi e Giuseppe Potenza surgem com a idéia de um contraponto entre a discricionariedade administrativa e o que a doutrina intitulou de discricionariedade técnica.

> A primeira se explica pela escolha dos meios e modos mais eficazes e oportunos para realizar o interesse público. A segunda se consuma pelo emprego das noções e dos métodos próprios das várias ciências, artes ou disciplinas, em função preparatória ou instrumental relacionada ao exercício da ação administrativa (1978, p.12).

De acordo com Floriano Azevedo Marques Neto, a discricionariedade decorre,

> quer da lassidão do texto legal (da dificuldade de precisão inerente ao uso da linguagem que, por si só, é imprecisa), quer de uma expressa autorização do legislador que, consciente da impossibilidade de prever todos os comportamentos, contempla uma margem de opção para o administrador atuar ou não atuar no caso concreto. A teoria da discricionariedade decorre da própria construção do direito público no Estado de Direito, no qual a lei tem um papel central, ou seja, o exercício da autoridade, do poder político, do poder extroverso, necessariamente decorre da lei e essa lei não só autoriza a atuação do poder extroverso como dá contornos, limites, competências e meios para a atuação desse poder (2002, p. 470).

Tradicionalmente, fala-se em discricionariedade como o poder que tem o administrador de optar entre situações, utilizando critérios de conveniência e oportunidade. O inverso é a vinculatividade, que é quando a lei não deixa margem de opção ao administrador, devendo este apenas seguir o seu conteúdo.

Um exemplo de ato administrativo discricionário é quando no caso de aplicação de uma sanção administrativa, em que cabe três variáveis, podendo ser estas cumulativas, o administrador aplica somente uma, a que ele entendeu mais conveniente e oportuna ao evento. A discricionariedade ainda pode ser percebida na prática quando há, por exemplo, na escolha de um imóvel a ser desapropriado, na decisão de abrir um concurso público, na decisão do local onde se construirá uma escola ou hospital, entre outras decisões.

Maria Sylvia Zanella Di Pietro, em monografia sobre a discricionariedade administrativa, estabelece quatro momentos em que se poderia localizá-la, a saber:

> 1 – a lei expressamente a confere à Administração, como ocorre no caso da norma que permite a remoção *ex officio* do funcionário, a critério da Administração, para atender à conveniência do serviço; 2 – a lei é insuficiente, porque não lhe é possível prever todas as situações supervenientes ao momento de

> sua promulgação, hipótese em que a autoridade deverá decidir de acordo com princípios extraídos do ordenamento jurídico; 3 – a lei prevê determinada competência, mas não estabelece a conduta a ser adotada – exemplos dessa hipótese encontram-se em matéria de poder de polícia, em que é impossível traçar todas as condutas diante de lesão ou ameaça de lesão à vida, à segurança pública, à saúde, ao meio ambiente; 4 – a lei usa certos conceitos indeterminados ou, nas palavras de Linares, "fórmulas elásticas", assim consideradas aquelas que encerram valorações, isto é, sentidos axiológicos, jurídicos, tais como comoção interna, utilidade pública, bem comum, justiça, eqüidade, decoro, moralidade etc. (1991, p. 48).

c) Poder regulamentar

É a faculdade atribuída pela Constituição Federal (art. 84, IV) aos chefes do Poder Executivo (presidente da República, governadores e prefeitos) de expedir regulamentos para fiel execução da lei.

O regulamento é o

> decreto que consigna um conjunto ordenado de normas destinadas à melhor execução da lei, ou ao melhor exercício de uma atribuição ou faculdade consagrada expressamente na Constituição (Silva, 2006, p. 484).

Logo, o decreto é o meio que se reveste o regulamento no mundo jurídico no Direito brasileiro. Abaixo do decreto viriam o que Celso Antônio Bandeira de Mello identifica como atos regulamentares de segundo plano, que são as "Resoluções, Instruções, Portarias, Regimentos e quaisquer outros atos gerais emanados pelo Poder Executivo."[49]

Importante frisar que o poder regulamentar encontra limites no Poder Legislativo, ou seja, ele não pode inovar na ordem jurídica, cabendo apenas ao Legislativo esta função. Caso haja essa extrapolação de limites, caberá nos termos da Constituição (art. 49, V) sua sustação pelo Congresso Nacional, por representar usurpação de competências e abuso de poder.

Esta é a regra. A exceção surge, e só poderia surgir, na hipótese em que a própria Constituição excepcionasse, e ela o fez no art. 84, VI, quando estabelece a possibilidade de regulamentos autônomos – que não se prendam a uma determinada lei – quando se tratar da organização e funcionamento da Administração Federal desde que não gere aumento de despesa nem criação ou

[49] Justifica ainda o autor: "É que, na pirâmide jurídica, alojam-se em nível inferior ao próprio regulamento. Enquanto este é o ato do Chefe do Poder Executivo, os demais assistem a autoridades de escalão mais baixo e, de conseguinte, investidas de poderes menores" (Mello, 2004, p. 337).

extinção de órgãos públicos, e, ainda, para determinar a extinção de funções ou cargos públicos se estes estiverem vagos.

Uma questão tem suscitado dúvidas. Se o poder regulamentar cabe apenas ao Poder Executivo, diretamente e indelegavelmente, como se colocaria a questão do poder exercitado pelas agências reguladoras?

Para responder essa indagação, necessário se faz estabelecer conceitos essenciais e distintivos, em relação aos termos regulamentação e regulação, adotando como referencial a Constituição brasileira. Para isto, basta dizer, que a Constituição trouxe para o sistema jurídico brasileiro, além da norma de lei e norma regulamentar, a reguladora. Ela apresenta-se quando, no art. 174, faz-se a distinção entre o Estado como agente normativo e o Estado como agente regulador da atividade econômica. Em outro momento, a Constituição estabelece duas hipóteses de como o Estado atuará *regulando* na prática, ao dispor nos arts. 21, XI e 177, § 2º, III, que deverá ser criado um órgão regulador para as atividades descritas (telecomunicações e monopólio da União sobre hidrocarbonetos).

Seguindo estas diretrizes, é que foram criadas agências reguladoras para outras atividades e serviços, que, frise-se novamente, não têm elas poder regulamentar nem legislativo, mas o de regular. É aceitável desta forma a doutrina de Diogo de Figueiredo Moreira Neto, que assim reconhece ao concluir:

> a "norma reguladora", no sistema constitucional brasileiro, do mesmo modo que nos sistemas comparados, "não compartilha da natureza da norma legal" nem, tampouco, da "norma regulamentar", pois se trata de um terceiro gênero de ação normativa, que "distintamente daquelas formas impositivas puras", visa, antes de tudo, e preferentemente, à harmonização "consensual" dos interesses e ao "equilíbrio" das relações intersetoriais (2003, p. 180-81)

O autor reconhece ainda que os setores regulados seriam aquelas atividades econômicas e sociais consideradas "críticas" ou "sensíveis", em virtude da

> probabilidade de gerarem conflitos interprivados com reflexos públicos negativos, e, por outro lado, por não comportarem a aplicação de soluções politicamente predefinidas, esses setores são deslegalizados, para receberem as soluções técnicas adaptáveis e flexíveis proporcionadas pela técnica da regulação (2003, p. 131).

Ressalta em outro momento que

> operada a deslegalização, a produção normativa decorrente não se confunde, conforme exposto, com as normas regulamentares do Poder Executivo e, muito menos, com as normas emanadas das casas legislativas (2003, p. 127).

Aceitadas essas argumentações, nos consideramos aptos a responder que as agências exercitam, sim, o poder normativo; todavia, um poder diverso do poder normativo regulamentar ou legislativo, *há um poder normativo regulatório*.[50]

d) Poder hierárquico

Poder hierárquico é o que o Estado dispõe para "distribuir e escalonar as funções de seus órgãos, ordenar e rever a atuação de seus agentes, estabelecendo a relação de subordinação entre os servidores do seu quadro de pessoal" (Meirelles, 1997, p. 104).

A hierarquia permite o escalonamento em departamentos, secretarias, órgãos e, internamente, entre os funcionários públicos, para que, por meio de uma relação de sujeição, a Administração possa atingir seus objetivos.

Algumas ações são ínsitas do poder hierárquico, tais como:

a) dar ordens;
b) fiscalizar;
c) delegar;
d) avocar (chamando para si as funções anteriormente delegadas);
e) revisão de atos ou autotutela.

f) Poder disciplinar

Apresenta-se como

> a faculdade de punir internamente as infrações funcionais dos servidores e demais pessoas sujeitas à disciplina dos órgãos e serviços da Administração. É uma supremacia especial que o Estado exerce sobre todos aqueles que se vinculam à Administração por relações de qualquer natureza, subordinando-se às normas de funcionamento do serviço ou do estabelecimento que passam a integrar definitiva ou transitoriamente (Meirelles, 1997, p. 108).

Para Renato Alessi, o poder disciplinar

> é aquele que corresponde à Administração Pública para castigar com determinadas sanções o comportamento de quem está ligado à Administração por relações nas que concorra uma relação de supremacia especial que se exerça

[50] Marcos Juruena Villela Souto, nesse sentido, argumenta que "a necessidade de regular as atividades em que o setor privado substituiu ou ocupou espaços não atendidos pelo público, bem como aquelas de interesse econômico geral acarretou o surgimento de novas estruturas administrativas e de novas categorias de normas, respectivamente, as agências reguladoras e as normas regulatórias" (Souto, 2005, p. 21).

> sobre os mesmos, quando o referido comportamento prejudique o devido cumprimento da relação administrativa principal (1970, p. 227).

Ressalta-se que a apuração de uma infração funcional que possa ter como conseqüência uma sanção, devido ao acolhimento do devido processo legal no Direito brasileiro, tem que ser realizada via processo administrativo, que neste caso encadeará numa

> sucessão de atos a apurar, a apreciar e a julgar as faltas funcionais graves, ou seja, a investigação das normas e dos princípios que devem ser observados e cumpridos para justa aplicação de penas disciplinares (Franco Sobrinho, 1973, p. 98-99).

Desta forma, o poder disciplinar organiza-se, pautado os princípios e regras do Direito Administrativo, para coibir certos fatos na esfera administrativa com o objetivo de manter um equilíbrio nas relações administrativas internas.

g) Poder de polícia

Conceito

Poder de polícia, atividade de polícia ou polícia administrativa como é chamada por parte da doutrina,[51] ou ainda atividade ordenadora,[52] é a aquela que representa, segundo Mário Masagão

> o conjunto das limitações, eventualmente coativas, da atividade dos indivíduos, impostas pela administração a fim de prevenir os danos sociais que dessa atividade possam resultar [...], a policia administrativa não opera sempre mediante coação. Também consegue seus objetivos tutelando, dirigindo, aconselhando (1960, p. 184).

Outra parte da doutrina divide o poder de polícia em: polícia de segurança e polícia administrativa.

> No âmbito da ordem pública, a política de segurança objetiva defender os direitos dos indivíduos e do Estado. Conquanto à polícia administrativa cabe tutelar a defesa da sociedade, impedindo infrações e assegurando o equilíbrio nas relações interindividuais (Alessi, 1970, p. 227).

É uma doutrina aceitável, só que podemos ficar com o conceito de polícia administrativa em sentido amplo, que abarcaria também a polícia de segurança.

Evidentemente, a Administração Pública está adstrita ao controle interno e externo. Todavia, não é esse o sentido do controle, que aqui pretendemos

---

[51] Entre eles: Bandeira de Mello (2000, p. 667); Di Pietro (2001, p. 59); Masagão (1960, p. 181); Caetano (1996, p. 265).

[52] Nesse sentido, Sundfeld, 1997.

dar. Tratando-se do poder de polícia, o controle efetua-se no que tange às decisões concernentes aos usos, assim como à verificação da observância das normas e da aplicação de penalidades aos infratores, com a *finalidade específica de proteger o interesse público.*

A palavra polícia tem por origem o latim *politia* e o grego *politea* e liga-se ao vocábulo *polis* (Medauar, 2000, p. 388). Para Odete Medauar, poder de polícia é, "em essência, a atividade da Administração que impõe limites ao exercício de direitos e liberdades" (2000, p. 384). Segundo a autora, trata-se de atividade subordinada à ordem jurídica e que possui os seguintes aspectos, quanto ao regime jurídico:

a) Poder de polícia é atuação administrativa sujeita ao Direito Público, precipuamente.
b) É regida pelos princípios constitucionais que norteiam a Administração genericamente: legalidade, impessoalidade, moralidade e publicidade. Inclui-se na legalidade a observância das normas relativas à competência para exercer o poder de polícia na matéria e no âmbito territorial sobre os quais incide.
c) atende à regra do *favor libertati* ou *pro libertat*, pois o regime de polícia não pode significar proibição geral e absoluta, que impediria o exercício efetivo do Direito. Por outro lado, a regra obriga a resolver em favor da liberdade qualquer dúvida sobre a maior ou menor extensão das medidas ou sobre a possibilidade da medida limitativa.
d) Autores franceses, espanhóis e alemães utilizam o termo"proporcionalidade" e autores argentinos e norte-americanos preferem o termo razoabilidade, para afirmarem que as medidas de limitação de direito devem manter congruência com os motivos e fins que as justificam.
e) Nem sempre a medida relativa ao poder de polícia decorre do exercício do Poder discricionário. Às vezes, a Administração somente dá concreção a dispositivos de lei, por exemplo: do Código de Obras e Edificações, fiscaliza seu cumprimento e impõe as respectivas sanções, sem margem de escolha.
f) A limitação decorrente do poder de polícia deve ser motivada.
g) José Afonso da Silva (parecer, *RDA* 132, de 1978) chama atenção para um elemento fundamental ao exercício do poder de polícia, mencionado no parágrafo único do art. 78 do Código Tributário Nacional a observância do "devido processo legal" (2000, p. 394).

Themístocles Brandão Cavalcanti ensina que "o poder de polícia constitui limitação à liberdade individual, mas tem por fim assegurar esta própria liberdade e os direitos essenciais do homem." (2000, p. 390).

Maria Sylvia Zanella Di Pietro leciona que a polícia administrativa,

> compreende toda atividade de execução das chamadas limitações administrativas, que são restrições impostas por lei ao exercício de direitos individuais em benefício do interesse coletivo. Compreende medidas de polícia, como ordens, notificações, licenças, autorizações, fiscalização e sanções (2001, p. 59-60).

Celso Antônio Bandeira de Mello, na mesma linha da mencionada autora, entende ser a polícia administrativa,

> a atividade da Administração Pública, expressa em atos normativos ou concretos, de condicionar, com fundamento em sua supremacia geral e na forma da lei, a liberdade e a propriedade dos indivíduos, mediante ação ora fiscalizadora, ora preventiva, ora repressiva, impondo coercitivamente aos particulares um dever de abstenção (*non facere*) a fim de conformar-lhes os comportamentos aos interesses sociais consagrados no sistema normativo (2000, p. 675).

No ordenamento jurídico pátrio, o art. 78 do Código Tributário Nacional estabelece:

> *Art. 78 – Poder de polícia é a atividade da administração pública que, limitando ou disciplinando direito, interesse ou liberdade, regula a prática de ato ou abstenção de fato, em razão de interesse público concernente à segurança, à higiene, à ordem, aos costumes, à disciplina da produção e do mercado, ao exercício de atividades econômicas dependentes de concessão ou autorização do Poder Público, à tranqüilidade pública ou ao respeito à propriedade e aos direitos individuais ou coletivos.*

O mais importante, hoje, ao se tratar desse tema, é pontificar que essa atividade sofreu mudanças significativas nos últimos anos. Podendo inclusive afirmar que a concepção clássica de polícia administrativa está defasada, pois, hodiernamente, a atividade de polícia da administração não é apenas aquela que fora paradigmada. O Estado evoluiu consideravelmente nos últimos tempos, e não se pode vincular a atividade de polícia a mera limitação legal das liberdades fundamentais em prol da coletividade; a atividade de polícia tem que representar atualmente muito mais do que isso, pois além de impor limites, regrar a convivência em sociedade, ela deve caminhar no sentido de atender os reclames da sociedade atual, pois o Estado está se projetando inevitavelmente à promoção da Administração Pública Consensual, e nos dizeres do seu grande propugnador, o jurista Diogo de Figueiredo Moreira Neto,

> a consensualidade como alternativa preferível à imperatividade, sempre que possível, ou em outros termos, sempre que não seja necessário aplicar o poder

> coercitivo, o que se vai tornando válido até mesmo nas atividades delegadas, em que a coerção não é mais que uma fase eventual ou excepcional (ex.: o poder de polícia) (2001, p. 41).

Portanto, o que representava poder de polícia num passado recente está aquém dos objetivos da polícia administrativa do Estado moderno. Uma polícia orientadora, ou como querem outros, ordenadora (Sundfeld,1993), que antes de reprimir, limitar, sancionar, alguma atividade, primeiramente visa a orientar a sociedade no sentido de mostrar suas deficiências para que os próprios responsáveis primeiramente busquem soluções para os problemas. O Estado só deverá reprimir se entender não ser cabível solucionar as questões de maneira diversa.

Tratando da atividade de polícia de um ângulo mais moderno, o do Direito Administrativo econômico, pode-se dizer que este tipo de atividade da Administração, conforme pondera Gaspar Ariño Ortiz,

> condiciona, corrige ou altera os parâmetros naturais e espontâneos do mercado, impondo determinadas exigências ou requisitos à atuação dos agentes econômicos. O Estado, nesta modalidade, permanece "fora de atividade", porém impõe as condições desta. Neste tipo de atuação se situa a legislação laboral, industrial, meio ambiental, tributária ou a de regulação econômica (2001, p. 252-53).

Em Espanha, o termo regulação tem duas acepções. Uma referente à regulação externa, também chamada de polícia administrativa, que naquele país se liga estritamente àquelas condições de segurança, saúde, proteção do meio ambiente e localização espacial de desenvolvimento de uma atividade econômica.

Já o segundo significado do termo é a denominada regulação econômica, que se refere aos setores de intervenção do Estado na economia. Em síntese, incide sobre a entrada e saída da atividade e afeta as condições econômicas em que a atividade se desenvolve, no sentido de se avaliar quanto se produz, as zonas ou mercados que servem cada empresa, os preços ou retribuições que se percebem por ela, ou seja, o próprio negócio em que a atividade consiste. Essa regulação econômica incide especialmente sobre atividades disciplinadas e submetidas ao setor público, ela não só limita ou condiciona o exercício de determinada atividade, ela ordena, dirige estas atividades.

No Brasil não se tem a preocupação de se separar a regulação em acepções, até porque a intervenção do Estado na economia sempre existiu, e chamá-la de regulação econômica, aparentemente, seria só mais um rótulo. O problema é que as aparências enganam. Se formos partir do pressuposto genético da regulação, poderemos encontrar traços diferentes da intervenção do Estado na economia, pois a regulação tem sua gênese ligada às agências americanas,[53] e naquele país, pode-se dividir a regulação em econômica e não-econômica, sendo a primeira responsável pela eficiência do mercado e para isso protegendo contra suas falhas internas, tais como, regulação da concorrência, do consumerismo ou das profissões, isso tudo para permitir o bom funcionamento do Estado. A segunda regulação, que é a não-econômica, procura dar ao Estado a tão procurada harmonia social, aqui envolvendo o meio ambiente e outros fatores sociais. Entretanto, para isso, também deve haver uma preocupação com as questões mercadológicas, já que estas caminham junto com o desenvolvimento e promoção de políticas sociais, e é aqui que poderia se encontrar o poder de polícia tal como é concebido no Brasil.

Em que pesem essas colocações, a boa doutrina brasileira não tem se preocupado em separar a regulação do poder de polícia. Calixto Salomão Filho, entendeu que regulação deve ser empregada em sentido amplo, o que englobaria até o poder de polícia, perceba:

> a acepção que se pretende atribuir ao termo "regulação", a fim de estudar as concepções a seu respeito que têm influenciado o sistema brasileiro, é bastante e propositadamente ampla. Engloba toda forma de organização da atividade econômica através do Estado, seja a intervenção através da concessão de serviço público ou o exercício de poder de polícia. A concepção ampla justifica-se pelas mesmas razões invocadas acima. Na verdade, o Estado está ordenando ou regulando a atividade econômica tanto quando concede ao particular a prestação de serviços públicos e regula a sua utilização – impondo preços, quantidade produzida etc. – como quando edita regras no exercício do poder de polícia administrativo. É, assim, incorreto formular uma teoria que não analise ou abarque ambas as formas de regulação (2001, p.15).

No mesmo sentido advoga Jairo Saddi, quando diz que "regular é, em sentido amplo e descrevendo-a por uma de suas funções, dar ordenação à atividade econômica"(2001, p. 24). O mesmo autor explica todas as confusões conceituais que se tem feito com o termo regulação, enumerando-as encontra-se:

1 – A regulação e regulamentação, confusamente, têm sido aplicadas como se fossem palavras sinônimas, surgidas em razão do fato de os americanos empregarem o termo *regulation* para significar o que aqui no Brasil

[53] O Direito Administrativo americano estuda mais concentradamente três tópicos: o papel das agências reguladoras, o processo e procedimentos administrativos e o controle judicial dos atos da Administração.

é conhecido como regulamentação, uma vez que regulação para eles é conhecida como *desregulation* que, naquele país, foi o momento determinado pela reorganização e tentativa de restabelecer as condições concorrenciais de mercado, que tinham sido atingidas pelas agências[54] de regulação americanas que, em vez de atuar na tentativa de inibir a concorrência desleal entre as empresas, fez uma parceria com algumas delas, a fim de excluir outras do mercado econômico. Portanto a desregulação é representada pela diminuição da atuação interventiva das agências reguladoras sobre os setores privados. A *desregulation* americana ocorreu no governo Reagan, que fez a captura[55] de algumas agências reguladoras.[56] Concluindo, regulamentação seria uma espécie do gênero regular, já que aquela é o poder atribuído constitucionalmente ao chefe do Executivo (art. 84, IV, da Constituição Federal brasileira) de editar regras jurídicas, já esta *"significa estabelecer regras, independentemente de quem as dite, seja o Legislativo ou o Executivo, ainda que por meio de órgãos da Administração direta ou entidades da Administração indireta"* (Di Pietro, 2002, p. 150).

Aqui também não poderíamos deixar de citar a contribuição do professor Marcos Juruena Villela Souto, que em poucas palavras distinguiu com muita propriedade esses dois termos. Ele pontifica que não se pode confundir

> [...] regulação, que é um conceito econômico, com a regulamentação, que é um conceito jurídico (político). Aquela é sujeita a critérios técnicos, que tanto podem ser definidos por agentes estatais (envolvendo a Teoria da Escolha Pública) preferencialmente dotados de independência (para fazer valer o

[54] Chamadas de comissões regulatórias na década de 1950.

[55] A doutrina americana apontava o ciclo de vida de uma agência reguladora, que se resumia em quatro fases: infância, juventude, maturidade e velhice. A primeira fase se dá quando ainda não se tem uma definição exata do campo de atuação da agência criada. Na segunda, já há um melhor conhecimento do mercado, o que permite a sua maior atuação. Na fase da maturidade, também chamada de porta giratória, as agências atingem seus principais objetivos e atuam com eficiência. Já na última fase, a da velhice, é que se dá a captura, isto porque o ente regulador começa a agir em prol de alguns entes regulados, favorecendo uns em detrimentos de outros, então as agências não mais atingindo seus objetivos, são capturadas (Bernstein, 1955). Segundo Paulo Todescan, "a teoria da captura foi desenvolvida, principalmente nos Estados Unidos, a partir do estudo dos fenômenos de captura das agências por parte dos interesses dos regulados, bem como de captura das agências (independentes) por interesses políticos governamentais" (Mattos, 2002, p. 50).

[56] A captura foi tópica, atingindo algumas áreas como: transportes aéreos, ferroviários e o setor de gás natural.

juízo técnico sobre o político), como pelos próprios agentes regulados (autorregulação) (2002, p. 150).

2 – Regulação deve ser distinguida de regulamento; regulamentar é "*explicitar o teor das leis, preparando sua execução, completando-as, se for o caso*", existindo duas espécies de regulamento, os executivos e os autônomos ou independentes. Os primeiros explicam como se dará a execução da lei e os segundos normatizam sobre matérias ainda não disciplinadas em lei. No Brasil a tendência é se permitir somente os regulamentos executivos,[57] entretanto, os Tribunais Superiores têm admitido os regulamentos autônomos,[58] abraçando a tese do cabimento destes regulamentos, que era sustentada pelo jurista Hely Lopes Meirelles.[59] A

---

[57] Advogam desse entendimento no Direito Administrativo brasileiro: Bandeira de Mello (2000, p. 294-312); Odete Medauar (2002, p. 139-40); Maria Sylvia Di Pietro (2002, p. 88); José Cretella Júnior (2000, p. 240); Diogo de Figueiredo Moreira Neto (1998, p. 89) e Celso Spitzcovsky (2001, p. 52).

[58] Veja alguns julgados:

"EMENTA: Constitucional. Administrativo. Mandado de Segurança. Regulamento Autônomo. Tribunal de Contas. Fiscalização. Controle.

1 – O ordenamento jurídico brasileiro prestigia o regulamento autônomo, cuja função é a de 'suprir as omissões do Legislativo que estiverem na alçada do Executivo, preenchendo, assim, o vazio da lei e a imprevisibilidade de certos fatos e circunstâncias que surgem, a reclamar providências imediatas da Administração' (cf. Meirelles, 1997, p. 111-12)" (Superior Tribunal de Justiça – ROMS nº 6.234/DF, Rel. Min. José Delgado, DJ de 06/04/1998).

"EMENTA: Constitucional. Administrativo. Decreto regulamentar. Controle concentrado de constitucionalidade. Decreto nº 982, de 12/09/1993.

I – Decreto regulamentar não está sujeito ao controle de constitucionalidade, dado que se o decreto vai alémdo conteúdo da lei, pratica ilegalidade e não inconstitucionalidade. Somente na hipótese de não existir lei que preceda o ato regulamentar, é que poderia este ser acoimado de inconstitucional, assim sujeito ao controle de constitucionalidade.

II – No caso, o Decreto nº 982, de 1993, destina-se, simplesmente, a regulamentar os atos dos Agentes Fiscais diante da ocorrência dos delitos inscritos no seu art. 1º, incisos I a XXII.

III – ADIn não conhecida" (Supremo Tribunal Federal. ADIMC 1253/DF, Rel. Min. Carlos Velloso. Tribunal Pleno. Decisão: 30/06/1994. Em. de Jurisp. v. 1.797-02, p. 267, DJ 1 de 25/08/1995, p. 26.022).

[59] O administrativista Hely Lopes Meirelles entende que: "[...] O essencial é que o Executivo, ao expedir regulamento – autônomo ou de execução da lei –, não invada as chamadas 'reservas da lei', ou seja, aquelas matérias só disciplináveis por lei, e tais são, em princípio, as que afetam as garantias e os direitos individuais assegurados pela Constituição (art. 5º). [...] Quando o regulamento visa explicar a lei (regulamento de execução), terá que se cingir ao que a lei contém; quando se tratar de regulamento destinado a prover situações não contempladas em lei (regulamento autônomo ou independente), terá que se ater aos limites da competência do Executivo, não podendo, nunca, invadir as reservas da lei, isto é, suprir a lei naquilo que é da exclusiva competência da norma legislativa (lei em sentido formal e material). Assim sendo, o regulamento jamais poderá instituir ou majorar tributos, criar cargos, aumentar vencimentos,

regulamentação se manifesta por meio de decretos, que são expedidos pelo chefe do Poder Executivo federal, estadual ou municipal. Por último, é bom mencionar novamente, que regular é exercer uma "função que preserva o equilíbrio de um modelo em que interagem fenômenos complexos" (Netto, 2003, p. 68).

3 – Regulação e estatismo são institutos diferentes; o estatismo aqui tem atuação direta do Estado na economia por meio de suas empresas.

Muitas são as definições expostas que se complementam e convergem. A finalidade da polícia administrativa, assim como sua importância no ordenamento jurídico, são fatores que variaram ao longo da evolução do Estado e do próprio Direito.

Sem entrar no campo das discussões doutrinárias sobre o assunto, interessa enfocar o poder de polícia no sentido moderno dessa expressão; produto de evolução que ainda não se cristalizou e que se reporta não apenas à garantia de segurança, tranqüilidade e salubridade pública, mas ao reconhecimento do Estado em um papel mais amplo, na promoção do bem-estar geral, fixando não apenas a ordem pública, mas também a ordem econômica e social.

A importância de se saber das acepções dadas ao termo regulação é importante atualmente, pois, vários são os órgãos que atuam com características reguladoras atualmente no Direito Administrativo, os mais conhecidos são as agências reguladoras, o Conselho Administrativo de Defesa Econômica, o Banco Central, algumas secretarias vinculadas aos Ministérios, entre outros.

Meios de atuação

É necessário ainda indicar os meios de atuação da polícia administrativa, para isso invocamos aqui as lições de Maria Sylvia Zanella Di Pietro. A autora indica os "meios de atuação" dos quais se serve o Estado, para o exercício do poder de polícia, incluindo a lei:

> 1. Atos normativos em geral, a saber: pela Lei, criam-se as limitações administrativas ao exercício dos direitos e das atividades individuais, estabelecendo-se normas gerais e abstratas dirigidas indistintamente às pessoas que estejam em idêntica situação; disciplinando a aplicação da lei aos casos concretos, pode o Executivo baixar decretos, resoluções, portarias, instruções.
>
> 2. atos administrativos e operações materiais de aplicação da lei ao caso concreto, compreendendo medidas preventivas (fiscalização, vistoria, ordem, notificação,

perdoar dívidas ativas, conceder isenções tributárias e o mais que depender de lei propriamente dita" (Meirelles, 1997, p. 112 e 164).

> autorização, licença),[60] com o objetivo de adequar o comportamento individual à lei, e medidas repressivas, (dissolução de reunião, interdição de atividade, apreensão de mercadorias deterioradas, internação de pessoa com doença contagiosa), com a finalidade de coagir o infrator a cumprir a lei (1999, p. 112).

Caio Tácito, mais pragmaticamente, também aponta os meios de ação de polícia. Segundo ele,

> o poder de polícia se manifesta por intermédio de regulamentos e atos administrativos. Aqueles estabelecem condições gerais de exercício de direitos ou interesses legítimos e disciplinam o modo de atuação das autoridades administrativa, quer permitindo ou limitando a atividade privada (autorização, permissões, licenças), quer determinando a conduta individual (ordens administrativas). [...] As decisões de polícia são, por natureza, executórias. A Administração tem a faculdade de recorrer a meios coercitivos para compelir ao cumprimento de suas determinações. A coação administrativa, desde que exercida moderadamente e dentro nos quadros legais, é meio essencial à realização do poder de polícia (1975, p. 144).

A lei fornece o fundamento para atuação da Administração, à medida que ninguém é obrigado a fazer ou deixar de fazer alguma coisa, senão em virtude de sua existência, nos termos do art. 5º, II, da Constituição Federal. A lei dispõe sobre o poder de polícia, estabelecendo os direitos e obrigações, tanto da Administração como do particular. O exercício do poder de polícia é, todavia, restrito ao Poder Executivo.

A polícia administrativa é "uma forma de ação da administração que consiste em regulamentar a atividade dos particulares visando assegurar a manutenção da ordem pública" (Laubadère, 1996, p. 789).

Na ótica de Laubadère, essa regulamentação deve ser considerada o "equivalente à noção de organização das atividades dos particulares" (1996, p. 789).

A lei expressamente fixa o objeto e o sujeito das ações interventivas. É nesse momento que aparecerá o poder de polícia limitando o exercício dos direitos individuais que a lei prevê.

O Direito Administrativo tem como uma de suas principais funções fixar regras voltadas ao estabelecimento de uma ordem social e econômica. Nesse diapasão, à polícia administrativa, caberá resguardar a aplicabilidade das regras de ordem pública, devendo atuar em regra preventivamente, mas quando necessitar, também repressivamente, com o fito de prover a observância às normas.

[60] E também a outorga do direito de uso dos recursos hídricos.

A polícia administrativa caracteriza-se por atuar por meio de ações fiscalizadoras, que visam a inspecionar, fixar parâmetros e corrigir os eventos que não estiverem de acordo com as normas correspondentes. Um exemplo é o licenciamento ambiental. Quando se requer uma licença, o objetivo é garantir administrativamente e de acordo com a lei condição para realizar determinada atividade. A Administração Pública encontra no licenciamento, um meio de preservar riscos advindos de empreendimentos que possam vir a prejudicar a qualidade do meio ambiente, a saúde da população, a poluição de determinada propriedade, entre outras.

Portanto, a polícia administrativa não se dá em regra por policiais profissionais, mas por técnicos capacitados para atuar naquela atividade. Como por exemplo, um agente de vigilância sanitária.

Atributos (discricionariedade, auto-executoriedade, coercibilidade)

Os atos administrativos, praticados pela Administração na sua função de polícia administrativa, podem ser tanto discricionários como coercitivos ou, ainda, auto-executáveis.

Já fora dito, tradicionalmente fala-se em discricionariedade como o poder que tem o administrador de optar entre situações, utilizando critérios de conveniência e oportunidade. O inverso é a vinculatividade, que é quando a lei não deixa margem de opção ao administrador, devendo este apenas seguir o seu conteúdo.

O ato administrativo será dotado de coercibilidade quando a Administração, com critérios de razoabilidade e proporcionalidade, impor medidas que entende necessárias,e obriga o particular a adotá-las, sob pena de uso de força pública, caso o particular se negue a fazê-la. Nunca é demais ressaltar que somente a autoridade competente por lei pode praticar ato administrativo de polícia, sob pena de vicissitude.

Já auto-executoriedade é o poder que tem a Administração de executar seus próprios atos possibilitando a sua ação imediata. A característica principal da auto-executoriedade é a independência em relação ao Poder Judiciário, na medida em que a Administração não recorre a ele para garantir a satisfação dos seus anseios, entretanto sempre trabalhando sobre critérios de razoabilidade e proporcionalidade. Essa característica é indispensável na polícia administrativa, uma vez que no exercício de sua competência fiscalizatória, a Administração embate-se com circunstâncias que exigem a imediata suspensão do ato lesivo que está sendo praticado, por se tratar de dano que possa resultar-se irreparável.

Portanto, conclui-se que através da efetiva regulamentação administrativa, no sentido de normatizar e efetivar essas normas, age a polícia administrativa para garantir a ordem pública e conseqüentemente o bem-estar social.

Deveres administrativos

Quando um poder jurídico é conferido a alguém, pode ele ser exercido ou não, já que se trata de mera facilidade de agir. Essa é a regra geral. Seu fundamento está na circunstância de que o exercício ou não do poder acarreta reflexos na esfera jurídica do próprio titular.

O mesmo não se passa no âmbito do Direito Público. Os poderes administrativos são outorgados aos agentes do Poder Público para lhes permitir atuação voltada aos interesses da coletividade. Sendo assim, deles emanam duas ordens de conseqüências: a) são eles irrenunciáveis; b) devem ser obrigatoriamente exercidos pelos titulares.

Desse modo, as prerrogativas públicas ao mesmo tempo em que constituem poderes para o administrador público, impõe-lhe o seu exercício e lhe vedam a inércia, por que o reflexo desta atinge em última instância a coletividade, que é areal destinatária de tais poderes. Esse aspecto dúplice do poder administrativo é que se denomina poder-dever de agir.

Ao agente público, imbuído do poder de atuar em virtude do cargo que ocupa, tem como conseqüências alguns deveres de ordem administrativa e ética a serem perseguidos. A doutrina não é coesa em afirmar quais seriam todos os deveres. Hely Lopes Meirelles (1997, p. 88 ss) apresentou os seguintes deveres: a) Dever de Agir com Eficiência; b) Dever de Probidade; c) Dever de Prestar Contas.

Preferimos consolidar todos os deveres na observância do que a própria Constituição Federal de 1988, em seu art. 37, obriga o agente público a seguir: o dever de atuar segundo os princípios da Administração Pública. Atuando desta forma, respaldado na legalidade, impessoalidade, moralidade, publicidade e eficiência, completando-se o quadro com o dever de promoção de licitação pública para realização de qualquer contratação administrativa, previsto no mesmo art. 37, XXI.

Uso e o abuso do poder

Uso do Poder – o poder administrativo representa uma prerrogativa especial de Direito Público outorgada aos agentes do Estado. Cada um destes terá a seu cargo a execução de certas funções. Ora, se tais funções foram por leis comedidas aos agentes, devem eles exercê-las, pois que seu exercício é voltado para beneficiar a coletividade. Ao fazê-lo, dentro dos limites que a lei traçou, pode dizer-se que usaram normalmente seus poderes. O *uso do poder*, portanto, é a utilização normal, pelos agentes públicos, das prerrogativas que a lei lhes confere.

Abuso do Poder – nem sempre o poder é utilizado de forma adequada pelos administradores. Como a atuação destes deve sujeitar-se aos parâmetros legais, a conduta abusiva não pode merecer aceitação no mundo jurídico, devendo ser corrigida na via administrativa ou judicial. A utilização do poder, portanto, deve guardar conformidade com o que a lhe dispuser.

Podemos então dizer que abuso de poder é a conduta ilegítima do administrador, quando atua fora dos objetivos expressamente traçados na lei.

O abuso do poder permite duas formas: o excesso e o desvio de poder. Ou seja, a conduta abusiva dos administradores pode decorrer de duas causas: a) o agente atua fora dos limites de sua competência; b) o agente, embora dentro de sua competência, afasta-se do interesse público, que deve nortear todo o desempenho administrativo.

No primeiro caso, diz-se que o agente atuou com *excesso de poder* e no segundo, com *desvio de poder* ou *desvio de finalidade*.

Excesso de poder, portanto, é a forma de abuso própria da atuação do agente fora dos limites de sua competência administrativa. Nesse caso, ou o agente invade atribuições cometidas a outro agente, ou se arroga de atividades que a lei não lhe conferiu.

Já o *desvio de poder* é a modalidade de abuso em que o agente busca alcançar fim diverso daquele que a lei lhe permitiu. Se o agente atua em descompasso com esse fim, desvia-se de seu poder e pratica, assim, conduta ilegítima. Por isso é que tal vício é também denominado *desvio de finalidade,* denominação, aliás, adotada na lei que disciplina a ação popular (Lei nº 4.717, de 29 de junho de 1965, art. 2º, parágrafo único, *e*).

O desvio de poder é conduta mais visível quando se trata do poder discricionário do administrador. Decorre desse fato a dificuldade na obtenção da prova efetiva do desvio, sobretudo porque a ilegitimidade vem dissimulada sob a aparência de perfeita legalidade.

Agindo com abuso de poder, por qualquer de suas formas, o agente submete sua conduta à revisão, judicial ou administrativa. O abuso de poder não pode compatibilizar-se com as regras da legalidade, de modo que, constatado o abuso, cabe repará-lo. A invalidação da conduta pode dar-se na esfera administrativa (autotutela), ou por intermédio de ação judicial, inclusive por meio de Mandado de Segurança (art. 5º, LXIX, da CF). Por outro lado, o abuso de poder constitui ilícito penal, como dispõe a Lei nº 4.898, de 30 de novembro de 1964.

Omissão da Administração – silêncio administrativo

A omissão é a inércia da Administração diante de uma lei ou ato administrativo em que a mesma deveria agir de forma vinculada ou mesmo discricionária, mas por algum motivo deixou de agir. Não perde o administrado, portanto, o seu Direito Subjetivo ao ato que deixou de ser praticado, se houve omissão da Administração.

Haverá na prática três hipóteses de omissão com três resultados diferentes: a) quando a norma fixa um prazo para ação do Poder Público; b) quando a norma fixa um prazo para ação do Poder Público e uma conseqüente sanção pelo não cumprimento; e c) quando a norma não fixa prazo.

No primeiro caso, se há fixação do prazo, caso a Administração deixe de cumpri-lo, deve-se aqui avocar o *princípio da razoabilidade*, que, conforme firma José Eduardo Martins Cardozo, representa a idéia

> de que diante do exercício das atividades estatais, o "cidadão tem o direito à menor desvantagem possível". Com efeito, havendo a possibilidade de ação discricionária entre diferentes alternativas administrativas, a opção por aquela que venha a trazer conseqüências mais onerosas aos administrados é algo inteiramente irrazoável e descabido (1998, p. 182).

Desta forma, apesar de não estar prevista uma sanção pelo não cumprimento do prazo, deve-se ter em mente que o particular não pode ser prejudicado pela inércia administrativa, se houver demora excessiva pode configurar até *abuso de poder.*

No segundo caso, descumprindo o prazo, pode ser fixado que a norma teria validade de imediato, após o término do prazo, ou que haveria, de outro lado, o indeferimento da questão em análise.

Quando, por fim, não há fixação do prazo, deve-se aguardar um tempo razoável para cumprimento da decisão ou manifestação do órgão competente; se não houver nenhuma manifestação, cabe à Administração solucionar a questão no prazo considerado razoável.

Desta forma, como ressalta Hely Lopes Meirelles, "a inércia da Administração, retardando ato ou fato que deve praticar, é 'abuso de poder', que enseja correção judicial e indenização ao prejudicado" (1997, p. 88). Cabendo inclusive pedido de liminar em mandado de segurança para o seu cumprimento, é o que se percebe da inteligência da Súmula nº 429 do Supremo Tribunal Federal, que aceita o cabimento de mandado de segurança contra ato omissivo da Administração, veja seu teor: "a existência de recurso administrativo com efeito suspensivo não impede o uso do mandado de segurança contra omissão da autoridade".

Por fim, é importante mencionar que não se trata o silêncio administrativo de ato administrativo, mas sim de um não-ato administrativo, de uma conduta omissiva.

2.3. ÓRGÃOS PÚBLICOS

Três expressões no Direito Administrativo são comumente utilizadas: poder, órgão e funções, tais termos devem ser precisados e definidos, sem, entretanto deixar de considerar a tênue linha que corta todos eles, ou até mesmo os circunda.

O poder, como já fora consignado, é um só, representado pelo poder de comando no plano endógeno do Estado e pelo poder de representação no seu plano exógeno, ambos decorrentes da soberania atribuída ao mesmo. A realização deste *poder* ocorre por meio de atividades específicas, que já se denominaram *funções*, que são, por sua vez, desempenhadas por diversos *órgãos*.

2.3.1. Conceito de órgãos públicos

Já se definiu órgãos públicos como os

> centros de competência instituídos para o desempenho de funções estatais, através de seus agentes, cuja atuação é imputada à pessoa jurídica a que pertencem. São unidades de ação com atribuições específicas na organização estatal (Meirelles, 1997, p. 63-64).[61]

Segundo Celso Antônio Bandeira de Mello, os órgãos "não passam de simples partições internas da pessoa cuja intimidade estrutural integram, isto é, não têm personalidade jurídica" (2003, p. 130)

Marcello Caetano é mais elucidativo, ao explicar que

> o órgão faz parte da pessoa coletiva (pessoa jurídica), pertence ao seu ser, exatamente como acontece com os órgãos da pessoa humana. É através dos seus órgãos que a pessoa coletiva conhece, pensa e quer. O órgão não tem

[61] O autor ainda adverte que: "Cada órgão, como centro de competência governamental ou administrativa, tem necessariamente funções, cargos e agentes, mas é distinto desses elementos, que podem ser modificados, substituídos ou retirados sem supressão da unidade orgânica. Isto explica por que a alteração de funções, ou a vacância dos cargos, ou Meirelles (1997, p. 88 e ss) a mudança de seus titulares não acarreta a extinção do órgão."

> existência distinta da pessoa; a pessoa não pode existir sem órgãos. Os atos dos órgãos são atos da própria pessoa e tudo quanto diz respeito às relações entre os diversos órgãos da mesma pessoa coletiva tem caráter meramente interno (1965, p. 154).

Com efeito, são os órgãos públicos pessoas ou entidades políticas estabelecidas para o desempenho das diversas funções estatais. Logo, *do ponto de vista formal,*[62] temos que a Presidência da República, os Ministérios de Estado, as autarquias federais e as secretarias de Governo constituem órgãos integrantes do Poder Executivo. De outro lado, a Câmara dos Deputados e o Senado Federal apresentam-se como órgãos do Poder Legislativo e, por fim, os Tribunais são órgãos do Poder Judiciário. Do *ponto de vista material,* o órgão, ao executar uma função que formalmente lhe é atribuída, materialmente pode desempenhar outra. Assim ter-se-ia como exemplo de função material desempenhada por órgão que não é o materialmente competente o presidente da República (órgão executivo) ao editar um regulamento – decreto – para regular a aplicação de uma lei, neste caso ele está exercendo uma função formalmente executiva e materialmente legislativa.

Os órgãos públicos, como sujeitos de direitos, são dotados de vontade e capacidade com o fito de atuar no campo de sua competência e alcançar os seus objetivos institucionais. Hely Lopes Meirelles considera esse o motivo pelo qual os órgãos não têm personalidade jurídica nem vontade própria, já que eles expressariam apenas a vontade da entidade a que pertencem e a vinculam por seus atos (1997, p. 64).

Portanto, os órgãos públicos, apesar de *entes despersonalizados,* ao estabelecerem relações entre si e com terceiros geram efeitos jurídicos, que são imputados à pessoa jurídica que eles integram. Se um ato, portanto, foi oriundo de um Ministério – órgão público –, os efeitos decorrentes desse ato são imputados à União, essa sim tem personalidade jurídica.

2.3.2. Teoria do órgão

Em relação à natureza jurídica dos órgãos públicos, sugiram diversas teorias tentando explicá-la. Podemos citar a teoria subjetiva, a objetiva, a eclética, a do mandato, a da representação e a do órgão.

[62] Funções formais são as atividades exercidas pelas três categorias de órgãos do Estado, na forma própria de cada uma delas. O Legislativo formalmente tem por função legislar, o Executivo promover a execução das leis, e o Judiciário a função de julgar os litígios ou adequar a lei à constitucionalidade devida.

A teoria subjetiva trata os órgãos públicos como agentes públicos – em virtude de uma confusão entre agente e órgão público, encontra-se superada. A teoria objetiva estabelece que os órgãos formam um conjunto de atribuições, não tendo o órgão e o Estado vontade própria, ou seja, o Estado seria um ente sem volição – também se encontra superada. A teoria mista ou eclética entendia que os órgãos são formados por dois elementos: o agente e o complexo de atribuições, a falha desta teoria está no fato de que o desaparecimento do agente é diretamente proporcional ao desaparecimento do órgão, não se sustentando, portanto esta teoria.

As três últimas – a do mandato, da representação e do órgão – doutrinariamente são as mais sugeridas como natureza jurídica do órgão público, portanto merecem uma análise mais destacada.

A teoria do mandato foi a primeira a surgir, considerava ela o agente público um mandatário do Estado, de forma que aquele agiria em nome deste, conforme suas convicções. A imprestabilidade dessa teoria foi levantada pela doutrina, em virtude da não solução de uma questão: quem outorgaria o mandato? Como o Estado não tem vontade própria, não seria capaz de outorgar a procuração e, logo, não configuraria o mandato.

Posteriormente surgiu a teoria da representação, que considerava o agente representante do Estado. Todavia o órgão, sendo parte de um corpo, não atua representando-o, mas em direito próprio. Motivo pelo qual essa teoria não se sustentou.

Surge então para dirimir essa questão a teoria do órgão, que conjuga os dois elementos – o querer e o agir dos agentes públicos – para concluir que o órgão é parte integrante do Estado. O querer e o agir dos agentes públicos devem ser diretamente atribuídos ao Estado, pois são intrínsecos ao próprio Estado, e não a alguém diferente dele. Nessa perspectiva, os agentes públicos, quando atuantes no exercício das suas funções, agem em nome da pessoa jurídica a que pertencem, motivo pelo qual a sua atuação deve ser imputada àquele ente.[63]

Nessa linha, Hely Lopes Meirelles preconiza que

> a teoria do órgão veio substituir as superadas teorias do mandato e da representação, pelas quais se pretendeu explicar como se atribuiriam ao Estado e às demais pessoas jurídicas públicas os atos das pessoas humanas que agissem em seu nome. Pela teoria do mandato considerava-se o agente (pessoa física) como

[63] É também um dos fundamentos da teoria da responsabilidade objetiva do Estado, que também veremos em outro capítulo.

> mandatário da pessoa jurídica, mas essa teoria ruiu diante da só indagação de quem outorgaria o mandato. Pela teoria da representação considerava-se o agente como representante da pessoa, à semelhança do tutor e do curador dos incapazes. Mas como se pode conceber que o incapaz outorgue validamente a sua própria representação? Diante da imprestabilidade dessas duas concepções doutrinárias, Gierke formulou a teoria do órgão, segundo a qual as pessoas jurídicas expressam a sua vontade através de seus próprios órgãos, titularizados por seus agentes (pessoas humanas), na forma de sua organização interna. O órgão – sustentou Gierke – é parte do corpo da entidade e, assim, todas as suas manifestações de vontade são consideradas como da própria entidade (1997, p. 63).

Com efeito, pela teoria do órgão, nas lições de Von Gierke, as pessoas jurídicas emanam sua vontade por seus órgãos, titularizados por seus agentes, na forma de sua organização interna. Nesse diapasão, o órgão, segundo Augusto Vinícius Fonseca e Silva,

> é parte do corpo da entidade e, assim, todas as suas manifestações de vontade são consideradas como da própria entidade. Tal teoria transporta para o campo do Direito Administrativo o próprio corpo humano: órgão é coração, é rim, é pulmão. O corpo é o todo. A manifestação do amor, pelo coração (órgão) e declarado pela boca (órgão) é manifestação do corpo (todo) (2005, nº 543).

Portanto, os órgãos públicos são centros de competência criados para o desempenho de funções do Estado, por meio de seus agentes, cuja atuação é atribuída à pessoa jurídica a que pertencem. Aqui temos o fenômeno da imputação, conhecido também como princípio da imputação volitiva, ou seja, a vontade do agente público é imputada ao órgão e, em última análise, à pessoa jurídica em cuja estrutura encontra-se integrado este órgão.

José Antonio García-Trevijano Fos atribui à teoria do órgão quatro características fundamentais:

> Em primeiro lugar é a única que pode explicar hoje em dia o fenômeno da fragmentação da organização, que se manifesta, não de encontro em sua imensidade, senão através de suas partes. Em segundo lugar, é a única que pode explicar a relação jurídica entre a Administração e os terceiros através de seus órgãos e as relações técnico-jurídicas entre os distintos órgãos da mesma organização. Em terceiro lugar, é a única que nos explica o fenômeno da imputação fundamental no direito administrativo, que trata em todo momento com pessoas jurídicas, ao menos em um dos membros da relação. E, por último, é a única que pode explicar satisfatoriamente a teoria da responsabilidade da Administração (1957, p. 72).

Portanto, e em apertada síntese, algumas conclusões tópicas podem ser extraídas:

a) a teoria do órgão, atualmente adotada no sistema jurídico, veio substituir as teorias do mandato e da representação;
b) a teoria do órgão é um dos fundamentos da teoria da responsabilidade objetiva do Estado, buscando explicar como se podem atribuir ao Estado os atos praticados por pessoas físicas que agem em seu nome;
c) as ações dos entes políticos – como União, Estados, Municípios e Distrito Federal – concretizam-se por intermédio de pessoas físicas, e, segundo a teoria do órgão, os atos praticados por meio desses agentes públicos devem ser imputados à pessoa jurídica de Direito Público a que pertencem;
d) foi o jurista alemão Otto Gierke quem estabeleceu as linhas mestras da teoria do órgão e indicou como sua principal característica o princípio da imputação volitiva.

2.3.3. Classificação dos órgãos públicos

Adotamos a classificação apontada pela doutrina moderna, reclassificando de uma forma mais elucidativa, e num esforço de tentar abordar, senão todas, as classificações mais importantes levantadas pela doutrina.

Preferimos pela simplicidade classificá-los quanto:

a) Quanto à esfera de atuação

Quanto à esfera de atuação, os órgãos podem ser centrais ou locais. São *centrais* quando exercem atribuições em todo o território federal, seja em âmbito nacional, estadual, distrital ou municipal (como exemplos, ligados à União, temos os Ministérios; ligados aos Estados, as secretarias de Estado; ligados aos Municípios, temos as secretarias municipais); e *locais* são os que atuam em uma parte do território apenas (ligados à União, temos as delegacias regionais da Receita Federal; ligados aos Estados, as delegacias de polícia; ligados aos Municípios,as regiões administrativas).

Como exemplos, ligados à União, como órgãos centrais temos os Ministérios, já como órgãos locais temos a Delegacia Regional da Receita Federal. Ligados aos Estados temos como órgãos centrais as Secretarias de Estado e as Delegacias de Polícia como órgãos locais. Municipais, temos as Secretarias Municipais como órgãos centrais e como órgãos locais as Regiões Administrativas.

b) Quanto à posição estatal ou em razão da posição do órgão na estrutura da administração

Aqui se utiliza o critério hierárquico de classificação. Temos nesta os órgãos independentes, os autônomos, os superiores e os subalternos.

Se estabelecêssemos um organograma do Estado, os *órgãos independentes* se localizariam no seu ápice. São decorrentes da Constituição e representam os três Poderes do Estado, logo, sujeitando-se apenas aos controles constitucionais de um sobre o outro e sem qualquer subordinação hierárquica e/ou funcional. Aqui temos, em âmbito nacional, a Presidência da República, as duas Casas Legislativas, e os Tribunais Superiores. Parte da doutrina entende que devem ser incluídos nesta classe o Ministério Público e o Tribunal de Contas.[64] Esses órgãos se caracterizam por não terem qualquer subordinação hierárquica; por suas funções, que podem ser políticas, judiciais e legislativas; por terem – segundo jurisprudência do STF – capacidade para propositura de mandado de segurança para defesa de suas atribuições;[65] e por seus agentes serem denominados agentes políticos.

Os *órgãos autônomos* estão diretamente subordinados aos chefes dos órgãos independentes, e logo hierarquicamente abaixo destes. Sãos os Ministérios, as secretarias de Estado e municipais. Têm como características: a ampla autonomia administrativa, financeira e técnica; são órgãos diretivos, de planejamento, coordenação e controle; assim como os órgãos independentes têm capacidade para propositura de mandado de segurança para defesa de suas atribuições;[66] seus agentes são denominados agentes políticos nomeados em comissão – não são funcionários públicos.

Já os *órgãos superiores* são os que detêm poder de direção, controle, decisão e comando, subordinando-se a um órgão mais alto. Têm como características não gozar de autonomia administrativa nem financeira; têm sua liberdade restringida ao planejamento e soluções técnicas, dentro de sua esfera de competência; e responsabilidade pela execução e não pela decisão política.

[64] Nesse sentido, Hely Lopes Meirelles: "Nessa Categoria encontram-se as Corporações Legislativas (Congresso Nacional, Câmara dos Deputados, Senado Federal, Assembléias Legislativas, Câmaras de Vereadores), as Chefias de Executivo (Presidência da República, Governadorias dos Estados e do Distrito Federal, Prefeituras Municipais), os Tribunais Judiciários e os Juízes singulares (Supremo Tribunal Federal, Tribunais Superiores Federais, Tribunais Regionais Federais, Tribunais de Justiça e de Alçada dos Estados-membros, Tribunais do Júri e Varas das Justiças Comum e Especial). De se incluir, ainda, nesta classe o Ministério Público federal e estadual e os Tribunais de Contas da União, dos Estados-membros e Municípios, os quais são órgãos funcionalmente independentes e seus membros integram a categoria de agentes políticos, inconfundíveis com os servidores das respectivas instituições" 1997, p. 66).

[65] Cf. *Revista de Direito Administrativo,* nº 15, p. 46.

[66] Cf. *Revista de Direito Administrativo,* nº 15, p. 46.

São eles: os gabinetes, as coordenadorias, as secretarias-gerais, as inspetorias-gerais, os departamentos e divisões.

Os últimos da hierarquia traçada na classificação quanto à posição na estrutura da Administração são o *órgãos subalternos*, que são as repartições, portarias, seções de expediente, logo, são os responsáveis pela realização de tarefas da rotina administrativa, tendo como características serem órgãos predominantemente de execução e de reduzido poder de decisão.

c) Quanto à estrutura

Podem ser *simples* e *compostos*. Segundo Lucas Rocha Furtado,

> são simples aqueles que não sofrem nenhum tipo de subdivisão interna – hipótese somente verificável em órgãos pequenos ou subalternos, de que seria exemplo uma divisão de inativos de um Ministério ou de uma Casa Legislativa. Órgãos compostos são aqueles que se subdividem internamente em outros órgãos, que têm sua estrutura composta de outros órgãos. A Câmara de Deputados, por exemplo, de acordo com o presente critério, é órgão composto, dado que se subdivide em diretorias legislativas e administrativa, divisões de pessoal etc. (2007, p. 174-75).

d) Quanto à composição

Quanto à composição os órgãos são: *singulares ou unipessoais* e *coletivos, colegiados ou pluripessoais*. O objetivo desse critério é identificar a origem da formação da vontade do órgão, quem é titula daquele comando. Os primeiros são titulados por um único agente, é o caso de um Ministério, que, apesar de ter vários agentes lotados, é o ministro o titular do comando, a ele são atribuídas as decisões que são de sua competência. Já os *órgãos colegiados ou pluripessoais*, são aqueles em que as decisões tomadas são objeto de manifestação de vários agentes. Aqui podemos citar o Conselho de Contribuintes da Receita Federal e o Conselho Administrativo de Defesa Econômica, onde quem decide sobre as questões suscitadas são os conselheiros.

e) Quanto às funções ou à atuação funcional

Nessa classificação temos os *órgãos ativos, consultivos e de controle*. Pela terminologia adotada são intuitivos os seus objetivos.

> Órgãos ativos são aqueles cujas competências os levam a praticar atos administrativos de execução de atividades estatais; órgãos consultivos são os que apresentam pareceres com o fundamento de subsidiar as decisões dos órgãos

> ativos; e órgãos de controle exercem atribuições de fiscalização das atividades praticadas pelos órgãos ativos (Furtado, 2007, p. 174-75).

Como órgãos ativos, podemos citar a título ilustrativo o Ministério da Educação; como os consultivos,temos o Conselho Nacional de Educação e a Consultoria Jurídica; como de controle, o Tribunal de Contas.

2.3.4. A hierarquia

Havendo diferença de posições dos órgãos no escalonamento estrutural, surge uma relação de *subordinação*, de tal forma que aos órgãos superiores são atribuídos alguns poderes. Não havendo essa diferença, há uma relação paritária, e de não subordinação, entre um órgão e outro.

Odete Medauar (2002, p. 61-64), após afirmar que a hierarquia é inerente à estrutura administrativa desconcentrada, relaciona alguns poderes e faculdades do superior sobre o subordinado, são eles:

a) o poder de dar ordens;
b) o poder de controle;
c) o poder de rever atos dos subordinados;
d) o poder de decidir conflitos de competência dentre subordinados;
e) o poder de coordenação.

Em seguida, a mesma autora explica que, comumente associadas à hierarquia, aparecem duas figuras: a delegação de competência e a avocação.

Explica autora que,

> mediante a delegação de competência um órgão ou autoridade, titular de determinados poderes e atribuições, transfere a outro órgão ou autoridade (em geral em nível hierárquico inferior) parcela de tais poderes e atribuições.

Posteriormente, define a avocação como

> o deslocamento de competências, de órgão subordinado para órgão superior da hierarquia. Em geral, a autoridade situada em nível hierárquico superior chama a si a matéria que normalmente caberia ao escalão inferior tratar.

2.4. AGENTES PÚBLICOS

2.4.1. Conceito de agentes públicos[67]

É sabido que o Poder Público necessita de pessoas que desempenhem as atividades típicas da Administração, cujas finalidades convergem para a execução

[67] A doutrina brasileira não é uniforme ao se referir às pessoas que exercem atividades pertinentes à Administração Pública. Preferimos usar a expressão agentes públicos por ser a mais genérica, mesmo sabendo que a Constituição Federal deu preferência ao termo servidor.

e a guarda do interesse público. Nesse ponto, surgem os agentes, os atores da finalidade pública.[68]

Assim, a expressão "agentes públicos" tem sentido amplo. Significa o conjunto de pessoas que, a qualquer título, exercem função pública, atuando como prepostos do Estado. Essa função pode ser remunerada ou gratuita, definitiva ou transitória, política ou jurídica. O que é certo é que quando atuam no mundo jurídico, tais agentes estão de alguma forma vinculados ao Poder Público.

Nas palavras de Maria Sylvia Zanella Di Pietro, "agente público é toda pessoa física que presta serviços ao Estado e às pessoas jurídicas da Administração Indireta" (2005, p. 443).

A Lei nº 8.429, de 2 de junho de 1992, a qual dispõe sobre as sanções aplicáveis aos agentes públicos nos casos de enriquecimento ilícito da Administração Pública, firmou conceito que bem mostra a abrangência do sentido.

Estabelece o art. 2º do referido diploma legal:

> *Reputa-se agente público, para os efeitos desta lei, todo aquele que exerce, ainda que transitoriamente ou sem remuneração por eleição, nomeação designação, contratação ou qualquer forma de investidura ou vínculo, mandato, cargo, emprego ou função nas entidades mencionadas no artigo anterior.*

Como o artigo anterior faz referência a todos os agentes da União, Estado, Distrito Federal e Municípios, bem como a qualquer dos Poderes dessas pessoas federativas, não é difícil constatar a amplitude da noção de agentes públicos.

Com muita propriedade Odete Medauar se reporta a praticamente todas as nomenclaturas utilizadas na doutrina e na legislação brasileira. Para a autora, o conceito de agentes públicos *"abrange todos os que mantêm vínculo de trabalho com os entes estatais, de qualquer poder"* e acrescenta que a partir da Constituição de 1988, tendeu-se a utilizar a expressão "servidores públicos" com essa amplitude (Medauar, 2002, p. 322).[69]

[68] A respeito, são claras as palavras de Reinaldo Moreira Bruno: "Fica evidente que, ao promover-se a atribuição legal, ou seja, a competência do órgão administrativo, este, por constituir-se em estrutura inanimada, acaba precisando da pessoa física para materializar essas atividades. Surge, assim, a necessidade da presença do homem vinculado juridicamente à Administração Pública, para uma relação de trabalho, denominado agente público" (2005, p. 331-332).

[69] Para a autora, a expressão agentes políticos designa os que foram eleitos por sufrágio universal, detentores de mandato: presidente da República, governadores, senadores, deputados, prefeitos e vereadores. Em segundo lugar, os auxiliares imediatos dos chefes do Executivo, os quais ocupam cargos em comissão. Conceitua servidores públicos como todas as pessoas físicas que trabalham nos entes estatais, de qualquer poder, inclusive os detentores de cargos; é o mesmo sentido de "agentes públicos" e, ainda, funcionários públicos, que é a expressão usada antes da

2.4.2. Espécies de agentes públicos

São espécies de agentes públicos:

a) agentes políticos;
b) servidores públicos;
c) militares; e
d) particulares em colaboração com o Poder Público.[70]

a) Agentes políticos

Nos dizeres de Maria Sylvia Zanella Di Pietro são *agentes políticos*, no Direito brasileiro, porque exercem:

> atividades típicas de Governo e exercem mandato, para o qual são eleitos, apenas os chefes dos Poderes Executivos federal, estadual e municipal, os ministros e Secretários de Estado, além de senadores, deputados e vereadores. A forma de investidura é a eleição (2005, p. 443).

b) Servidores públicos

São todos os agentes que, exercendo com caráter de permanência uma função pública decorrente de relação ao trabalho, integram o quadro funcional das pessoas federativas, das autarquias e das fundações públicas de natureza autárquica.

Os servidores fazem do serviço público uma profissão, como regra, de caráter definitivo e se distinguem dos demais agentes públicos pelo fato de estarem ligados ao Estado por uma efetiva relação de trabalho. Na verdade, guardam em muitos pontos grande semelhança com os empregados das empresas privadas: tanto estes como os servidores públicos emprestam sua força de trabalho em troca de uma retribuição plenária comumente por períodos mensais. Ambos são trabalhadores em sentido lato: executam suas tarefas em prol do empregador (público ou privado) e recebem ao final do mês sua remuneração, chamada de vencimentos para os *servidores* e salários para os trabalhadores privados.

Constituição Federal de 1988, que designa as pessoas legalmente investidas de cargos públicos; por exemplo: art. 3º do Estatuto dos Funcionários Públicos Civis do Estado de São Paulo – Lei nº 10.261/1968. Por fim, acrescenta Odete Medauar: "empregados públicos – por analogia aos termos usados nos vínculos de trabalho do setor privado (empregado – empregador), a locução designa aqueles contratados pela Consolidação das Leis do Trabalho, figurando o Poder Público como empregador" (*Op. cit.*, p. 260-61).

[70] Classificação de Di Pietro, in *op. cit.*, p. 443.

b.1) Características

- *Profissionalidade* – exercem efetiva profissão quando no desempenho de suas funções públicas.
- *Definitivamente* – permanência no desempenho da função. Isso não quer dizer que não haja funções de caráter temporário, mas todas estas vão representar sempre situações excepcionais que, por serem assim, refogem à regra geral da definitividade.
- *Existência de relação jurídica de trabalho* – nota-se a presença de dois sujeitos: de um lado a pessoa beneficiária do exercício das funções – empregador (pessoas federativas, autarquias e fundações autárquicas) e de outro o servidor público (o que empresta sua força de trabalho).

b.2) Classificação – servidores públicos civis e militares.

As regras constitucionais para os servidores públicos civis se encontram nos arts. 39 e 41 da CF. De acordo com a Emenda Constitucional nº 18/1998, há o grupo de militares dos Estados, Distrito Federal e Territórios (CF, art. 42) e dos militares integrantes das Forças Armadas (art. 142, § 3º, da CF).

b.2.1) Servidores públicos estatutários, trabalhistas e temporários:

- *Estatutários* são aqueles cuja relação jurídica de trabalho é disciplinada por diplomas legais específicos, denominados estatutos (onde se enumeram direitos e deveres dos servidores e do Estado).

Os servidores públicos estatutários são chamados tradicionalmente de funcionários públicos, expressão bastante forte, mas que a Constituição Federal não acatou.

- *Trabalhistas (ou celetistas)* – Seu regime básico é o mesmo dos trabalhadores do setor privado.
- *Temporários* – Constituem uma categoria especial dentro da categoria de servidores. São disciplinados pelo art. 37, IX da CF, o qual admite contratação por tempo determinado para atender necessidade temporária de excepcional interesse público.

Convém anotar que muitas administrações realizam contratações temporárias sem ao menos uma lei ou ato normativo que discipline a matéria, o que traz muitos prejuízos aos cofres públicos, de ordem trabalhista, pois não é incomum tais funcionários solicitarem o reconhecimento do vínculo de trabalho com a Administração contratante, perante a Justiça do Trabalho.

A lei que regula este regime é da própria entidade federativa. A natureza da relação jurídica destes servidores é de natureza contratual. Não obstante, a lei, instituidora do regime, certamente poderá incluir algumas normas que mais se aproximem do regime estatal (mas não deixa de ser contratual).

O regime especial deve atender a alguns pressupostos:

a) Determinabilidade temporal – os contratos devem ter sempre prazo determinado, contrariamente com o que ocorre com os regimes estatutário e celetista. E, importante frisar, tal prazo deve ser cumprido, sob pena de se reconhecer que o contrato de trabalho se transformou em ajuste por prazo indeterminado.
b) Temporariedade da função – a necessidade desses serviços deve ser sempre temporária. Se a necessidade é permanente o Estado deve processar o recrutamento por meio dos demais regimes. Está, por isso, descartada a admissão de serviços temporários para o exercício de funções permanentes.
c) Excepcionalidade do interesse público que obriga ao recrutamento – empregando o termo excepcional para caracterizar o interesse público do Estado, a Constituição deixou claro que situações administrativas comuns não podem ensejar o chamamento desses servidores. Portanto, pode dizer-se que a excepcionalidade do interesse público corresponde à excepcionalidade do próprio regime especial.

A União editou a Lei nº 8.745, de 9 de dezembro de 1993, na qual foram estabelecidos diversos casos considerados de necessidade temporária de excepcional interesse público, como os prazos de contratação e a incidência de algumas regras do regime estatutário: contratação em ocasião de calamidade pública, surtos endêmicos, recenseamentos, admissão de professores estrangeiros e algumas funções específicas das Forças Armadas. O citado diploma foi alterado pela Lei nº 9.849, de 26 de outubro de 1999 (depois de sucessivas medidas provisórias), que ampliou a relação originária, inserindo outras hipóteses de contratação.

c) Militares

Ao se reportar aos militares como espécie de agentes públicos, Maria Sylvia Zanella Di Pietro esclarece que

> até a Emenda Constitucional nº 18/1998 eles eram tratados como "servidores militares". A partir dessa Emenda, excluiu-se, em relação a eles, a denominação de servidores, o que significa ter de incluir, na classificação apresentada,

> mais uma categoria de agente público, ou seja, a dos militares. (...) Porém, conceitualmente, não há distinção entre os servidores civis e os militares, a não ser pelo regime jurídico, parcialmente diverso. Uma e outra categoria abrangem pessoas físicas vinculadas ao estado por vínculo de natureza estatutária (2005, p. 443).

Acrescenta a autora que

> entram na categoria de militares os membros das Polícias Militares e Corpos de Bombeiros dos Estados, Distrito Federal e Territórios (art. 42) e os membros das Forças Armadas, ou seja, marinha, Exército e Aeronáutica (art. 142).

d) Os particulares em colaboração com o Poder Público

São aqueles que, nessa condição, exercem função pública – mesmo que temporariamente –, tais como: os requisitados para prestação transitória de atividade pública, como os jurados, o mesário eleitoral etc.; os que se encarregam da administração da coisa pública no caso de comprovada necessidade pública; os contratados por locação civil de serviços e delegados de função, ofício ou serviço público. Entre os delgados de função ou ofício público estão os notários, os leiloeiros etc. e todos aqueles que exercem atos munidos de reconhecida força jurídica, como os diretores das Faculdades.[71]

2.4.3. Regime Jurídico Único

No Direito brasileiro, o primeiro autor a se preocupar com a disciplina do *regime jurídico único* após a Constituição Federal de 1988 (com suas diversas emendas) foi Ivan Barbosa Rigolin. O autor com maestria alertou em palestra proferida na Editora NDJ e publicada no *Boletim de Direito Administrativo*,[72] o que segue:

> Uma notícia que precisa ser dada para iniciar qualquer fala sobre servidores públicos no Brasil é a de que o regime jurídico único voltou a ser obrigatório para a Administração. Curiosamente, poucas pessoas ficaram sabendo desta medida liminar concedida na ADIn nº 2.135-4, do Distrito Federal, movida pelo PT, PDT e outros Partidos, todos à época, oposição ao Governo Fernando Henrique, pretendendo declarar inconstitucional a Emenda nº 19/1998 (...). Está em vigor até o dia de hoje, suspendendo a execução do art. 39, caput, com a redação que lhe deu a Emenda nº 19/1998. Com isso restaurou-se a redação originária de 1988, da cabeça do art. 39.

[71] São os dizeres de Pedroso da Silva, 2006, p. 523-24.

[72] BDA, outubro de 2006, p. 1105-110.

Em sua redação originária, dispunha o art. 39, *caput*, da Constituição Federativa, que a União, os Estados, o DF e os Municípios deveriam instituir no âmbito sua competência, regime jurídico único e planos de carreira para os servidores da Administração Pública Direta, das autarquias e das fundações públicas.

Muita polêmica se originou desse mandamento, em razão de não ter sido suficientemente claro, permitindo o entendimento, para uns, de que o único regime deveria ser estatutário, e, para os outros, que a pessoa federal poderia eleger o regime adequado, desde que fosse o único. Na verdade nunca foi dirimida a dúvida. O certo é que em algumas entidades políticas se adotou o regime estatutário ao lado de outras (na maioria Municípios), nas quais foi adotado o regime celetista.

A Emenda Constitucional nº 19/1998 retirou do ordenamento jurídico nacional a necessidade de Regime Jurídico Único, passando a mencionar no art. 39, *caput*, que as pessoas federativas deveriam instituir conselhos de política de administração e remuneração de pessoal, integrados por serviços designados pelos respectivos Poderes. Ficou, ainda, estabelecido que o sistema remuneratório deveria obedecer a alguns fatores específicos, como a natureza, o grau de responsabilidade e a complexidade das funções; os requisitos para a investidura; e as peculiaridades dos cargos (art. 39, § 1º da CF, alterado pela emenda).

Igualmente ficou prevista, na nova redação dada ao art. 39, § 2º, da CF), a criação de escolas de Governo para a formação e o aperfeiçoamento dos servidores, admitindo-se para tal fim a celebração de convênios ou contratos entre os entes federados.

Apesar do § 2º do art. 39 não ter feito menção aos Municípios, são eles destinatários da norma.

O regime jurídico mais adequado aos servidores públicos é mesmo o estatutário, em virtude da natureza do vínculo. Há projetos funcionais segundo os quais se alojaria, no regime estatutário, apenas as denominadas carreiras básicas do Estado, como as de diplomacia, fiscalização, polícia, advocacia pública, ao passo que os demais servidores, de atividades permanentes, como os servidores administrativos; e os profissionais específicos (médicos, assistentes sociais, psicólogos, engenheiros), passariam a reger-se pela legislação trabalhista. Mas cada entidade federativa deve decidir a respeito.

2.4.4. Organização funcional

a) Quadro funcional – é o conjunto de carreiras, cargos isolados e funções públicas remuneradas integrantes de uma mesma pessoa federativa ou de seus órgãos internos. O quadro funcional é o verdadeiro espelho do quantitativo de servidores públicos da Administração. Se houvesse efetiva organização funcional, o quadro seria o elemento pelo qual o órgão ou a pessoa poderia nortear-se para inúmeros fins, como a eliminação de excessos, o remanejamento de servidores, o recrutamento de outros, a adequação remunerativa etc.,pois que nele se teria o real espectro das carências e demasias observadas nos setores administrativos.

b) Carreira – é o conjunto de classes funcionais em que seus integrantes vão percorrendo os diversos patamares de que se constitui a progressão funcional. As classes são compostas de cargos que tenham as mesmas atribuições. Aqueles que compõem as classes são os de carreira e os isolados que, embora diversos e integrando o quadro, não ensejam o percurso progressivo do servidor.

c) Cargo – é o lugar dentro da organização funcional da Administração Direta, autarquias e fundações públicas, que, ocupado por servidores públicos, tem funções específicas e remuneração fixadas em lei ou diploma a ele equivalente.

d) Função pública – é a atividade em si mesma, ou seja, função é sinônimo de atribuição e correspondente a inúmeras tarefas que constituem o objeto dos serviços prestados pelos servidores públicos. Nesse sentido, fala-se em função de apoio, de direção e técnica. O sistema funcional contido admite uma situação anômala denominada função gratificada, pela qual o servidor, sem um vínculo permanente, percebe remuneração pelo desempenho da atividade.

Todo cargo tem função, porque não se pode admitir um lugar na Administração que não tenha a predeterminação das tarefas do servidor. Mas nem toda função pressupõe a existência de um cargo; o titular do cargo é o servidor estatutário.

e) Emprego público – relação funcional trabalhista. O servidor trabalhista tem função e não cargo.

2.4.5. Classificação dos cargos

a) Cargos vitalícios – São aqueles que oferecem a maior garantia de permanência a seus ocupantes. Somente por meio de processo judicial, como regra, podem os titulares perder seus cargos (art. 95, I, da CF). Desse modo, torna-se inviável a extinção do vínculo por exclusivo processo administrativo.[73] A vitaliciedade é prerrogativa e se justifica por ser essencial para a independência da atuação dos agentes, sem que sejam sujeitos a pressões eventuais impostas por determinados grupos de pessoas. Ex.: magistrados (art. 95, I), Ministério Público (art. 128, § 5º, I, *a*) e dos membros dos Tribunais de Contas (art. 73, § 3º).

b) Efetivos – São aqueles que se revestem de caráter de permanência, constituindo a maioria absoluta dos cargos integrantes dos diversos quadros funcionais. Com efeito, se o cargo não é vitalício ou em comissão, terá que ser necessariamente efetivo. A perda do cargo só poderá ocorrer com processo administrativo ou negativa de desempenho (EC nº 19/1998).
c) Cargos em comissão – são de ocupação transitória. Alguns o denominam cargo em confiança, demissíveis *ad nutum*. Não adquirem estabilidade. São de livre nomeação e exoneração (art. 37, II).

2.4.6. Criação, transformação e extinção de cargos – art. 48, X, da CF/1988

Cabe ao Congresso Nacional, com a sanção do presidente da República, dispor sobre a criação, transferência e extinção dos cargos, empregos e funções públicas.

O próprio art. 48 dispensa a sanção do presidente nos casos dos arts. 49, 51 e 52 que dispõem, respectivamente, sobre a competência do Senado, do Congresso Nacional e da Câmara do Deputados. Os arts. 51, IV, e 52, XIII, autorizam a Câmara e o Senado, respectivamente, a dispor sobre sua organização e sobre a criação, transformação e extinção de seus cargos. Resulta de todo esse quadro normativo que esses fatos relativos aos cargos, quando

[73] Esclarece Ivan Barbosa Rigolin que o "processo administrativo é insuficiente para demitir servidores que gozem de vitaliciedade, ou seja, aquela garantia constitucional prevista exclusivamente para os Juízes de qualquer nível e qualquer Tribunal, e para os membros do Ministério Público, também de qualquer nível, respectivamente nos arts. 95, I, e 128, § 5º, I, *a*. Juízes e Promotores, portanto, que são os únicos servidores públicos com garantia constitucional de vitaliciedade, não podem ser demitidos senão através de sentença judicial transitada em julgado. (...) A Constituição, aliás, curiosamente acabou privilegiando os membros do Ministério Público ainda mais que aos Juízes, pois estabeleceu que estes últimos podem, enquanto ainda em estágio probatório, perder seus cargos por deliberação do Tribunal respectivo, sendo que, quanto aos membros do Ministério Público (Promotores Públicos, Procuradores de Justiça), não existe nenhuma ressalva à necessidade exclusiva de sentença judicial para demiti-los" (2007, p. 83).

se trata da organização funcional da Câmara e do Senado, não dependem de lei. Podem ser criados, transformados e extintos por Resolução.

2.4.7. Iniciativa

Em relação aos cargos do Executivo, a iniciativa da lei é privativa do chefe desse Poder (art. 61, § 1º, II, *d*). No que toca ao Judiciário, a iniciativa cabe ao Tribunal interessado, não só em relação aos cargos da estrutura de apoio administrativo, como também aos próprios cargos da Magistratura (art. 96, II, *b*). A regra pertinente ao Judiciário é aplicável aos casos de cargos dos Tribunais de Contas. O Ministério Público, por sua vez, foi exigido à categoria de unidade orgânica independente; por esse motivo, o art. 127, § 2º, da CF, estabeleceu que cabe à Instituição, logicamente por meio de seu procurador-geral, propor ao Legislativo a criação, transformação e extinção dos cargos de sua estrutura institucional básica (promotor de Justiça, procurador etc.) e também dos cargos integrantes da organização de apoio, denominada serviços auxiliares.

2.4.8. Provimento

O regime jurídico dos servidores públicos civis – como preleciona Hely Lopes Meirelles – *"consubstancia os preceitos legais sobre a acessibilidade aos cargos públicos, a investidura em cargo efetivo (...) e em comissão, as nomeações para funções de confiança; os deveres e direitos dos servidores; a promoção e respectivos critérios; o sistema remuneratório (...); as penalidades e sua aplicação; o processo administrativo; e a aposentadoria."* (2006, p. 414).

Desta forma, as formas pelas quais os cidadãos podem ter a oportunidade de exercer cargo, função ou emprego público, que são conhecidas pela doutrina como "condições de acesso", serão disciplinadas de acordo com o regime jurídico ou a natureza jurídica da relação que liga o servidor ao Poder Público, esta podendo ser de três formas: a) de natureza estatutária – regida pelo Regime Estatutário; b) de natureza contratual – neste caso, sob a regência da Consolidação das Leis do Trabalho; c) de natureza administrativa especial.[74]

[74] Para Hely Lopes Meirelles, "em razão de suas autonomias políticas, a União, os Estados, o Distrito Federal e os Municípios podem estabelecer regime jurídico não-contratual para os titulares de cargo público, sempre através de lei geral ou de leis específicas para determinadas categorias profissionais, as quais consubstanciam o chamado regime *estatutário regular, geral ou peculiar*. Podem, ainda, adotar para parte de seus servidores o regime da Consolidação das Leis do Trabalho. Por fim, devem adotar um de natureza administrativa especial, na forma da lei de cada pessoa

Todavia, como bem assevera Marcos Juruena Villela Souto, "a adoção do regime estatutário, quando a atividade envolver atividade típica do Estado, é um imperativo". (2000, p. 238).

De modo geral, a Constituição Federal[75] estabelece que os cargos, empregos e funções públicas são acessíveis aos brasileiros, natos e naturalizados,[76] que preencherem os requisitos fixados em lei, assim como aos estrangeiros, na forma de lei.[77] Os requisitos aludidos no texto constitucional são as condições prescritas em lei específica, respeitadas as exigências contidas na Constituição e em lei nacional para a investidura em cargos públicos, tais como a habilitação profissional, a capacidade física etc.

Há a necessidade ainda de reserva de percentual dos cargos e empregos públicos para as pessoas portadoras de deficiência, nos termos da CF, no art. 37, VIII. Também como requisito de acessibilidade a cargo ou emprego público apresenta-se o Concurso Público – que conforme precisa lição do Min. Paulo Brossard insculpida no voto proferido no AgRg no MI 153-DF[78] – exigência de caráter geral, prevista no art. 37, II, da CF, e não poderá ser afastada nem mesmo na hipótese do inciso VIII do mesmo artigo. Conforme assegura o Ministro, a definição dos referidos critérios especiais deverá estar em consonância com a natureza do cargo com percentual reservado para os deficientes, mas jamais poderá dispensar a prévia aprovação em concurso, que conforme proclamou o Supremo Tribunal Federal,[79] é indispensável, no atual sistema constitucional, para cargo ou emprego público isolado ou em carreira, ressalvados os cargos em comissão declarados em lei de livre nomeação e exoneração

---

política, prevista pelo art. 37, XI, da CF, para a contratação por tempo determinado para atender a necessidade temporária de excepcional interesse público" (2006, p. 414-415).

[75] Art. 37, I, da CF.

[76] Ressalvadas as exceções constitucionais determinadas no art. 12, § 3º.

[77] "Pela Emenda Constitucional 11, de 30/4/1996, que acrescentou parágrafos ao art. 207 da CF de 1988, as Universidades e as instituições de pesquisa científica e tecnológica podem admitir *estrangeiros* como professores, técnicos e cientistas, *na forma da lei* federal e de caráter nacional. Agora, pela redação dada pela Emenda Constitucional 19, os cargos, empregos e funções públicas são também acessíveis aos *estrangeiros, na forma da lei,* também federal e de natureza nacional" (Meirelles, 2006, p. 431).

[78] *DJU* 30/3/1990, p. 2.339, *Ementário* 01575-01/25.

[79] STF, Tribunal Pleno, ADI 231-RJ, Rel. Min. Moreira Alves, j. 5/8/1992, *DJU* 13/11/1992, p. 20.848, *Ementário* 01684-06/1.125, *RTJ* 00144-01/24. Cf. também: STF, Tribunal Pleno, RE 209.174-ES, Rel. Min. Sepúlveda Pertence, j. 5/2/1998, *DJU* 13/3/1998, p. 17, *Ementário* 01902-06/1.140; e STF, Tribunal Pleno, MS 22.148-DF, Rel. Min. Carlos Velloso, j. 19/12/1995, *DJU* 8/3/1996, p. 6.213, *Ementário* 01819-01/83.

Não obstante, cabe também observar que a Administração Pública pode excluir, transformar e alterar os cargos públicos ou serviços independentemente da anuência de seu titular, posto que o servidor estatutário não tem direito adquirido à imutabilidade de suas atribuições, nem à continuidade de suas funções originárias. Portanto, permanecendo inalterado o cargo público na forma em que foi provido, seu titular terá direito ao exercício deste nas condições fixadas pelo estatuto; mas caso sejam, mediante lei, modificados a estrutura, as atribuições, os requisitos para seu desempenho, lícitas são a exoneração, a disponibilidade, a remoção ou a transferência de seu ocupante, para que outro o desempenhe nos termos da lei nova.

Com efeito, conforme firme orientação do Supremo Tribunal Federal, não tem o servidor público estatutário direito adquirido a regime jurídico instituído por lei.[80]

Com efeito, o ingresso no serviço público, seja como estatutário, seja como celetista, está subordinado a prévia aprovação em concurso público de provas ou de provas e títulos, de conformidade com a natureza e a complexidade do cargo ou emprego, *na forma prevista em lei*, excetuadas as nomeações para cargo em comissão declarado em lei de livre nomeação e exoneração[81] – restando, portanto, vedadas, nos termos da atual Constituição Federal, quaisquer investiduras em carreira diversa daquela em que o servidor ingressou mediante concurso.[82]

O Provimento, portanto, pode ser conceituado como o fato administrativo que traduz o preenchimento de um cargo público. É consubstanciado por meio de um ato administrativo de caráter funcional: são os atos de provimento.

a) Tipos de provimento – há dois tipos de provimento, de acordo como a situação do indivíduo que vai ocupar o cargo. De um lado, temos o *provimento originário ou inicial*, aquele em que o preenchimento do cargo deu início a uma relação estatutária nova, seja porque o titular não pertencia ao serviço público anteriormente, seja porque pertencia a quadro funcional regido por estatuto diverso do que rege o cargo agora provido. Decorre o provimento originário da *nomeação*[83] e pressupõe

[80] STF, 1ª T., RE 242.940-PR, Rel. Min. Moreira Alves, *DJU* 29/06/2001, p. 61, *Ementário* 02037-05/1.001.

[81] STF, 2ª T., RE 168.566-RS, Rel. Min. Carlos Velloso, j. 20/04/1999, *DJU* 18/06/1999, p. 23, *Ementário 01955-02/331*.

[82] Excluída a reintegração que se apresenta como uma reinvestidura sem concurso, permitida em decorrência da ilegalidade do ato de demissão.

[83] Segundo José Cretella Jr., nomeação é "uma das formas de provimento dos cargos públicos é a nomeação, que se define como o ato formal, emanado do Poder Público, que atribui determinado cargo a pessoa geralmente estranha aos quadros do funcionalismo" (2002, p. 343).

a inexistência de vinculação entre a situação de serviço anterior do nomeado e o preenchimento do cargo. Dessa forma, tanto é *provimento inicial* a nomeação de pessoa estranha aos quadros do serviço público quanto a de pessoa que já exercia função pública como ocupante de cargo não vinculado àquele para o qual foi nomeada. De outro lado, há também o *provimento derivado*, aquele em que o cargo é preenchido por alguém que já tinha vínculo anterior com outro cargo, sujeito ao mesmo estatuto, ou seja, ele é sempre uma modificação na situação funcional do servidor. É o que ocorre por *promoção, readaptação, reversão, aproveitamento, reintegração ou recondução.*

b) Formas de provimento – o art. 8º da Lei nº 8.112/1990 enumera essas formas: nomeação, promoção, readaptação, reversão, aproveitamento, reintegração, recondução.[84]

[84] No texto original da Lei nº 8.112/1990, constava ainda a ascensão e transferência como formas de provimento de cargo público, todavia a Lei nº 9.527/1990 excluiu do nosso sistema jurídico essas formas, por não se amoldarem ao nosso sistema constitucional que obriga a realização de concurso público para provimento dos cargos (art. 37, II, da CF) requisito não exigido por essas formas. Por intermédio dessas formas ingressava-se em carreira diversa daquela para a qual o servidor público entrou por concurso, e que não são, por isso mesmo, ínsitas ao sistema de provimento em carreira; ao contrário do que sucede com a promoção, sem a qual, obviamente, não haverá carreira, mas, sim, uma sucessão ascendente de cargos isolados. A inconstitucionalidade já foi declarada pelo Supremo Tribunal Federal na seguinte decisão: "Impossibilidade de provimento de cargos e empregos públicos mediante transferência e aproveitamento, dado que a Constituição Federal exige, para a investidura, aprovação prévia em concurso público de provas ou de provas e títulos, de acordo com a natureza e a complexidade do cargo ou emprego, na forma prevista em lei, ressalvadas as nomeações para cargo em comissão declarado em lei de livre nomeação e exoneração – CF, art. 37, II" (Pleno, ADI 656-RS, Rel. Min. Carlos Velloso, *DJU* 211, de 31/10/2002). No mesmo sentido: STF, 2ª T., RE 163.715-PA, Rel. Min. Maurício Corrêa, j. 17/09/1996, *DJU* 19/12/1996, p. 51.790, *Ementário* 1855-05/849, cuja ementa é a seguinte: "1. Servidor contratado para o cargo de carreira integrante do Poder Executivo Estadual e redistribuído para a Assembléia Legislativa do Estado – Efetivação por ato da Mesa Legislativa – Forma derivada de investidura em cargo público – Inobservância do art. 37, II, da CF – 1.1 O critério do mérito aferível por concurso público de provas ou de provas e títulos é, no atual sistema constitucional, indispensável para o cargo ou emprego isolado ou de carreira. Para o isolado, em qualquer hipótese; para o de carreira, só se fará na classe inicial e pelo concurso público de provas ou de provas e títulos, não o sendo, porém, para os cargos subseqüentes que nela se escalonam até seu final, pois, para estes, a investidura se dará pela forma de provimento que é a 'promoção' – 1.2 Estão banidas, pois, as formas de investidura antes admitidas – ascensão e transferência –, que são formas de ingresso em carreira diversa daquela para a qual o servidor público ingressou por concurso – 1.3 O preceito constitucional inserto no art. 37, II, não permite o 'aproveitamento', uma vez que, nesse caso, há igualmente o ingresso em outra carreira, sem o concurso público exigido – Precedente. 2. Efetividade e estabilidade. Não há que confundir efetividade com estabilidade. Aquela é atributo do cargo, designando o funcionário desde o instante da nomeação;

b.1) Nomeação – é o ato administrativo que materializa o provimento originário.

b.2) Promoção – ocorre quando após investidura para o cargo em carreira, sobrevém para o funcionário público um direito subjetivo à ocupação de um cargo subseqüente que nela se escalonam.

b.3) Readaptação – é a forma de provimento pela qual o servidor passa a ocupar cargo diverso do que ocupava, tendo em vista a necessidade de compatibilizar o exercício da função pública com limitação sofrida em sua capacidade física ou psíquica após constatação médica.

b.4) Reversão – é o reingresso[85] à atividade, de servidor aposentado, ao mesmo cargo ou no cargo resultante de sua transformação, quando

---

a estabilidade é aderência, é integração no serviço público, depois de preenchidas determinadas condições fixadas em lei, e adquirida pelo decurso de tempo. 3. Estabilidade – Arts. 41 da CF e 19 do ADCT. A vigente Constituição estipulou duas modalidades de estabilidade no serviço público: a primeira, prevista no art. 41, é pressuposto inarredável à efetividade. A nomeação em caráter efetivo constitui-se em condição primordial para a aquisição da estabilidade, que é conferida ao funcionário público investido em cargo, para o qual foi nomeado em virtude de concurso público. A segunda, prevista no art. 19 do ADCT, é um favor constitucional conferido àquele servidor admitido sem concurso público há pelo menos cinco anos antes da promulgação da Constituição. Preenchidas as condições insertas no preceito transitório, o servidor é estável, mas não é efetivo, e possui somente o direito de permanência no serviço público no cargo em que fora admitido, todavia sem incorporação na carreira, não tendo direito a progressão funcional nela, ou a desfrutar de benefícios que sejam privativos de seus integrantes – 3.1 O servidor que preenchera as condições exigidas pelo art. 19 do ADCT-CF/1988 é estável no cargo para o qual fora contratado pela Administração Pública, mas não é efetivo. Não é titular do cargo que ocupa, não integra a carreira e goza apenas de uma estabilidade especial no serviço público, que não se confunde com aquela estabilidade regular disciplinada pelo art. 41 da CF. Não tem direito a efetivação, a não ser que se submeta a concurso público, quando, aprovado e nomeado, fará jus à contagem do tempo de serviço prestado no período de estabilidade excepcional, como título. 4. Servidor estável *ex vi* do art. 19 do ADCT, redistribuído para Assembléia Legislativa e efetivado na carreira por ato da Mesa Legislativa – Anulação – Ilegalidade e existência de direito adquirido – Alegação improcedente – Súmula nº 473/STF – 4.1. O ato de 'redistribuição' ou 'enquadramento', assim como o de 'transferência' ou 'aproveitamento', que propiciou o ingresso do servidor na carreira, sem concurso público, quando esse era excepcionalmente estável no cargo para o qual fora contratado inicialmente (art. 19 do ADCT), é nulo, por inobservância do art. 37, II, da CF. Legítimo é o ato administrativo que declarou a nulidade da resolução da Mesa da Assembléia Legislativa que efetivou o agente público, pois a Administração pode anular seus próprios atos, quando eivados de vícios que os tornem ilegais, porque deles não se originam direitos (Súmula nº 473). A Constituição Federal não permite o ingresso em cargo público sem concurso – Recurso extraordinário conhecido e provido, para cassar a segurança concedida".

[85] Reingresso é o retorno do servidor ao serviço público pela ocorrência de determinado fato jurídico previsto no estatuto funcional. Como tais formas representam à investidura do servidor depois de extinta a relação estatutária, constituem modalidades de provimento derivado.

se verificar os seguintes motivos: a) a junta médica declara que não subsiste mais os motivos da aposentadoria por invalidez; b) houver vício de legalidade no ato que concebeu a aposentadoria. Anteriormente, se reconhecia uma forma de reversão em que o servidor, após a sua aposentadoria, solicitava o seu retorno ao serviço público, ficando a critério da Administração atender ou não a postulação. Atualmente, não mais se afigura viável essa forma de reversão: do momento em que o servidor foi aposentado, a relação estatutária extinguiu-se, e dela resultou, inclusive, a *vacância*[86] do cargo.

b.5) Aproveitamento – também é uma forma de reingresso do servidor, todavia, nesse caso de servidor colocado em disponibilidade remunerada (art. 43, § 3º, da CF). Esse reingresso é obrigatório por parte do funcionário, uma vez que não havia o fim da relação laboral, mas sim, uma suspensão temporária. De outro lado, o funcionário poderá exigir que o cargo a ser ocupado tenha as atribuições e os vencimentos compatíveis com o cargo anteriormente ocupado. Se confrontar, todavia, essa hipótese com o inciso II do art. 37 da CF, também inevitavelmente concluir-se-á pela sua inconstitucionalidade, já que nesse caso, há igualmente o ingresso em outra carreira sem o concurso exigido pelo mencionado dispositivo.

b.6) Reintegração – corresponde ao reingresso do servidor estável no cargo anteriormente ocupado, ou no cargo resultante de sua transformação, quando invalidada a sua demissão por decisão administrativa ou judicial, com ressarcimento de todas as vantagens (art. 43, § 2º, da CF).

b.7) Recondução – é o retorno do servidor que tenha estabilidade ao cargo que ocupava anteriormente, por motivo de sua inabilitação em estágio probatório relativo a outro cargo ou pela reintegração de outro servidor ao cargo do qual teve que se afastar.

[86] Vacância é o fato administrativo que indica que determinado cargo público não está provido, ou em outras palavras, está sem titular. A vacância do cargo público, nos termos da Lei nº 8.112/1990, decorre das seguintes situações: a) exoneração; b) demissão; c) promoção, d) readaptação; e) aposentadoria; f) posse em outro cargo inacumulável; g) falecimento. Salienta-se que a exoneração consiste numa forma de desligamento do servidor do cargo público, a pedido ou de ofício, sem o caráter de penalidade. A demissão, todavia, corresponde a uma forma de vacância em decorrência da prática de infração administrativa grave pelo servidor ocupante de cargo efetivo, logo, apresentando-se como uma penalidade imposta ao infrator (art. 127 da Lei nº 8.112/1990).

Outros termos mormente utilizados, são a Remoção e a Redistribuição. Todavia, nesses dois casos, não há *provimento*, não se confundindo portanto como as situações anteriores. O que há em ambas, é o deslocamento do servidor: na remoção, o servidor é deslocado o âmbito do mesmo quadro; e na redistribuição, o deslocamento é efetuado para quadro diverso. Destarte, em qualquer desses casos o servidor continua titularizando o cargo.

2.4.9. Na Investidura: tem-se nomeação, posse e exercício

Feitas estas considerações, cabe também observar que a investidura – *ato de provimento original do cargo, que se inicia com a nomeação e se completa com a posse*[87] *e o exercício* (2006, p. 422) – aludida na Constituição Federal[88] pode ser *efetiva* ou *em comissão*, conforme a natureza do cargo a ser ocupado. A nomeação em caráter efetivo dar-se-á para cargo isolado ou de carreira, após aprovação prévia em concurso público. Para os cargos e funções de confiança a nomeação será em comissão.

Os requisitos básicos para investidura em cargo público – além é claro da aprovação em concurso público - são: a) a nacionalidade brasileira; b) o gozo dos direitos políticos; c) a quitação com as obrigações militares e eleitorais; d) o nível de escolaridade exigido para o exercício do cargo; e) a idade mínima de dezoito anos; e) aptidão física e mental.

Portanto, para a investidura é necessário o preenchimento das seguintes condições:

a) Nomeação – apresenta-se como provimento originário de um cargo. Como regra, a nomeação exige que o nomeado não somente tenha sido aprovado previamente em concurso público, como também tenha preenchido os demais requisitos legais para a investidura legítima.
b) Posse – ato da investidura pelo qual ficam atribuídos ao servidor as prerrogativas, os direitos e os deveres do cargo. E o ato de posse que completa a investidura, espelhando uma verdadeira condição para o exercício da função pública.
c) Exercício – representa o efetivo desempenho das funções atribuídas ao cargo. O exercício só se legitima na medida em que se tenha consumado

[87] Para Lúcia Valle Figueiredo, posse "é a aceitação, pelo funcionário, do cargo público. Pela posse implementa-se a relação jurídica Estado *x* Agente, que, todavia, ainda é ineficaz. É o *exercício*, o efetivo desempenho do cargo, que trará eficácia à relação jurídica" (2005, p. 589 – nota de rodapé 11).

[88] Art. 37, II, da CF.

o processo de investidura. É o exercício que confere ao servidor o direito à retribuição plenária como a contraprestação pelo desempenho das funções inerentes ao cargo.

2.4.10. Direito adquirido dos servidores

O servidor não tem direito adquirido a imutabilidade do estatuto, como, por exemplo, licença para estudar no exterior. Quando foi admitido no serviço público esta existia; nada impede que a Administração a extinga posteriormente. Não há direito adquirido contra a Constituição federal, salvo se o servidor já cumpriu os requisitos.

A respeito, Marcio Cammarosano esclarece que o Supremo Tribunal Federal tem defendido que não há direito adquirido a regime jurídico. Segundo o autor:

> está se usando a expressão sem um maior rigor técnico. O que é regime jurídico? Por exemplo, o regime jurídico de servidores públicos é o conjunto, é um plexo de direitos e obrigações, consubstanciados na Constituição e na Legislação editada em consonância com a Constituição, definindo, estabelecendo os termos da relação jurídica que existe entre o servidor e o Estado *lato sensu*. O regime jurídico pode ser de duas naturezas (...) Um, é o regime de natureza estatutária; o outro é o regime de natureza contratual (...) O regime estatutário é um regime institucional, legal; quando alguém presta um concurso público para ser titular de um cargo público (...) ele fica submetido a regime estatutário. Ele não pode perder esse regime, por força de alguma lei ou emenda à Constituição (2005, p. 761-770).

E prossegue:

> Outra coisa é perguntar o seguinte: enquanto titular do cargo público, submetido ao regime estatutário, que compreende direitos e obrigações, lei nova pode alterar alguns desses direitos e obrigações, tendo incidência imediata? A resposta é sim. Mas não todos. Por exemplo: há direito adquirido a uma dada jornada de trabalho? Não. (2005, p. 761-770)

2.4.11. Acumulação de cargos e funções

Segundo o art. 37, XVI, é vedada a acumulação remunerada de cargos públicos. Significa, por exemplo, que não pode o titular de cargo de datilógrafo acumular com o de oficial administrativo. O inciso XVII do mesmo artigo estende a proibição a mais duas situações. Uma delas é a da acumulação de empregos e funções. Assim, é vedada a acumulação remunerada de cargos, empregos e funções públicas (também nas pessoas da Administração Indireta). Se a acumulação só encerra a percepção de vencimento por uma das fontes, não incide a regra constitucional proibitiva.

Situações de permissividade – pode-se ocupar mais de um cargo, emprego ou função, mas desde que haja compatibilidade de horários. Os ganhos acumulados também não podem ultrapassar o teto constitucional (art. 37, XI).

É possível acumular:

a) dois cargos de professor;

b) um de professor com outro técnico ou científico;

c) dois cargos privativos de médico.

Outra hipótese é a de juiz ou membro do Ministério Público acumularem com cargo de professor (arts. 95, parágrafo único, e 128, § 5º, II, *d*). Havia controvérsia quanto à possibilidade de acumular proventos e vencimentos (art. 37, § 10).

Efeitos da acumulação – solução dada pela Lei nº 8.112/1990: se fica comprovada a boa-fé do servidor, deve ele optar por um dos cargos (art. 133). Se a situação decorrer de conduta eivada de má-fé, perderá ambos os cargos e restituirá o que tiver percebido individualmente (art. 133, § 1º).

2.4.12. Estabilidade

É o direito outorgado ao servidor estatutário, nomeado em virtude de concurso público, de permanecer no serviço público após três anos de efetivo exercício.[89] A estabilidade depende de avaliação especial de desempenho do servidor, a ser realizado por comissão funcional com essa finalidade (art. 41,

[89] Com muita perspicácia Marcio Cammarosano observa que a Reforma Administrativa do então ministro Bresser Pereira (Emenda nº 19/1998) em que pese ter a intenção de retirar da Constituição federal a estabilidade do servidor público, não o fez; ao contrário, reforçou tal direito. E explica: "(...) ficou lá no art. 41, § 1º, da CF: 'O servidor público estável só perderá o cargo: I – em virtude de sentença judicial transitada em julgado;' – não é nenhuma novidade. 'II – Mediante processo administrativo em que lhe seja assegurada ampla defesa', também não é nenhuma novidade. 'III – mediante procedimento de avaliação periódica de desempenho, na forma de lei complementar, assegurada ampla defesa' –, a novidade aqui é 'na forma de lei complementar'. Antes não precisava de lei complementar; quer dizer, se fosse comprovadamente ineficiente ou desidioso no cumprimento dos seus deveres, isto apurado em processo administrativo disciplinar, assegurado o contraditório e a ampla defesa, ia para a rua! Agora, não. Agora precisa verificar o que a lei complementar dispuser a respeito desta matéria e, enquanto não há lei complementar a respeito desta matéria, não se pode mais colocar na rua o estável, por insuficiência de desempenho." "Servidores públicos: um enfoque atual" (2005, p. 761-770).

§ 4º).[90] O art. 28 da EC nº 19/1998 resguardou a estabilidade, no prazo anterior de dois anos, aos atuais servidores em estágio probatório.

A estabilidade é instituto que guarda relação com o servidor público e não com o cargo.[91]

Já decidiu o STJ: "a estabilidade diz respeito ao servidor público e não ao cargo" e o servidor estável ao ser investido em novo cargo, não está dispensado de cumprir estágio probatório nesse novo cargo.

[90] Sustenta Ivan Barbosa Rigolin que "novidade absoluta da EC nº 19, essa avaliação periódica de desempenho constitui mais um dos desfavores que as emendas constitucionais instituíram contra o servidor e sua estabilidade, de no mínimo discutível constitucionalidade com relação aos servidores já estáveis da EC nº 19, pois que por emenda constitucional foi introduzida na Constituição mais uma forma de periclitação do direito adquirido pelo servidor à estabilidade, após ter ele a ela adquirido direito" (2003, p. 153).

[91] Odete Medauar ao comparar a efetividade com a estabilidade sustenta que essa, por sua vez, "expressa o direito ao cargo pelo modo como poderá ser perdido; a Constituição Federal no § 1º do art. 41 e no § 4º do art. 169 prevê que o servidor estável só perderá o cargo: a) em virtude de sentença judicial transitada em julgado; b) mediante processo administrativo em que lhe seja assegurada ampla defesa; c) mediante procedimento de avaliação periódica de desempenho, assegurada ampla defesa. d) para possibilitar que as despesas com pessoal não excedam limites estabelecidos em lei complementar" (*op. cit.*, p. 265). Acrescenta a autora que a efetividade é o modo de preenchimento do cargo, ligado à possibilidade de permanência de seu ocupante no exercício das atribuições respectivas; a efetividade propicia a aquisição da estabilidade ordinária, após três anos de exercício (idem, ibidem).

Capítulo 3
Atos Administrativos

3.1. CONCEITO E REQUISITOS DO ATO ADMINISTRATIVO

A importância do estudo dos atos administrativos se encontra no fato de que a função administrativa se manifesta por meio da emissão de atos materiais, que têm um caráter subsidiário na ação administrativa, por meio de atos volitivos de manifestação do Estado.

3.1.1. Fatos jurídicos, atos jurídicos, fato administrativo e ato administrativo

Antes de estudarmos o ato administrativo, faremos uma referência conceitual a respeito do ato jurídico. Os *atos jurídicos* são as manifestações de vontade unilateral e plurilateral das pessoas físicas e jurídicas, com o objetivo de produzir efeitos de direito. Ademais, a expressão "atos administrativos" abarca os fatos que surgem tanto no Direito Público como no Privado e depende da área onde são produzidos. O *ato jurídico* é a expressão da vontade, emitida com a intenção de criar, modificar ou extinguir direitos, e se caracteriza por ser manifestação da vontade de uma ou mais pessoas; se diferencia dos *fatos jurídicos* propriamente ditos por serem produtos da natureza, independentemente da vontade humana.

Portanto, os *fatos jurídicos* em sentido estrito são os acontecimentos naturais que geram conseqüências no mundo jurídico e os *atos jurídicos* são aqueles decorrentes da vontade humana e que geram conseqüências jurídicas.

Utilizando dessa mesma sistemática conceitual, podemos falar em *fato administrativo* e *ato administrativo*, este último como espécie de ato jurídico.

Odete Medauar afirma categoricamente que o surgimento da locução ato administrativo ocorreu no início do século XIX, sendo ela uma espécie de ato jurídico.

A sujeição da Administração à lei vai conferir novos moldes às ações do Estado: do caos indisciplinado das diversas operações materiais até então praticadas, muitas vezes por vontade temperamental do governante, uma nova noção aparece, a de ato administrativo, uma espécie de ato jurídico. A locução ato administrativo foi empregada, pela primeira vez em 1812, na quarta edição do Repertório de Guyot, a cargo de Merlin (2002, p. 162-64).

Enquanto o ato administrativo se apresenta como uma manifestação ou uma mera declaração de vontade do homem público, o fato administrativo é qualquer acontecimento que traga conseqüências jurídicas para a Administração Pública.

Outra diferença que se apresenta, está no *ato da Administração*, que é qualquer ato praticado por órgãos que sejam vinculados à estrutura do Poder Executivo.

Sérgio de Andréa Ferreira, após analisar esses conceitos, conclui que

> as categorias dos atos e fatos administrativos são, apenas, uma parcela de um conjunto muito mais amplo constituído dos atos da Administração Pública, conceito subjetivo que corresponde a qualquer ato praticado por órgão administrativo"(1981, p. 89).

3.1.2. Conceito

A importância do estudo dos atos administrativos se encontra no fato de que a função administrativa se manifesta por meio da emissão de atos materiais, que têm um caráter subsidiário na ação administrativa, e por meio de atos volitivos de manifestação do Poder Público.

Numa primeira tentativa de conceituar ato administrativo, podemos afirmar o que se segue: Ato Jurídico Unilateral distinto do regulamento, que consiste precisamente em uma declaração.

É Guido Zanobini quem nos oferece uma clara definição. É ato administrativo "a declaração de vontade, de juízo, de conhecimento ou de desejo realizada pela administração no exercício de um poder administrativo distinto do regulamentar" (1954, p. 121). Da definição apontada advém uma série de características:

a) se trata de uma declaração intelectual, o que exclui as atividades puramente materiais;
b) a declaração pode ser de vontade, porém também de outros estados intelectuais;
c) a declaração deve proceder de uma Administração;

d) a declaração administrativa em que o ato se apresenta como o exercício de um poder administrativo;

e) o poder Administrativo exercido no ato há de ser distinto do poder regulamentar.

Para Miguel Reale, o

> ato administrativo não é, pois, um conceito binado, mas sim uno, a significar o ato típico por excelência da Administração, aquele pelo qual ela se distingue do Legislativo e do Judiciário, isto é, o exercício de sua tarefa específica de execução in concreto dos fins da sociedade e do Direito, por iniciativa própria e por meios não contenciosos (1968, p. 35).

Juarez Freitas entende que os atos administrativos são

> aqueles atos jurídicos expedidos por agentes públicos no exercício das atividades de administração, cuja regência, até mesmo quando envolvem, de maneira reflexa, atividades de exploração econômica, desvela-se sempre orientada por normas, princípios e valores de ordem pública, pois qualquer atuação estatal somente se legitima em face da subordinação aos relevantes fins concorrentes para o interesse público, à mercê dos quais se estrutura toda a rede dos conceitos administrativos, primordialmente o de relação jurídico-administrativa (1999, p. 24).

Oswaldo Aranha Bandeira de Mello (1969, p. 412) entende que "os atos administrativos são só os atos jurídicos dos órgãos administrativos, enquanto poder público, isto é, em que há manifestação da vontade autoritária estatal."

Nessa mesma linha, entretanto evoluindo em alguns pontos, Celso Antônio Bandeira de Mello identifica os atos administrativos como:

> declaração do Estado (ou de quem lhe faça as vezes – como, por exemplo, um concessionário de serviço público), no exercício de prerrogativas públicas, manifestada mediante providências jurídicas complementares da lei a título de lhe dar cumprimento, e sujeitas a controle de legitimidade por órgão jurisdicional (2004, p. 354).

Entende necessário o acréscimo de duas características para a conceituação dos atos administrativos: a concreção e a unilateralidade.

Eduardo Garcia de Enterría e Tomás-Ramón Fernández definem o ato administrativo adotando as mesmas lições propugnadas por Guido Zanobini, inclusive *ipsis litteris,* em que ato administrativo para os autores é

> a declaração de vontade, de juízo, de conhecimento ou de desejo realizada pela Administração em exercício de um poder administrativo distinto do poder regulamentar (1998, p. 536)

Desta forma, excluem a possibilidade de se ter para o ato administrativo um conceito *lato*, como ressalva Oswaldo Aranha Bandeira de Mello.[1]

O ato administrativo, portanto, é a declaração jurídica do Estado ou de quem lhe faça às vezes, no exercício de prerrogativas públicas praticadas enquanto comando complementar da lei.

Desta forma, o ato administrativo é uma declaração jurídica do Estado, porque representa uma *situação estabelecida* pelo mesmo, que traz conseqüências jurídicas para o Direito, portanto, se impõe como uma espécie do gênero *ato jurídico*. Essa *situação estabelecida* pode advir de um ato emitido pelo próprio Estado ou de quem lhe faça às vezes, ou seja, de uma delegação para emitir e praticar um ato administrativo.

O ato administrativo é regido pelo Direito Público, ou seja, deve ser regido pelos princípios do Direito Administrativo, em especial da supremacia do interesse público sobre o privado e da indisponibilidade do interesse público.

Outra característica que se apresenta em relação aos atos administrativos é que eles são praticados como comando complementar da lei, seja esta complementar ou ordinária, uma vez que não há subordinação hierárquica entre elas, pois elas tratam de matérias diferentes. Essas leis estariam situadas em um segundo campo, juntamente com a lei delegada e as medidas provisórias. Os atos administrativos surgem desta forma como meio de execução dos atos legislativos típicos.

Miguel Seabra Fagundes, nesse sentido, entendia que

> A Administração tem como finalidade exclusiva os fenômenos de realização do direito. A legislação é formadora do direito e a Administração executora. Não nos parece, porém, que a função administrativa concorra à formação do direito,

[1] "Nos tempos modernos se conceitua o ato administrativo em atenção ao entendimento que se possua dos órgãos administrativos e da função administrativa, ou seja, do Direito Administrativo. Ainda se pode ter do ato administrativo um conceito lato, em que se envolvam tanto os atos normativos, gerais, abstratos e impessoais, compreendendo o regulamento, a instrução e até a lei – para os que incluem a função de legislar dentro do Direito Administrativo, e participando da função administrativa, e, por conseguinte, levados a efeito por órgãos considerados administrativos – como os atos executivos, individuais, concretos e pessoais, igualmente participando dessa função e, conseqüentemente, efetivados por órgãos como tais considerados." Conclui em seguida que: "então se pode defini-lo, no sentido material, ou objetivo, como manifestação da vontade do Estado, enquanto poder público, individual, concreta, pessoal, na consecução do seu fim, de criação da utilidade pública, de modo direto e imediato, para produzir efeitos de direito. Já no sentido orgânico-formal, ou subjetivo, se pode conceituá-lo como ato emanado de órgãos encarregados da Administração Pública, compreendendo os integrantes do Poder Executivo, ou mesmo dos outros, desde que tenham a mesma estrutura orgânico-formal daquele, como sejam as Secretarias do Legislativo e do Judiciário" (Bandeira de Mello, 1969, p. 413-14).

> "criando regras de direito individuais". Os atos jurídicos por meio dos quais se exerce a administração, não "constituem" o direito. Não são atos de formação da regra jurídica. "Criam" situações jurídicas individuais, e, nesse sentido, se poderá dizer que fazem nascer direitos, como atos jurídicos que são. Mas, entre criar direitos (situações jurídicas pessoais), e criar o direito (lei, situação jurídica geral e abstrata), não é possível estabelecer identidade. Salvo aceitando a "teoria de formação de direito por graus" de Kelsen e Merkl (1941, p. 15-16).

Conclui em seguida que

> os atos administrativos apenas "realizam" o direito pela individualização das regras gerais e abstratas constitutivas do direito positivo. Constituem, sem dúvida, elementos somados á ordem jurídica, mas não de natureza legislativa. O ato administrativo, quando cria situações jurídicas individuais (o que caracteriza a realização do direito), não cria o direito, que nasce através dos atos constitutivos de situações jurídicas gerais.

Exposta essas premissas conceituais, ressalta-se agora que estudaremos atos administrativos englobando também os bilaterais.

3.1.3. Requisitos

Os requisitos dos atos administrativos são as condições necessárias para a existência válida de um ato.

A Lei da Ação Popular de nº 4.717/1965 traz em seu art. 2º a previsão de nulidade aos atos administrativos lesivos ao patrimônio público, desde que apresentem os seguintes requisitos: a) incompetência; b) vício de forma; c) ilegalidade do objeto; d) inexistência dos motivos; e) desvio de finalidade.

Estabelece ainda que a incompetência fica caracterizada quando o ato não se incluir nas atribuições legais do agente que o praticou. O vício de forma consiste na omissão ou na observância incompleta ou irregular de formalidades indispensáveis à existência ou seriedade do ato. A ilegalidade do objeto ocorre quando o resultado do ato importa em violação de lei, regulamento ou outro ato normativo. A inexistência dos motivos se verifica quando a matéria de fato ou de direito, em que se fundamenta o ato, é materialmente inexistente ou juridicamente inadequada ao resultado obtido. E, por fim, que o desvio de finalidade se verifica quando o agente pratica o ato visando a fim diverso daquele previsto, explícita ou implicitamente, na regra de competência.

Logo, pode-se dizer que *o* Direito Positivo brasileiro estabelece cinco requisitos para que o ato administrativo seja válido: *a) competência; b) objeto lícito; c) motivo; d) finalidade; e e) forma.*

Enterría e Fernández, adotando novamente às lições de Zanobini, alongam essa divisão, dizendo haver os elementos subjetivos (Administração, órgãos, competência, investidura legítima do titular do órgão), os elementos objetivos (pressuposto de fato, objeto, causa e fim) e os elementos formais (procedimento e forma da declaração) (1998, p. 540 ss.). Estudando historicamente a doutrina dos atos administrativos, podemos concluir que não existe acordo doutrinário acerca dos elementos do ato administrativo, porém mais que de fundo é uma questão terminológica. Por isso, analisando a evolução doutrinária, podemos considerar as seguintes:

a) Subjetivas

O ato administrativo deve emanar de uma Administração Pública. Esta se compõe por um conjunto de entes com personalidade jurídica, cujas competências são exercidas por diversos órgãos, dos que são titulares pessoas físicas. É fundamental determinar qual órgão da Administração é competente, já que o ato deve emanar do órgão competente no âmbito da Administração. Por isso deve ser competente em razão do território, da matéria e da hierarquia. Deve atender-se também ao órgão e ao seu titular físico, que é a pessoa que atua investida dos poderes desse órgão. Esta deve reunir os seguintes requisitos: *condições legais de exercício* – não de encontrar-se em um caso de incompatibilidade; *vontade do titular* – não deve estar viciada; *Legalidade da investidura do órgão*.

b) Objetivas

1) Pressupostos de fatos: são aquelas circunstâncias que hão de concorrer necessariamente para atuação do poder conferido à Administração. Especial relevância tem os pressupostos de fato para fiscalizar o ato enquanto ao proceder diretamente da norma atributiva de poder é sempre um elemento regrado do ato e, portanto, perfeitamente controlável pelo Judiciário.
2) Finalidade: é o fim que a norma criadora do poder estabelece ao ato como objetivo a perseguir. Este fim é sempre público, não devendo deste patamar se afastar, sob pena de *desvio de poder*.
3) Causa: a doutrina discute se pode ser admitida como elemento do ato administrativo. Uns, como Guido Zanobini, opinam que a doutrina sobre a causa elaborada no Direito Privado é perfeitamente aplicável ao ato administrativo. Para outros, como Renato Alessi, a doutrina da

causa não tem razão de ser no Direito Administrativo porque o ato administrativo é típico em seus elementos, de modo tal que o conteúdo da vontade está em conexão necessária com os motivos e pressupostos. Por último, há de se dizer que para Fernando Garrido Falla e Eduardo Garcia de Enterría a causa não é o efeito prático perseguido, senão a razão que justifica, em cada caso, a produção de um ato administrativo.

4) Motivos: estando a Administração atrelada ao princípio da legalidade de uma forma absoluta, não pode haver para ela motivos impulsivos que a levem a uma ação marginal ao Direito. Ademais, muitas vezes, a lei impõe a obrigação de motivar seus atos; neste sentido, pode-se dizer que no ato administrativo os motivos estão sempre, e necessariamente, incorporados à causa.
5) Outros elementos objetivos são *a declaração, o conteúdo*, que devem acomodar-se ao disposto pelo ordenamento, e o *objeto*, que pode ser um comportamento, um fato, um bem, uma situação jurídica, ou uma mistura desses objetos típicos.

c) Formais

A declaração em que o ato consiste há de produzir-se seguindo um caminho concreto por meio de determinadas formas de manifestação:

1) Procedimento administrativo: é o caminho a seguir, sendo a causa necessária para a produção de atos administrativos, elevando-se assim a condição de validade destes.
2) Forma: o ato administrativo necessita de uma forma externa de manifestação para aceder ao mundo do Direito. Esta forma do ato administrativo é normalmente escrita. Por meio da motivação se controla o ato administrativo e por isso não é um simples requisito formal, mas sim de fundo.

Todavia, preferimos fazer uma divisão entre duas espécies de requisitos, *os necessários à existência dos atos administrativos* e *os relativos à sua legitimidade*. Pois há de se considerar que nem todos os requisitos que são indispensáveis à existência dos atos administrativos o serão para a sua legitimidade. Logo, podemos aqui chamar de *elementos dos atos administrativo*, os requisitos de existência, pois compõem a essência dos atos administrativos.E de outro lado, entender como requisitos de legitimidade o que ele deve ter para ser considerado um ato administrativo, ou seja, os *pressupostos dos atos administrativos*.

Entendemos, como Celso Antônio Bandeira de Mello,[2] ser necessário fazer um estudo dos requisitos dos atos administrativos, com dissecação dos *elementos* (realidades intrínsecas do ato) e dos *pressupostos* (realidades extrínsecas do ato).

3.1.3.1. Requisitos de existência do ato administrativo (elementos)

Para Antônio Carlos de Araújo Cintra, "tudo aquilo que é indispensável para que se reconheça que um ato administrativo existe, constitui condição de existência" (1978, p. 97). Esses requisitos ou elementos do ato administrativo são o conteúdo[3] e a forma.

a) Conteúdo/objeto

O conteúdo é o que o ato afirma e/ou declara. Como o ato administrativo é uma declaração de vontade, estar-se-á nesse momento declarando a volição do Poder Público, desta forma, o conteúdo é necessário para existência do ato, não importando neste momento se o ato é válido ou não; ele simplesmente nasceu para o mundo fático e jurídico, adotando-se uma das roupagens previstas para o ato administrativo.

b) Forma

Essa roupagem é a forma, que é a maneira pela qual um ato se revela para o mundo jurídico. Os atos administrativos em regra são praticados na forma escrita, em casos de urgência ou transitoriedade, permite-se que sejam praticados por meio de comandos ou sinais. A título de exemplo, a Administração, por intermédio de seu dever de prestar serviço de segurança pública, pode requisitar de imediato um carro de um particular para perseguir um latrocida, após o cometimento do delito. Essa permissão está devidamente prevista no art. 5º, inciso XXV, da Constituição Federal: "no caso de iminente perigo público, a autoridade competente poderá usar de propriedade particular, as-

[2] Explica ele que "sem os elementos não há 'ato algum', administrativo ou não. Ou seja, inexistirá o próprio ser que se designa pelo nome de ato jurídico. Sem os pressupostos de existência faltará o indispensável para a produção jurídica daquele objeto constituído pelos elementos, isto é, para o surgimento de um ato jurídico qualquer (administrativo ou não, válido ou inválido), ou, então, faltará o requerido para a qualificação dele como 'ato administrativo' (válido ou inválido). Sem os pressupostos de validade não haverá 'ato administrativo válido'" (Bandeira de Mello, 2004, p. 358-360).

[3] Também chamado por alguns de objeto (Medauar, 2002, p. 166; Toledo, p. 483 e ss.; Meirelles, 1997, p. 137; entre outros autores).

segurada ao proprietário indenização ulterior, se houver dano", esse seria uma forma de ato administrativo praticado por meio de um comando. Através de sinais, poderíamos aqui citar o sinal de pare ou siga emitido pelo guarda de trânsito.

Parte da doutrina ainda se refere à formalidade, que é a maneira específica pela qual, de acordo com a lei, um ato deve ser praticado para que seja válido. Quando, por exemplo, a lei exige a motivação por escrito para a prática do ato, e o administrador ao praticar não declina os motivos determinantes, pode-se afirmar que neste ato há vício de forma. Entendemos, portanto, que a formalidade se encontra dentro da forma atribuída para prática do ato, não há distinção.

3.1.3.2. Requisitos de legitimidade do ato administrativo (pressupostos)

Legitimidade, no seu significado específico,[4] é um

> atributo do Estado, que consiste na presença, em uma parcela significativa da população, de um grau de consenso capaz de assegurar a obediência sem a necessidade de recorrer ao uso da força, a não ser em casos esporádicos (Levi, 2002, v. 2, p. 675).

Os requisitos da legitimidade são pressupostos necessários ao condicionamento positivo dos atos administrativos no mundo jurídico. São eles: a *competência*, o *motivo* e a *finalidade*.

a) Competência

É o dever ou poder outorgado aos agentes públicos para que exerçam atividades de execução da lei, na busca da satisfação dos interesses públicos. É uma reunião de autorização para o exercício de uma atividade.[5]

Logo, a prática de atos administrativos por sujeito incompetente é inválida.

Há três perspectivas (requisitos) para que seja válido o ato:

---

[4] Segundo, Lucio Levi, no Dicionário de Política organizado por Norberto Bobbio, "no seu significado genérico, Legitimidade tem, aproximadamente, o sentido de justiça ou de racionalidade (fala-se na Legitimidade de uma decisão, de uma atitude etc.). É na linguagem política que aparece o significado específico. Neste contexto, o Estado é o ente a que mais se refere o conceito de Legitimidade" (Bobbio, 2002, p. 675).

[5] Michel Stassinopoulos afirma que a "determinação da competência de cada órgão é obra do legislador. A regra de competência é uma regra de direito, pois o seu efeito jurídico consiste em estabelecer limites às vontades" (Stassinopoulos, 1973 , p. 99).

1º) A pessoa jurídica que o pratica deve ser competente. Exemplo: desapropriação para reforma agrária só pode ser feita pela União (184, da CF); se o Município a promove, o ato administrativo é inválido.
2º) Se há repartição interna dentro da Administração (desconcentração), o órgão tem que ser competente para o ato administrativo.
3º) O servidor, ou agente, como pessoa física tem que ser competente para o ato administrativo.

Portanto, somando-se pessoa jurídica competente, mais repartição interna competente (órgão), mais agente público competente, o resultado é igual a ato administrativo válido em sua competência.

b) Motivo (ou motivo de fato)

Outro pressuposto do ato administrativo é o fato que determina o ato, devendo ser plenamente justificado por meio da motivação. Portanto, ele é o acontecimento da realidade que autoriza ou determina a prática do ato administrativo; é a situação fática que faz com que o ato administrativo seja praticado. Por exemplo, se um motorista passa no semáforo vermelho e é multado, o motivo da multa é o fato de ele ter passado no sinal vermelho. O mesmo ocorre quando um conselho de patrimônio histórico com capacidade deliberativa resolve tombar uma casa, por entendê-la de extrema importância cultural para a cidade, nesse caso, o motivo do tombamento é o valor histórico.

Saber que motivo ensejou a prática do ato administrativo é relevante principalmente pela adoção da *teoria dos motivos determinantes* no Direito Administrativo brasileiro. Esta afirma que os motivos alegados para a prática de um ato ficam a eles vinculados, de tal modo que a demonstração de que os motivos alegados são falsos ou inexistentes, qualifica a invalidade própria do ato. *O motivo é fato que determinou o ato*, ou seja, *o motivo fica vinculado ao ato*. Isso surge mais visivelmente, quando se prova que não foi aquele motivo que determinou o ato. No caso do tombamento anterior, se prova-se que o imóvel não tinha valor histórico nenhum, o tombamento cai por terra.

Mesmo que outro fato ocorra, se o motivo apontado é diferente do que aconteceu, é nulo o ato. Como, por exemplo, se a Prefeitura interdita um hospital privado, motivada no fato de que ele oferece risco à saúde por não recolher o lixo hospitalar adequadamente, e os proprietários conseguem comprovar que sempre o recolheram e o deram destinação adequada, esse hospital deve ter seu alvará de funcionamento restabelecido. Mesmo que se alegue que a interdição se deve ao fato do hospital não ter pago IPTU nos últimos dez anos. Como o motivo determinante para realizar a interdição não foi este, ele deve continuar funcionando até que a Administração municipal emita um ato de fechamento baseado nos fatos reais que o motivem.

Há diferença entre motivo e motivação. O motivo é o fato, o acontecimento que propiciou o ato; já a motivação é a justificativa escrita em que se apresentam as razões de fato e de Direito que propiciaram a prática do ato. A motivação é obrigatória sempre, pois é princípio constitucional incito na própria Constituição, decorrente da legalidade – pois o administrador deve dizer que lei está cumprindo para prática do ato; decorre também do controle dos atos administrativos pelo Poder Judiciário, uma vez que para esse realizar um controle eficaz, deve ter acesso à motivação apontada para o ato que fora praticado, e como estamos em um Estado de Direito, e a Administração Pública não pode transgredir suas regras, as autoridades têm que explicitar as normas que estão sendo cumpridas.

Portanto, todo ato é e deve ter motivação. As exceções só aparecem em casos específicos, como, por exemplo, em duas hipóteses:

1ª) quando o ato não precisar ser praticado por escrito. Exemplo: o guarda apita, ele não tem que escrever por que apitou;

2ª) atos que por suas próprias características, pela sua simples prática, revelam indubitavelmente o motivo do ato. O motivo já foi desenhado com o ato. Exemplo: a porta da Prefeitura é fechada diariamente às 18 horas, porque é o horário determinado para o seu fechamento; neste caso, todo dia o porteiro fechará a porta. Para controlá-la, basta olhar no relógio. O administrador não tem que emitir uma ordem escrita todo dia para que ele feche a porta.

Observa-se, contudo, que a motivação não é um pressuposto do ato administrativo, porque embora seja obrigatória é uma formalidade do ato, e a forma já é um pressuposto do ato.

Estabelecer ainda a diferença entre motivo e móvel do ato administrativo é necessário. Móvel do agente quando ele pratica um ato administrativo, segundo Celso Antônio Bandeira de Mello, "é representação subjetiva, psicológica, interna do agente e corresponde àquilo que suscita a vontade do agente (intenção)" (2004, p. 365); portanto, é o que o agente pensa quando pratica o ato.

Fragmentando uma situação fática: por exemplo, um indivíduo passa com seu automóvel no semáforo vermelho e o guarda o multa por não gostar dele. Tem-se a seguinte situação: o motivo do ato administrativo: passou no sinal vermelho; o móvel: o guarda não gosta dele. Todavia, como o motivo é legítimo, o ato administrativo não está viciado.

Destarte, mesmo que o agente pratique o ato com um móvel hediondo, reprovável, o ato será válido, desde que o motivo apontado para a sua prática seja válido. Do que se conclui que o móvel isoladamente considerado não interfere em nada na realidade do ato. O que às vezes acontece é que o agente tem um móvel ilícito e, por isso, pratica o ato. Exemplo: naquela mesma situação, o indivíduo passa no sinal verde e o guarda o multa porque não gosta dele.

Outra diferença que podemos apontar é entre motivo e motivo legal do ato. O motivo legal do ato é o fato que abstratamente está descrito na norma, e que, ao se verificar, na realidade autoriza ou determina a prática do ato administrativo. A norma jurídica descreve o fato em que deve o agente enquadrar-se. Exemplo: funcionário que faltar mais de 30 dias, sem justificativa, será demitido. Maria falta 33 dias ao trabalho, sem justificar-se (enquadrou-se); logo será demitida.

A dúvida que pode surgir está relacionada à exigência de que todo ato administrativo tenha motivo legal para existir. Admitimos a não exigência do motivo legal, uma vez que existem atos administrativos sem a descrição normativa do mesmo, pelo fato da ordem jurídica ter dado liberdade discricionária para escolher o motivo legal do ato. Exemplo: uma lei orgânica municipal atribui competência ao prefeito para demitir, não estabelece o motivo legal. O que o prefeito tem que ter é um limite. Neste caso, os limites para quando a lei não estabelece o motivo legal, para a prática de um ato administrativo, são dados pela obrigatória correlação lógica que deve existir entre o motivo e a finalidade do ato. Tem que haver uma adequação lógica entre eles, resultante de uma análise sob a égide da razoabilidade. Com efeito, essa demissão seria sustentada no princípio da eficiência, podendo ser utilizados, analogicamente como critérios, os motivos que ensejam justa causa nas demissões quando há relação laboral celetista.

Portanto, são aspectos para o motivo se concretizar: a observância da teoria dos motivos determinantes e o fato escolhido ter adequação lógica entre o motivo e o ato administrativo. A ausência de um deles torna o ato administrativo viciado e passível de anulação. E é por isso que se torna tão importante a motivação, porque para o controle do ato administrativo, ela é necessária. A validade do ato administrativo ficará vinculada à motivação.

c) Finalidade

O último pressuposto é a finalidade do ato. O administrador tem que praticar o ato de acordo com a finalidade para a qual ele foi criado, do contrário o ato estará viciado.

Finalidade é a razão jurídica pela qual um ato foi criado abstratamente pela ordem jurídica normativa. A lei provê um ato para que um fim seja alcançado, e esse fim é a satisfação do interesse público. O problema é que a satisfação do interesse público exige respostas diferentes.

Com isso, temos várias espécies de atos administrativos, que foram criadas para a finalidade específica de cada ato. Exemplos: *demissão* – finalidade: demitir funcionários públicos incapacitados para continuar na Administração; *remoção* – finalidade: serve para permitir a alocação dos recursos humanos na máquina administrativa do Estado.

A finalidade é importante para dar validade ao ato administrativo. Cabe ao administrador praticar o ato com aquela finalidade para qual o ato administrativo foi criado; se isso não ocorrer, há um vício. Aqui é que surge o desvio de finalidade, que merece uma maior atenção.

Desvio de poder ou *desvio de finalidade* é o vício que atinge o ato administrativo sempre que, concretamente, este é praticado desconsiderando a finalidade, estabelecida em lei, para qual o ato foi criado. A título ilustrativo, se um prefeito encaminha à Câmara Municipal um projeto para aumentar o IPTU das regiões comerciais, e a associação comercial, ao tomar conhecimento desse fato e questionar esse projeto, vê logo em seguida uma declaração de desapropriação do imóvel onde ela funciona, mesmo que se justifique, por exemplo, que é para estabelecer uma creche, é evidente que há desvio de finalidade, pois aqui a vingança foi o motivo do ato e não a satisfação do interesse público.

A doutrina aponta diferenças entre o *móvel* do ato e a sua *finalidade*. O móvel é a intenção com que um ato administrativo é praticado por uma autoridade pública, "é representação subjetiva, psicológica, interna do agente e corresponde àquilo que suscita a vontade do agente (intenção)" (Bandeira de Mello, 2004, p. 365). O móvel não se exterioriza, é subjetivo, já a finalidade é objetiva, tem relevância jurídica por ter sido exteriorizada.[6] Desta forma,

[6] Um exemplo seria quando um guarda de trânsito multa por vingança seu inimigo, por ele ter atravessado o sinal vermelho. O móvel foi a vingança, só que juridicamente a finalidade é válida. Todavia, se o guarda era daltônico e, quando seu inimigo passou no sinal verde, ele vê vermelho e multa, o móvel é lícito, mas a finalidade foi ilícita, porque a lei estabelece que, quando o sinal está verde, é que se deve passar.

conclui-se que pode haver desvio de finalidade com móvel lícito e ter um móvel ilícito, sem desvio de poder, uma vez que se atingiu a sua finalidade.

Entretanto, é indiscutível que na maior parte dos casos há móvel ilícito no desvio de poder. Disto se conclui que nos atos administrativos discricionários, o móvel ilícito gera uma presunção de desvio de poder, pois, como o administrador tem várias alternativas para praticar o ato administrativo, presume-se que o caminho seguido só o foi pelo móvel ilícito.

Portanto, para provar o desvio de finalidade, apesar da dificuldade, deve-se procurar captar o móvel do ato administrativo, pois, ao captá-lo, fica mais fácil demonstrar o desvio de finalidade, e, desta forma, se aduz que ele só se prova por um conjunto de situações indiciárias que se somam para se chegar a um resultado, daí a dificuldade de detectar a sua existência.

d) Vontade

Vontade é o querer que forma juridicamente a declaração constitutiva do ato administrativo. Os vícios do consentimento (erro, dolo ou coação), viciam a vontade, pois distorcem o querer e logo o ato é anulável quando for discricionário. Desta forma, os vícios do consentimento, como no Direito Privado, viciam os atos quando eles não forem vinculados, uma vez que nesse caso o agente se vincula ao que a lei propugna e a Administração não tem opção – ela tem o dever de aplicá-lo ou não. Exemplo: completados 70 anos, o agente tem que se aposentar compulsoriamente. A vontade do agente sob coação não muda a natureza do ato, porque a lei foi cumprida; de qualquer forma, ele já está obrigado a praticar o ato, quando o mesmo é vinculado. Navegando ainda no exemplo em tela, digamos que o agente acabe de completar 70 anos, de posse de uma arma de fogo, ele vai ao INSS e obriga os funcionários a efetivarem a sua aposentadoria compulsória. Já era dever deles praticar esse ato; logo o ato é válido, apesar do futuro aposentado sofrer sanções criminais pelo evento ocorrido. Todavia, se o agente tivesse 30 anos de idade, o ato além de ilegal seria inválido. Portanto, a vontade é requisito de legitimidade do ato administrativo.

e) Requisitos procedimentais

Outro pressuposto do ato administrativo são os requisitos procedimentais, que são os atos jurídicos que obrigatoriamente devem ser praticados antes de outros para que estes últimos sejam válidos, ou seja, praticado o ato antecedente corretamente, apto estará para praticar o subseqüente. Entretanto, se não praticado o antecedente, o subseqüente torna-se inválido.

A própria lei prescreve uma seqüência de atos antecedentes que têm que ser praticados para validade dos atos subseqüentes. Por exemplo: na hipótese de não efetuar, ou não depositar, ou não estabelecer na dotação orçamentária a indenização de uma desapropriação anteriormente a qualquer outro procedimento de apossamento, o ato está viciado. Em outro caso, se uma determinada empresa quer participar de uma licitação, ela deve-se habilitar corretamente, do contrário, mesmo que participe e saia vencedora do certame, se encontrada alguma irregularidade na habilitação, a licitação será anulada.

Desta forma, se o ato administrativo for realizado por sujeito competente, com um motivo determinante, respaldado em uma finalidade específica, sem nenhum vício de consentimento, e observados os requisitos procedimentais, ele preencherá todos os pressupostos para ter legitimidade.

3.2. PERFEIÇÃO, VALIDADE E EFICÁCIA DO ATO ADMINISTRATIVO

São realidades diferentes, inconfundíveis e autônomas.

A perfeição está relacionada à própria existência do ato. O ato administrativo só se considerará perfeito, acabado, quando exaurir o ciclo necessário à sua existência.

Já o ato administrativo válido é aquele que está em completa harmonia com a ordem jurídica em que se baseia, ou seja, há uma adequação com o comando legal superior que amparou o ato.

É necessário ressaltar que a perfeição não depende da validade e vice-versa. O ato pode ser perfeito e inválido. A título de exemplo, podemos mencionar a expedição de um decreto, que completa todo seu ciclo até a publicação. Entretanto, não se ampara em lei alguma, o que esvazia, destarte, a utilização desse poder regulamentar.

Por fim, o ato administrativo eficaz é aquele que já está apto à produção dos efeitos desejados, do contrário ele é ineficaz. A ineficácia geralmente é alcançada em três situações:

a) quando há uma condição futura e incerta para sua executoriedade;
b) quando a sua executoriedade está diretamente ligada à ocorrência de um termo futuro e certo, período em que o ato permanece ineficaz, até que se alcance esse termo;[7]
c) também é ineficaz o ato que dependa de outro ato jurídico para produzir efeitos, como, por exemplo, a homologação pelo governador de uma licitação ao seu vencedor.

[7] Nesses dois primeiros casos o que se nota é a existência de uma condição suspensiva.

3.3. ATRIBUTOS DO ATO ADMINISTRATIVO

3.3.1. Presunção de legitimidade

A presunção de legitimidade é implícita em todo ato administrativo, no sentido de se afirmar que o ato é válido até que se prove o contrário – presunção *iuris tantum*.

3.3.2. Imperatividade e coercibilidade

A imperatividade, por sua vez, é o poder conferido aos atos administrativos de gerarem unilateralmente obrigações jurídicas aos administrados independentemente da sua concordância.

A coercibilidade significa dizer que os atos administrativos devem ser cumpridos sob pena de sanção pelo seu descumprimento.

Há várias hipóteses em que a imperatividade e a coercibilidade convivem juntas e surgem no mesmo momento. Por exemplo, em um sinal de trânsito vermelho é imperativo que se pare, porque senão decorrerá uma multa devida à coercibilidade.

3.3.3. Tipicidade

A tipicidade, segundo Massimo Severo Giannini, "comporta uma conexão, estabelecida da norma, entre os diferentes elementos do ato, e uma predeterminação, sempre normativa, do efeito que esse pode produzir" (1993, p. 242). Com efeito, a tipicidade nada mais é do que a correspondência do ato administrativo a um modelo legal predeterminado.

3.3.4. Auto-executoriedade

Por fim, a auto-executoriedade se apresenta como o poder que os atos administrativos têm de poderem ser executados pela própria Administração.

3.4. CLASSIFICAÇÃO ESSENCIAL DOS ATOS ADMINISTRATIVOS

a) Quanto à estrutura

Podem ser concretos e abstratos. Os primeiros são aqueles que se exaurem em uma única aplicação. Exemplo: uma ordem da Anvisa de apreensão de medicamentos em todos os estabelecimentos farmacêuticos em virtude do fato de se ter descoberto que estes medicamentos estavam gerando efeitos maléficos à saúde.

Abstratos são aqueles que comportam reiteradas e infinitas aplicações, sempre que se renovem os fatos que motivam a sua aplicação. Exemplo: aplicação de multas administrativas decorrentes de colocação na estante para venda de medicamentos com datas de vencimento ultrapassadas.

b) Quanto à sua formação

Atos unilaterais: são os formados pela manifestação de uma única pessoa. Exemplo: demissão de um funcionário – é o Município que o produz, se estiver envolvido um funcionário municipal.

Atos bilaterais: são os formados pela manifestação de mais de uma pessoa. Exemplo: contrato administrativo.

Observa-se que para os autores que não admitem a bilateralidade de alguns atos administrativos, essa classificação não existiria.

c) Quanto à sua composição interna (formação do ato)

Ato simples: é o ato formado pela manifestação de um único órgão. Exemplo: decreto do presidente, uma licença para dirigir automóvel etc.

Ato complexo: manifestação de mais de um órgão simultaneamente, no interior de uma mesma pessoa. Exemplo: portaria baixada pelo Estado, agregando-se mais de um órgão, ou seja, o Ministério da Justiça e da Saúde baixam uma portaria conjunta.

Ato composto: é o formado pela manifestação de mais de um órgão, de forma seqüencial, no interior de uma mesma pessoa, para que o ato administrativo se convalide. Nesse caso, acreditamos não ser um ato exclusivo, mas sim um conjunto de atos.

d) Quanto aos efeitos sobre destinatário

Ampliativo: é aquele que acresce prerrogativas ou vantagens jurídicas, a seu destinatário. Exemplo: outorga de uma permissão de uso de bem público.

Restritivo: elimina ou reduz prerrogativas ou vantagens jurídicas atribuídas a seu destinatário. Exemplo: revogação da permissão.

e) Quanto à sua repercussão sobre terceiros (quanto ao alcance)

Atos Administrativos de efeitos internos: produz efeitos apenas no interior da Administração. Exemplo: é vedado aos servidores públicos fazerem refeições nos locais de trabalho; edição de pareceres, informativos.

Atos administrativos de efeitos externos: atingem a terceiros estranhos à Administração. Exemplo: concessão de porte de arma, permissão de uso, licença ambiental ou urbanística.

f) Quanto às prerrogativas da Administração para a sua prática (quanto ao objeto)

Atos de Império: praticados sob o requisito de prerrogativas públicas e de forma unilateral. Exemplo: interdição de um estabelecimento comercial por encontrar-se com irregularidades; embargo de uma obra com irregularidades.

Atos de Gestão: são os praticados sobre regime de Direito Privado. Exemplo: quando o Poder Público celebra contrato de locação com particulares, na qualidade de locatário. Todavia, atualmente é incompatível com o conceito de ato administrativo que adotamos, porque para nós só é ato administrativo se for sobre o regime de Direito Público. No mesmo sentido, Celso Antônio Bandeira de Mello adverte que

> esta velha distinção está em desuso desde o final do século passado por imprecisa, inexata e haver perdido sua função primordial (excluir a responsabilidade do Estado pela prática dos primeiros e admiti-la para os segundos). De acordo com a antiga concepção, só os primeiros seriam verdadeiramente atos administrativos. Tal distinção foi aqui mencionada apenas porque, às vezes, anacronicamente e – é claro – com resultados errôneos, doutrina e jurisprudência pátrias invocam-na para separar atos administrativos de atos de Direito Privado da Administração ou de suas entidades auxiliares que têm personalidade de Direito Privado (2004, p. 393).

g) Quanto à liberdade da Administração para sua prática

Vinculado: é aquele praticado sem margem nenhuma de liberdade por parte da Administração; vale dizer, a lei previamente estabelece o comportamento a ser seguido diante de determinada hipótese de incidência. Exemplo: funcionários com 70 anos devem ser aposentados, licença para construir, entre outros.

Discricionário: com liberdade subjetiva para a Administração, ou seja, a Administração os pratica diante de uma determinada margem de liberdade deixada pelo comando legal que regulou a emissão daquele ato. Exemplo: permissão de uso de bem público, autorização para porte de arma.

Já estudamos a diferença entre discricionariedade e vinculatividade. Naquele momento citou-se como exemplo de ato administrativo discricionário, o caso de aplicação de uma sanção administrativa, em que cabem três variáveis, podendo ser estas cumulativas, e o administrador aplica somente uma, a que ele entendeu mais conveniente e oportuna ao evento.

h) Quanto aos destinatários

Gerais: editados sem um destinatário específico. Exemplo: edital de concurso.

Individuais: editados com um destinatário certo.[8] Exemplo: permissão de uso, nomeação de um funcionário ou sua exoneração.

i) Quanto à natureza da atividade

Atos de Administração ativa: criam, produzem, estabelecem uma situação jurídica. Exemplo: concessões, licenças, nomeações, autorizações, e outros.

Atos de Administração consultiva: visam esclarecer determinadas questões que são objetos da Administração ativa. Exemplo: pareceres, informes etc.

Atos de Administração controladora: visam analisar a adequação de determinados atos, examinando a conveniência e oportunidade deles. Exemplo: homologações, aprovações prévias ou posteriores.

Atos de Administração verificadora: atos que objetivam a conferência de uma situação de direito. Exemplo: conferir o diploma de um médico para averiguar a legitimidade e permitir que o mesmo ingresse no setor público.

Atos de Administração contenciosa: surgem para julgar um procedimento contraditório dentro de um processo administrativo. Exemplo: decisão de conselho de contribuintes.

j) Quanto aos efeitos jurídicos

Atos constitutivos: fazem nascer originalmente uma situação jurídica.[9] Exemplo: demissão de um funcionário.

Atos declaratórios: afirmam a preexistência de uma situação de fato ou de Direito. Exemplo: a emissão de uma certidão que declare que determinado funcionário exerce um cargo público.

[8] Celso Antônio Bandeira de Mello subdivide o ato individual em singular ou plúrimo. No primeiro caso o destinatário é um único sujeito devidamente especificado, como na nomeação para um cargo específico. Seria plúrimo por sua vez, quando os destinatários são diversos sujeitos especificados, como na nomeação, em uma única lista, de diversos funcionários que deverão tomar posse em um determinado dia (Bandeira de Mello, 2004, p. 388).

[9] O inverso é o ato administrativo extintivo.

l) Quanto à natureza das situações jurídicas que criam

Atos-regra: estabelecem situações gerais, abstratas e impessoais, e que são modificáveis a qualquer tempo por critérios de conveniência e oportunidade por quem o produziu. Exemplo: regulamento.

Atos subjetivos: criam situações particulares, concretas e pessoais, e que são imodificáveis senão pela vontade das partes que o constituiu. Exemplo: o contrato.

m) Quanto à eficácia

Ato válido: é o que está preenchido de todos os requisitos necessários à sua eficácia.

Ato nulo: é o que está acometido de um vício incurável, e desta forma não pode perpetrar no mundo jurídico, devendo ser declarada a sua nulidade.

Ato anulável: é o que poderia ter sido anulado, mas que por critérios de razoabilidade não o foram, e conseqüentemente poderá ser convalidado.

Ato inexistente: é o que tem apenas uma aparência de ato administrativo, mas que não chega a se aperfeiçoar.

n) Quanto à regulação

Essa classificação é apontada por Hartmurt Maurer da seguinte forma:

1 – Segundo o conteúdo da regulação: neste caso ter-se-ia os atos administrativos ordenadores (que contêm um mandamento ou proibição – requisições, proibições e interdições); os atos administrativos configuradores de Direito (alteram ou revogam uma situação jurídica concreta para produzir uma modificação jurídica – licença para construir, alvarás de funcionamento, naturalização de um estrangeiro, nomeação de um funcionário); os atos administrativos comprovadores (declaram o Direito vigente no caso concreto mediante a comprovação de um fato – comprovação dos rendimentos para fins de aposentadoria);

2 – Segundo a duração da regulação: são os atos administrativos que se esgotam num único cumprimento (ex.: pagamento de uma taxa única – construção, casamento, inventário) ou que se fundamentam numa relação contínua (ex.: liberação de um alvará de funcionamento, concessão de uma aposentadoria a um servidor);

3 – Segundo o efeito da regulação: podem gerar efeitos benéficos (uma vantagem jurídica – ex.: matrícula de um estudante em uma faculdade pública), agravantes (recusa por parte da Administração de outorgar

uma licença ambiental a uma empresa) e atos administrativos com efeitos benéficos e agravantes ao mesmo tempo (recusa por parte da Administração de outorgar uma licença ambiental a uma empresa pode gerar esses dois efeitos – agravante para os proprietários da empresa e benéfico aos vizinhos da empresa que emitiria poluentes naquela região específica) (2001, p. 98-100).

3.5. ESPÉCIES DE ATOS ADMINISTRATIVOS

Ao tratar das espécies de atos administrativos, preferimos fazer uma mescla do que a doutrina tem definido, e adotamos a divisão estabelecida por Hely Lopes Meirelles por entendermos mais elucidativa. Ainda utilizamos as lições de Oswaldo Aranha Bandeira de Mello, uma vez que sua cátedra tem norteado todo o Direito Administrativo brasileiro.

Desta forma, especificamos os atos administrativos em:[10]

a) atos normativos – que são aqueles que contêm um comando geral do Executivo objetivando a aplicação adequada da lei;
b) atos ordinatórios – que visam disciplinar o funcionamento da Administração e a conduta funcional de seus agentes;
c) atos negociais – são os que contêm uma declaração de vontade da Administração que coincide com a pretensão do administrado;
d) atos enunciativos – são os que enunciam uma situação existente sem manifestação de vontade da Administração;
e) atos punitivos – são os que contêm uma sanção imposta pela Administração àqueles que infringem disposições legais, regulamentares ou ordinatórias dos bens ou serviços públicos.

3.5.1. Atos normativos

3.5.1.1. Decretos

É a forma pela qual são expedidos atos administrativos de competência privativa do chefe do Executivo. O decreto decorre do poder regulamentar da Administração Pública, visa a explicar como a lei deve ser aplicada, facilitando a sua execução. Também pode estabelecer situações novas dentro da competência do Poder Executivo e respeitando a normatividade da lei.Exemplo: poder de expedir atos que regulamentam uma lei, a forma pela qual o regulamento é baixado é o decreto.

[10] Conforme classificação de Meirelles, 1997, p. 161-179.

3.5.1.2. Regimentos

São atos administrativos destinados ao estabelecimento de regras de funcionamento para os órgãos públicos, sendo dirigido apenas a quem deve executar o serviço ou realizar uma atividade funcional. Assim, temos o Regimento Interno da Câmara de Deputados, do Supremo Tribunal Federal etc.

3.5.1.3. Resoluções

São atos administrativos normativos expedidos pelo alto escalão do Poder Executivo (excluído o chefe do Poder Executivo pois este expede exclusivamente decretos), por órgãos legislativos, colegiados administrativos, presidentes de tribunais, entre outros.

3.5.1.4. Deliberações

São atos administrativos de cunho normativo ou decisório oriundos de órgãos colegiados. Se normativas apresentam-se como atos gerais, se decisórias como individuais. A deliberação normativa é sempre superior às decisórias se confrontadas, podendo ser revogada ou modificada apenas por outra da mesma categoria.

3.5.1.5. Instruções normativas

São atos administrativos oriundos dos Ministérios de Estado e outros órgãos superiores que visam a estabelecer critérios de execução de leis, decretos e outros atos normativos.

3.5.2. Atos ordinatórios

3.5.2.1. Instruções

São ordens escritas e gerais a respeito do modo e forma de execução de determinado serviço público, expedida pelo superior hierárquico com o escopo de orientar os subalternos no desempenho das atribuições que lhes estão afetas e assegurar a unidade de ação no organismo administrativo (Meirelles, 1997, p. 167).

3.5.2.2. Circulares

Circular é a fórmula pela qual autoridades superiores transmitem determinações uniformes a toda uma classe de funcionários a elas subordinados. São expedidas pelos chefes de repartições ou encarregados de serviços ou pelos ministros e secretários, mediante instruções. Circulam nas repartições ou são remetidas aos interessados (Mello, 2007, p. 565).

3.5.2.3. Avisos

Aviso é o instrumento pelo qual os ministros ou secretários de Governo dirigem-se uns aos outros comunicando fatos ou dando informações. Também é usado quando os ministros ou secretários de Governo se dirigem a altas autoridades a eles não subordinadas, por estarem sujeitas a outros Ministérios ou Secretarias. Afinal, correspondem à fórmula empregada para transmitir pareceres ou dar orientações em casos que lhes são submetidos, mediante consultas, por funcionários de alta graduação, relativamente a assuntos administrativos. Vão sendo substituídos pelos ofícios nos primeiros sentidos (Mello, 2007, p. 577).

3.5.2.4. Portarias

É a forma pela qual a autoridade inferior ao chefe do Executivo disciplina normas gerais, relativas à conduta de seus subordinados.

Portaria é um instrumento pelo qual ministros ou secretários de Governo fazem nomeações para cargos de secundária importância, ou concedem licenças aos funcionários, ou aplicam penas disciplinares. É ainda, usada para baixar instruções aos cidadãos em geral ou a particulares diretamente interessados, conforme o assunto em foco, dando-lhes conhecimento do procedimento a seguir em casos especificados, nos termos da lei. É publicada na porta da repartição, ou na repartição do expediente do Governo, bem como em órgão de divulgação dos atos oficiais (Mello, 2007, p. 555-52).

3.5.2.5. Ordens de serviço

É o comando administrativo em que se determina a quem está destinada a realização de uma dada atividade. Exemplo: ordem de serviço para cortar grama.

3.5.2.6. Ofícios

É a forma pela qual são expedidas as comunicações administrativas entre autoridades ou entre autoridades e particulares.

3.5.2.7. Despachos

É a manifestação firmada pela autoridade em requerimento, processo, expedientes ou outros papéis administrativos. É a forma pela qual se efetiva uma decisão.

O despacho normativo é a forma pela qual são exarados documentos em casos concretos com abrangência a todos os casos análogos.

3.5.3. Atos negociais

3.5.3.1. Licença

É o ato administrativo unilateral, vinculado, pelo qual o Poder Público faculta o exercício de uma dada atividade material. Com efeito, sendo um ato vinculado à pessoa requerente, preenchidos os requisitos, tem direito a ela. Exemplo: a licença para construir e a ambiental.

3.5.3.2. Autorização

É o ato administrativo unilateral, discricionário pelo qual o Poder Público faculta a alguém, em caráter precário, a exploração ou uso de uma dada atividade material. Exemplo: autorização para colocar um carrinho de sanduíche na praça pública quando ocorrer algum evento transitório neste local (shows, comícios, apresentação de orquestra etc.).

Há duas espécies: a de uso de bem público (o Poder Público faculta ao particular o uso privativo de bem público e precário); e a de serviços públicos (o Poder Público delega ao particular a exploração de serviço público a título precário).

A tênue diferença entre permissão de uso de bem público e autorização de uso de bem público está na transitoriedade. A permissão de uso de bem público tem que ser solicitada previamente e visa à cessão de uso de um bem dentro de uma situação de permanência (embora precária). Exemplo: outorga de um espaço público para uma banca de jornal e revista. Já a autorização de uso de bem público é conferida para uma situação transitória de utilização deste bem. Exemplo: outorga de uma área para instalação de um circo em uma cidade.

3.5.3.3. Permissão

É o ato administrativo unilateral, discricionário pelo qual o Poder Público em caráter precário, faculta a alguém o uso de um bem público ou a responsabilidade pela prestação de um serviço público.

Existem duas espécies de permissão.

1ª) De uso de bem público: o Poder Público outorga ao particular o uso de bem público. Não exige autorização legislativa.

2ª) De serviço público: o Poder Público outorga a prestação de um serviço que seria público, ao particular. Exige autorização legislativa (Lei nº 9.074/1995).

Em relação ao regime jurídico da permissão, pode-se afirmar que o prazo do contrato é indeterminado, já que ela é precária. Necessária também a promoção de licitação, pois a própria Lei nº 8.666/1993 estabelece essa necessidade. A permissão ainda pode ser onerosa ou gratuita, bem como ser qualificada (condicionada).

A permissão qualificada surge quando o permitente fixa cláusulas restritivas da sua própria ação discricionária, instituindo direitos subjetivos excepcionais em favor do permissionário, tais como: indenizações por rescisão unilateral e/ou prazos, o que não se coadunaria com a precariedade. Parte da doutrina alega que a fixação de prazos e indenizações configuraria uma concessão simulada, logo não seria possível. Acreditamos, todavia, que se o prazo não tirar a precariedade, não há impedimento, pois a Administração fixa o prazo e estabelece que possa ser revogado a qualquer tempo. Neste caso, o prazo serve para definir o equilíbrio econômico do ato (calcular o preço que será pago pelo permissionário em relação à permissão).

3.5.3.4. Concessão

É o contrato administrativo pelo qual o Poder Público, em caráter não precário, faculta a alguém o uso de um bem público, a responsabilidade pela prestação de um serviço público ou a realização de uma obra pública, mediante o deferimento da sua exploração.

Partes: concedente e concessionário.

Regime não precário: é uma característica de quase todo contrato administrativo, pois embora a Administração tenha prerrogativas, o concessionário tem direitos.

Uma concessão pode ter três objetos distintos (três espécies):

1) Concessão de uso de bem público: pode ser uma concessão comum de uso (ou administração de uso), que é aquela que gera um direito pessoal de uso do bem pelo concessionário, apresentando-se como um contrato *intuito personae,* sendo, desta forma, o direito de uso concedido intransferível, seja *inter vivos* ou *causa mortis*; também pode ser uma concessão de direito real de uso, neste caso já se admite, em tese, a transferência por ato entre pessoas vivas (*inter vivos*) e a transferência em decorrência

da morte. Exemplo: concessão de direito real de uso de um prédio para construção de uma creche.

2) Concessão de serviço público[11] (uma das formas de delegação):[12] é destinada à delegação do serviço público, para que um particular em nome da Administração preste o serviço. Está amparada constitucionalmente (no art. 175) e legalmente (na Lei nº 8.987/1995).
3) Concessão de obra pública (também chamada de realização): destinada à realização de uma obra pública. A obra pública pode ser executada direta ou indiretamente.[13] Exemplo: construir escolas, creches, estradas etc. Contrata um empreiteiro e paga por uma escola, é o chamado contrato de obra pública. O Poder Público pode contratar a obra e permitir que o concessionário a explore economicamente mediante a sua manutenção em bom estado, isto como forma de remuneração. Exemplo: autovias – pedágio – privatização das rodovias.

3.5.3.5. Aprovação

Aprovação é o ato administrativo unilateral discricionário pelo qual o Poder Público manifesta a sua concordância com ato jurídico já praticado, ou ainda a ser praticado. É uma manifestação anterior ou posterior ao ato. Pode ser prévia ou *a priori* (quando ocorrer antes do ato ser praticado) e posterior ou *a posteriori*.

3.5.3.6. Admissão

É o ato administrativo unilateral vinculado, pelo qual o poder público faculta a alguém o ingresso em algum estabelecimento governamental para fins de recebimento de um Serviço Público.

3.5.3.7. Visto

> Visto é o ato administrativo unilateral de controle de outro ato jurídico, pelo qual se afirma sua legitimidade formal. É o aposto pelo chefe da seção em requerimento de funcionário dirigido ao diretor, pelo qual o declara formalmente em termos legais. Mas, com isso, não examina o conteúdo da pretensão, mesmo

[11] É o contrato em que o Poder Público vai delegar para alguém a prestação de serviço público, sendo o concessionário remunerado por meio da cobrança de tarifa.

[12] O Estado tem o dever de prestar o serviço, podendo descentralizar esta prestação de serviço por meio de delegação, passando para o particular o poder e a responsabilidade deste serviço, inclusive por danos.

[13] A Administração faz diretamente ou contrata um particular para fazê-lo (Concessão).

> sob o aspecto da legalidade – isto é, se tem direito, ou não, ao que pleiteia. É o caso, ainda, do visto de cônsul estrangeiro, no Brasil, em passaporte de brasileiro que deseja viajar para seu país, que equivale à afirmação da legalidade formal desse documento expedido por autoridade brasileira. Consiste em mera manifestação de conhecimento, de expressão declarativa de juízo. Esse, aliás, é o entendimento da maioria dos juristas. (Mello, 2007, p. 589).

3.5.3.8. Homologação/Ratificação

É o ato administrativo unilateral vinculado, pelo qual o Poder Público manifesta sua concordância com a legalidade de ato jurídico já praticado. É um ato vinculado, e *a posteriori*, pois controla a realidade do ato. Se difere da aprovação por ser um ato vinculado (a aprovação é discricionária) e ocorrer depois do ato praticado (a aprovação pode ser antes e depois). Para os autores que entendem que a homologação é um ato discricionário, a única diferença da aprovação estaria no momento do seu surgimento, pois enquanto para esta podem ser dois (prévia ou posterior), para aquela é só um (posterior).

3.5.3.9. Dispensa

> Dispensa é o ato administrativo unilateral, discricionário, pelo qual se exonera o particular de observância de exigência legal – como seja de publicação de proclamas matrimoniais, ou de determinações do código de obras para conservação de construção. Assim se desobriga o particular, em caráter de exceção, da obediência ao princípio geral constante da norma. Ela pode ser total ou parcial (Mello, 2007, p. 573).

3.5.3.10. Renúncia

De acordo com o pensamento de Oswaldo Aranha Bandeira de Mello:

> Renúncia é o ato administrativo unilateral, discricionário, pelo qual se abdica de um direito, Constitui modo de extinção de direito. É ato puro e simples, por isso não admite condição e é irreversível, uma vez consumado (2007, p. 582).

3.5.3.11. Protocolo Administrativo

É o ato administrativo unilateral vinculado, pelo qual um servidor notifica ou recebe notificação de que algum documento foi entregue ou recebido em seu setor.

3.5.3.12. Convalidação

É o ato administrativo que, com efeitos retroativos, sana vício de ato antecedente de modo que garanta que este seja considerado válido desde o seu nascimento.

3.5.4. Atos enunciativos

3.5.4.1. Certidões

> Certidão é o ato administrativo unilateral pelo qual se fornece ao interessado documento, que merece fé, no qual se firmam a existência de fato e sua modalidade, com fundamento em verificação feita. Tem feito meramente probatório da existência de fato e sua modalidade. Como exemplos apresentam-se o contraste posto nos metais preciosos, o traslado de escritura pública, o certificado de boa conduta, o reconhecimento de firma (Mello, 2007, p. 570-71).

3.5.4.2. Atestados ou certificados

> Atestado ou certificado consiste em afirmação de fato, por conhecimento pessoal ou de terceiros, informantes de confiança de quem o dê, e cuja ciência decorre da razão do ofício – como seja o de boa conduta por autoridade policial, por nada constar contra e ter esse conhecimento por ciência própria e de terceiros; o certificado de oficial de justiça de que citou o réu, afim de que compareça em juízo, para se defender em ação proposta pelo autor, e em virtude de mandado judicial (Mello, 2007, p. 591).

3.5.4.3. Parecer normativo

Os pareceres são manifestações de órgãos técnicos sobre questões que lhe são apresentadas. Podem ter caráter opinativo – o que não vincula à Administração – ou impositivo – o que vincula os órgãos inferiores à autoridade que o emitiu.

> Parecer normativo é aquele que, ao ser aprovado pela autoridade competente, é convertido em norma de procedimento interno, tornando-se impositivo e vinculante para todos os órgãos hierarquizados à autoridade que o aprovou. Tal parecer, para o caso que o propiciou, é ato individual e concreto; para os casos futuros, é ato geral e normativo (Meirelles, 1997, p. 177).

3.5.4.4. Parecer técnico

É a manifestação opinativa firmada por órgão consultivo especializado em questão técnica posta a seu exame. Hely Lopes Meirelles rechaça que ele não pode ser "contrariado por leigo, ou mesmo, por superior hierárquico" (Meirelles, 1997, p. 177). A subordinação neste caso não prevalece, o que prevalece é a técnica.

3.5.4.5. Apostila

De acordo com Oswaldo Aranha Bandeira de Mello: "Apostila é um ato jurídico pelo qual se faz anotação, em documento anterior, de fato que o completa, ou interpreta, como seja o aditamento em título de nomeação" (2007, p. 590).

3.5.4.6. Adjunção

É a cessão de agentes públicos entre os entes federativos. Exemplo: O Estado cede ao Município uma diretora escolar de seu quadro, para compor o quadro do Município que deverá, durante esse período, arcar com seus rendimentos.

3.5.4.7. Alvará

É a forma pela qual são expedidas as licenças e as autorizações. Exemplo: alvará de construção.

3.5.5. Atos punitivos

3.5.5.1. Multa administrativa

Multa administrativa é o pagamento pecuniário a que se sujeita alguém em conseqüência da infração cometida. Ela pode ter caráter coercitivo ou de reparação civil. Se coercitiva, visa a forçar, ante a intimidação da sua aplicação, torne o infrator a desobedecer às determinações ordenatórias de serviço ou legais. È o caso da multa fiscal por sonegação de imposto, que, no mínimo, corresponde ao valor deste, e, portanto, importa sujeitá-la, ao menos, ao pagamento em dobro. Se composição patrimonial de prejuízos, objetiva simplesmente compensar o dano presumido pela infração cometida. É o caso da multa fiscal por mora, que corresponde ao acréscimo corretivo do valor do quantum devido, tendo em vista o decurso do tempo (Mello, 2007, p. 572).

3.5.5.2. Suspensão ou interdição do exercício de atividades

Suspensão ou interdição do exercício de atividade é a penalidade corretiva ou expulsiva pela qual se afasta servidor público do desempenho do seu cargo, ou particular da sua profissão ou indústria, ou se lhes veda seu exercício. A primeira consiste em afastamento provisório; enquanto a segunda, em afastamento definitivo (Mello, 2007, p. 572).

3.5.5.3. Confisco e destruição de bens

Confisco e destruição de bens é a penalidade preventiva pela qual a própria Administração Pública apreende e inutilizada alimentos estragados e nocivos à saúde, plantas e animais atacados de males contagiosos, que podem prejudicar a agricultura ou pecuária, ou instrumentos e materiais de uso perigoso e proibido, e os inutiliza. A destruição pressupõe o confisco. Mas a recíproca tal não exige(Mello, 2007, p. 588).

3.6. MÉRITO DO ATO ADMINISTRATIVO

Estudar o mérito do ato administrativo não tem sentido senão interligando-o ao controle judicial dos atos administrativos discricionários. A questão que se coloca é até onde pode ir esse controle e até onde não pode.

Nessa perspectiva, surge a doutrina dos conceitos jurídicos indeterminados e os conceitos geradores da discricionariedade administrativa.

Os conceitos jurídicos indeterminados são aqueles que exigem uma interpretação subjetiva do administrador, mas aponta apenas um caminho para execução da lei. Não podem ser discricionários porque não envolvem mais de uma alternativa possível. Aqui se tem é vinculação.

Já os conceitos geradores da discricionariedade administrativa são aqueles que geram mais de uma interpretação para praticar o ato. Porém, alguns autores modernos afirmam que não existe essa discricionariedade, por existir alguns "aspectos vinculados do ato administrativo discricionário", ou seja, um ato administrativo discricionário não admite a discricionariedade em todos os seus aspectos, devido ao fato de que por imperativo lógico, alguns aspectos não ensejam liberdade de opção, alguns autores arrolam entre eles: a competência (que só pode ser titularizada por quem a tem dentro de suas atribuições); a forma (a lei a prescreve, logo a autoridade está obrigada a seguir a forma); a finalidade (a autoridade se vincula à satisfação do interesse público).

Com efeito, a discricionariedade não é ilimitada, devemos inclusive nos respaldar nas lições de Renato Alessi de que "a própria noção de Direito envolve limites" e quem coloca os limites é a própria lei. Portanto, a tese de que os atos discricionários não poderiam ser examinados pelo Poder Judiciário está superada, até pelo princípio constitucional da inafastabilidade do exame pelo Poder Judiciário.

O que se aduz destas premissas é que se o ato administrativo discricionário não preencher todos os seus pressupostos ele é inválido, e assim poderá ser declarado pelo Judiciário.

Feitas essas análises preliminares, cabe dizer que o *mérito do ato administrativo é perceptível todas às vezes que a Administração decidir ou atuar fazendo uma análise valorativa interna das conseqüências ou vantagens do ato que está para ser praticado.*

Celso Antônio Bandeira de Mello conceitua o Mérito como

> o campo de liberdade suposto na lei e que efetivamente venha a remanescer no caso concreto, para que o administrador, segundo critérios de conveniência e oportunidade, decida-se entre duas ou mais soluções admissíveis perante a situação vertente, tendo em vista o exato atendimento da finalidade legal, ante a impossibilidade de ser objetivamente identificada qual delas seria a única adequada (2007, p. 847-48).

Como o mérito é o âmbito de liberdade de opção dado pela lei ao administrador, pode-se perceber que o administrador tem liberdade dentro de um campo (a lei dá limites para se praticar o ato), logo, fora desses limites o Judiciário pode examinar o ato administrativo discricionário, porque está fora do campo de escolha do administrador. Exemplo: na dotação orçamentária estabelece-se que uma determinada verba será destinada a creches ou escolas ou asilos. O prefeito escolhe a escola, o Judiciário não pode analisar se a escolha foi a mais adequada, porque a lei deu essa possibilidade ao administrador. Todavia, se o ato atendeu aos princípios constitucionais da eficiência, proporcionalidade, razoabilidade e moralidade o Judiciário pode examinar, porque esses princípios jurídicos não estão integrando o mérito do ato administrativo, mas são princípios estruturantes da Administração Pública, e se a alternativa escolhida colide com o princípio, ela está fora do ato administrativo. Suponhamos que na situação mencionada, as escolas já estivessem todas em excelente estado, e as creches em condições precárias, mas o prefeito mesmo assim destinou a verba às escolas, ele não respeitou o princípio da eficiência.

Outra hipótese de afronta à eficiência é se o Município estiver gastando mais de 60% com a folha de pessoal. O Município estará ferindo o princípio da eficiência, porque estar-se-á contrariando o previsto no art. 19 da Lei de Responsabilidade Fiscal, que estabelece que o gasto não pode ultrapassar 60%, e o restante (40%) será para a melhoria da eficiência dos serviços públicos.

Contudo, se houver uma hipótese em que o administrador escolha uma alternativa que está fora do ato administrativo, do mérito, ele recairá em arbitrariedade ou excesso de poder, o que deve ser combatido pelo Poder Judiciário.

O abuso de poder é o gênero do qual a arbitrariedade/excesso de poder e o desvio de poder ou finalidade são espécies. O abuso de poder é o vício que atinge os atos administrativos sempre que esses são praticados indevidamente com a ultrapassagem dos seus limites discricionários e com finalidade diversa daquela para qual ele foi criado pela ordem jurídica.

3.7. EXTINÇÃO E REAPROVEITAMENTO DOS ATOS ADMINISTRATIVOS

Os atos administrativos comportam diversas formas de extinção, seja por motivos externos, ou ainda por motivos internos do próprio ato. Os externos são aqueles que não se ligam à inobservância de alguns de seus requisitos, mas sim, a razões que circundam o ato administrativo e que o levam a ter cumprido o seu objetivo. Já os internos são ligados ao não cumprimento de todos os requisitos do ato administrativo, o que pode gerar a sua extinção e o não cumprimento dos seus objetivos.

Há ainda aqueles atos que, apesar de apresentarem alguma irregularidade ou vício, continuam a existir no mundo jurídico pela circunstância negativa que geraria a sua extinção, aqui denominamos "atos reaproveitáveis".

3.7.1. Extinção decorrente de motivos externos ao ato administrativo

3.7.1.1. Cumprimento de seus efeitos

Todo ato administrativo tem certos efeitos que são a sua razão de ser; cumprindo-os ele perde essa razão. Exemplo: a polícia recebe um comando para apreender objetos contrabandeados, após a apreensão esgota-se o ato administrativo.

Celso Antônio Bandeira de Mello visualiza três razões pelas quais os atos administrativos têm seus efeitos exauridos:

a) esgotamento do conteúdo jurídico (ex.: gozo de férias de um funcionário);
b) execução material (ex.: a ordem, executada, de demolição de um prédio);
c) implemento de condição resolutiva ou termo final (ex.: expedição de outorga de água para alguns produtores rurais, desde que no mês de setembro/outubro o índice pluviométrico atinja níveis acima do normal) (2004, p. 408).

3.7.1.2. Desaparecimento do sujeito ou do objeto do ato

Há certos atos administrativos que se dirigem ao sujeito; se ele desaparece, o mesmo ocorre com o ato administrativo. Exemplo: o funcionário que havia sido nomeado morre ou o objeto perece posteriormente.

3.7.1.3. Retirada

É a extinção do ato administrativo em decorrência da edição de outro ato jurídico que o elimina, ou faz com que ele perca a sua razão de existir.

3.7.1.4. Revogação

É a retirada do ato administrativo em decorrência da sua inconveniência ou inoportunidade aos interesses públicos. Só se processa pela via administrativa, já que o Judiciário não pode analisar o mérito do ato, cabendo a ele só a anulação.

Ela tem efeitos *ex nunc* – a partir do momento que se revoga é que produz; o passado é passado.

Alguns atos são irrevogáveis: os que a lei expressamente declara como tal; aqueles já extintos. Os atos que geraram direitos adquiridos (art. 5º, XXXVI, da CF) também não podem ser revogáveis, pois, se nem à lei é dado esse poder, muito menos a outro ato administrativo será possível; também não podem ser revogáveis os atos administrativos vinculados, pois se baseiam em um comando legal que exige a sua inserção no mundo jurídico da forma como foi introduzido – a extinção do ato administrativo vinculado por meio da retirada pode ser até possível, mas a revogação é impossível.

Uma questão tem sido recorrente na doutrina: os atos administrativos revogatórios podem ser revogados? Ou seja, pode haver repristinação de atos administrativos? A posição mais adequada nos é dada por Floriano de Azevedo Marques Neto, que

> neste passo, ter-se-ia que enfrentar a resistência que alguns opõem à revogação de ato revogatório, ou se quisermos, ao instituto da repristinação. Já se sustentou que a repristinação contrariaria a ordem jurídica por introduzir um indesejável elemento de incerteza às relações jurídicas, transferindo ao Administrador a prerrogativa de subtrair e conferir, aleatoriamente, eficácia a atos administrativos indeterminadamente. Não se pode prestigiar este entendimento. (...) o exercício da faculdade revogatória é parametrizado pela efetiva existência de interesse público no desfazimento do ato. Se, supervenientemente, novas circunstâncias fáticas fazem este mesmo interesse indicar que o ato revogatório se tornou inconveniente, inoportuno, contrário aos interesses maiores da coletividade, não

há porque tratá-lo diferentemente. Impenderá a revogação do ato revogatório como, em regra, a todo ato administrativo. A possibilidade de revogação do ato anterior revogatório, parece-nos, decorre da própria essência do instituto da revogação. É um imperativo da atividade administrativa, como diz Bartolome Fiorine citado por José Frederico Marques, revogar seus atos "quando estes não correspondem à finalidade para a qual foram editados". Se o ato revogatório foi editado com vistas a razões de interesse público não mais existente, nada impede, muito ao contrário, que se renove a eficácia do ato, repristinando-o (2007).

3.7.1.5. Cassação

É a retirada do ato administrativo em decorrência do beneficiário ter descumprido condição tida por indispensável para a manutenção do ato. O beneficiário dos atos administrativos desatende os requisitos. Exemplo: hotel que se transforma em casa de tolerância, é cassada a sua licença. Estabelecimentos alimentícios que não cumprem as normas de higiene terão cassadas as suas licenças.

3.7.1.6. Caducidade

É a retirada do ato administrativo em decorrência de terem sobrevindo normas superiores que tornam incompatíveis a manutenção de ato administrativo anteriormente praticado, com a nova realidade jurídica. Exemplo: extinção de um alvará de funcionamento de jogos de azar pelo fato de lei nova os considerar fato ilícito e punível com pena.

3.7.1.7. Contraposição ou derrubada

É a retirada do ato administrativo em decorrência da edição de outro ato jurídico, fundado em competência diversa da do primeiro, mas que acaba projetando efeitos antagônicos aos destes e por isso o elimina do mundo jurídico. Exemplo: exoneração do servidor em relação ao ato de sua nomeação. A exoneração não tem por objetivo rever a nomeação, ela só barra os efeitos da nomeação.

3.7.1.8. Renúncia

É a extinção do ato administrativo eficaz em decorrência do seu beneficiário não mais desejar a continuidade dos seus efeitos, ou seja, é forma de extinção de um ato administrativo que traz benefícios a alguém, mas este alguém não quer mais os benefícios, a eles renunciando. Exemplo: particular renuncia à permissão de uso.

3.7.1.9. Recusa

É a extinção do ato administrativo ineficaz em decorrência do seu futuro beneficiário não manifestar concordância indispensável para a projeção de seus efeitos, ou seja, o beneficiário não deseja a projeção de seus efeitos. O ato administrativo foi praticado, mas ainda não projetou efeitos porque exige a concordância que não é dada; ao contrário, há a recusa. Exemplo: o governador nomeia um funcionário para ocupar o cargo de secretário de Agricultura, o qual não quer e recusa a comenda.

3.7.2. Extinção decorrente de motivos internos do ato administrativo

3.7.2.1. Anulação

Decorre da sua invalidade. O ato administrativo é inválido e por força disto temos um ato que o extermina. Pode ser por via administrativa ou jurídica.

Na via jurídica ocorre quando alguém ingressar em juízo com a ação para anular o ato administrativo. E na via administrativa, a própria administração reconhecendo a ilegalidade do ato, o anula, utilizando-se do princípio da autotutela dos atos administrativos, ou seja, se a Administração detecta o ato administrativo ilegal, inoportuno, ou inconveniente, ela deve exterminá-lo, anulá-lo. Pode ocorrer de ofício ou por provocação de terceiros.

É pacífica na doutrina e jurisprudência a possibilidade de anulação dos atos administrativos pela própria Administração Pública e pelo Poder Judiciário. As Súmulas nº 346 e nº 473 do Supremo Tribunal Federal acolhem essa perspectiva.[14]

Os efeitos da anulação são sempre *ex tunc* – retroagem à ilegalidade. Entretanto, os rigores da anulação administrativa devem ser atenuados, ressalvando as situações jurídicas favoráveis a terceiros de boa-fé.

3.7.2.2. Inexistência

É um pleonasmo se falar em ato administrativo inexistente, pois se ele não existe, ele não é um ato administrativo. José Paulo Cavalcanti (1996, p. 14-15), criticando a noção de negócio jurídico inexistente, esclarece bem essa questão:

[14] Súmula nº 346: "A administração pública pode declarar a nulidade dos seus próprios atos." Súmula nº 473: "A administração pode anular seus próprios atos, quando eivados de vícios que os tornam ilegais, porque deles não se originam direitos; ou revogá-los, por motivo de conveniência ou oportunidade, respeitados os direitos adquiridos, e ressalvada, em todos os casos, a apreciação judicial."

> Ninguém negará que o negócio que não foi concluído não existe; mas para declarar essa evidência não seria necessário construir nenhuma teoria. Como observou Domenico Barbero: "Será, então, inexistente o negócio não concluído: o que é lapaliciano, como também é inexistente a casa não construída, a pessoa não concebida, a cambial não subscrita" (cit. *Sistema Istituzionale*, v. I, nº 295, p. 455. Grifos de Barbero).

Para sustentar suas explicações, o autor ainda explicou o porquê do atributo lapaliciano, relatando a história que se segue:

> La Palice (Jacques de Chabannes, senhor de), nobre francês, nascido cerca de 1470, morto na batalha de Pavia em 1525. Seus soldados compuseram em sua honra uma canção em que se encontram esses versos: "Um quarto de hora antes de sua morte. Ele ainda vivia..." O que queria dizer que La Palice até o derradeiro instante se batera corajosamente; pouco a pouco, porém, o sentido desses dois versos perdeu-se, e não ficou senão sua ingenuidade. Daí a expressão uma verdade de La Palice, para designar uma verdade evidente, que salta aos olhos de todos (Petit Larousse, 12ª tiragem, 1962, p. 1482).

Portanto, não tem sentido falar-se em *ato administrativo inexistente*. Um ato administrativo inexistente não é um ato administrativo, e "para declarar essa evidência, não seria necessário construir nenhuma teoria" (Cavalcanti, 1996, p. 17).

3.7.2.3. Nulidade

Existem atos nulos e anuláveis, mas no plano do Direito Administrativo a diferença se coloca em face da possibilidade de *convalidação* ou não do ato administrativo viciado; se puder ser convalidado é anulável; se não puder, ele é nulo.

A diferença entre o ato nulo e o inexistente é que o primeiro existe, mas em desacordo com a lei e traz conseqüências jurídicas, devendo ser anulado para deixar de existir. Já o inexistente é ignorado, pois ele não existe.

3.7.3. Atos reaproveitáveis

3.7.3.1. Ato irregular

Irregular é o ato que tem vício, mas que não traz prejuízo a ninguém e logo não há por que ser ele anulado – já que não há nulidade respaldada em um ato que não traz prejuízo –; logo, é um ato viciado, que deve ser tratado como se válido fosse. Exemplo: um ministro baixa uma portaria, sendo que deveria ser baixada naquele momento uma resolução.

3.7.3.2. Ato convalidável

Há certos atos que são viciados, mas podem ser corrigidos; a correção é a *Convalidação.*[15] Weida Zancaner, sustenta que a "convalidação é um ato exarado pela Administração Pública, que se refere expressamente ao ato de convalidar para suprir seus defeitos e resguardar os efeitos por ele produzidos" (1996, p. 100).

A autora ainda conclui em sua monografia sobre o tema que "a convalidação se propõe obrigatória quando o ato comportá-la" (1996, p. 101), obrigação que decorrente do princípio da legalidade e da segurança jurídica. Todavia, adverte que há barreiras à convalidação: "são barreiras à convalidação a impugnação do interessado, quer expressamente, quer por resistência, e o decurso do tempo" (1996, p. 101). Este último, inclusive, pode gerar uma estabilidade do ato, o que prejudica a convalidação; se já atingiu o prazo prescricional e não se pode anular o ato, com muito mais razão não se poderá convalidá-lo. Já a impugnação do interessado pode ocorrer pela via administrativa ou pela via judicial, neste último caso, ele não pode ser convalidado, devendo aguardar a decisão.

Os meios de convalidação são: a) a ratificação (refazimento do ato); b) a confirmação (concordância com os efeitos já produzidos e aceitação do ato) e c) o saneamento.[16]

A convalidação pode ocorre de três formas: pela própria autoridade que praticou o ato administrativo; por uma autoridade superior a que praticou o ato administrativo; e realizada por um terceiro.[17]

É necessário observar que, para os autores que entendem existir somente atos nulos, a convalidação nunca irá aparecer para sanar alguma irregularidade, já que, ainda segundo os ensinamentos de Weida Zancaner, a convalidação seria possível sobre atos portadores dos seguintes vícios:

> a) competência; b) formalidade; c) procedimento, nas seguintes hipótese: c.1) quando consistente na falta de ato ou atos da Administração, desde que sua

---

[15] O secretário municipal demite o funcionário, ele não tinha competência para tal, mas o prefeito, achando justa a demissão, convalida a decisão do secretário, este é ato anulável.

[16] Weida Zancaner destaca que o saneamento ocorre nas seguintes hipóteses: "a) a prática, pelo particular afetado, de ato que era condição de validade do procedimento administrativo e que dantes fora omitido, desde que o interessado o faça com a manifesta intenção de fazê-lo retroagir; b) o decurso do tempo". A autora coloca como prazo prescricional, pelo decurso do tempo, cinco anos, adotando por analogia os prazos previstos na Lei nº 4.717/1965 e no Decreto nº 20.910/1932 (Zancaner, 1996, p. 102).

[17] Exemplo: funcionário é exonerado "a pedido", mas ele não tinha pedido, após ser comunicado, fica aborrecido ele diz "agora eu quero a exoneração".

> prática posterior não lhe retire a finalidade; c.2) quando consistente na falta de ato do particular, desde que este o pratique com a expressa intenção de fazê-lo retroagir (1996, p. 101).

Destarte, para os autores que seguem a corrente propugnada por Hely Lopes Meirelles (1997, p. 184), esses atos seriam nulos, já que dotados de algum vício.

A autora ainda coloca que os atos que não possam ser reproduzidos validamente, dado o grau de seu vício, não podem ser convalidados. Entendendo que os vícios referentes a motivo, conteúdo, causa, finalidade e procedimento – neste caso apenas quando o ato desvirtua da finalidade que não fora razão da sua vinda ao mundo. Todavia, admite a autora que, apesar da não possibilidade de convalidação, eles são prescritíveis e, portanto, sanáveis com o decurso do tempo, considerando o prazo prescricional para eles de vinte anos.

3.7.3.3. Ato conversível

A conversão é o ato administrativo que, com efeitos retroativos, transforma um ato viciado em outro de diferente tipologia, de modo que passe a ser considerado válido desde a sua origem. Exemplo: concessão de uso dada sem autorização legislativa; assim, para corrigir o vício, converte-se a concessão em permissão, porque esta não exige autorização legislativa.

Capítulo 4
Serviço Público e suas Formas de Prestação

4.1. NOÇÕES GERAIS E SIGNIFICADO

Dentro do Direito Administrativo, a prestação do serviço público enquadra-se como função administrativa do Estado.

É permitido dizer que determinadas atividades econômicas, de caráter não exclusivamente público, são declaradas por lei, como "serviço público". Isso ocorre devido à necessidade de se imporem as características do serviço público a estas atividades. Tais características – de regularidade, continuidade, eficiência, segurança, atualidade, generalidade, cortesia na sua prestação e modicidade nas suas tarifas – são as necessárias para a prestação de um serviço adequado, como deve ser todo serviço público.

Na verdade, o Estado determina que estas atividades sejam serviços públicos por vários motivos, mas principalmente por configurarem uma necessidade imprescindível do conjunto social e por estarem sendo desenvolvidas em condições monopólicas (Cicero, 1996, p. 19).

Dinorá Adelaide Musetti Grotti (2003, p. 88) seleciona um rol de razões, apontadas pela doutrina, pelas quais se promove a instituição de algumas atividades como de serviço público. Seriam elas:

1) retirar da especulação privada setores delicados;
2) propiciar o benefício do serviço aos menos favorecidos;
3) suprir carência da iniciativa privada;
4) favorecer o progresso técnico;
5) ordenar o aproveitamento de recursos finitos (como os hidroelétricos);
6) controlar a utilização de materiais potencialmente perigosos (como os nucleares);
7) favorecer o rápido desenvolvimento nacional;
8) realizar a justiça social;

9) manter a unidade do país e assim por diante;

10) realizar certos valores fundamentais assumidos pela Nação;

11) ser indispensável à consecução da coesão social.

Nessa perspectiva é que podemos concluir que é intrínseca à grande maioria dos serviços públicos uma função socioeconômica, uma vez que, quando não encontram sua razão social, acabam por se estabelecer dentro de um fundamento econômico.

Gaspar Ariño Ortiz, para chegar a um conceito de *serviço público* amplo e que sirva ao Direito Administrativo e também ao Direito Administrativo econômico, faz duas demarcações. A primeira: ele o contrapõe com a *função pública*. E na segunda, com a *gestão econômica*. Concluindo o autor que

> serviço público é aquela atividade própria do Estado ou de outra Administração Pública, de prestação positiva, com a qual, mediante um procedimento de direito público, se assegura a execução regular e contínua, por organização pública ou por delegação, de um serviço técnico indispensável para a vida social (2001, p. 499-503).

Desde que passou a ser utilizada pela doutrina, no início do século passado, a expressão *serviço público* tem sofrido alterações no seu significado. Estudiosos da ciência jurídica e de outras ciências a têm utilizado em sentidos que variam do mais amplo ao mais estrito.

Odete Medauar sustentando a autonomia do Direito Administrativo evoca o serviço público como um de seus argumentos, segundo a autora o

> *Serviço Público* é tema clássico do Direito Administrativo, que não encontra paralelo no Direito Privado e tem sido indicado, dentre outros, como prova de não dependência do Direito Administrativo ao Direito Privado (1992, p. 100).

Estas considerações primeiras se fazem necessárias na medida em que nos dispomos a resgatar, para a ciência do Direito, um significado jurídico, posto que este é o enfoque que norteia toda a obra.

Já se sustentou que serviço público é o próprio Estado. No início do século XX, o grande administrativista francês Léon Duguit assegurava que o Estado é uma cooperação de serviços públicos, organizados e controlados pelos governantes.

Sua definição de serviço público era:

> Toda atividade cuja realização deve ser assegurada, regulada e controlada pelos governantes, porque a consecução dessa atividade é indispensável à concretização e ao desenvolvimento da interdependência social, e é de tal

> natureza que só pode ser realizada completamente pela intervenção da força governante (1923, p. 61).

Assim, os Poderes Públicos seriam limitados às atividades de serviço público e os atos só seriam válidos quando objetivassem a prestação desse serviço, que é fundamento e limite do Poder estatal. Veja-se que o conceito desloca o fundamento do Estado da *soberania* para a *cooperação de serviços públicos*.

Desse modo, o conceito de serviço público na doutrina de Duguit também lhe dá um significado bastante amplo. A expressão abrangeria todas as atribuições do Poder Público, compreendidas a administrativa, legislativa ou judicial. Portanto, não haveria potestade dissociada do serviço público. Pela doutrina de Duguit, *serviço público* é a única atividade do Estado.

Outro clássico do Direito Administrativo, Gaston Jèze asseverava que a Administração Pública tem por objetivo a satisfação de interesse geral:

> Dizer que, em determinada hipótese, existe serviço público, equivale a afirmar que os agentes públicos, para darem satisfação regular e contínua a certa categoria de necessidades de interesse geral, podem aplicar os procedimentos de direito público, quer dizer, um regime jurídico especial (1948, t. II, p. 4).

"Regime especial" significa, aqui, aquele que é diverso do Direito Civil, porque toda relação de Direito Público implica a idéia de desigualdade das partes na relação jurídica, como prevalência do interesse público sobre o interesse privado.

Serviço público, para Jèze, é o conjunto de comportamentos que objetiva a satisfação do interesse geral.

Na doutrina de Jèze, serviço público é a primordial atividade do Estado, embora não a única.

Comparando-se Duguit e Jèze, verifica-se que, para este último, serviço público tem um sentido mais restrito. Corresponde à estrutura do Estado somente a parte que compreende o exercício das atividades materiais para satisfação das necessidades públicas.

Na escola do serviço público, atribuída a estes autores, confunde-se a *função pública*, como desempenho de atividades públicas, com os *serviços públicos*, que é a prestação oferecida. Daí por que, embora tenha tido grande importância por haver destacado o Direito Administrativo como Direito Público, as conclusões desta escola não correspondem ao que hoje se pode entender como serviço público. Principalmente pelo fato de que não leva em consideração a gestão privada dos serviços públicos, cada vez mais em voga.

A idéia de serviço público nos moldes preconizados por Duguit e Jèze foi válida para uma época em que só o Estado prestava serviços de interesse geral da sociedade, sendo portanto mais clara a distinção entre serviços públicos e atividades privadas: bastava verificar-se quem era o prestador, para desde logo se saber sua natureza,se pública ou privada. O critério era subjetivo e relevante o sujeito ativo.

Maurice Hauriou não considerava tão importante a escola do serviço público, porque via nela uma contradição: embora haja afirmado que o serviço público se contrapõe à idéia de potestade pública, ela o confirma a cada momento em que ele opera: "O procedimento de direito público, primeiro elemento do serviço público, restabelecia pois a potestade pública" (1927, p. IX).

Hauriou se destacou no questionamento do serviço público à luz das idéias do Estado liberal: se a atividade administrativa se diferencia das relações entre particulares pelo critério da existência e atuação dos serviços públicos segundo regras derrogatórias de direito comum, na França os litígios envolvendo tais serviços– entenda-se envolvendo o Estado – estariam imunes ao exame pelo Poder Judiciário comum. Desde o clássico caso "Blanco",[1] de 1873 (anterior, portanto, aos escritos de Hauriou), havia o entendimento de que o critério para definir a competência dos tribunais administrativos era a presença da execução de um serviço público.

Estabelecer o que era serviço público não significava divagação estéril: estabelecia limites entre o que poderia e o que não poderia ser objeto de questionamento judicial.

Outro importante autor francês, Jean Rivero, discorda da exclusividade do Direito Administrativo para explicar todas as peculiaridades desse ramo do Direito tão-somente pelas necessidades da prestação de serviços pelo Estado, *verbis*:

> A escola do serviço público acreditou poder explicar todas as peculiaridades do direito administrativo pelas necessidades do serviço público; no entanto cometeu o erro de não prestar suficiente atenção à exceção que acompanhava o princípio, quer dizer, a gestão privada dos serviços públicos, atribuindo assim ao princípio um alcance mais lato do que a jurisprudência lhe dava (1982, p. 192).

Com base nesses autores, podemos afirmar que serviço público não tem um significado tão amplo, a ponto de poder significar ao mesmo tempo órgãos, agentes e serviços prestados, nem de substituir a potestade pública. Inversa-

[1] Julgado: TC, 8 frévier 1873, Blanco, R., 1er. Supplément 61, concl. Edmond-Marie DAVID.

mente, nos dias que correm, podemos afirmar que não tem significado tão restrito que signifique apenas os serviços que sejam prestados diretamente pela Administração.

Afirmamos que o sentido não pode ser tão amplo, porque existem institutos e princípios de Direito Administrativo que não correspondem à prestação de serviços de interesse dos particulares: o poder de polícia, o poder discricionário, os bens públicos etc. Do mesmo modo, não correspondem à idéia de serviço público aquelas funções legislativas e judiciárias.

Segundo Renato Alessi (1974, p. 226), conforme já fora visto no capítulo I, a função pública, inclusive a função administrativa, é exercida com vista ao atendimento do *interesse coletivo primário* (da coletividade), que se situa acima do *interesse público secundário* (da máquina administrativa) e também acima do *interesse privado*, igualmente secundário.

Percebe-se, pois, que uma única expressão – serviço público – não pode servir para poderes e atividades tão díspares como as que acabamos de apontar. Abarcar todas essas atividades sob uma única denominação é o mesmo que privá-la de um sentido que atenda um anseio de sistematização jurídica: significar quase tudo é praticamente o mesmo que significar quase nada.

Se na primeira metade do século XX já se questionava sobre serviço público pelo critério subjetivo (sujeito ativo da relação jurídica), na segunda, a evolução das condições econômicas levou a novas indagações. De um lado, o Estado passou a criar entidades, com características de Direito Privado, para realizar serviços empresariais; de outro, passou a transferir a prestação de serviços – que tradicionalmente prestava – a entidades de fora da Administração Direta.

A menção a esses importantes autores franceses visa, tão-somente, a fixar as origens da expressão "serviço publico". É preciso que estejamos alerta para o risco de buscarmos na doutrina estrangeira o conceito dos institutos jurídicos. Determinado conceito pode mostrar a realidade jurídica do país (e tempo) de quem escreve e não espelhar a realidade do Direito brasileiro. Assim como não se pode extrair da doutrina ou da prática do dia-a-dia um conceito universal de "serviço público". Mais adequado seria, como fazemos agora, discorrer sobre "serviço público no Direito brasileiro".

A partir do incremento da produção doutrinária brasileira, podemos tentar circunscrever o tema ao Direito Pátrio de ontem e de hoje.

A doutrina brasileira de Direito Administrativo se desenvolveu mais a partir da segunda metade do século XX, sob inspiração das letras francesas e no pleno vigor da doutrina liberal. Como veremos mais adiante, os doutrinadores brasileiros não acataram o conceito amplo de Duguit e Jèze e também não entenderam suficientes as explicações de Hauriou e Rivero. À luz da história política, jurídica e administrativa do Brasil, nossa doutrina aprofunda a questão e aponta as dificuldades.

De um lado, a contaminação dos sentidos jurídicos por "verdades" introduzidas pelos cultores de ciências não jurídicas e de outro pela tendência ao desapego de parte da doutrina pelo rigor das coisas do Direito, em vez de esclarecer e delimitar o campo dos conceitos – que produzem efeito concreto e imediato nas relações administração-administrados – servem para aprofundar, sem proveito, as dificuldades na interpretação do Direito Positivo.

Pioneiro no trato do tema dos serviços públicos e sua regulamentação, Bilac Pinto (2002), que embora utilizasse serviço público e serviço de utilidade pública como sinônimos,[2] já em 1941 se preocupava com a atuação do Estado na ordem econômica e tecia argutas considerações sobre o serviço público e sua regulação. O sentido que Bilac Pinto dá a serviço de utilidade pública (e serviço público) é sempre o que defendemos aqui: execução material, pelo Estado, de serviços de interesse da coletividade.

Diogo de Figueiredo Moreira Neto procura estabelecer uma diferença entre serviços públicos e serviços de utilidade pública: "As autarquias podem prestar serviços públicos essenciais (atividades próprias) ou não; as delegatárias só poderão prestar serviços de utilidade pública (atividades impróprias)" (1999, p. 329).

A classificação, como se vê, parte de um conceito mais antigo e mais amplo de serviço público, ainda que para dividi-lo em duas categorias (próprios e impróprios). Como temos afirmado desde o princípio, em que pese o respeito que nutrimos pelo ilustre administrativista pátrio, temos para nós que os chamados serviços de utilidade pública, ou *atividades impróprias*, simplesmente não são serviços públicos.

José Cretella Junior procura tomar a idéia de serviço público em dois sentidos: o sentido formal (ou orgânico) e o sentido material (ou substancial). A conceituação formal se refere à rede de órgãos e pessoas que presta os serviços. A material ou substancial é aquela que se refere à própria natureza da atividade: "considerada desvinculada da organização pela qual se exerce tal atividade.

---

[2] Diferentemente de Caio Tácito, que reserva serviço público para as atividades de interesse coletivo, titularizadas pelo Poder Público, e serviço de utilidade públicapara as atividades privadas sujeitas a autorizações administrativas funcionais (Tácito, 1997, p. 1232).

Sob este aspecto, serviço público é a atividade que tende a satisfazer uma necessidade de interesse gera"(1989, p. 209).

Tomada ao pé da letra, não se pode negar que a Constituição Federal admite o entendimento de que há um conceito orgânico, significando aparato administrativo do Estado, como se verifica dos arts. 37, XIII,[3] 39, § 7º;[4] 40, III[5] e § 16;[6] 136 § 1º,[7] II; 198[8] e ADCT, arts. 19[9] e 53.[10]

Todavia, estes dispositivos têm um significado tão abrangente que não servem para especificar os serviços públicos, valendo mais para caracterizar toda a Administração Pública profissional. Não pretendemos, aqui, tomar serviço público como sinônimo de Administração Pública.

Para desenvolvimento das nossas idéias, estamos descartando esse sentido formal. Ficamos com o outro: serviço público, no Brasil, é a atividade para satisfação de uma necessidade de interesse geral ou coletiva, prestada pelo Estado ou por seus delegados, nos limites da Constituição e das leis.

Demonstraremos mais adiante que a expressão serviço público não significa Estado, órgão, entidade ou agente. Significa, sim, prestação material, concreta, endereçada a um número indeterminado de pessoas administradas e de interesse dessas mesmas pessoas. E, ainda assim, nem todas as prestações

[3] "é vedada a vinculação ou equiparação de quaisquer espécies remuneratórias para o efeito de remuneração de pessoal do serviço público".

[4] "Lei da União, dos Estados, do Distrito Federal e dos Municípios disciplinará a aplicação de recursos orçamentários provenientes da economia com despesas correntes de cada órgão, autarquia ou fundação, para aplicação no desenvolvimento de programas de qualidade e produtividade, treinamento e desenvolvimento, modernização, reaparelhamento e racionalização do serviço público, inclusive sob a forma de adicional ou prêmio de produtividade."

[5] "[serão aposentados...] voluntariamente, desde que cumprido tempo mínimo de 10 (dez) anos de efetivo exercício no serviço público e 5 (cinco) anos no cargo efetivo em que se dará a aposentadoria..."

[6] "Somente mediante sua prévia e expressa opção, o disposto nos §§ 14 e 15 poderá ser aplicado ao servidor que tiver ingressado no serviço público até a data da publicação do ano de instituição do correspondente regime de previdência complementar."

[7] "...ocupação e uso de bens e serviços públicos, na hipótese de calamidade pública, respondendo a União pelos danos e custos decorrentes".

[8] "As ações e serviços públicos de saúde integram uma rede regionalizada e hierarquizada e constituem um sistema único, organizado de acordo com as seguintes diretrizes..."

[9] "Os servidores públicos civis da União, dos Estados, do Distrito Federal e dos Municípios, da administração direta, autárquica e das fundações públicas, em exercício na data da promulgação da Constituição, há pelo menos cinco anos continuados, e que não tenham sido admitidos na forma regulada no art. 37, da Constituição, são considerados estáveis no serviço público."

[10] "[Ao ex-combatente (...) serão assegurados os seguintes direitos] I – aproveitamento no serviço público, sem exigência de concurso, com estabilidade."

materiais – como muitas vezes parece aos leigos – mas apenas aquelas cujas características, regime jurídico e posição constitucional as identificam como tais.

A Constituição brasileira estabelece quais são as atividades de natureza pública, nos arts. 21, XIV (polícia civil, polícia militar, corpo de bombeiros e assistência financeira do Distrito Federal); 30, V (transporte coletivo); 139, VI (intervenção nas empresas de serviços públicos), 145, II (instituição de taxas pela utilização, efetiva ou potencial, de serviços públicos específicos e divisíveis); 175 (concessão ou permissão, sempre através de licitação, da prestação de serviços públicos); 202, § 5º (relações do Estado com entidades de previdência privada); 241 (gestão associada de serviços públicos) e ADCT, art. 66 (telecomunicações).

Como adiantávamos, nem toda prestação material e concreta pode ser identificada como serviço público. Não bastasse a expressão "serviço de utilidade pública" explorada por parte da doutrina, a própria Constituição brasileira atual inaugurou uma outra (art. 197): atividades de *relevância pública*, para ressalvar que as ações e serviços de saúde são *livres à iniciativa privada*[11] (art. 199, *caput*). Nas palavras dos juristas, encontramos a delimitação.

Para Odete Medauar,

> A expressão serviço público às vezes vem impregnada de um sentido muito amplo, para abranger toda e qualquer atividade realizada pela Administração pública, desde a carimbada num requerimento até o transporte coletivo. (...) Serviço público, como um capítulo do direito administrativo diz respeito à atividade realizada no âmbito das atribuições da Administração, inserida no Executivo. E refere-se a atividade prestacional, em que o poder propicia algo necessário à vida coletiva (2002, p. 202).

[11] Os serviços de saúde não foram excluídos da esfera de livre atuação privada. Mas também não foram excluídos da atuação pública, já que saúde é um direito fundamental sujeito à atuação, inclusive, do Ministério Público (CF, art. 129, II). Podemos sustentar que tais serviços, quando prestados pelo Poder Público como encargo, estará sujeito ao regime jurídico de Direito Público, porque é esse o regime normal da atuação do Estado. Assim, o serviço de saúde será público quando prestado pelo Estado. Contra essa conceituação, escreveu Juan Carlos Cassagne, *La Intervencíon Administrativa*, 2ª ed. Buenos Aires: Abeledo-Perrot, 1994, p. 40: "Los servicios públicos propios se distinguem también de losllamados servicios sociales que presta el Estado en áreas tales como la cultura, as salud pública, previsión social, cuya gestión suele encomendarse a órganos y entes administrativos, sin perseguirse fines de lucro. Esta actuación estatal, para la realización de prestaciones que no poseen contenido económico, no implica reemplazar ni sustituir la iniciativa privada, sin perjuicio de lo cual – cuando la actividad la lleva a cabo el estado – se aplican los principios y normas proprios de la función adminstrativa."

Diogo de Figueiredo Moreira Neto procura delimitar como serviço público:

> certas atividades administrativas, de características próprias, prestadas para atender a determinadas necessidades da sociedade. Desde logo, como decorrência, estão excluídas as atividades legiferante e judicante; por outro lado, relativamente às administrativas, já distinguimos (...) cinco grupos: a atividade de Polícia, a prestação de Serviços Públicos, o Ordenamento Econômico, o Ordenamento Social e a atividade de Fomento Público (1999, p. 323-24).

Conceituando posteriormente como

> uma atividade da Administração que tem por fim assegurar, de modo permanente, contínuo e geral, a satisfação de necessidades essenciais ou secundárias da sociedade, assim por lei consideradas, e sob as condições impostas unilateralmente pela própria Administração.

Estas reflexões corroboram o que vimos afirmando: não é o serviço público toda e qualquer atividade exercida pela Administração: é apenas a atividade *prestacional*. O que exclui desde logo aquelas do Judiciário e do Legislativo e muitas outras do próprio Executivo, como as fiscalizatórias, normatizadoras, punitivas e de manutenção dos seus próprios serviços internos e respectiva estrutura. Todas essas são atividades-meio e não têm relação direta com as necessidades dos administrados.

Então, não somente serviço público se refere a prestações colocadas à disposição dos administrados, como também não se refere às atividades que o Estado pratica sem relação direta com essas prestações.

Estamos convencidos de que o substantivo de significado unívoco – serviço – não admite outro significado que não *atividade*. Se é atividade, não pode ser, ao mesmo tempo agente ou ator, individual ou coletivamente. A ele se acrescenta "público", que implica a atuação concreta do Estado, ainda que indiretamente, sobre o serviço prestado. E sob regime jurídico de *Direito Público*.

A evolução na prestação de serviços – que vêm sendo gradativamente transferidos à esfera privada – poderia levar à impressão de que não existem mais serviços públicos, ou de que sua única característica especial seria a de sua prestação pelo Estado.

Essa impressão é equivocada: o art. 175 da Constituição brasileira atribuiu o serviço público ao Poder Público, diretamente ou sob concessão ou permissão. Foi uma opção política, na medida em que se entendeu que certos serviços não podem ficar submetidos às regras do livre jogo de mercado.

A propósito, já em 1941 escreveu Bilac Pinto:

> Se o Estado permanecesse indiferente à vida social e econômica da Nação, permitindo a livre atuação da lei da oferta e da procura, na fixação dos preços; a liberdade contratual para que os patrões convencionassem livremente com os seus assalariados, e que, nas mãos daqueles, ficasse a munificência de conceder férias, descanso semanal, limitações de horas de trabalho, estabilidade, assistência médica, pecúlios de previdência e se, finalmente, os pleitos decorrentes das relações de trabalho se resolvessem no complexo e oneroso mecanismo da justiça ordinária, o que se alcançaria não seria certamente a liberdade, de que falavam os pensadores políticos do século XIX, mas uma situação de opressão irresistível, do capital sob o trabalho, das organizações patronais e capitalistas sobre as massas trabalhadoras; de pequenos grupos dominantes sobre as imensas classes dominadas (2002, p. 13)

A Constituição de 1988 deixa claro que a opção política do Estado brasileiro é de Estado de "bem-estar social". Desprendendo-se, nesse momento, da concepção de estado *liberal*, migra o Estado da postura de guardião da ordem pública para a de prestador e realizador do bem-estar do cidadão.

A decisão política é de que o cidadão não pode depender apenas do mercado para prover suas necessidades. Assim, a própria Constituição atribui à Administração a obrigação de desempenhar certas tarefas "atinentes a interesses integrados em sua esfera de ação própria" (Bandeira de Mello, 1999, p. 479), retira do comércio e da iniciativa particular e traz para si como uma competência, um *dever-poder*:

> Tendo em vista este caráter de assujeitamento do poder a uma finalidade instituída no interesse de todos – e não da pessoa exercente do poder –, as prerrogativas da Administração não devem ser vistas ou denominadas como "poderes" ou como "deveres-poderes". Antes se qualificam melhor se designam como "deveres- poderes", pois nisto se ressalta sua índole própria e se atrai atenção para o aspecto subordinado do poder em relação ao dever, sobressaindo, então, o aspecto finalístico que as informa, do que decorrerão suas inerentes limitações (1999, p. 32).

A partir de 1990, entretanto, seguindo a tendência pregada pelo Consenso de Washington,[12] passou a ficar evidente a ressurreição do liberalismo, já re-

[12] Em 1989, integrantes do Instituto de Economia Internacional de Washington, do Banco Mundial, do Banco Internacional de Desenvolvimento Econômico e do Fundo Monetário Internacional, representantes dos EUA, dos países da América Latina, Central e Caribe estavam presentes. Essa reunião teve o objetivo de discutir a economia do continente, que resultou em dez pontos: 1) ajuste fiscal; 2) redefinição do papel do Estado e menor intervenção na economia; 3) privatização; 4) abertura comercial; 5) fim das restrições ao capital externo; 6) abertura financeira; 7) desregulamentação; 8) reestruturação do sistema previdenciário; 9) investimentos em infra-estrutura; 10) fiscalização dos gastos públicos e fim das obras faraônicas" (Angeli, 1997, p. 50-68).

batizado de neoliberalismo, com o Estado abdicando de atribuições estatais e as entregando a particulares. Para os seus cultores, deixou de fazer sentido a distinção entre serviços próprios do Estado e serviços próprios dos particulares.

Sustentamos, todavia, que a natureza do serviço público – como expressa na Constituição – ainda não desapareceu.[13] O resultado do abandono do significado *jurídico* engendra inúmeras atitudes governamentais que pretendem suprimir o regime de Direito Público desses serviços e são questionáveis como violações do texto constitucional.

Até hoje, apesar de sucessivas emendas, não há dúvida de que são serviços públicos (art. 21, X, da Constituição) o serviço postal e o Correio Aéreo Nacional e mais: telecomunicações, radiodifusão sonora e de sons e imagens, serviços e instalações de energia elétrica, navegação aérea, aeroespacial, infra-estrutura aeroportuária, transporte ferroviário e aquaviário entre portos brasileiros e fronteiras nacionais,[14] ou que transponham os limites de Estado ou Território, transporte rodoviário interestadual e internacional de passageiros,[15] exploração de portos marítimos, fluviais e lacustres (art. 21, XII, *a* a *f*), seguridade social (art. 194) e educação (arts. 205 e 208). Em comum com a União, Estados, Distrito Federal e Municípios são atribuídos os de "cuidar da saúde e assistência pública, da proteção e garantias das pessoas portadores de deficiências" (art. 23, II), ou "proporcionar os meios de acesso à cultura, à educação e à ciência" (art. 23, V), "promover programas de construção de moradias e a melhoria das condições habitacionais e de saneamento básico" (art. 23, IX).

Dos serviços arrolados, nem todos são privativos do Estado, por ressalva da própria Constituição: serviços de assistência à saúde (art. 199) e de ensino (art. 209) são livres à iniciativa privada. No que se refere a esses tipos de

[13] "É, realmente o Estado, por meio do Poder Legislativo, que erige ou não em serviço público tal ou qual atividade, desde que respeite os limites constitucionais. Afora os serviços públicos mencionados na Carta Constitucional, outros podem ser assim qualificados, contanto que não sejam ultrapassadas as fronteiras constituídas pelas normas relativas à ordem econômica, as quais são garantidoras da livre iniciativa. É que a exploração da atividade econômica, o desempenho dos 'serviços' pertinentes a essa esfera, assiste aos particulares e não ao Estado. Este apenas em caráter excepcional poderá desempenhar-se empresarialmente nesta órbita" (Bandeira de Mello, *op. cit.*, p. 487).

[14] Os que não forem entre portos ou fronteiras nacionais, mas transponham Municípios serão estaduais e os que se realizem apenas dentro do próprio Município serão municipais.

[15] O transporte coletivo rodoviário intermunicipal de passageiros é serviço público estadual e o prestado dentro de cada Município é municipal (Constituição, art. 30, V).

serviço, resulta que o regime será de Direito Público quando prestado pelo Estado e de Direito Privado quando os particulares os prestarem.

O rol de serviços públicos não é exaustivo. O Estado pode, por meio do Poder Legislativo e desde que respeite os limites constitucionais, qualificar outros serviços como públicos. A ordem econômica garantidora da livre-iniciativa é fronteira que não pode ser ultrapassada. Em resumo, o serviço público é reservado ao Estado (ou seus delegados) e a atividade econômica livre aos particulares.

O art. 173 da Constituição estabelece claramente o que pertence ao campo das atividades próprias dos particulares em que o Poder Público só pode intervir em casos específicos. E o art. 175 define que cabe ao Poder Público a prestação das atividades que são serviços públicos.

Esclarecido, pois, que, mesmo que a prestação de serviços públicos seja, no Brasil, "transferida" à esfera privada, ainda caberá ao Estado regulamentar, regular, fiscalizar (e retomar a atividade, quando necessário), para que sejam atendidas as regras constitucionais. Mais do que isso: nos casos expressos na Constituição, o Estado mantém a titularidade do serviço.

4.2. CONCEITO DE SERVIÇO PÚBLICO

Como já vínhamos levantando no tópico anterior, conceituar serviço público não tem sido tarefa das mais fáceis. Além de não existir um conceito universal, quanto mais sintética a noção esboçada pela doutrina, mais ampla se torna a possibilidade de uma interpretação elástica do próprio conceito, de modo a servir para acomodar uma gama infinita de serviços.

Reiteramos, portanto, que não nos filiamos à linguagem leiga, "que costuma designar como 'serviço' tudo aquilo que o Estado faz ou, pelo menos, toda atividade administrativa por ele desempenhada" (Bandeira de Mello, 1999, p. 481), como se "serviço" fosse sinônimo de serviço público.

A Lei nº 8.666, de 1993, admite que obras e serviços (para a Administração Pública) sejam prestados por execução direta ou indireta. O art. 6º, inciso II, desta lei define serviço como

> *toda atividade destinada a obter determinada utilidade de interesse para a Administração, tais como: demolição, conserto, instalação, montagem, operação, conservação, reparação, adaptação, manutenção, transporte, locação de bens, publicidade, seguro ou trabalhos técnico-profissionais.*

São serviços, mas não são serviços públicos.

Embora muito se tenha escrito a respeito do tema[16] – e talvez por isso mesmo –, dados os limites deste trabalho, vamos tratá-lo resumidamente.

Celso Antonio Bandeira de Mello conceitua:

> Serviço público é toda atividade de oferecimento de utilidade ou comodidade material fruível diretamente pelos administrados, prestado pelo Estado ou por quem lhe faça as vezes, sob regime de direito público – portanto, consagrador de prerrogativas e de restrições especiais – instituído pelo Estado, em favor dos interesses que houver definido como próprios no sistema normativo (1999, p. 477).

Alguns elementos salientados pelo autor demonstram a possibilidade de virem as conveniências do momento ensejar maior ou menor amplitude. Preocupa-se ele, com razão, em afirmar que é *toda atividade material de oferecimento* (...) mas sempre *prestada pelo Estado ou quem lhe faça as vezes.*

Ruy Cirne Lima conceitua:

> O serviço existencial à Sociedade ou, pelo menos, assim havido num momento dado, que, por isso mesmo, tem que ser prestado aos componentes daquela, direta ou indiretamente, pelo Estado ou outra pessoa administrativa (1982, p. 82).

A ressalva é importante: sendo prestada pelo *Estado* (ainda que também por terceiros especialmente habilitados e fiscalizados), o regime jurídico há de ser *de Direito Público.*

Quando ficamos no campo estritamente jurídico – que é onde pretendemos ficar – sem nos submetermos às especulações de outras ciências, praticamente encontramos unanimidade na doutrina, da mais antiga à mais moderna, sobre vários aspectos que demonstram a natureza própria e inconfundível do serviço público. Por mais que isso incomode tais especuladores, que sonham – às vezes conseguem – transformar o produto da sua imaginação ou de traduções malfeitas em normas jurídicas de duvidosa ou nenhuma constitucionalidade.

Segundo Odete Medauar,

> saber quando e por que uma atividade é considerada serviço público remete ao plano da concepção política dominante, ao plano da concepção sobre o Estado e seu papel. É o plano da escolha política, que pode estar fixada na Constituição do país, na lei ou na tradição. (...) Finalidades diversas levam a considerar certa atividade como serviço público, dentre as quais: retirar da especulação privada setores delicados; propiciar o benefício do serviço aos menos favorecidos; suprir carência da iniciativa privada; favorecer o progresso

[16] Por exemplo: Bandeira de Mello, 1968, p. 130-176; Tácito, 1997, p. 637-42; Dallari, 1996, p. 112-17; Di Pietro, Atlas, 1997; Medauar, 1992; Rodrigues, 1981, p. 130-46, entre outros.

> técnico. Em essência, serviço público significa prestações: são atividades que propiciam diretamente benefícios e bens, aos administrados, não se incluindo aí as de preparação de infra-estruturas (arquivo, arrecadação de tributos, por ex.). Abrange prestações específicas para determinados indivíduos, p. ex. água, telefone e prestações genéricas, p. ex. iluminação pública, limpeza de ruas. No momento que a atividade de prestação recebe a qualificação de serviço público, conseqüências advêm, em especial quanto ao regime jurídico, mesmo que fornecida por particulares (2000, p. 383).

Entendemos que, justamente por ser a definição de serviço público sempre sujeita a variações conforme o tempo e lugar e, por outro lado, o regime jurídico ser o de Direito Público (portanto objeto de prerrogativas e privilégios diversos do Direito comum), só poderá haver segurança jurídica se cada um dos serviços for previamente definido como tal. Por meio, evidentemente, do único instrumento capaz de gerar essa definição, que é a lei. Melhor ainda: a própria Constituição, que é a Lei Maior.

Ao Estado, por intermédio de critérios jurídicos, técnicos e econômicos, cabe estabelecer que serviços serão considerados públicos e se esses serviços serão prestados diretamente pela estrutura estatal ou se por meio de terceiros. E a decisão, que se expressará pela norma, terá sempre fundamento político. De certo modo, é o que também afirma Maria Sylvia Zanella Di Pietro ao exprimir sua definição:

> toda atividade material que a lei atribui ao Estado para que a exerça diretamente ou por meio de seus delegados, com o objetivo de satisfazer concretamente às necessidades coletivas, sob o regime jurídico total ou parcialmente público (2002, p. 92).

Diogo de Figueiredo Moreira Neto apresenta dois conceitos: um "tradicional" e um "contemporâneo" de serviço público: pelo tradicional é:

> atividade da Administração Pública que tem por fim assegurar de modo permanente, contínuo e geral, a satisfação de necessidades essenciais ou secundárias da sociedade, assim consideradas, e sob as condições impostas unilateralmente pela própria Administração (2000, p. 126).

O conceito "contemporâneo", segundo o autor, que ressalva ser "transacional" e "provisório", é (são):

> as atividades pelas quais o Estado, direta ou indiretamente, promove ou assegura a satisfação de interesses públicos, assim por lei considerados, sob regime jurídico próprio a estas aplicável, ainda que não necessariamente de direito público.

Veja-se que a principal diferença apontada por Figueiredo Neto consiste no fato de que no modelo "tradicional" as condições seriam impostas pela Administração. No modelo "contemporâneo" a lei submete o serviço a regime jurídico *próprio*. Ora, fosse o regime jurídico o *comum* da atividade empresarial – livre jogo das forças de mercado –, não seria *próprio*. Enquanto o Estado for parte na atividade prestacional – diretamente em muitos casos –, não podemos aceitar que um regime *próprio* possa ser o de Direito Privado. A defesa subjacente do regime privado para o serviço público, feita por Figueiredo Neto, a nosso ver, não se sustenta, pelo mesmo motivo que acabamos de apontar: se é próprio, não é o comum.

Hely Lopes Meirelles sustentava ser o serviço público

> todo aquele prestado pela Administração ou por seus delegados, sob normas e controles estatais, para satisfazer necessidades essenciais ou secundárias da coletividade ou de simples conveniências do Estado. Fora dessa generalidade não se pode indicar as atividades que constituem serviço público, porque variam de acordo com a exigência de cada povo e de cada época. Nem se pode dizer que são as atividades coletivas que caracterizam os serviços públicos, porque ao lado destas existem outras, sabidamente dispensáveis pela comunidade, que são realizadas pelo Estado como serviço público (*et al.*, 2002, p. 316).

De todo modo, e sempre sob os parâmetros fixados por lei, ou a Administração presta os serviços diretamente ou os fiscaliza e controla quando prestados por terceiros, não perdendo a titularidade.

Enfatizamos a legalidade como fundamental às relações entre os usuários e os prestadores dos serviços públicos justamente pelo fato de estarem estas mesmas relações submetidas a regime jurídico especial, de Direito Público.

Embora a relação usuário-prestador se assemelhe muito àquelas de consumidor-fornecedor, o regime jurídico de Direito Público coloca o usuário em posição de inferioridade diante do prestador, justamente por causa das regras que já foram chamadas *derrogatórias de direito comum*.[17] Voltaremos ao assunto mais adiante.

[17] Discordamos desta expressão porque parte do pressuposto de que no nosso Direito o comum prevalece na generalidade das relações. O que, no Direito brasileiro atual não corresponde à verdade. No Direito brasileiro – em que o Estado em tudo interfere – existem mais regras e sub-ramos de Direito Público do que de Direito Privado.Por exemplo: são ramos de Direito Privado o Civil e o Comercial ("Empresarial", na linguagem do novo Código Civil). Afora o Direito do Trabalho, que está em zona cinzenta, todos os demais (Constitucional, Administrativo, Financeiro, Tributário, Processual, Penal, Internacional etc.) são Direito Público. Neste, existem, pelo menos potencialmente, regras de "prerrogativa" em favor do Estado.

Daí a razão por que, estando uma das partes em situação de superioridade e a outra simplesmente impossibilitada de questionar ou discutir as regras da prestação, hão de existir – e efetivamente existem – normas que asseguram um mínimo de estabilidade a essas cláusulas indiscutíveis.

Não só no Brasil, como em outras partes, reconhece-se que a noção de serviço público sofreu mutações, como podemos ver em alguns autores atuais, mas não perdeu a maioria das suas características originais, forjadas na história e influenciada por elementos econômicos e políticos.

Na doutrina estrangeira atual, por exemplo, Allan R. Brewer-Carias (2003)[18] assevera que:

> A noção de serviço público, apesar das sucessivas crises que tem na história do direito administrativo, continua sendo a chave para nossa disciplina. Creio, inclusive, que seu caráter escorregadio e multivalente não pode impedir que possamos definir o conceito como referido às atividades prestacionais que deve assumir o Estado, tendentes a satisfazer necessidades gerais ou coletiva, em cumprimento de uma obrigação constitucional ou legal e em relação às quais os particulares não têm direito de desenvolvê-las "livremente".
>
> (...) Em primeiro lugar, trata-se sempre de uma atividade, ou seja, de um conjunto de operações e tarefas a cargo de um sujeito de direito, consistente em dar ou fazer algo a favor dos outros, em suma, de prestar.
>
> (...) Em segundo, esta atividade prestacional corresponde cumpri-la obrigatoriamente o Estado, quer dizer, os entes públicos, por estar assim estabelecido na Constituição ou em uma Lei.
>
> (...) Em terceiro, tratando-se de uma atividade prestacional que corresponde a uma obrigação do Estado, os particulares, quer dizer, o público em geral, têm direito constitucional ou legal a receber a prestação.
>
> (...) Em quarto, desde que a atividade se configura como serviço público, e mesma resulta subtraída das que podem ser desenvolvidas livremente pelos particulares...

Quer dizer: a liberdade econômica, como direito de toda pessoa dedicar-se à atividade econômica de sua preferência, está limitada, constitucional ou legalmente, numa proporção inversa ao grau de assunção da atividade por parte do Estado.

[18] "El régimen constitucional de los servicios públicos em Venezuela", palestra apresentada no IV Congresso da Associação de Direito Público do Mercosul, Curitiba, Brasil, 22, 23 e 24 de maio de 2002. Disponível na internet em www.bidding.com.br. Acesso em 4 de janeiro de 2003 (nossa tradução livre).

Aqui e alhures, hoje não é possível admitir-se "serviço público por natureza": exige-se a determinação legal de um específico regime jurídico e de um campo material onde esse regime será aplicado.

A atividade deve corresponder ao desempenho de uma prestação administrativa. A titularidade deve ser do Estado, ressalvada a possibilidade de particulares atuarem como delegados do Poder Público. A atividade deve ser submetida ao regime jurídico de Direito Público e sujeita a princípios específicos.

Não se confunde com "serviços de utilidade pública", até porque não estão sujeitos a regime jurídico de Direito Público, exceto o fato de estarem sujeitos a autorizações administrativas.

Caio Tácito (1997, v. 2, p. 1237) denomina *serviços de utilidade pública* as atividades sujeitas a autorizações administrativas funcionais, distinguindo-os dos "serviços públicos", denominação reservada para as atividades privadas de interesse coletivo titularizadas pelo Poder Público.

Com efeito, as atividades dependentes de autorização não podem ser incluídas entre os serviços públicos. O equívoco do uso da expressão "autorização" quando se refere a serviços públicos, no texto constitucional, é patente: autorização se refere a atividades privadas que supõem, para o seu exercício, prévia concordância do Poder Público. O objeto da autorização é facultar ao particular a prática de ato de seu interesse, não reservado ao Poder Público.

A Constituição brasileira definiu como serviços públicos "alguns em todo e qualquer caso e outros deles apenas quando prestados pelo Estado" (Bandeira de Mello, 1999, p. 496). As opções normatizadas na Constituição produzem efeitos jurídicos importantes: os serviços reservados ao Estado são serviços públicos e podem ser objeto de permissão ou concessão. Já aqueles reservados aos particulares não podem, por não serem serviços públicos.

Os serviços correspondentes à exploração de atividade econômica são serviços privados. Mesmo que, eventualmente o Estado, em caráter supletivo, venha a participar deles, deverá fazê-lo sob o regime de Direito Privado.

Então, há serviços que são obrigatoriamente públicos (aqueles cuja prestação é reservada ao Estado), serviços que podem ser públicos (os que o Estado e também os particulares podem prestar) e serviços que não podem ser públicos (os reservados aos particulares) (Bandeira de Mello, 1999, p. 487).

A menção a serviços que são reservados aos particulares e àqueles que tanto podem ser prestados por particulares como pelo Poder Público serve para delimitar o conceito: são públicos[19] os serviços assim definidos pela Constituição, prestados pelo Estado ou por seus concessionários ou permissionários, sob regime jurídico de Direito Público. Os demais não são.

Resumindo a idéia, tomamos por empréstimo as palavras de Antônio Carlos Cintra do Amaral

> Páginas e páginas têm sido escritas na tentativa de identificar a "essência" ou a "natureza" do serviço público. Mera perda de tempo. O conceito de serviço público é um conceito jurídico-positivo. Serviço público é o que o ordenamento jurídico de um dado país diz que é. No Brasil. Serviço Público é o que o Direito brasileiro define como tal.

Dois exemplos podem ser apresentados da falta de critérios objetivos para estabelecer-se o que seja serviço público, no Brasil:

1) O serviço de gás canalizado é considerado pela Constituição como *serviço público* de titularidade dos Estados (§ 2º do art. 25 da Constituição), mas o fornecimento de gás liquefeito de petróleo é *atividade econômica*.
2) O Decreto-Lei nº 204/1967 qualifica as loterias como *serviço público*: "art. 1º – A exploração de loterias, derrogação excepcional das normas de direito penal, constitui serviço público exclusivo da União, não suscetível de concessão (...)"

Verifica-se, pois, que o critério de *essencialidade* também não influi na extração do conceito, mesmo porque o Poder Público tem o dever de prestar todos os serviços públicos, que são os definidos pelo ordenamento jurídico.

4.2.1. O "novo" serviço público

Como alertávamos de início, ciências não jurídicas vêm, aos poucos, contaminando os cultores do Direito.

A título de reconhecer, no Direito, as realidades econômicas (crise do Estado, como conseqüência de elevado gasto social, endividamento público, desordem nas economias, tensões inflacionárias), a partir de 1970 na Grã-Bretanha e a

---

[19] Cassagne (1993, p. 40) não considera essas "atividades sociais do Estado" como "serviço público": "Los servicios própios se distinguen también de los llamados servicios sociales que presta em Estado em áreas tales como la cultura, salud pública, previsión social, cuya gestión suele encomendarse a órganos u entes administrativos, sin perseguirse fines de lucro. Esta actuación estatal, para la realización de prestaciones que no poseen contenico económico, no implica reenplazar ni sustituir la iniciativa privada que, respecto de estas actividades, continúa regida por el principio de la libertad, sin perjuicio de lo cual – cuando la actividad la lleva a cabo el Estado – se aplincan los principios e normas propios de la función administrativa."

partir de 1980 na Europa em geral, intenta-se reformar o Estado para adequá-lo ao processo de privatização e desregulamentação.

A submissão dos conceitos jurídicos às regras (desenvolvidas pelos cultores de outras ciências) de que as prestações estatais são meros resíduos das empresariais "competitivas", implica que ao Estado restam reservados aqueles setores que não produzem lucros interessantes.

Gaspar Ariño Ortiz sustenta:

> Deve-se partir assinalando a essência da mudança no conceito e regime do serviço público: consiste na passagem de um sistema de titularidade pública sobre a atividade, concessões fechadas, direitos de exclusividade, obrigação de fornecimento, preços administrativamente fixados, temporariedade das concessões (com reversão/resgate em todos os casos) e regulação total da atividade, até o mais mínimo detalhe, para um sistema aberto, presidido pela liberdade de empresa, isto é, liberdade de iniciativa (com autorização prévia regulada), com determinadas obrigações ou encargos de serviço público (trata-se de um serviço de interesse geral, essencial para as pessoas), porém com liberdade de preços e modalidades de prestação, com liberdade de investimento e amortização e, em definitivo, em regime de concorrência aberta, como qualquer outra atividade comercial ou industrial, na qual deve lutar pelo cliente (não há mercados reservados nem clientes cativos). Por óbvio, neste segundo modelo não há reserva de titularidade em favor do Estado. (2001, p. 557-614)

A partir do enfoque da atividade empresarial, a prevalecer sobre os serviços prestados direta ou indiretamente pelo Estado, Gaspar Ariño Ortiz sustenta a existência de "um novo serviço público". E estabelece a seguinte comparação: é conveniente comparar o novo conceito e regime jurídico dos serviços ao público competitivos com o serviço público tradicional.

Se recordamos o conceito tradicional de serviço público (prestação ao público, de caráter essencial, reservada à titularidade estatal, em regime de monopólio – gestão direta ou indireta – e com procedimento de Direito Público), é patente que no novo conceito de serviço público se mantém a nota de prestações ao público de caráter essencial, e se elimina totalmente a nota da titularidade estatal sobre a atividade em regime de monopólio.

Portanto, o regime jurídico se vê transformado em igual medida:

1) Desaparecem plenamente as bases do regime jurídico que se referia à *publicatio* da atividade:
   - a exclusividade regulamentar;
   - a necessidade de concessão;
   - temporariedade da concessão;

- ausência de liberdade de empresa;
- monopólio, tarifação e responsabilidade estatal em todo o setor.

Trata-se de atividades livres, com livre entrada submetida a autorizações regulamentares.

2) Mantêm-se, apesar de adaptadas, as bases do regime jurídico que se refere a prestações ao público, de caráter essencial.
   - poderes de direção, vigilância e controle sobre o serviço a favor da Administração (porém já não são poderes internos, senão poderes externos);
   - continuidade e regularidade da prestação. Obrigação de fornecimento (mantém-se porém se reformula: em princípio o mercado garante o fornecimento e de forma subsidiaria se impõem obrigações de serviço público incluído o serviço universal a certos operadores). Regulamentação de Direito Público com encargos e privilégios.

Comparada com a experiência brasileira, a lição do administrativista espanhol merece algumas considerações.

Em primeiro lugar, funda-se o doutrinador no marco sociopolítico baseado na integração dos países da União Européia, ela mesma fundada em quatro liberdades: de comércio de produtos e mercadorias; de movimento de capitais; de trabalho e liberdade de estabelecimento de prestação de serviços, o que passou a exigir adaptação dos "grandes serviços públicos" às exigências da Comunidade Econômica européia (Ortiz, 2001, p. 559-60).

Em segundo, baseia-se na passagem de um sistema de titularidade pública sobre os serviços, inclusive nos casos de "concessões fechadas, direitos de exclusividade, obrigação de fornecimento, preços administrativamente fixados, possibilidade de reversão e regulação estatal" para um regime de "*competitividade aberta*" como qualquer atividade comercial ou industrial (Ortiz, 2001, p. 568).

Em resumo,

> Desta forma aparece uma nova qualificação jurídica das atividades que poderíamos denominar atividades neo-reguladas, com duas características. Primeiro, não são atividades de titularidade pública e sim privada. Segundo, se submetem à regulação, porém não à tradicional regulação econômica das atividades regulamentadas ou disciplinadas, e sim no novo sentido de regulação para competência, que bem merece uma denominação de atividade de novo cunho (Ortiz, 2001, p. 601-02).

Para o autor, existem dois tipos de relação na prestação de serviços por empresas privadas: um, o exigido pelo art. 35.5 da lei espanhola nº 13, de 18 de maio de 1995, que dispõe sobre o contrato entre a Administração e as empresas, que é de Direito Público. Outro, de Direito Privado, entre operadores e clientes.

É claro (como já vimos alertando) que não passou pelas suas cogitações um sistema igual ou parecido com o brasileiro, em que os serviços públicos são definidos pela Constituição e não se confundem, hoje, com *serviços de utilidade pública*.

Para a doutrina e história brasileiras, serviço público é uma espécie de serviço que nunca se confundiu com "serviços ao público" como quer o autor.[20] Por exemplo, as "bancas de jornais" existem no Brasil há mais de cem anos e nunca foram consideradas serviço público. Os serviços públicos brasileiros foram e são definidos pela Constituição e pelas leis e deixam de sê-lo por via legislativa e não por natureza.

Em resumo, no Brasil, serviço público é a atividade de prestação de serviços de interesse coletivo, assim definidos na Constituição ou em lei, pelo Estado ou seus delegados, sob regime jurídico de Direito Público. Não se incluem, evidentemente, no conceito, as atividades que o Estado presta em caráter empresarial, pois estas últimas são sujeitas a regime de Direito Privado (Bazilli, 1994, p. 18).

À evidência, o "novo conceito de serviço público" já tem defensores no Brasil. Esse "novo conceito", entretanto, não é novo: é velho. A idéia básica consiste em retomar o campo amplo dos serviços de utilidade pública (de 1950) e rebatizá-lo de serviço público. Essa metamorfose também implicaria aceitar a ponderação de Ariño Ortiz de que não há mais de se falar serviços públicos, mas serviços *ao* público.

Não é difícil perceber que o serviço público como atividade preponderantemente estatal, conforme quer a imensa maioria da doutrina brasileira (segundo apontamos no item 21.2), estaria sepultado: todos os serviços entendidos como essenciais seriam "públicos", cabendo os lucrativos à iniciativa privada e os não lucrativos ao Estado.

De qualquer modo, amolda-se o discurso à tentativa de solução de um dos problemas provocados pela falência dos modelos econômicos experimentados: eximir-se o Estado da administração, cada vez mais onerosa, dos serviços

[20] Que sintomaticamente é diretor-conselheiro da espanhola Telefónica S.A., que vem a ser também a maior operadora de telefonia do Brasil: a Telefónica.

prestados, para transferi-la à iniciativa privada às expensas, evidentemente, dos usuários.

Entretanto,

> o calcanhar-de-aquiles dos defensores da via privatista tem sido os serviços públicos sociais. Não que nestes setores não haja grandes ineficiências, desperdícios e incapacidades que possam ser transformados em lucros. Há, e muitos. Entretanto, uma vez conquistados os primeiros ganhos de eficiência, as taxas de lucro passam a cair na mesma proporção que diminui a renda da população atendida. O resultado é a tendência a que estes mercados sejam atendidos de forma incompleta, deixando uma grande parcela de potenciais consumidores desatendida. A América Latina foi pródiga em criar casos clássicos de fracasso nas tentativas de desregulamentação e privatização de serviços públicos.
>
> (...) Até mesmo o mais renitente adepto das convicções liberais reconhece que as externalidades positivas e as vantagens competitivas derivadas dos gastos com educação, saúde pública, pesquisa científica e cultura são fundamentais para o progresso econômico, e, por isso, sua oferta não pode ser decidida exclusivamente pelos mecanismos de mercado (Morales, 1998, p. 121-22).

Entendemos que não há óbice a que serviços tradicionalmente públicos possam ser despublicizados e entregues à saga do mercado. Deixam, entretanto, de ser serviços públicos como (ainda) quer a Constituição brasileira.

No Direito brasileiro, são possíveis o serviço público diretamente prestado (titularidade e execução pela Administração), o serviço público prestado indiretamente (titularidade da Administração e execução por terceiros) e a atividade empresarial (para quaisquer atividades, de utilidade coletiva ou não). Além, é claro, das aberrações: serviços públicos ilegalmente privatizados sem retenção de mecanismos de controle pela Administração Pública e sem submissão ao regime jurídico de Direito Público.

4.3. PRINCÍPIOS APLICÁVEIS AOS SERVIÇOS PÚBLICOS

Na doutrina brasileira, não há unanimidade a respeito da existência de princípios para os serviços públicos. Há quem prefira chamá-los apenas de "características" ou de "requisitos". É o caso de Celso Ribeiro Bastos (1994, p. 165). Entretanto, Odete Medauar (1994, p. 385) e Celso Antonio Bandeira de Mello (1994, p. 485), por exemplo, os denominam princípios. De todo modo, como tem ficado cada vez mais evidente, seja por meio de regras de aplicação direta, seja por meio de proposições norteadoras (todas, evidentemente, fixadas na Constituição e nas leis), a idéia de "serviços públicos" não se esgota no campo das boas intenções, nem na vontade dos eventuais e passageiros governantes.

Os princípios que regem o serviço público utilizam três referenciais: o prestador, os destinatários e o regime jurídico da prestação.

À luz do disposto no art. 6º da Lei nº 8.987/1995 (à qual, de resto, estão presos todos os concessionários e permissionários de serviços públicos), podemos afirmar que os princípios válidos para todos os serviços públicos são princípios-regra, o que resulta que o seu descumprimento implicará, no mínimo, ilegalidade.

4.3.1. O princípio da generalidade

Consiste o princípio da generalidade no oferecimento de serviços iguais para todos que preencham os requisitos para sua obtenção. Esta generalidade decorre do art. 5º da Constituição e se vincula à impessoalidade, como quer o art. 37.

Diogo de Figueiredo Moreira Neto (2000, p. 324) afirma que os serviços públicos devem ser prestados a *todos* os que dele necessitem, indistintamente:

> Sua manutenção não constitui um favor, mas um dever legal, daí poderem ser exigidos tanto de quem tenha a competência para instituí-los quanto de quem os execute. Este princípio foi acolhido expressamente na Lei nº 8.078/1990 (Código de Defesa do Consumidor), afirmando o direito do usuário (art. 6º, X).

Odete Medauar faz referência ao princípio do *funcionamento eqüitativo* ou *igualdade de todos perante o serviço público* ou, ainda, *paridade de tratamento*, que é desdobramento do princípio da igualdade:

> Daí se afirmar que o serviço público não busca lucro necessariamente e pode suportar déficit; mas o atendimento das necessidades da população não devem ser bandeira para ausência de direção do serviço, má gestão, desperdício (2000, p. 385).

Em contraponto, a Constituição brasileira não obriga que o serviço seja gratuito. A gratuidade, quando há, se refere a alguns serviços específicos: ensino público em estabelecimentos oficiais (art. 206, IV); ensino fundamental obrigatório e gratuito (art. 208) e transporte coletivo urbano para maiores de 65 anos (art. 230, § 2º).

4.3.2. O princípio da igualdade ou da uniformidade

Encontramos similitude entre as denominações que acabamos de mencionar (generalidade, tratamento eqüitativo, igualdade, paridade) e aquela expressamente fixada por Dinorá Grotti (2000, p. 39-56): "princípio da igualdade ou da uniformidade", que domina todas as formas de atuação do Poder Público, como uma conseqüência do princípio da igualdade de todos perante a lei, de resto consignado no art. 5º da Constituição. O princípio demonstra a diferença entre os serviços de natureza jurídico-pública enquanto atividade "de não-mercado", diferente das prestações "de mercado" sujeitas às deliberações empresariais sobre oferta e procura.

4.3.3. O princípio da generalidade ou universalidade

Segundo Dinorá Grotti,

> embora alguns o vejam como um princípio autônomo, é uma manifestação do princípio da igualdade, isto é a possibilidade de que o serviço possa ser exigido e o usado por todos. Significa que o mesmo deve atender,indistintamente, a todos que dele necessitem, independentemente do poder aquisitivo (2000, p. 39-56).

4.3.4. O princípio da continuidade

O princípio da continuidade ou permanência impõe que os serviços não sofram interrupção: uma vez instituídos, hão de ser prestados. A Lei nº 8.987/1995[21] exige a continuidade e a regularidade como condições do serviço adequado.

Essa exigência traz algumas conseqüências em outros âmbitos do Direito Administrativo, como anota Odete Medauar:

> Um dos âmbitos mais sensíveis refere-se ao direito de greve. Durante muito tempo, sob invocação do princípio da continuidade do serviço público, foi proibida a greve de servidores. Depois, em quase todo o mundo ocidental, foi permitida. A conciliação entre o direito de greve e a continuidade ser realiza por regras específicas para a greve nos serviços públicos, por exemplo: a comunicação prévia, com antecedência razoável, do início da greve; manutenção de parte dessas atividades em funcionamento. A Constituição Federal reza que o direito de greve dos servidores será exercido nos termos e limites definidos em lei complementar (2000, p. 386).

Acrescentamos que, por força da Emenda Constitucional nº 19/1998, a redação do art. 37, VII, da Constituição foi modificada e, hoje, não mais se exige *lei complementar*, mas apenas *lei específica*.

Dinorá Grotti afirma que

> O serviço público deve ser prestado sem interrupções, a não ser em hipóteses estritas previstas em lei. O princípio da continuidade do serviço público deriva

[21] Concessão de Serviço Público.

> de sua indispensabilidade, do seu caráter essencial e do interesse geral que o serviço satisfaz (2000, p. 39-56).

A referência à essencialidade leva ao exame do art. 22 do Código de Defesa do Consumidor, que consagra a obrigatoriedade do funcionamento contínuo dos serviços essenciais (gênero, do qual serviço público é espécie).

4.3.5. O princípio da regularidade

Dinorá Grotti (2000, p. 39-56) inclui o princípio da regularidade, acrescentando que "alguns entendem que esse princípio é uma conseqüência do princípio da continuidade". Sustenta, entretanto, que são diferente, porque a continuidade se refere à realização do serviço público sem interrupções e a regularidade se vincula à prestação devida de acordo com as regras, normas e condições preestabelecidas para esse fim ou que lhe sejam aplicáveis, sendo a regularidade um *plus* em relação à continuidade. O serviço pode ser contínuo e irregular, mas não pode ser regular se não for contínuo.

4.3.6. O princípio da eficiência

O princípio da eficiência obriga a um constante aperfeiçoamento dos serviços, em busca da maximização dos resultados. A Lei nº 8.987/1995 indica a eficiência como uma das condições do serviço adequado.

Por causa da introdução nominada, pela Emenda Constitucional nº 19/1998 (anos depois, portanto, da Lei nº 8.987/1995), do princípio da eficiência na Constituição, nos deteremos um pouco mais sobre ele.

Conforme já fora dito alhures, a eficiência é a qualidade de fazer com excelência, sem perdas ou desperdícios (de tempo, dinheiro ou energia). Eficiente é aquilo ou aquele que chega ao resultado, que produz o seu efeito específico com nenhum ou com um mínimo de erros. Assim, uma secretária pode ser mais, ou menos, eficiente; um sistema de refrigeração pode ser mais, ou menos, eficiente do que outro.

Como visto, dada a sua alta carga de relatividade e subjetividade, o uso do termo eficiência é corrente em várias ciências especulativas e raro no Direito.

Entretanto, o mesmo autor, em outra oportunidade, reconhece que o princípio (pelo menos para parte da doutrina e da jurisprudência) já existia implicitamente. A introdução expressa teria se prestado a *findar com as discussões*.

A Administração Pública é regida por vários princípios: legalidade, impessoalidade, moralidade e publicidade (Constituição, art. 37). Outros também evidenciam-se na Carta Política. Dentre eles, o princípio da eficiência. A atividade administrativa deve orientar-se para alcançar resultado de interesse público (Moraes, 2001, p. 303).

Estas considerações reforçam a idéia de que eficiência, que é um princípio que deve reger toda a atividade administrativa, antes ou depois da Emenda Constitucional nº 19/1998, é princípio de observância obrigatória na prestação de serviços públicos: o serviço há de ser prestado da maneira mais célere, perfeita, produtiva e econômica.

Diogo de Figueiredo Moreira Neto agrega aos princípios o do *aperfeiçoamento*:

> Os serviços públicos são muito mais sensíveis ao avanço científico e tecnológico, e o progresso também é um dos direitos do cidadão. O Estado deverá zelar para que os frutos da ciência e da tecnologia sejam distribuídos o mais rápido e amplamente possível. Deve haver empenho na constante atualização e aperfeiçoamento das técnicas de prestação de serviços públicos. Esta é uma das razões pelas quais a Administração, mesmo se os houver delegado, jamais se despe da faculdade de alterar unilateralmente as condições e formas da prestação (2000, p. 324).

Entendemos que o princípio que o autor nomina "do aperfeiçoamento" não é senão o próprio princípio da eficiência. Inclusive porque ele mesmo prossegue no seu raciocínio afirmando que"o poder-dever de agir exige dela esforço e vigilância constantes para manter a eficiência no máximo grau possível". O que, aliás, é exigido pelo art. 175, IV, da Constituição Federal ao se referir a *serviço adequado*.

4.3.7. O princípio da modicidade

O princípio da modicidade impõe que sejam os serviços prestados mediante taxas ou tarifas justas, pagas pelos usuários para remunerar os serviços recebidos e permitir o seu melhoramento e expansão. Assim, os serviços públicos não devem ser prestados com lucros ou prejuízos, mas mediante uma retribuição que viabilize estes interesses. Em situações excepcionais, o Poder Público pode subsidiar o custo.O lucro, meta da atividade econômica capitalista, não é o objetivo da função administrativa.

Os preços dos serviços públicos serão administrados de modo a atender, concomitantemente, às exigências do mercado e à capacidade econômica de seus usuários; por isso devem ser módicos. De certa forma, a modicidade é um corolário da generalidade, pois por sua observância proporciona o amplo acesso de todos que deles tenha necessidade. Para disciplinar a política tarifária dos serviços públicos (art. 175, III, CF), estabelece-se, para os contratos de concessão e para as permissões de serviços públicos, regras uniformes e de observância obrigatória que garantam um lucro módico, previamente fixado em termos percentuais, após a cobertura do custo do serviço, a depreciação dos equipamentos e o melhoramento dos serviços, compreendido, é claro, o custo da sua manutenção adequada (Gasparini, 1989, p. 146).

Este princípio está intimamente ligado ao da generalidade, na medida em que para atingir o máximo possível de usuários, a retribuição há de ser módica.

4.3.8. O princípio da cortesia

O princípio da cortesia impõe que o tratamento dispensado pelos servidores aos usuários seja urbano e respeitoso: cortês. Edgar Carlos de Amorim (1999, p. 126) inclui a cortesia entre os princípios que regem o serviço público.

Com efeito, se nas atividades privadas a cortesia é de todo desejável, no serviço público é obrigatória. Na Administração Direta, os Estatutos impõem ao servidor esse comportamento e qualifica como infração disciplinar a sua quebra. E a mesma regra deve figurar nos contratos que transferem a prestação a entidades outras, públicas ou privadas.

Os que acabamos de arrolar são os princípios que gozam de unanimidade (ou pelo menos maioria) na doutrina.

A estes, Odete Medauar (2000,p. 386) acrescenta o da *possibilidade de modificar o modo de execução*. A adaptação às necessidades sociais e às novas tecnologias exige certa mobilidade no modo de prestação de serviços públicos. O que corrobora nossa afirmação de que o regime jurídico dos contratos é o de Direito Público. Como tais, estes contratos são passíveis de alteração unilateral pela Administração.

Não fosse por tudo o mais, a alterabilidade unilateral do contato demonstra, com clareza, a natureza da relação: prestação de serviço público está no campo do Direito Público.

4.4. CARACTERÍSTICAS DOS SERVIÇOS PÚBLICOS

Uma das diferenças entre o serviço público e os serviços comuns prestados pelas empresas ou por trabalhadores autônomos é o fato de que acima do interesse individual de cada cidadão está o coletivo.

O Estado, utilizando critérios técnicos e econômicos estabelece que serviços devam ser considerados públicos, quais os de utilidade pública e, finalmente, se deverão ser prestados pela própria estrutura do Estado ou se poderão ser delegados a terceiros. Quando afirmamos que *o Estado estabelece*, estamos nos referindo à única via possível para a manifestação da vontade do Estado, que é a jurídica. É a norma jurídica que define, para cada determinado tempo e lugar, os serviços essenciais e necessários.

Podemos afirmar que serviços públicos propriamente ditos são aqueles prestados diretamente à comunidade pela Administração. São privativos do Poder Público, ainda que os execute por meio de terceiros.

Há outros serviços – chamados de utilidade pública – que a lei reconhece como convenientes à coletividade, mas que podem ser prestados diretamente pela Administração ou por meio de terceiros. Estes últimos, ainda assim, não ficam ao talante das "livres forças do mercado": a sua prestação é regulamentada de fiscalizada pelo Poder Público. É o caso do transporte coletivo, da energia elétrica, das telecomunicações e outros.

Os serviços prestados por empresas privadas, sob concessão ou permissão do Poder Público, geralmente são remunerados por tarifa paga diretamente pelos usuários.

A Lei nº 7.783/1989 (art. 10) define como essenciais alguns tipos de serviços – nem sempre públicos – que poderão sofrer intervenção por parte do Estado: tratamento e abastecimento de água; produção e distribuição de energia elétrica, gás, combustíveis; assistência médica e hospitalar; distribuição e comercialização de medicamentos e alimentos; funerários, transporte coletivo; captação e tratamento de esgoto e lixo; telecomunicações; guarda, uso e controle de substâncias radioativas, equipamentos e materiais nucleares; processamento de dados ligados a serviços essenciais; controle de tráfego aéreo e compensação bancária.

4.5. ESPÉCIES DE SERVIÇOS PÚBLICOS

Como já afirmamos, o conceito jurídico*, objetivo e restrito*, de serviço público pressupõe a conjugação de regime jurídico e demarcação de um campo material onde o regime encontre aplicação.

É preciso que a atividade corresponda ao desempenho de uma "prestação administrativa", ou seja, ao oferecimento de uma utilidade concreta e fruível direta ou indiretamente pelo administrado, mas *imediatamente* a cargo do

Estado ou de seus delegados, realizada no exercício da função administrativa, como ensina Paulo Modesto.[22]

De todo modo, entendemos, com Celso Antonio Bandeira de Mello, que:

> Dentre o total de atividades ou serviços suscetíveis de serem desenvolvidos em uma sociedade, alguns são públicos e outros privados. Para separar uns dos outros, identificando aqueles que o Estado pode colocar debaixo do regime de direito público (serviços públicos), temos que nos valor de *duas ordens de indicações* contidas no Texto Constitucional. A primeira delas é a de que certas atividades a própria Carta Constitucional definiu como *serviços públicos*: alguns deles em todo e qualquer caso e outros deles *apenas quando prestados pelo Estado*; pois ou (a) entregou-os expressamente à responsabilidade *privativa* do Estado, ora devendo ser prestados *exclusivamente* por ele ou por empresa sob controle acionário estatal, caso dos arrolados no art. 21, X e XI, ora cabendo sua prestação quer ao Estado, quer a terceiro, mediante autorização, concessão ou permissão, caso dos previstos no inciso XII do mesmo art. 21; ou então (b) previu-os como serviços incluíveis na categoria de serviços públicos *quando prestados pelo Estado*. É o caso dos serviços (I) de saúde, conforme previsão do art. 196 ("dever do Estado"), os quais, entretanto, também estão entregues à livre iniciativa, como estabelece o art. 199 ("A assistência à saúde é livre á iniciativa privada"), sendo de todo modo qualificados como "serviços de relevância pública" (art. 197, primeira parte); e (II) de educação, *ex vi* do art. 205 ("dever do Estado"), inobstante também eles estejam entregues à livre iniciativa, a teor do art. 209 ("O ensino é livre à iniciativa privada, atendidas as seguintes condições: I – cumprimento das normas gerais da educação nacional; II – autorização e avaliação de qualidade pelo Poder Público") (1999, p. 485-86).

Tomando por base a Constituição brasileira vigente, podemos identificar algumas espécies de serviços públicos.

4.5.1. Serviços próprios e impróprios

Próprios são os serviços executados diretamente pela Administração Pública, que usa de sua supremacia sobre os administrados. Não cabe delegação. Geralmente são gratuitos ou de baixa remuneração, para que fiquem ao alcance de toda a coletividade. São os casos do serviço policial, sanitário, diplomático.

[22] "Convênio entre entidades públicas executadas for fundação de apoio. Serviço de Saúde. Conceito de serviço público e serviço de relevância pública na Constituição de 1988. Forma de prestação de contas das entidades de cooperação após a Emenda Constitucional nº 19/1998". In: *Revista Diálogo Jurídico*. Salvador: CAJ – Centro de Atualização Jurídica, nº 11, fev de 2002. Disponível na internet em: http://www.direitopublico.com.br. Acesso em 04/01/2003.

A Administração Pública presta os serviços próprios, por seus órgãos ou entidades descentralizadas (autarquias, empresas públicas, sociedades de economia mista, fundações governamentais), ou transfere a sua execução a concessionárias ou permissionárias, que obtêm sua remuneração diretamente dos usuários, mediante tarifa fixada pelo Poder Público.

Ainda que prestados pelos particulares (concessionários e permissionários), esses serviços não deixam de ser públicos. Ou seja: a titularidade continua pertencendo ao Estado, que os regula, fiscaliza, fixa tarifas e pode retomá-los nos casos previstos em lei ou no contrato (administrativo) de concessão ou permissão.

Impróprios são os que não afetam substancialmente as necessidades da comunidade, mas satisfazem interesses comuns de seus membros. Cabem na categoria de impróprios, os serviços em que o Estado assume a iniciativa de prestá-los, não por motivos permanentes, mas contingenciais. Ainda assim, são serviços públicos até que norma jurídica estabeleça que deixaram de ser.

4.5.2. Serviços *Uti universi* e *Uti singuli*

Em confronto com os "serviços de utilidade pública", os serviços públicos são aqueles que afetam substancialmente as necessidades da comunidade: são os reconhecidos como essenciais e necessários. Já os ainda chamados serviços de utilidade pública são aqueles que a Administração Pública reconhece convenientes (nem necessários nem essenciais) e pode ser prestado diretamente ou por meio de terceiros sob sua fiscalização e por conta e risco dos prestadores, remunerados pelos usuários (Ex.: transporte coletivo, gás liquefeito de petróleo).

- *Uti universi* são serviços que satisfazem indiscriminadamente a coletividade. São indivisíveis, não mensuráveis no seu uso. São mantidos, em geral, por impostos.

Com a novidade introduzida a partir da Emenda Constitucional nº 39, que acrescentou o art. 149-A ao texto constitucional, passou a ser possível a instituição, pelos Municípios e Distrito Federal, de uma "contribuição para o custeio do serviço de iluminação pública".

Mesmo depois dessa emenda constitucional, não é possível afirmar que o serviço agraciado com ela seja mensurável na sua prestação ao destinatário. O pagador não é necessariamente usuário, já que a iluminação pública não está a serviço apenas do morador, mas de todos os passantes indistintamente.

- *Uti singul* são os serviços que têm usuários determinados e utilização mensurável para cada destinatário (Ex.: água, coleta de esgoto, telefonia, energia elétrica). Os serviços *uti singuli* são remunerados por taxa ou por tarifa, conforme sejam prestados pelo Estado ou por concessionários ou permissionários.

Partindo do pressuposto (fixado expressamente na Constituição) de que só podem ser remunerados por taxa os serviços públicos prestados ou postos à disposição pela Administração (porque taxa é espécie tributária), os demais devem ser remunerados por tarifa, a mencionada contribuição para custeio de serviço de iluminação não é uma coisa nem outra. Se a denominação mascara a verdadeira taxa, é assunto a ser resolvido pelos Tribunais. De todo modo, cauteloso foi o emendador ao introduzir o tributo-contribuição, para não afrontar o disposto no art. 145, II, que autoriza a taxa apenas para serviços públicos específicos e divisíveis.

4.5.3. Serviços de relevância pública

Não bastasse a crise do conceito de serviço público (Rodrigues, 1981, p. 139-146), a Constituição de 1988 acrescentou "relevância pública", que se aplica ora a serviços públicos ora a atividades empresariais.

Pela interpretação do texto constitucional, impende entender que relevantes são as atividades consideradas essenciais ou prioritárias da comunidade, acima da dimensão individual, obrigando o Poder Público controlá-las, fiscalizá-las e incentivá-las. Vê-se que, pela amplitude do conceito que se podem extrair, os serviços de relevância pública podem ser ou não serviços públicos, em sentido estrito. Mas ainda que não sejam, sempre estarão sob a fiscalização, regulação e controle do Poder Público.

4.5.4. Serviços públicos federais, estaduais e municipais

O art. 21 da Constituição estabelece quais são as 25 competências da União e o art. 23 as 13 previsões de competência comum com os Estados, Distrito Federal e os Municípios.

A Constituição atribui aos Estados e ao Distrito Federal uma competência explícita exclusiva para a prestação de serviços locais de gás canalizado (art. 24, § 3º) e outra para instituir regiões metropolitanas, aglomerações urbanas e microrregiões (art. 25, § 3º) e várias modalidades de competência explícita comum (art. 23) e a de prestação de ensino público (art. 211).

Aos Municípios cabem os serviços de interesse local ("peculiar interesse", nas Constituições anteriores). Interesse local é o interesse predominante e não o exclusivo, para efeito de caracterização da competência.

4.5.5. Serviços públicos quanto à natureza da necessidade a ser satisfeita[23]

4.5.5.1. Serviços públicos sociais

Carlos Ari Sundfeld estabelece uma conceituação do serviço público em separado dos serviços sociais, uma vez que estes não estariam na titularidade exclusiva do Estado.

Para esse autor, os serviços sociais,

> são, à semelhança dos serviços públicos, atividades cuja realização gera utilidades ou comodidades que os particulares fruem direta e individualmente. No entanto, diferenciam-se daqueles por não serem exclusivos do Estado. Incluem os serviços de educação (CF, arts. 205 a 208, e 210 a 214), saúde (CF, arts. 196 e ss.) e assistência social (CF, arts. 203 e 204; 227, § 1º; 226, § 8º), aos deficientes, jurídicos em caso de calamidade etc (1998, p. 81)

Reforça o autor que ao Estado cabe o dever inafastável de prestar esses serviços, o que justifica a sua inserção no texto constitucional, o que obriga o Estado a providenciar esses serviços caso não os sejam realizados pelos particulares. Ressalta Carlos Ari Sundfeld que a exploração destes serviços independe de delegação estatal.

Todavia, há de se ressaltar que cabe ao Estado a regulação em sentido amplo destes serviços, fiscalizando a qualidade e condições de sua exploração. Ele tem feito isto por meio de órgãos da Administração Direta (Ministérios e secretarias) e órgãos da Administração Indireta (agências reguladoras e entidades similares).[24] Desta forma, o Ministério da Educação, por meio da sua Secretaria de Ensino Superior/Sesu, fiscaliza os serviços de educação superior prestado tanto pelos particulares, quanto pelas universidades federais, emitindo ato de credenciamento, autorização de funcionamento dos cursos, e reconheci-

[23] Marçal Justen Filho, entre as classificações de serviço público que adota, estabelece uma relativa à natureza da necessidade a ser satisfeita, onde estariam situados os serviços públicos sociais, econômicos (comerciais e industriais) e os culturais (Justen Filho, 2006, p. 406-7). Trataremos dessa classificação em separado, pelo fato dessas nomenclaturas serem amplamente divulgadas na doutrina atualmente.

[24] A respeito de entidades similares que exercem regulação, para um melhor estudo, veja o nosso *Curso de Direito Administrativo Econômico*, v. III, São Paulo: Malheiros, 2006, p. 374 e ss. Sobre as agências reguladoras especificamente, consulte o mesmo manual, todavia nas p. 297-373.

mento de cursos, o que renova a autorização, todos os processos atualmente integrados com o Sistema Nacional de Avaliação do Ensino Superior/Sinaes. O mesmo ocorre com os Hospitais, que recebem supervisão da Agência Nacional de Vigilância Sanitária/Anvisa, que verifica a higiene e conformidade dos serviços prestados.

4.5.5.2. Serviços públicos econômicos

Serviços públicos econômicos são "aqueles que, reservados ao Estado, e que são capazes de gerar lucro mediante o pagamento de tarifas por seus usuários"(Aragão, 2006, p. 147), ou seja, "aqueles que envolvem o oferecimento de utilidades materiais necessárias à sobrevivência digna do indivíduo, tais como a água tratada, a energia elétrica, as telecomunicações"(Justen Filho *et al*, 2006, p. 407)

4.5.5.3. Serviços públicos culturais

Os serviços públicos culturais são "os que satisfazem necessidades culturais, envolvendo o desenvolvimento da capacidade artística e o próprio lazer, tais como museus, cinema, teatro" (Justen Filho *et al.*, 2006, p. 407).

4.6. A DESCENTRALIZAÇÃO NA PRESTAÇÃO DOS SERVIÇOS PÚBLICOS

A descentralização é o fato administrativo que traduz a transferência da execução de atividade estatal a determinada pessoa, integrante ou não da Administração. Dentre essas atividades inserem-se os serviços públicos. Desse modo, podem-se considerar dois tipos de serviços quanto à figura de quem os presta: serviços centralizados (os prestadores em execução direta pelo Estado) e os descentralizados (prestados por outras pessoas).

É importante não confundir a descentralização com a desconcentração. Aquela implica a transferência do serviço para outra entidade. A desconcentração é processo eminentemente interno, significa apenas a substituição de um órgão por dois ou mais com o objetivo de melhorar e alterar a prestação do serviço. Note-se, porém, que na desconcentração o serviço que era centralizado continuou centralizado, pois que a substituição se processou internamente.

O art. 175 da Constituição dispõe que incumbe ao Poder Público, na forma da lei, diretamente ou sob regime de concessão ou permissão, sempre por meio de licitação, a prestação de serviços públicos. Resulta que todo serviço público pode ser prestado diretamente pelo Poder Público à sociedade. Porém, nem todo serviço público pode ser prestado indiretamente, por meio de concessionário ou permissionário.

O Estado, por meio de órgãos e diversos entes da federação, presta serviço por execução direta quando é o titular do serviço e seu executor. Estes órgãos são os que a doutrina trata como "administração centralizada". Execução indireta existe quando os serviços são prestados por pessoas diversas daquelas que formam a Federação.

Portanto, a execução direta é aquela por meio da qual o próprio Estado presta diretamente os serviços públicos. Acumula, pois, as situações de titular e prestador de serviço. As competências para essa função são atribuídas entre diversos órgãos que compõem a estrutura administrativa da pessoa prestadora. O Estado deve ser entendido aqui, no sentido de pessoas federativas. Assim, pode-se dizer que a execução direta dos serviços públicos está a cargo da União, dos Estados, dos Municípios e do Distrito Federal por meio dos órgãos integrantes de suas respectivas estruturas. Ministérios, secretarias estaduais e municipais, coordenadorias e delegacias fazem parte do elenco de órgãos públicos aos quais é conferida competência para as atividades estatais. Esses órgãos formam, conforme já fora mencionado, a Administração centralizada, porque é o próprio Estado que, nesses casos, centraliza as atividades.

De outro lado, se tem a execução indireta, esta se dá quando os serviços são prestados por entidades diversas das pessoas federativas. O Estado, por sua conveniência, transfere os encargos da prestação a outras pessoas, nunca abdicando, porém, do dever de controle sobre elas, variável de conformidade com a forma específica de transferência.

Ainda que prestado o serviço por terceiro, o Estado não pode deixar de ter alguma responsabilidade nesse processo, pois a existência de responsabilidade objetiva subsidiária do Estado por danos decorrentes da atuação de terceiros prestadores de serviços públicos, por si só obriga a uma maior fiscalização. O Estado não poderá abdicar do controle sobre os serviços públicos. O poder jurídico de transferir atividades resulta no dever de suportar as conseqüências dessa transferência.

> Diz-se que a atividade é descentralizada quando é exercida por pessoas distintas do Estado. Na descentralização, o Estado atua indiretamente, pois o faz através de outras pessoas, seres juridicamente distintos dele, ainda que sejam criaturas suas e por isso mesmo se constituam (...) em parcelas personalizadas da totalidade do aparelho administrativo estatal (Bandeira de Mello, 1999, p. 97).

Com base na doutrina e na Constituição, podemos concluir que indireta é a prestação que se dá por meio de descentralização; as demais são diretas. Descentralização e prestação direta não são necessariamente excludentes entre si: o fato de a prestação se dar por intermédio de entidades menores da Administração não significa que o Estado não esteja, por seus próprios meios, exercendo sua competência.

Especificamente com relação às prestações (não à titularidade), Diogo de Figueiredo Moreira Neto (2000, p. 229-230) arrola as modalidades de prestação indireta em cinco modalidades:

1) Prestação autárquica – atribuída por lei às pessoas de Direito Público (autarquias).
2) Prestação paraestatal – realizada pelas pessoas administrativas de Direito Privado, caracterizadas como entidades paraestatais (empresas públicas, sociedades de economia mista).
3) Prestação concessional – executada pelas pessoas de Direito Privado, que contratam com o Estado a execução de serviços de utilidade pública.
4) Prestação permissional – feitas pelas pessoas de Direito Privado que contratam, por adesão, a execução de serviços de utilidade pública, em condições uniformes, unilateralmente impostas pelo Estado.
5) Prestação reconhecida – realizada por pessoas de Direito Privado, que o Estado tem por conveniente reconhecer, por ato unilateral, no atendimento de necessidades públicas de reduzida importância ou em pequena escala. São as associações profissionais, associações de moradores, entidades esportivas e outras associações civis de fins assistenciais ou de fomento privado.

Há duas formas básicas por meio das quais o Estado processa a descentralização. Uma delas é por meio de lei e a outra por negócio jurídico de Direito Público, que veremos a seguir.

Delegação legal é aquela cujo processo de descentralização foi formalizado por meio de lei. A lei, como regra, ao mesmo tempo em que admite a descentralização, autoriza a criação de pessoa administrativa para executar o serviço. A delegação legal é hoje constitucionalizada. Dispõe o art. 37, XIX, da Constituição Federal que somente por lei específica poderá ser criada autarquia e autorizada à instituição de empresa pública, de sociedade de economia mista e de fundação, cabendo à lei complementar, neste último caso, definir as áreas de sua atuação. E o inciso XX do mesmo art. 37 também exige a lei para criação de subsidiárias dessas pessoas administrativas, bem como para elas participarem de empresas privadas.

Essas pessoas a quem foi conferida a competência legal para o desempenho de certa função do Estado compõem a Administração Indireta ou Administração descentralizada, e como tais, integra a Administração Pública considerada o todo (art. 37, CF). Note-se, porém que, se as pessoas da Administração descentralizada resultam de autorização legal, pode haver ainda, como veremos no momento próprio, outras pessoas que, também autorizadas por lei e desempenhando serviço público, não integram a estrutura orgânica da Administração. Nem por isso deixará de haver na espécie forma de descentralização por delegação legal.

As autarquias, em virtude da sua capacidade semelhante à Administração Direta, foram consideradas mais apropriadas para a prestação de serviços públicos, embora no Direito brasileiro tenham sido criadas outras para desempenhar atividade econômica (como as Caixas Econômicas), a situação foi corrigida com a transformação dessas "autarquias econômicas" em empresas públicas.

Há ainda a delegação negocial, em que particulares em colaboração com a Administração realizam e promovem a execução indireta dos serviços públicos; ainda sob o aspecto da descentralização, é a transferência dos mesmos a particulares que, por isso, se caracterizavam como particulares em colaboração com o Estado. Essa forma de transferência se denomina delegação negocial, porque uma instituição se efetiva por meio de negócios jurídicos regrados basicamente pelo Direito Público, tais como: a concessão e a permissão de serviço público. A concessão caracteriza-se com um contrato administrativo e a permissão como ato administrativo.

A delegação negocial, também é conhecida como privatização em sentido amplo, em que o Estado transfere ao setor privado a prestação de serviços públicos, ou ainda, quando se trata da privatização em sentido estrito, aliena estatais ao setor privado por não considerar mais interessante a manutenção dessas empresas por conta própria.

Segundo Maria Sylvia Zanella Di Pietro

> o serviço público é atribuído, por lei, ao Estado, precisamente por ser uma atividade considerada essencial à coletividade, e que, por isso mesmo, se submete a um regime jurídico preponderantemente de direito público. O serviço público é coisa *extra commercium*, não podendo, como tal, ser objeto de relações jurídicas regidas pelo direito privado. (...) Não é por outra razão que a Constituição Federal, em dois dispositivos, exige que os serviços públicos sejam prestados

> pelo poder público, diretamente, ou indiretamente, mediante permissão ou concessão (arts. 21, inciso XII, e 175) (2002, p. 52).

É mister frisar que parte da doutrina, no esforço de simplificar a linguagem, prefere adotar a nomenclatura "delegação" para indicar todas as formas aludidas de descentralização da prestação do serviço público (Aragão, 2006, p. 109). Para simplificar o estudo, também adotaremos esta nomenclatura e trataremos posteriormente das principais formas de delegação de serviço público, antes primeiramente, necessário se faz estabelecer os critérios para formação de um contrato administrativo.

4.7. DELEGAÇÃO DE SERVIÇO PÚBLICO

Delegação é

> o ato administrativo pelo qual a Administração transfere transitoriamente a particular o exercício do direito à exploração de serviço público. O poder público trespassa apenas o exercício da atividade, mantendo a sua titularidade. Tal aspecto já prenuncia seu regime jurídico. O Estado nunca aliena os interesses públicos: admite-se apenas que transfira, temporariamente, o exercício das competências voltadas à sua implementação, sem abrir mão delas. Por isso, a delegação instaura vínculo especial entre Administração e administrado, sujeito rompimento na dependência do apontado pelo interesse público. A empresa particular delegatária prestará o serviço sob regime de direito público, justamente por estar exercendo atividade estatal, não atividade privada (Sundfeld, 1998, p. 81).

4.7.1. Privatização em sentido estrito

Privatização é um conceito mais ligado às áreas administrativa, econômica e política que à área jurídica. Mas como, aqui, a pretensão é conceituá-la sob a ótica jurídica, propõe-se um conceito mais abrangente, pela dificuldade de delimitá-la nessa ordem.

Há os que entendem ser a privatização uma espécie do gênero "desestatização", entre eles Marcos Jordão Teixeira do Amaral Filho e Marcos Juruena Villela Souto. O primeiro situa *desestatização* como um conceito ideológico que poderia se enquadrar no momento histórico em que se vive atualmente, entendendo ele que:

> O conceito de desestatização possui um caráter ideológico, no sentido de ter-se tornado um fim perseguido pela sociedade contemporânea. Constitui, de outro lado, um amplo movimento da sociedade contemporânea em direção a mais democracia e maior autonomia para decidir seus próprios destinos, sem

> a tutela onipresente do Estado. *Com esse significado, possui um sentido mais amplo do que contêm as noções de privatização e desregulamentação.* Enquanto a desestatização, como fim perseguido, situa-se no terreno ideológico deste final de século, privatização e desregulamentação situam-se no campo da realidade concreta, objetivada pelo Direito, consubstanciado nos atos e leis decorrentes (Amaral Filho, 1996, p. 41).

De outro lado, Marcos Juruena Villela Souto entende que *desestatização*

> é a retirada da presença do Estado de atividades reservadas constitucionalmente à iniciativa privada (princípio da livre iniciativa) ou de setores em que ela possa atuar com maior eficiência (princípio da economicidade); é gênero, do qual são espécies a privatização, a concessão, a permissão, a terceirização e a gestão associada de funções públicas (2001, p. 30).

Entretanto, apesar desses autores entenderem que ela representa um gênero, deve-se entender a *desestatização* como um momento político e econômico que vivenciou o mundo no século XIX, com o Liberalismo Econômico (idealizado fortemente pelo escocês Adam Smith), que não preponderou por motivos também políticos e até sociais,[25] e agora, no final do século XX e neste início do século XXI, com a volta deste Liberalismo (ou, como queiram outros, o Neoliberalismo),[26] a privatização, em que pesem as opiniões diversas e contrárias, surge como uma nova desestatização com objetivos específicos de angariar recursos para o Estado por meio de transferência de propriedade[27] e desemaranhá-lo de algumas atividades econômicas consideradas privadas por natureza, mas também de algumas consideradas públicas em relação às quais o Estado se encontrava em dificuldade de promover a prestação eficiente

[25] A desestatização no século XIX, decorrente do Liberalismo, não vingou em virtude de a Revolução Industrial, que se iniciara em 1776, ter gerado no mundo uma grande oferta de mão-de-obra e uma conseqüente exploração desenfreada do trabalhador com condições de trabalho sobre-humanas e pagamentos de salários irrisórios. No entanto, a burguesia, maior beneficiada com a situação, tornou-se reacionária à volta da intervenção estatal na economia para amenizar a situação, o que desencadeou o surgimento de movimentos socialistas, de Marx e Engels, que objetivavam o retorno da intervenção estatal na economia – isto já em meado do século XIX. Após esse período, houve uma nova estatização, principalmente com o grande refluxo econômico dos anos 1930, em especial pela quebra da Bolsa de Nova York.

[26] "Os neoliberais acreditam na superioridade da regulação pelo mercado, o intervencionismo estatal representando, assim, um fator de transtorno e desajustamento da economia de mercado" (Eduardo Kroeff Machado Carrion, *Reforma Constitucional e Direitos Adquiridos e Outros Estudos*, Porto Alegre: Síntese, 2000, p. 45).

[27] Aqui se enquadra qualquer propriedade de ativos do Estado, como bens móveis e imóveis, ações etc.

desses serviços públicos aos seus cidadãos e, conseqüentemente, reduzir a intervenção estatal na economia.

Maria Sylvia Zanella Di Pietro dá importante colaboração ao conceito de privatização, aqui vista em sentido amplo, entendendo que:

> Essa idéia corresponde a um conceito bem amplo de privatização, que abrange todas as medidas adotadas como o objetivo de diminuir o tamanho do Estado e que compreendem, fundamentalmente: a) a desregulação (diminuição da intervenção do Estado no domínio econômico); b) a desmonopolização de atividades econômicas; c) a venda de ações de empresas estatais ao Setor Privado (desnacionalização ou desestatização); d) a concessão de serviços públicos (com a devolução da qualidade de concessionário à empresa privada e não mais a empresas estatais, como vinha ocorrendo); e) os *contracting out* (como forma pela qual a Administração Pública celebra acordos de variados tipos para buscar a colaboração do Setor Privado, podendo-se mencionar, como exemplos, os convênios e os contratos de obras e prestação de serviços); é nesta última fórmula que entra o instituto da terceirização. O objetivo único é demonstrar a existência e aceitabilidade de conceitos amplos de privatização e a multiplicidade de técnicas de privatização. Trata-se, na realidade, *de um conceito ou de um processo em aberto*, que pode assumir diferentes formas, todas amoldando-se ao objetivo de reduzir o tamanho do Estado e fortalecer a iniciativa privada e os modos privados de gestão dos serviços públicos (2002, p. 17-18).

Demonstrado o conceito amplo de *privatização*, cabe analisar, agora, o *conceito estrito do instituto em questão*, que representa passar uma empresa que antes era do Estado para a iniciativa privada recebendo uma retributividade, econômica em regra. É este o significado que se imagina de imediato quando se escuta a palavra "privatização", e é este o adotado pelas legislações brasileiras sobre o assunto.

Assim entende também o Ministro do Supremo Tribunal Federal Carlos Ayres Britto, que diz que:

> Por via de conseqüência, a privatização não é mais que uma troca de bastões entre proprietários-controladores de unidades empresariais, tendo por objeto uma atividade que já era econômica desde o início. O Estado deixa de ser proprietário-controlador de unidade econômica, substituído que fica por empresa(s) ou empresário(s) do Setor Privado, no mesmo ramo de negócio. Logo, a privatização pode ser conceituada como transferência do domínio público de uma empresa para o domínio privado dessa mesma empresa, em caráter naturalmente oneroso ou negocial. Assim é que o tema deve ser compreendido, neste início de investigação, porque o Estado, ao virar empresário, não torna pública nenhuma das atividades econômicas que venha a desempenhar.

> Se tornasse, aí, sim, a privatização ganharia o sentido de despublicização de atividade (1995, p. 129).

De fato, é verdade que a atividade transferida já era econômica desde o início. Entretanto, há uma clara demonstração de que houve a publicização desta atividade pelo Estado em um dado momento. Porque, se não, não haveria atividade alguma que tivesse caráter eminentemente público, já que não se pode esquecer que até essas que são hoje consideradas de caráter público já foram atividades privadas. Poderiam ser citados como exemplo os serviços de saúde. Sabe-se que, historicamente, já foram serviços privados: quem tivesse algum problema desta ordem deveria procurar o médico com seus recursos próprios; e hoje é indiscutivelmente um serviço público, como assim prevê o art. 197 do texto constitucional.[28] Entretanto, mesmo estes serviços sendo públicos, pode o Estado vir a privatizá-los para sua eficientização. Isto não significa que esses serviços, ao estarem sendo prestados pela iniciativa privada, foram tornados de caráter privado pelo Estado; ou seja: transfere-se a prestação de serviço público, não a titularidade deles. É isto que vai justificar sua regulação, no caso da saúde, pela Agência Nacional da Saúde – ANS, criada pela Lei nº 9.961 no ano 2000.

A Lei nº 9.491/1997 (Lei das Privatizações) também coloca a privatização apenas como a transferência de ativos ou de ações de empresas estatais para o setor privado. Entretanto, não se deve restringir o precitado termo a esse conceito, pois, na sua gênese, ela tem por fundamento reduzir a intervenção estatal na economia, permitindo, além da livre concorrência, que as atividades econômicas e sociais que antes eram reguladas pelo Estado sejam tratadas como a iniciativa privada entenda melhor, desde que respeite os princípios constitucionais da ordem econômica.

Privatização, em sentido amplo, abarca concessões, permissões (se se adotar o entendimento de que ela não é mais precária), desburocratizações, estímulos positivos, terceirizações etc.

No Direito alienígena, podem ainda ser encontrados outros significados para o termo "privatização".

O português Paulo Otero (1999, p. 11-14), em uma passagem, fala da polissemia das acepções que se têm dado ao termo, enumerando em cinco

---

[28] "Art. 197. São de relevância pública as ações e serviços de saúde, cabendo ao Poder Público dispor, nos termos da lei, sobre sua regulamentação, fiscalização e controle, devendo sua execução ser feita diretamente ou através de terceiros e, também, por pessoa física ou jurídica de direito privado."

os principais significados de *privatização* – em que, sintetizando, se poderia encontrar:

1) Privatização no sentido de uma desestatização que se desenvolve por meio da desregulação, ou mesmo uma auto-regulação.
2) Também poderia ser concebida como um fenômeno de *fuga para o Direito Privado da Administração Pública*;[29] ou seja: a Administração Pública passa a utilizar-se das regras de Direito Privado para promover sua atuação, numa tentativa de modernização do setor público – como está ocorrendo, por exemplo, com a tentativa de implantar a Administração gerencial neste setor.
3) Ocorrerá também a privatização quando uma pessoa jurídica de Direito Público transmutar-se para uma pessoa jurídica de Direito Privado – como, por exemplo, se transmudada uma autarquia para uma sociedade de economia mista, ou mesmo para uma sociedade anônima, ambas pessoas jurídicas de Direito Privado; para o autor, isso já representaria uma privatização.
4) Privatização por meio de concessões ou delegações de serviços públicos ao setor privado.
5) Por último, quando houver abertura do capital social das estatais a entidades privadas, sendo que para Otero tanto a transferência do capital social majoritário quanto a do capital minoritário já representaria privatização.

O espanhol Gaspar Ariño Ortiz (2001, p. 446-500) entende ter a privatização dois significados: o político e o jurídico. Segundo ele, na primeira perspectiva poderiam ser encontradas duas visões. Na primeira, *privatização* estaria inserida num contexto de mudanças sociais e de modelo do Estado, na tentativa de alcançar uma sociedade mais livre e uma Administração mais eficaz, entendendo que, neste sentido, as privatizações *"constituem uma verdadeira revolução, pacífica e pausada"*, entretanto de tanta importância como foi a Revolução Francesa de 1789. Na segunda visão, estariam ligadas as privatizações a um aspecto econômico, consistente na obtenção de dinheiro, e também ao fato da eficientização na produção e prestação de bens e serviços. Sendo que, de acordo com ele, França e Itália estariam enquadrariam nessa segunda visão.

Quanto ao significado jurídico do precitado termo, Ortiz explica que,

[29] Nesta passagem o autor cita Maria João Estorninho, que melhor explica esse instituto em seu livro A *Fuga para o Direito Privado* – Contributo para o Estudo da Actividade de Direito Privado da Administração Pública, Coimbra, 1996.

> de forma excessivamente ampla, com o termo 'privatização' se alude a toda iniciativa pública que persegue reduzir a intervenção pública e aumentar a eficiência econômica, abandonando o público e recorrendo ao privado, em diversos campos: titularidade da atividade, forma de gestão, regime de propriedade, regime jurídico, forma de financiamento (...) privatizar supõe a retirada do Estado das atividades econômicas de produção de bens e serviços (2001, p. 447).

Ressalta Ariño Ortiz que este processo pode se referir tanto aos bens e ao patrimônio do Estado (transferência de patrimônio público ao setor privado) como às tarefas e serviços realizados até agora pelo Estado (devolução de tarefas ou serviços realizados até então pelo setor público a empresários ou titulares privados).

Do que se relatou até agora, pode-se concluir que a privatização tem natureza jurídica de desestatização.

Deve-se mencionar, entretanto, que, para aqueles que a conceituam em sentido estrito, ela terá essencialmente natureza de sucessão empresarial. Assim entende Carlos Ayres Britto:

> como o que era econômico permanece econômico, e como, sobremais, toda atividade econômica é própria dos particulares (constitucionalmente privada que é), segue-se que a privatização não passa mesmo de sucessão empresarial (Britto, 1995, p. 126-27).

Nessa perspectiva, o primeiro grande passo para mudar o desenho do Estado como prestador de serviços foi o Programa Nacional de Desestatização, instituído pela Lei nº 8.031, de 12 de abril de 1990. Posteriormente, essa lei foi revogada pela Lei nº 9.491 de 9 de setembro de 1997, que, embora alterando procedimentos previstos na lei anterior, manteve as linhas básicas do Programa.

Existem quatro aspectos importantes a considerar no programa:

1º – Trata-se dos objetivos fundamentais do programa e entre estes mereça relevo o de

> reordenar a posição estratégica do Estado na economia, transferindo à iniciativa privadas atividades indevidamente exploradas pelo setor público (art. 1º I) mostrando que a busca desse objetivo acarretará, por via de conseqüência, a redução da dívida pública liquida (art. 1º, II) e a concentração da Administração Pública em atividades nas quais seja fundamental a presença de Estado em vista das prioridades nacionais (art. 1º, IV).

2º – Além dos objetivos, é necessário apontar aquele sobre o qual poderá incidir o programa. Poderão submeter-se à privatização em sentido estrito:

a) as empresas, incluídas as instituições financeiras, controladas direta ou indiretamente pela União;

b) as empresas do setor privado que, por qualquer razão, passaram ao controle da União;

c) os serviços públicos objetos de concessão, permissão ou autorização.

3º – Aspecto concernente às formas pelas quais se processam:

a) alienação de participação societária, inclusive de controle acionário;

b) abertura de capital;

c) aumento de capital, com o Estado reiniciando aos direitos de subscrição ou cedendo-os, total ou parcialmente;

d) alienação, arrendamento, localização, comodato ou cessão de bens e instalações;

e) concessão, permissão ou autorização de serviços públicos.

4º – Sentido final de desestatização e privatização, "desestatizar" significa retirar o Estado de certo setor de atividades ao passo que "privatizar" indica tornar algo privado.

No que se refere especificamente aos servidores públicos, deve-se ressalvar que o Estado não deixou de ser titular, transferindo somente a execução em si dos serviços.

Conseqüência do Programa de Desestatização, e particularmente em razão da transferência de atividades às empresas da iniciativa privada, têm sido criadas as agências autárquicas (também chamadas de agências reguladoras ou agências governamentais), sob a forma de autarquias.

Do exposto, deve-se concluir que como delegação do serviço público a privatização em sentido estrito pode aparecer, desde que a empresa que fora transferida para o setor privado seja prestadora de serviço público. Caso contrário, não se apresenta como delegação de serviço público. O entendimento de que privatização em sentido amplo abarca todas as formas de transferências de atividades que o Estado realiza para o privado, não nos serve neste momento de estudo do Direito Administrativo, ele é mais empregado no estudo do Direito Administrativo Econômico, mas são aspectos meramente conceituais, que na prática não produzem efeitos.

4.7.2. Concessões

4.7.2.1 Histórico

Relevante afirmar que somente o serviço público específico e divisível pode ser prestado indiretamente, por meio de concessão ou permissão e, desde que *efetivamente prestado*, ser remunerado mediante pagamento de tarifa.

As concessões são antigas no Direito brasileiro. Conforme Bilac Pinto (1953, nº 32, p. 3),

> a grande vantagem do regime de concessão para o Estado liberal era a de que, por meio dela, o Estado prestava um serviço público essencial sem que tivesse necessidade de inverter recursos do Tesouro e, sobretudo, sem correr os riscos econômicos de toda exploração industrial. Estas características originárias da concessão de serviço público foram, entretanto, sensivelmente alteradas, de começo pelas cláusulas de "garantias de juros" e mais tarde pela aplicação da teoria da imprevisão. Em razão destas modificações estruturais no contrato de concessão, entre o concedente e o concessionário, como que surgiu uma associação financeira lesiva ao Poder Público que, privado dos benefícios eventuais, estava, entretanto obrigado a participar das perdas da exploração do serviço público concedido.

Já é antiga, portanto, a constatação de que as concessões têm servido para a privatização do lucro e socialização do prejuízo, tudo em nome da continuidade do serviço, que é obrigatória.

A justificativa da concessão é a de prestar serviços públicos sem necessidade de grandes investimentos do Estado.

Entretanto, passou o Estado a criar empresas e a elas delegar serviços públicos, como ocorreu nos casos de energia elétrica, navegação aérea, telecomunicações.

Maria Sylvia Zanella Di Pietro (2002, p. 58-59) cita como exemplos os casos da Cesp, da Eletropaulo, da Vasp e da Telesp, no Estado de São Paulo.

Em outros casos, foi criada pessoa jurídica e a ela transferida por lei a execução de serviço público comercial ou industrial, misturando duas formas de descentralização: por serviços (por meio de lei) e por colaboração (por meio de contrato). Ou simplesmente, a lei cria a pessoa jurídica e ao mesmo tempo transfere a atribuição. Não há contrato. É o caso da Embratel, da Telebrás, da Dersa, da Sabesp e da Fepasa, todas já privatizadas ou em vias de privatização.

Em todas as hipóteses, as sociedades criadas adquirem o direito de prestar o serviço – direito oponível até mesmo à pessoa jurídica que as criou – mas conserva o Poder Público a titularidade.

Capítulo 5
Licitações

5.1. INTRODUÇÃO

O Poder Público, como agente negocial que nos representa, se obriga constantemente a estar diante da necessidade de celebrar contratos para aquisição de bens e serviços, para vendas de bens que não mais se coadunam com o interesse público – nesse caso leilão. Todavia, é claro que ele não pode ter a mesma liberdade que o particular dispõe, porque no contrato administrativo, o administrador vincula em um dos pólos o Poder Público, logo os valores são diferentes e as opções também.

A título ilustrativo, suponha-se que um prefeito de um determinado Município vá contratar o fornecimento de leite para as escolas municipais. Este leite está sendo vendido por R$ 2,00 (dois reais) o litro no Laticínio Leite Caro, e o mesmo leite está sendo vendido no Laticínio Bom Preço por R$ 1,00 (um real). Entretanto, o leite do Laticínio Leite Caro tem como vendedora uma mulher bonita. Onde, então, este prefeito comprará o produto? Alguns chefes do Poder Executivo acabam sobrepondo esse aspecto subjetivo sob o objetivo, e adquirem o leite por R$ 2,00 (dois reais); entretanto, um administrador probo tem que optar pelo leite de R$ 1,00 (um real), mesmo que ele não simpatize ou seja inimigo do dono do Laticínio Bom Preço, pois neste caso, deve o administrador sempre ter em mente dois valores ao contratar: a isonomia, que significa igualdade para quem quiser contratar com a Administração Pública; e a probidade, entendida como honestidade ao escolher a proposta mais vantajosa para Poder Público. Para garantir estes dois valores é que se criam mecanismos para contratar; no Brasil esse mecanismo é chamado licitação.[1]

Hodiernamente, é impossível não enquadrar as licitações, que são pressupostos para a celebração de contratos públicos, no campo de aplicação do

[1] Em outros países pode ter outro nome: concurso em Portugal. Concorrência e adjudicação na França. Na Espanha e Argentina o nome é o mesmo: licitación.

Direito do Administrativo, já que esta concorrência em busca da celebração de contratos com a Administração só existe para que não se permita, ao administrador, discricionariedade para concretizar contratos caracterizados em regra pela movimentação de dinheiro público em alta escala.

Quando se realiza uma licitação, os principais objetivos são buscar uma negociação satisfatória para a Administração e abrir campo contratual para todos os administrados que interessem em seu objeto. A preocupação é de fundo econômico, como se percebe. Buscar uma melhor proposta se liga diretamente à realização de um negócio onde não se desperdice dinheiro público.

Os administrados participam da licitação em regra, por meio de suas empresas que mobilizam valores elevados para a prestação de um serviço, execução de uma obra, venda de materiais ou até aquisições por intermédio da modalidade leilão.

Na preocupação com o gasto público desregrado, a solução encontrada é a observância das regras de Direito Público, em especial de Direito Administrativo.

5.2. CONTORNOS JURÍDICOS DA LICITAÇÃO

5.2.1. Fundamentos constitucionais da licitação

O tratamento constitucional da licitação é amplo, sendo vários os dispositivos que a regulam. O art. 22, XXVII, que estabelece a competência para legislar sobre licitação. Segundo esta norma constitucional, "compete privativamente à União legislar, sobre normas gerais de licitação e contratação em todas as modalidades". Numa primeira leitura do texto, poderia se entender que a competência para legislar é privativa. Mas lendo atentamente se concluiu que a União legisla sobre normas gerais e cada um dos entes federados legisla para si sobre normas específicas.

Exemplificando essa situação mencionada, se têm os valores constantes no art. 23 do Estatuto Licitatório. Estes se destinam apenas a contratações realizadas pela União. Pois como a Lei nº 8.666/1993, que disciplina as licitações, traz tanto normas gerais, como normas específicas para a União, esse é um caso em que ela dispôs sobre norma específica. O art. 23 é que fixa valores para determinar a modalidade de licitação a ser realizada, sendo que esses valores se aplicam somente à União. Entender que esses valores se aplicam aos Estados e Municípios seria entender que determinadas modalidades de licitação nunca se realizariam em Municípios menores, já que dificilmente realizam contratações que atinjam esses valores traçados.

Para Carlos Ari Sundfeld, o art. 22, XXVII, está mal localizado, ele deveria estar no art. 24, que versa sobre a competência concorrente. Da União podem advir normas específicas para ela e gerais (para todos), e isto tudo em uma mesma lei pode acontecer. Segundo o autor,

> o fato de a atividade legiferante federal haver sido inserida no preceito concernente às competências exclusivas da União, e não no relativo às competências concorrentes, não tem o condão de conferir-lhe o poder de regular exaustivamente, para os demais entes políticos, a matéria de licitação e contratos administrativos. Destarte, os Municípios, Estados da Federação e o Distrito Federal só estão obrigados a seguir, na legislação federal sobre licitações e contratos, o que for efetivamente norma geral. Quanto ao mais, têm poder regulador próprio (1994, p. 28).

Todavia, no caso precitado, na prática adotam-se esses valores para os Estados e Municípios, por ausência de interesse por partes desses, de modificar os valores para menor, ou seja, de estabelecer uma Lei Municipal ou Estadual de Licitações, que minore esses valores, pois só esse caso seria permissível.

Portanto, a União pode impor normas gerais aos Estados, Municípios e Distrito Federal, a norma geral é aquela que dá espaço para outras leis tratarem da mesma matéria. Ela traz princípios, pontos essenciais para o instituto.

O art. 37, XXI, da Constituição Federal consagra o Princípio da Licitação, o dever da Administração Pública Direta ou Indireta de licitar. Entretanto a própria Constituição autoriza criar exceções ao dever de licitar, exceções estas que serão analisadas posteriormente. O art. 173, § 1º, III, também dispõe sobre o dever de licitar, segundo esse dispositivo, as Sociedades de Economia Mista e as Empresas Públicas, que exploram atividades econômicas têm que ser disciplinadas por estatutos, e um dos pontos que o estatuto vai abordar é o dever de licitar. Em seguida, o art. 175, *caput*, obriga a promoção de licitação para as Permissões e Concessões de Serviço Público.

5.3. CONCEITOS

Licitação é o procedimento administrativo pelo qual o Poder Público por meio de critérios preestabelecidos e econômicos, busca encontrar a proposta mais vantajosa para a celebração de um futuro ato jurídico[2] de interesse de determinado ente ou órgão público, objetivando preservar e garantir a aplicação dos princípios constitucionais da Administração Pública.

Grande parte da doutrina moderna entende que a licitação é um procedimento, um conjunto de atos administrativos. Adotando essa posição, podemos

[2] Abarca tanto contratos como atos administrativos.

encontrar Hely Lopes Meirelles,[3] Celso Antônio Bandeira de Mello,[4] Roberto Dromi,[5] Diogo Freitas do Amaral,[6] Eduardo Garcia de Enterría e Tomas-Ramon Fernandez,[7] Diogenes Gasparini,[8] Carlos Ari Sundfeld,[9] Marcos Juruena Villela Souto,[10] Lúcia Valle Figueiredo,[11] e Maria Sylvia Di Pietro,[12] entre outros.

---

[3] "Licitação é o procedimento administrativo mediante o qual a Administração Pública seleciona a proposta mais vantajosa para contrato de seu interesse" (Meirelles, 1990, p. 17).
[4] "Pode-se conceituar licitação da seguinte maneira: é o procedimento administrativo pelo qual uma pessoa governamental, pretendendo alienar, adquirir ou locar bens, realizar obras ou serviços, outorgar concessões, permissões de obra, serviço o de uso exclusivo de bem público, segundo condições por ela estipuladas previamente, convoca interessados na apresentação de propostas, afim de selecionar a que se revele mais conveniente em função de parâmetros antecipadamente estabelecidos e divulgados" (Bandeira de Mello, 2000, p. 456).
[5] "Licitación pública es el procedimiento por el cual la Administración invita a una cantidad indeterminada de posibles interesados a que, sujetándose a las bases fijadas en los pliegos de bases y condiciones, formulen propuestas de las cuales se seleccionará y aceptará (adjudicación) las más ventajosa, o conveniente (de conformidad a los factores económicos)" (Dromi, 2001, p. 377).
[6] "A celebração de um contrato administrativo é sempre precedida pela prática de um acto administrativo, que é o acto de adjudicação, e este é por sua vez precedido pelo respectivo procedimento administrativo." O Autor aqui se refere ao concurso (como é chamada a licitação em Portugal) como procedimento administrativo (Amaral, 2001, p. 588).
[7] "La selección de los contratistas privados por la Administración há remitido siempre, como regla general, a fórmulas de licitación pública con las cuales pretendía garantizarse tanto la igualdad de los particulares como la obtención por la Administración, a través de la competencia, de las condiciones más ventajosas para el interés público. [...] este procedimiento, dominado por un automatismo absoluto (adjudicación necesaria al mejor postor), garantizaba mejor que ningún otro las finalidades perseguidas por la licitación al eliminar toda discrecionalidad de la Administración y asegurar a ésta el mejo precio posible" (Enterría e Fernandez, 1998, p. 702).
[8] "Esse procedimento levado a efeito para encontrar a melhor proposta, chamado de licitação, embora não seja o mesmo para os grupos de obrigados a licitar (pessoas públicas, pessoas governamentais), é regulado pelo Direito Administrativo. Sujeitam-se a esse procedimento tão-só as pessoas jurídicas de Direito Público, as governamentais e outros entes (fundos especiais, Câmara de Vereadores) que, por lei, a isso estejam obrigados" (Gasparini, 2003, p. 395-96).
[9] "Licitação é o procedimento administrativo destinado à escolha de pessoa a ser contratada pela Administração ou a ser beneficiada por ato administrativo singular, no qual são assegurados tanto o direito dos interessados à disputa como a seleção do beneficiário mais adequado ao interesse público" (Sundfeld, 1994, p. 15).
[10] "A licitação é o procedimento administrativo que tem por objetivo a seleção da proposta mais vantajosa para celebração de contrato com entidade integrante da Administração Pública ou por ela controlada. Trata-se, com tal prática, de dar cumprimento ao dever de eficiência financeira inerente ao administrador público positivado, no art. 70 da Constituição Federal, sob o nome de princípio da economicidade" (Souto, 2001, p. 554).
[11] "Licitação como a definimos, é procedimento administrativo unilateral, que tem por objeto a seleção do melhor contratante, que deverá prestar ao Estado serviços, construir obras, fornecer ou adquirir-lhes bens" (Figueiredo, 1992, p. 17).
[12] "[...] pode-se definir a licitação como o procedimento administrativo pelo qual um ente público, no exercício da função administrativa, abre a todos os interessados, que se sujeitem às condições fixadas no instrumento convocatório, a possibilidade de formularem propostas dentre

Não podemos deixar de mencionar aqui que há aqueles que entendem a licitação como um processo administrativo, entre eles podemos encontrar Odete Medauar e Petrônio Braz.[13]

Segundo o entendimento de Odete Medauar, a licitação no Brasil "é o processo administrativo em que a sucessão de fases e atos leva à indicação de quem vai celebrar contrato com a Administração". A autora explica que é um processo administrativo porque, além da sucessão de atos e fases, há sujeitos diversos – os licitantes – interessados no processo, que dele participam, perante a Administração, todos, inclusive esta, tendo direitos, deveres, ônus, sujeições (2002, p. 220-21).

Carlos Pinto Coelho Motta, por sua vez, entende que a licitação é um processo-procedimento. Processo na sua fase interna e procedimento na sua fase externa (2002, p. 38).

Tratando de *procedimento administrativo*, a licitação tem como pressuposto a ocorrência de uma série de atos praticados seqüencialmente, alguns de competência da própria Administração, outros de responsabilidade dos participantes.

5.4. A LEI Nº 8.666/1993 (LEI DE LICITAÇÕES) – NORMAS GERAIS SOBRE LICITAÇÃO

A Lei nº 8.666/1993 é a atual lei de licitação, entretanto, já sofreu inúmeras alterações desde sua entrada em vigor.

Nos termos do art. 1º, que ressalva que "essa lei dispõe de normas gerais em matéria de licitação", ela tem aplicação em âmbito nacional. Porém, essa posição tem sido contestada pelos doutrinadores. Muitos afirmam que houve invasão na área de competência dos Estados e Municípios para legislação suplementar, e que a inconstitucionalidade do art 1º é manifesta, já que não deixa espaços para que os Estados e Municípios legislem em matéria de licitação e contratos administrativos.

O grande problema que se encontra é que embora o art. 1º diga que a lei só tem normas gerais, ela tem também normas específicas para a União, e os Estados e Municípios pela vigência do art. 1º acabam tendo que seguir as

---

as quais selecionará e aceitará a mais conveniente para a celebração de contrato" (Di Pietro, 2001, p. 291).

[13] "[...] Sendo o processo uma sucessão de atos (procedimentos) destinados a apreciação e julgamentos de um fato de relevância jurídica, a licitação é uma espécie de processo administrativo, não apenas um procedimento" (Braz, 1995, p. 32).

regras que *a priori* só se destinavam à União. Portanto não se pode aplicar todos os artigos da Lei nº 8.666/1993 em âmbito nacional. Admitindo então que ela tem dois tipos de normas: as gerais, válidas para todos os entes da Federação; e as específicas, que dizem respeito apenas e tão-somente às licitações de âmbito federal, e nesse caso, os demais entes federativos estão desobrigados a seguir.

Uma celeuma ainda existe. A doutrina não tem chegado a um consenso do que é *norma geral*. Seria esta norma geral, que aduz o art. 1º da Lei de Licitações, um conceito jurídico indeterminado?

Para os que entendem que existe o denominado conceito jurídico indeterminado,[14] ela poderia se apresentar como um deles. Entretanto, invocamos as lições do ministro do Supremo Tribunal Federal Eros Roberto Grau para quem não existem conceitos indeterminados, isto porque, segundo seu entendimento, a indeterminação não é dos conceitos mas sim das suas expressões/termos, ou seja, o conceito jurídico tem sempre uma significação determinada (Grau, 1990, p. 41-43). Portanto, devemos determinar a significação, e para tanto buscaremos alguns conceitos estipulados por alguns respeitados juristas.

Diogo de Figueiredo Moreira Neto, explica que se deve entender a normas gerais como:

> declarações principiológicas que cabe à União editar no uso de sua competência concorrente limitada, restrita ao estabelecimento de diretrizes nacionais sobre certos assuntos, que deverão ser respeitados pelos Estados-membros na feitura de suas respectivas legislações, através de normas específicas e particularizantes que detalharão, de modo que possam ser aplicadas, direta e indiretamente, a relações e situações concretas a que se destinam, em seus respectivos âmbitos políticos (1976, p. 162).

---

[14] O português António Francisco de Sousa, em sua obra clássica, *Conceitos Indeterminados no Direto Adminstrativo*, lembra que no que respeita o Direito Administrativo, "Os conceitos indeterminados constituem, como referiu VAN HUSEN (DVBI. 1953, p. 72) 'o pão nosso de cada dia' dos tribunais administrativos. A questão dos conceitos indeterminados noutras áreas do direito, nomeadamente do direito civil ou do direito penal. Na verdade, os conceitos indeterminados colocam problemas especiais no direito administrativo porque enquanto no direito civil ou no direito penal o tribunal é o único órgão que aplica a lei ao caso concreto e, assim, os conceitos indeterminados nela contidos, já no direito administrativo essa competência está a cargo do órgão ou agente da Administração, ficando para o juiz apenas a função de fiscalização ou controle da concreta interpretação e aplicação que de tais conceitos tenha sido feita." Pontificando em outro momento que "[...] a expressão 'conceito indeterminado' pretende referir aqueles conceitos que se caracterizam por um elevado grau de indeterminação" (Souza, 1994, p. 18 e 24).

Para Maria Garcia, as "normas gerais são regramentos para outras normas, objetivando uniformidade na matéria legislada: são diretrizes, bases, norteio para esse fim" (1995, p. 222). Procurando clarificar o problema, a precitada professora menciona como o jurista Toshio Mukai resolveu o problema, voltado para o seu aspecto na Lei de Licitação, segundo ele:

> normas gerais sobre licitações e contratos devem ser aquelas que dizem respeito à essência desses institutos, e também aquelas que devem funcionar como padrões, standards jurídicos, ou seja, aquelas que se prestem a dar uniformidade no âmbito federal, estadual e municipal, àqueles. [...] Os critérios para se detectar as normas gerais daquele diploma legal devem ser:
>
> a) o do aspecto da essencialidade da norma para a plena concretização do instituto (nesse ponto, são, sem dúvida, normas gerais todas aquelas que dizem respeito à salvaguarda dos princípios da licitação;
>
> b) o do aspecto da uniformização mínima das normas, em nível nacional, relativas às licitações e contratos (nº 136, p. 15).

Em síntese, deve-se considerar que norma geral é composta de uma hipótese e de um preceito, que deverão ser destinados a todos os entes da Federação.

5.5. PRINCÍPIOS GERAIS DA LICITAÇÃO

O art. 3º da Lei nº 8.666/1993 enumera os principais princípios da licitação, mas este rol é exemplificativo, conforme se denota da expressão "e dos que lhe são correlatos", contida nesse dispositivo.

Ele enumera os princípios da: isonomia, legalidade, impessoalidade, moralidade, igualdade, publicidade, probidade administrativa, vinculação ao instrumento convocatório e do julgamento objetivo.

Uma observação que se faz necessária é que são cinco os princípios gerais da Administração Pública (art. 37, *caput*), e aqui só estão enumerados quatro, isto se dá porque o Princípio da Eficiência só foi introduzido com a Reforma Administrativa de 1998, posterior à Lei nº 8.666/1993, mas ele também se aplica às licitações.

Analisaremos os princípios mais significantes para a licitação.

5.5.1. Legalidade

O princípio da legalidade aplicado às licitações tem por finalidade obstar o comportamento desconforme com as normas de licitação. O administrador deve seguir rigorosamente o procedimento previsto nas normas de licitação, sob pena de viciar seu procedimento levando a sua anulação, ou num grau mais elevado, até responder por crimes previsto tanto na Lei de Licitações, como no Estatuto Repressivo Brasileiro.

Caio Tácito ressalta que

> o princípio da legalidade assim estabelecido como fundamento de direitos individuais e, por natural desdobramento, de direitos políticos da representação popular na constituição dos poderes reprime o absolutismo do Poder estatal e condiciona a atividade da Administração Pública (1996, p. 143-44).

Os arts. 4º (que impõe *à fiel observância do pertinente procedimento estabelecido* na lei) e o 41 (que dita a impossibilidade da Administração descumprir as normas e condições preestabelecidas no edital) são reflexos do princípio da legalidade na Administração Pública.

5.5.2. Impessoalidade

Carlos Pinto Coelho Motta realiza um importante estudo sobre o princípio da impessoalidade voltado para as licitações. Preocupa-se com o combate à concessão de privilégios, para que conseqüentemente se permita uma competição justa. Ainda menciona o confronto da impessoalidade com a preferencialidade, manifestando pela não mais incidência das normas preferencialistas contidas no Estatuto das Licitações, dado que, a Emenda Constitucional nº 6 as teria revogado. Cita este emérito jurista, que advogam da mesma opinião outros juristas de peso, tais como Toshio Mukai (1997, nº 10, p. 475) e Dinorá Adelaide Musetti Grotti (1996, nº 14, p. 65).

Entretanto, discordo dessas opiniões, já que entendo que a Emenda Constitucional nº 6 de 1995 quando revogou o art. 171 da Constituição Federal, apenas retirou a garantia constitucional que lhes era dada, portanto a preferência contida no art. 3º, § 2º, incisos I, II e III, persiste.

Ademais, nesses momentos onde persistem e se agravam cada vez mais as barreiras internacionais, não há de se falar em preservação do princípio da igualdade, já que o critério é apenas para desempate.

5.5.3. Moralidade

O princípio da moralidade parte daquela velha premissa de que o povo tem direito a um Governo honesto.

O professor Marçal Justen Filho traduz bem o que se pretende com o levantamento do princípio da moralidade, preceitua ele:

> o princípio da moralidade pública é por assim dizer, um princípio jurídico "em branco", o que significa que seu conteúdo não se exaure em comandos

> concretos e definidos, explícita ou implicitamente previstos no direito legislado. O princípio da moralidade pública contempla a determinação jurídica da observância de preceitos éticos produzidos pela sociedade, variáveis segundo as circunstâncias de cada caso. [...] a moralidade pública se destina a disciplinar uma série indeterminada de situações, o que seria inviabilizado por uma construção fechada e exaustiva. [...] A essência do princípio da moralidade pública consiste na invalidade de todos os atos praticados pelo Estado incompatíveis com a interpretação ética do sistema e das normas jurídicas (1995, p. 50).

Ressalta-se que em se tratando deste princípio aplicado para as Licitações, o administrador que respeita o princípio da moralidade é o que sempre promove licitações como pressuposto para a formação de contratos administrativos, ressalvadas as exceções ao dever de licitar.

5.5.4. Publicidade

A publicidade é princípio basilar da Administração Pública, assim consagrado no texto constitucional. Entretanto, não precisaria estar consagrado na Constituição para que fosse obrigatória a sua observância, uma vez que a publicidade é requisito de qualquer ato administrativo ou atos da Administração. Portanto, ela existe na Administração Pública muito antes da sua previsão constitucional, se ele foi no passado ou é observada atualmente é um problema empírico e não teórico.

Segundo Carlos Pinto Coelho Motta, o princípio da publicidade na Administração Pública tem como função promover

> a visibilidade dos atos da administração para viabilizar o exercício pleno do controle por parte da sociedade. Insurge-se este princípio contra a concepção segredista, instalada na burocracia administrativa, que dificulta o acesso a dados e documentos, proclamando a desnecessidade de motivar os atos (2002, p. 112).

Maria Garcia, entende este princípio como essencial ao processo licitatório, para a autora

> A publicidade é elemento da essência do processo licitatório: se a lei busca preservar o atendimento ao princípio da isonomia no acesso dos interessados à realização das obras, serviços e todas as modalidades *ad negotia* dos particulares com a Administração Pública e, por outro lado, garantir a seleção ou escolha da proposta mais vantajosa ao interesse público – a publicidade dos atos desse processo demonstra-se de fundamental importância (1995, p. 12).

O princípio da publicidade no que concerne à licitação se traduz na obrigação de publicação dos atos do seu procedimento, na promoção de audiências públicas[15] quando preenchidos os requisitos do art. 39 do estatuto licitatório, o fornecimento de informações pertinentes aos contratos assinados com a Administração Pública.

Ademais, a publicidade é diretamente ligada a participação popular na gestão da coisa pública, ou seja, como bem preconiza Fabiana de Menezes Soares,

> o Princípio Participativo integrante do conceito de Democracia Social encontra-se ligado à problemática de "democratização da sociedade: democratizar a democracia através da participação significa em termos gerais, intensificar a optimização das participações dos homens no processo de decisão" (1997, p. 69).

É indispensável num Estado Democrático de Direito que o povo de uma Nação se interaja com o Estado no afã de se concretizar a sua Democracia, que, de acordo com o conceito dado por Luiz Carlos Bresser Pereira,

> a Democracia é o instrumento político que protege os direitos civis contra a tirania, que afirma o direito de votar e ser votado, que assegura os direitos sociais contra exploração e que afirma os direitos públicos em relação à *res publica* (1997, nº 1).

5.5.5. Eficiência

A eficiência, no que respeita às licitações, se traduz na promoção desviciada em todo o seu procedimento, para que ela não seja morosa devido às impugnações sobre alguma etapa dos seus procedimentos que se demonstre eivado de vício.

Para a boa ordenação de uma licitação, é necessário o treinamento do pessoal, da comissão que atuarão nesta área, porque sem que haja um treinamento adequado, as licitações de uma comissão despreparada estará correndo sérios riscos de sofrerem fundamentadas impugnações, o que, além de prejudicar o seu andamento, poderá ainda sofrer como sanção a anulação.

5.5.6. Isonomia ou da igualdade formal

O art. 5º, *caput*, da Constituição dispõe que todos são iguais perante a lei, e que não deve haver distinção de qualquer natureza. Esse princípio se dirige também

[15] Ressalta a professora Fabiana de Menezes Soares que as audiências públicas têm servido para concretizar "[...] o direito de ser ouvido nas instâncias administrativistas, cujo fundamento reside tanto na garantia fundamental de receber informações dos órgãos públicos, quanto no exercício da ampla defesa e do contraditório nos processos administrativos, tanto o cidadão que atua isoladamente e em conjunto, nas associações de cidadãos, se fazem presentes" (Soares, 1997, p. 164.)

ao legislador, que deve seguir o preceito máximo de igualdade preconizado por Aristóteles[16] quando da elaboração legislativa. A principal dificuldade encontrada está em saber quem é igual e quem é desigual.

Visa esse princípio, não apenas permitir à Administração a escolha da melhor proposta, mas também a assegurar igualdade de Direito a todos os interessados em contratar; veda o estabelecimento de condições que impliquem preferência de um em detrimento dos demais.

O princípio da igualdade concorrencial, segundo João Bosco Leopoldino da Fonseca,

> leva à obrigatoriedade de um comportamento que respeite a igualdade de direito de todos os integrantes do mercado, bem como de não adotar comportamentos que impeçam a entrada no mercado ou force a eliminação de um concorrente. O princípio da igualdade se refere à possibilidade de atuação garantida a todos, independente do seu tamanho estrutural (2001, p. 61).

Exceções a esse princípio:

1ª – É a que assegura em igualdade de condições, como critério de desempate, preferência sucessivamente: a) bem e serviços produzidos no país; b) e segundo, os bens e serviços produzidos ou prestados por empresas brasileiras.

2ª – Também, às aquisições de bens e serviços de informática e automação, deve-se dar preferência aos de capital nacional, primeiramente os com tecnologia desenvolvida no país e depois os produzidos no país com significativo valor agregado local.

Cabe observar que a competição não é inteiramente livre, pois a proteção do interesse público exige a imposição de certas normas que afastam, por exemplo, pessoas jurídicas não regularmente constituídas ou que não apresentem idoneidade financeira ou técnica.

O saudoso Hely Lopes Meirelles, pontificou que o princípio da igualdade entre os licitantes, tem como intuito proibir qualquer

> cláusula discriminatória ou o julgamento faccioso que desiguala os iguais ou iguala os desiguais, favorecendo a uns e prejudicando a outros, com exigências inúteis para o serviço público, mas com destino certo a determinados candidatos (1996, p. 24).

[16] Igualdade é tratar igualmente os iguais, e desigualmente os desiguais, na medida de suas desigualdades.

5.5.7. Vinculação ao instrumento convocatório

Toda licitação tem um instrumento convocatório (normalmente um edital) que "é um ato administrativo concreto, de natureza formal, pelo qual a Administração Pública expressa a vontade de sua abertura" (Mello, 1978, p. 70) e chama os interessados para fixar suas propostas. É este instrumento que fixa as regras da licitação. Alguns dizem que a lei é a lei interna da licitação.

As regras nele fixadas não podem mudar durante o procedimento licitatório, se eventualmente forem desrespeitadas as regras, há vício na licitação.

5.5.8. Probidade administrativa

Agir com probidade administrativa é agir com honestidade. A lei só afirma que o administrador público tem que ser honesto e escolher a melhor proposta para um futuro contrato.

5.5.9. Julgamento objetivo

Aduz que a licitação é julgada por critérios objetivos, que não variam de pessoa para pessoa, são mesuráveis, comprováveis.

Exemplificando, se o edital prevê que será o ganhador de uma licitação para compra de leite em pó destinado à merenda escolar quem apresentar a proposta mais baixa, nada mais justo. Agora se ele prever que será o ganhador quem apresentar a proposta mais baixa para aquisição de leite em pó importado da Argentina, neste caso ele está viciado, já que nada prova que um leite em pó argentino seja tão mais saudável que um nacional. Ademais, poderia ter previamente dirigido esse edital para algum empresário que já tenha disponível tais leite em pó argentino armazenado em grande quantidade, o que, além de viciar o edital, é crime previsto no art. 90 da lei de licitações.

Ou seja, licitações com critérios subjetivos são viciadas.

5.5.10. Sigilo das propostas

As propostas dos licitantes devem ser silenciosas, e ao longo do procedimento todos terão as propostas reveladas posterior e simultaneamente, só então é que elas se tornarão públicas.

Uma das exceções a este princípio é o pregão, pois este tem uma etapa em que os concorrentes realizam lances abertos.

O art. 94 reprime o devassamento, ou seja, é crime violar o sigilo das licitações com pena de 2 a 3 anos de detenção.

5.5.11. Procedimento formal

Este princípio afirma que as formalidades prescritas na lei devem ser rigorosamente obedecidas, pelos atos que integram o procedimento licitatório. Se descumpridas as regras, há vício. Regras prescritas devem ser cumpridas.

5.5.12. Adjudicação compulsória

Por este princípio entende-se que se houver adjudicação do objeto de uma licitação a alguém, esta terá que ser feita ao vencedor da competição.

Essa nomenclatura é incorreta, porque nem toda às vezes acaba a licitação com a adjudicação. O que o princípio obriga é que se houver a adjudicação, que ela seja para o vencedor do pleito.

Nesse sentido, Hely Lopes Meirelles propugna:

> A adjudicação compulsória do objeto da licitação ao vencedor é também princípio irrelegável no procedimento licitatório. Vencida a licitação, nasce para o vencedor o direito subjetivo à adjudicação, isto é, a atribuição de seu objeto a quem foi classificado em primeiro lugar. E essa adjudicação é obrigatória, não podendo a Administração atribuir o objeto da licitação a outrem que não o vencedor [...] O que se assinala nesse tópico é a compulsoriedade da adjudicação ao vencedor, como princípio inerente a toda licitação (1996, p. 33-34).

5.5.13. Competição ou da competitividade

Esse princípio assegura que não pode haver regras ou cláusulas que eliminem, restrinjam ou frustrem as naturais condições de competitividade do procedimento. Quanto maior a competição, maior será a necessidade de se oferecer melhores propostas.

5.5.14. Ampla fiscalização da licitação

Alguns autores enunciam a ampla fiscalização da licitação pelos licitantes, mas estaria restringindo-se demais, porque o Ministério Público, o Poder Legislativo, os cidadãos, todos podem fiscalizar, inclusive porque há mecanismos repressivos aos vícios.

O art. 37, inciso XXI, além de mencionar alguns princípios da licitação, como igualdade de condições aos licitantes e legalidade, abriu à lei a possibilidade ao legislador infraconstitucional para instituir casos de exceções ao dever de licitar, ao estipular que podem ser *ressalvados* alguns *casos*, bastando para isso que eles sejam *previstos na legislação*. E foram instituídos dois casos:[17] a dispensa e a inexigibilidade.

É necessário enfatizar que a licitação é regra, e até pelo princípio da legalidade que rege a Administração as exceções só existem se previstas em lei.

Carlos Pinto Coelho Motta afirma nesse sentido que

> o art. 2º afirma a predominância da licitação, não como hipótese meramente retórica, mas como efetivação de um princípio constitucional que impõe a disputa isonômica nos negócios públicos. A licitação é sempre a regra, tal como já previa a Lei nº 4.717/1965 (lei de Ação Popular) e a Constituição Federal o art. 37, XXI. Alerta o professor Alberto Guimarães Andrade: 'A livre eleição do contratante é página virada o Direito brasileiro: a regra é licitar, independentemente do objeto a contratar; a exceção é sua dispensa ou inexigibilidade' (2002, p. 97).

5.6. DISPENSA E INEXIGIBILIDADE DA LICITAÇÃO

Inexigibilidade é quando ocorre uma situação que demonstre ser inviável a competição em torno do objeto pretendido pela Administração, pois como a licitação pressupõe competição, se não há competição não tem como fazer licitação, e não se pode exigir o que desde já se sabe ser inviável.

Já a dispensa é verificada quando for viável a competição em torno do objeto pretendido pela Administração, entretanto, a lei facultou a contratação direta. Algumas peculiaridades fundamentam as dispensas, são elas: valores muito baixos para promover uma licitação, objetos e pessoas marcados por uma singularidade e situações extraordinárias. As dispensas podem ser em razão do pequeno valor (previstas nos incisos I e II do art. 24); em razão da situação (incisos III a VII, IX e XVIII todos do art. 24); em razão do objeto (incisos X a XII e XIV do art. 24 e I e II do art. 17); e em razão das pessoas (incisos VIII, XIII, XV a XVII a XIX a XXIV do art. 24).

5.6.1. Casos de inexigibilidade de licitação

O art. 25 dispõe sobre as hipóteses de inexigibilidade, entretanto, desde já se adverte que esse rol é exemplificativo, porque o artigo dispõe que "é inexigível [...], *em especial*", ou seja, enumera as hipóteses, mas não exaustivamente.

---

[17] As principais hipóteses de inexigibilidade e dispensa de licitação serão estudadas subseqüentemente.

Nesse sentido, Vera Lúcia Machado D'Ávila bem explica que

> as hipóteses de inexigibilidade estão previstas, exemplificativamente, pelo legislador, no art. 25 do novo texto legal, o que corresponde a afirmar que outras, não textualmente indicadas, poderão ocorrer no mundo fático quando comprovadamente se estiver diante da inviabilidade de competição, quer pela singularidade do objeto pretendido pela Administração, quer pela singularidade do contratado a fornecer o bem ou prestar o serviço (*et al*, 2001, p. 102).

A questão em análise, portanto,é em que casos para a doutrina é inviável a competição, isto porque como o rol não é taxativo, deve-se buscar as hipóteses em que a doutrina fixa a inexigibilidade.

Desde já se aponta os seguintes quatro casos:

1º – Quando apenas uma única pessoa puder fornecer o objeto pretendido pela Administração; por exemplo, a Administração quer adquirir semente de soja transgênica para distribuir para agricultores que acabaram de receber suas terras do Incra, atualmente só uma empresa tem essa patente.

2º – Quando o objeto é singular; que é o que não pode ser comparado a outro, logo não tem disputa, por exemplo, o Museu Nacional quer adquirir para seu acervo a espada de Dom Pedro I usada como símbolo de declaração da Independência.

3º – No caso do objeto pretendido ser prestado em tais condições de uniformidade, que se torna imprevisível definir um critério objetivo para o julgamento da disputa; por exemplo, desenvolve-se um novo tipo de óleo diesel para pivôs, a Administração vai adquiri-lo para fornecer aos agricultores como subsídio, o seu preço é tabelado/fixado para a venda, seria impossível deste modo à licitação.

4º – Sempre que a finalidade pública do ato administrativo pretendido não puder ser alcançado em decorrência da realização da licitação, comprovada que ela prejudica o interesse público, ela será juridicamente inviável; exemplo, venda de títulos na Bolsa, se avisar que vai vender um mês antes já perde o valor do título, neste caso não pode contratar a corretora por licitação, porque os títulos se desvalorizariam, decorrendo prejuízos para a Administração.

Duas hipóteses dos incisos do art. 25 são sempre recorrentes na doutrina:

I – Vedada à preferência de marca

O art. 25, I, prescreve a inexigibilidade de licitação

> *para aquisição de materiais, equipamentos, ou gêneros que só possam ser fornecidos por produtor, empresa ou representante comercial exclusivo, vedada à preferência*

> *de marca, devendo a comprovação de exclusividade ser feita através de atestado fornecido pelo órgão de registro do comércio do local em que se realizaria a licitação ou a obra ou o serviço, pelo Sindicato, Federação ou Confederação Patronal, ou, ainda, pelas entidades equivalentes.*

Nessa perspectiva, se entende que a Administração não pode dizer/fazer uma opção a partir de uma marca. Desta forma, se a Administração quer comprar extrato de tomate para fornecer às escolas públicas, ela deve descrever o objeto da licitação como "extrato de tomate", e não como "extrato de tomate da marca Cica". Em regra, se faz essa preferência para eliminar outros potenciais licitantes que não movimentam essas marcas predeterminadas.

Portanto, o objetivo da norma ao exigir a comprovação de exclusividade (por meio de um atestado fornecido pelo órgão de registro do comércio do local em que se realizaria a licitação, ou no caso de obra ou de serviço, pelo Sindicato, Federação ou Confederação Patronal, ou entidades equivalentes),[18] para que não seja exigida a licitação, é vedar o seu direcionamento a determinada pessoa. Essa disposição é fruto do princípio da impessoalidade constante no regime jurídico administrativo brasileiro. Entretanto isso não quer dizer que ela não possa optar por uma marca porque o padrão de qualidade é maior. Se ela, por exemplo, necessita comprar extrato de tomate Cica porque ele é mais concentrado e tem uma data de validade duas vezes maior do que as outras marcas em geral, ou seja, se é um motivo justo e justificável, a Administração pode estipular essa preferência por marca determinada.

Marcos Juruena Villela Souto ressalta:

> Se a exclusividade do bem (corretamente individualizado) é do produtor, a inviabilidade da licitação é absoluta; do contrário, a inexigibilidade de licitação só ocorrerá se houver inviabilidade de fornecimento por quem comercialize o produto, ou seja, o vendedor. [...] Quanto à vedação de preferência de marca,

[18] O professor Marcos Juruena Villela Souto, nesse sentido, explica como se comprova a exclusividade, segundo ele: "A exclusividade deve ser comprovada por contratos de exclusividade (distribuição, representação, licenciamento etc.), de declaração das Associações Comerciais, entidades sindicais patronais (sindicatos, federações, confederações) e, no caso de contratos internacionais, declarações de consulados e de Câmaras Internacionais de Comércio. Para a Administração Federal, o Decreto nº 30, de 7 de fevereiro de 1991, em seu art. 2º, § 1º, já exigia a comprovação através de atestado fornecido pela Junta Comercial do local ou locais em que se realiza a licitação, pelo Sindicato, Federação ou Confederação Patronal, ou ainda entidades equivalentes (No estado do Rio de Janeiro, o art. 22 do Decreto Estadual nº 3.149/1980 exige justificativa pormenorizada da excepcionalidade da hipótese, que comprove a exclusividade ou a notória especialização quanto à natureza do material, equipamento ou serviço, bem como da seleção do fornecedor ou executante)" (Souto, 2004, p. 131).

> esclareça-se que só abrange a preferência injustificada de marca, posto que o sistema privilegia a padronização (2004, p. 130).

Ou seja, para estipular uma preferência por determinada marca, é necessário, conforme bem frisou Dora Maria de Oliveira Ramos, "que o contratante comprove, justificadamente, que não está dirigindo a licitação, favorecendo qualquer particular em detrimento de outro" (*et al*, 2001, p. 68).

II – Contratação por notória especialização

Primeiramente, é necessário ressaltar que para que a Administração contrate alguém por notória especialização, ela realmente deve precisar dos serviços prestados por esse especialista, uma vez que a não licitação é exceção à regra.

Nesse sentido, recorremos aqui à baila as lições da professora Lúcia Valle Figueiredo que adverte para o fato de que a Administração somente:

> deverá procurar o notoriamente especializado quando dele necessitar, dada a natureza do que pretenda contratar. Somente assim estará, realmente, respeitando a finalidade da norma, que excepciona quando não estão em jogo os princípios fundamentais do instituto: isonomia, concorrência e moralidade (1992, p. 36).

Em outro momento, a mesma autora ressalta a importância de se evidenciar alguns fatores para a contratação sem licitação. Adverte ela para o fato de que esses fatores devem estar conjugados para que se contrate sem licitar. Estes para ela se resumem em dois, que são:

1) existência da especialização notória, em síntese, capacidade notória; necessidade desta especialização notória, por parte da Administração (Figueiredo, 1992, p. 34).

Quanto a isso, cabe aqui frisar, que mesmo presentes esses fatores, eles pressupõem a presença de alguns requisitos indispensáveis para que se enquadre nesse caso de inexigibilidade, quais sejam:

1º – Para haver a contratação, o serviço tem que ser considerado técnico, especializado, nos moldes do art. 13.

2º – Não basta que seja serviço relacionado no art. 13, tem que ser um *serviço singular*.

3º – A pessoa contratada tem que ser um notório especialista, devendo haver índices objetivos de avaliação perante a sociedade como especialista da área. Como, por exemplo, se a Administração municipal quer contratar um consultor para fazer um plano de desenvolvimento do agronegócio local, se contratar o professor Mário Otávio Batalha, será incontestável a sua especialização.

Ressalta-se, que o próprio art. 25, § 1º, conceitua o que entende por empresa ou profissional de notória especialização. Para essa norma,

> *considera-se de notória especialização o profissional ou empresa cujo conceito no campo de sua especialidade, decorrente de desempenho anterior, estudos, experiências, publicações, organização, aparelhamento, equipe técnica, ou de outros requisitos relacionados com suas atividades, permita inferir que o seu trabalho é essencial e indiscutivelmente o mais adequado à plena satisfação do objeto do contrato.*

5.6.2. Casos de dispensa de Licitação

Conforme já se deixou consignado, há a dispensa quando houver viabilidade de competição, mas a lei diz: "neste caso não precisa".

Portanto, há uma relação de dependência da prescrição legal, ou seja, observância rigorosa ao princípio da legalidade, já que só cabe a dispensa nas hipóteses previstas na lei.

Algumas hipóteses de dispensa de licitação, constantes no art. 24, são mais usuais.

a) Contratos de pequeno valor

O art. 24, inciso II, dispensa a licitação para contratos de pequenos vultos, que tenham como objeto serviços e compras. O valor fixado de R$ 8.000,00 (oito mil reais), acima deste valor há necessidade de se licitar. Portanto, se por exemplo a prefeitura deseja adquirir de uma determinada cooperativa, o fornecimento de leite para distribuir a uma escola municipal, durante um período até que se realize uma licitação, se esse valor não ultrapassar R$ 8.000,00 (oito mil reais), dispensa-se a licitação.

Entretanto, veda-se o parcelamento do objeto para eximir-se da licitação. Exemplificando, são feitos três contratos para um fim único, que é fornecer leite à escola. O custo atingia R$ 12.000,00 (doze mil reais) durante o ano, e a prefeitura então, para se desincumbir da licitação, fez três contratos de R$ 4.000,00 (quatro mil reais), neste caso houve uma dispensa ilícita à licitação, o que constitui crime, pois, nos termos do art. 89, da Lei de Licitações, "dispensar ou inexigir licitação fora das hipóteses previstas em lei, ou deixar de observar as formalidades pertinentes à dispensa ou à inexigibilidade", é crime com pena de detenção, de três a cinco anos, e multa, incorrendo ainda no mesmo crime quem participou e beneficiou-se da dispensa ilegal, para celebrar o contrato.

b) Motivo de guerra ou grave perturbação da ordem

O art. 24, inciso III, traz a dispensa para os casos de Guerra ou Grave Perturbação da Ordem. Nestes casos, realizar a licitação, revelaria o que está adquirindo e a sua quantidade, portanto é dispensado. Para esses casos podem ser contratados mantimentos para os soldados sem a necessidade de se licitar.

c) Motivo de emergência ou de calamidade pública

O art. 24, inciso IV, dispensa também a licitação nos casos de emergência ou de calamidade pública, momento em que pode ser contratado sem licitação o fornecimento de alimentos aos necessitados. Entretanto, os contratos com base nessa hipótese não podem ultrapassar 180 dias, além de serem improrrogáveis, pois, dentro deste prazo, há tempo hábil para a Administração Pública realizar uma licitação.

Só autorizam a contratação direta quando houver situação de urgência em que a não contratação possa trazer prejuízos a pessoas, equipamentos, bens ou serviços. Logo, se der para esperar o tempo da transcorrência da licitação não pode dispensá-la, só se houver a urgência é que pode.

d) Deserção da licitação

O art. 24, inciso V, prevê que há a deserção de uma licitação quando não comparecem licitantes para disputar a competição.

Só se deserta a licitação se demonstrar que a repetição da licitação lhe trará prejuízo, neste caso pode-se contratar diretamente, entretanto, para invocar a deserção da licitação na efetivação de um contrato, tem que pactuar o contrato nas mesmas condições de contrato deserto.

Sônia Yuriko Tanaka, ao discorrer sobre o tema, sustenta que para que haja a possibilidade de contratação direta invocando a deserção, são necessários quatro requisitos:

a) a licitação realizada não pode ter visado à deserção, sob pena de caracterizar fraude à licitação;
b) nenhum interessado deve comparecer à licitação, ou seja, não poderá haver a entrega de nenhum envelope à entidade licitadora, pois se hou-

ver o interesse de uma única pessoa, o certame deverá ser processado normalmente com a mesma;

c) a repetição de nova licitação deverá ocasionar prejuízos à Administração, sendo que estes deverão ser devidamente comprovados;

d) todas as condições preestabelecidas o instrumento convocatório deverão ser mantidas (1995, p. 35-36).

Deve-se ressaltar que para efeitos de dispensa da licitação, a chamada *licitação fracassada* não está englobada nessa hipótese do art. 24, V, pois este artigo é aplicável só para casos de deserção. Isso parte da interpretação de que as exceções de Direito não podem ser interpretadas de forma ampliativa e, também, o inciso V diz: "que não acudirem interessados", e no fracasso de uma licitação tinha interessados, entretanto estes não preencheram os requisitos.

Maria Sylvia Di Pietro ao conceituar licitação fracassada, explica que esta

> é aquela em que se apresentam licitantes interessados, porém nenhum deles preenche os requisitos, ou porque faltaram documentos exigidos para habilitação (art. 27), ou porque foram desclassificados com base no art. 48 (*et al*, 2001, p. 114).

Ou seja, se não apresentar os documentos relativos à habilitação, quais sejam: habilitação jurídica, qualificação técnica, qualificação econômico-financeira, regularidade fiscal e o respeito às regras de trabalho para menores de 18 anos. Ou ainda, no caso de desclassificação pelo fato das propostas não atenderem às exigências do instrumento convocatório, ou se as propostas forem com valor global superior ao limite fixado, ou forem propostas inexeqüíveis.

e) Dispensa por motivo de intervenção no domínio econômico

O art. 24, VI, da Lei de Licitações dispõe sobre a hipótese de dispensa por motivo de intervenção no domínio econômico, segundo esse preceito, dispensa-se a licitação "quando a União tiver que intervir no domínio econômico para regular preços ou normalizar o abastecimento".

Entretanto, o que seria essa intervenção no domínio econômico?

A Administração Pública por meio de sua ação normativa, rege, regulamenta, disciplina, limita, incentiva o setor privado e sua atuação na economia. Nesse momento é que temos o fenômeno da intervenção do Estado *sobre o* domínio econômico.

Entretanto, a lei fala de intervenção *no domínio* econômico, e não *sobre o*. Fernando Facury Scaff explica a diferença entre intervenção *no* domínio econômico e intervenção *sobre o* domínio econômico.

Em relação à intervenção *no* domínio econômico, o autor preceitua que:

> este modo de intervenção ocorre quando o Estado atua como se fosse um agente econômico, assumindo ou participando da gestão ou do controle do capital de uma unidade econômica que detenha o controle patrimonial dos meios de produção e de troca (1998, p. 98).

Já a intervenção *sobre o* domínio econômico, para ele:

> ocorre quando o Estado atua como emanador de normas com a função de ordenar o processo produtivo, e não de participar nele. Não se restringe a uma atividade legislativa, pois é mais abrangente. Engloba a atuação dos três poderes em que o Estado é dividido, segundo a teoria da Separação de Poderes. Neste aspecto, entendemos que o Estado pode agir através de leis, portarias, regulamentos, decretos-leis, regimentos, etc., abrangendo esta concepção toda e qualquer forma de expressão do poder normativo (1998, p. 98-99).

Por fim, o professor Fernando Facury Scaff chega à conclusão de que:

> caso o Estado aja no sentido de *conformar* o processo econômico, estará atuando *sobre* o domínio econômico; caso haja no sentido de *participar* do processo econômico estará atuando *no* domínio econômico (1998, p. 99).

Portanto, se adotar essa concepção, que considero a correta, chega-se à conclusão de que na verdade a norma pretendia dizer "intervenção *sobre o* domínio econômico" e não "intervenção *no* domínio econômico". Pois entendo que o objetivo dessa dispensa licitatória é o de deixar um espaço para a Administração Pública Federal *conformar o processo econômico* e não *participar* dele.

Diogo Figueiredo Moreira Neto classifica em quatro as modalidades interventivas do Estado. Segundo esse autor,

> Pela *intervenção regulatória*, o Estado impõe uma ordenação coacta aos processos econômicos; pela *intervenção concorrencial*, o Estado propõe-se a disputar com a sociedade no desempenho de atividades econômicas empresariais; pela *intervenção monopolista*, o Estado se impõe com exclusividade na exploração econômica de certos bens ou serviços; e pela *intervenção sancionatória*, o Estado pune os abusos e excessos praticados contra a ordem econômica e financeira, incluída a economia popular e certos interesses gerais correlatos (2005, p. 475).

Na doutrina, quem melhor aborda essa questão da *dispensa por motivo de Intervenção no Domínio Econômico* é o professor Marcos Juruena Villela Souto. Explica ele que no caso dessa intervenção, há na verdade uma desapropriação, já que não haveria acordo de vontades que identificasse uma contratação direta (2004, p. 104). Mais adiante, sustenta este jurista, que no caso em análise, estar-se-á "diante de uma função regulatória da licitação, com vistas à formatação de um mercado livre" (2004, p. 105). Adverte em seguida o autor que:

> Vale aqui identificar a necessidade de aplicação do princípio federativo para afirmar que só no caso da dispensa de licitação é que a competência regulatória é da União. No mais, Estados e Municípios, por força do art. 174, CF, podem, por via da regulação, promover e defender seus mercados (2004, p. 105).

Exemplificado a situação em análise, o professor explica que nas licitações:

> podem condicionar ou impedir a participação de empresas dominadoras do mercado ou fomentar a participação de pequenos agricultores e de cooperativas, como forma de fazer surgir um novo mercado (2004, p. 105).

Nesse caso, estaria a Administração Pública *conformando* o mercado por meio da *regulação licitatória*.

Diógenes Gasparini também exemplifica essa *regulação licitatória*:

> Assim, contrata-se sem licitação a aquisição de certo produto para pô-lo no mercado e, desse modo, forçar a queda ou a regularização do preço, ou para obrigar os particulares a desovar seus estoques e normalizar o abastecimento. Essas operações interventivas são incompatíveis com processos prolongados e solenes de aquisição de bens, e por isso resta plenamente justificada a dispensabilidade de licitação (2002, p. 432).

Marçal Justen Filho explica que:

> Na hipótese do inciso VI, a União não objetiva propriamente realizar a contratação mais vantajosa, em termos econômicos. A contratação é instrumento de que se vale a União na intervenção do domínio econômico, segundo e nos estritos limites constitucionais (art. 173). Logo, a "vantajosidade" (em si mesma) da contratação é secundária. A Administração não logrará seus fins através da seleção da proposta mais vantajosa. Ressalte-se que a dispensa de licitação não é autorizada em todas as hipóteses de intervenção da União no domínio econômico, Somente quando atuar para regular preços ou normalizar o abastecimento é que a licitação será dispensável. Essa é uma dentre as possíveis modalidades de intervenção da União (2004, p. 244).

Portanto, seja para regular os preços, seja para normalizar o abastecimento, este dispositivo permite que a Administração Pública intervenha no mercado de bens e serviços, adquirindo ou ofertando bens de forma a equilibrar o mesmo, dispensando a licitação, que, por apresentar um procedimento demorado, poderá tornar ineficaz a intervenção.

f) Dispensa para compra de produtos perecíveis

O art. 24, inciso XII, prevê a dispensabilidade de licitação para as compras de hortifrutigranjeiros, pão e "outros gêneros perecíveis",[19] no tempo necessário para a realização dos processos licitatórios correspondentes, que deverão ser adquiridas com base no preço do dia.[20]

Esse preceito deve ser interpretado com a adoção de cinco requisitos para a sua utilização:

a) só pode ser aplicado no caso das compras serem eventuais (temporal);
b) aplicação somente para compras em menor quantidade (quantitativo);
c) obrigação de perecibilidade do bem a ser adquirido (objeto);
d) o requisito do "preço do dia" (preço da compra);
e) e a não exclusão da aplicação das regras contidas no art. 15,[21] inclusive a observância do Registro de Preços.

A esses requisitos se junta o principal: a necessidade de motivação dos fatos que levaram à dispensa. Deve constar nessa motivação: a demonstração do requisito da eventualidade, qual foi o produto adquirido e se ele é perecível, e ainda, onde o adquiriu ao preço do dia.

Parte da doutrina ainda entende necessária a aquisição dos produtos em Centrais de Abastecimento, tais como, Ceasa, Ceagesp e outros.[22]

[19] Carlos Pinto Coelho Motta, explica o que se entende por "outros gêneros perecíveis". Segundo esse autor, "a expressão 'outros gêneros' inclui os destinados ao Programa de Alimentação Escolar, embora essa designação não figure expressamente na redação do inciso" (2002, p. 231). Para Diógenes Gasparini, gêneros perecíveis são: "mercadorias, víveres, de fácil deterioração" (2002, p. 437). Em outro momento, Gasparini clarifica mais ainda essa expressão, sustentado ele que "a expressão gêneros perecíveis, consignada no inciso XII do art. 24 do referido Estatuto, não pode significar outra coisa senão gêneros alimentícios perecíveis. Estes são todos os produtos que comumente servem para a alimentação humana, suscetíveis de perecimento, ainda que se possa afirmar que não há alimento não perecível" (1994, p. 529).

[20] Segundo Diógenes Gasparini, "o preço do dia é o indicado pelos entrepostos oficiais,como ocorre em São Paulo com a Ceagesp, ou pelos jornais em suas seções especializadas" (2002, p. 437-38).

[21] Nesse sentido, Marçal Justen Filho preconiza: "O dispositivo não elimina nem exclui a aplicação das regras do art. 15" (2004, p. 252).

[22] Nesse sentido, Marcos Juruena Villela Souto relata: "Outrora prevista no capítulo das modalidades de licitação dispensada, as compras de gêneros alimentícios perecíveis, desde que eventuais e efetuadas em centro de abastecimento, poderão ser realizadas com base no preço do dia" (Souto, ibidem, p.115).

Todavia, o entendimento a ser adotado deve ser o da liberdade de compra em qualquer estabelecimento que venda os produtos desejados. Nesse sentido, Sérgio Ferraz e Lúcia Valle Figueiredo são categóricos:

> Em nosso entendimento – respeitamos as abalizadas opiniões em sentido adverso –, tais compras eventuais poderão ser realizadas em quaisquer centros de abastecimento, inclusive (pois a lei não os excepciona) em estabelecimentos comerciais, junto a pequenos criadores de fundo de quintal (ainda que não estabelecidos comercialmente) etc., sempre que e desde que pratiquem, no dia da aquisição, os preços vigentes no mercado, e que ofereçam produtos da qualidade exigível pela Administração (1994, p. 64).

É necessário advertir que a dispensa só é lícita durante o período necessário à realização da licitação. Nesse sentido: Hely Lopes Meirelles,[23] Marcos Juruena Villela Souto,[24] Diógenes Gasparini,[25] Roque Antônio Citadini[26] e o Tribunal de Contas da União.[27]

Mesmo sendo dispensada a licitação, a Administração deve procurar obter o melhor preço, utilizando-se de uma negociação decorrente do princípio da eficiência. Caso os preços forem equivalentes e a qualidade dos produtos similares, a Administração deverá utilizar o sorteio para efetuar a contratação.[28]

---

[23] "A dispensa, portanto, só é justificável enquanto são tomadas as providências administrativas indispensáveis para a licitação dos produtos desejados pela Administração" (Meirelles, 1999, p. 103).

[24] "A compra é apenas para suprir as necessidades temporárias, enquanto se processa a licitação" (Souto, ibidem, p. 116).

[25] "Essas contratações somente serão legítimas se acontecerem depois de instaurada a licitação e durante o tempo necessário à sua conclusão. Antes ou depois desse tempo, as compras de hotifrutigranjeiros, pão e gêneros perecíveis só serão legítimas se precedidas de licitação" (Gasparini, 2002, p. 437).

[26] "Apenas durante o período em que ocorrer a situação ocasional poder-se-á comprar diretamente, obedecidos os preços diários de mercado" (Citadini, 1996, p. 160).

[27] "O artigo [...] permite a compra dos artigos que enumera sem a formalização da respectiva licitação, apenas durante a tramitação da praxe necessária para a realização do certame, não havendo como protelar, por meses a fio, um procedimento tão salutar[...]" (Decreto TC-525.067/94-9, DOU de 07/02/1995, p. 1603).

[28] Advogam nesse mesmo sentido, Sérgio Ferraz e Lúcia Valle Figueiredo, segundo eles: "Na hipótese de existir mais de um possível fornecedor, com o mesmo patamar de preço e qualidade (do produto e do atendimento), ter-se-á, em razão dos princípios constitucionais da igualdade e moralidade, de variar na escolha do vendedor (rodízio ou sorteio)" (Ferraz e Figueiredo, 1994, p. 64). Em sentido contrário, Sônia Yuriko Tanaka afirma que: "não haverá, também, a necessidade de justificar a razão da escolha do fornecedor nem do preço contratado através da pesquisa de preço de mercado (art. 26, parágrafo único, incisos II e III), visto que, aqui, a lei não exige tais comprovações e o valor deverá ser o do dia, comprovado através da simples juntada da cotação fornecida pela bolsa" (Tanaka, 1995, p. 42).

Ressalta-se que neste caso, em decorrência da dispensa de licitação, não há a celebração de contrato administrativo. Entretanto, é necessário que se junte o contrato de pronta entrega dos produtos adquiridos.

Essa norma tem por objetivo inibir que produtos sejam estocados e deteriorados em razão da sua aquisição em larga escala. Desta forma, a Administração poderá fazer suas licitações para esse tipo de aquisição de um modo mais uniforme, e, na falta dos produtos, adquirir o suficiente a completar a carência até que se realize um novo pleito. Marcos Juruena Villela Souto lembra que:

> Não são raros os casos de compra de gêneros já vencidos ou que apodrecem nos armazéns públicos em razão de serem adquiridos em condições superiores à necessidade excepcional ou às possibilidades de estocagem provisória ou à lentidão no repasse aos destinatários (2004, p. 116).

Portanto, é para se evitar essas situações indesejáveis, que o legislador preferiu dispensar eventualmente as licitações para compra de alimentos perecíveis.

5.6.3. Justificativa da contratação direta

Por último, deve-se frisar que quanto aos casos de contratação direta, ou seja, dispensa e inexigibilidade de licitação, adverte-se para o fato de que excluídos os casos de dispensa da licitação por valores abaixo dos limites previstos no art. 24, I e II, todos os outros casos deverão ser justificados, e, para que haja a *homologação*,[29] deve-se comunicar em três dias à autoridade superior para que só assim o ato se efetive, conforme prevê o art. 26 do Estatuto das Licitações. E conforme previsão do parágrafo único do art. 26, dos autos da contratação direta deverão constar os seguintes elementos:

a) caracterização da situação emergencial ou calamitosa que justifica a não realização da licitação;
b) razão da contração do fornecedor ou executante;
c) justificativa do preço;
d) documento de aprovação dos projetos de pesquisa aos quais os bens serão alocados.

[29] Também chamada de ratificação, é o ato administrativo praticado por autoridade superior manifestando a sua concordância com a legalidade e a conveniência de ato jurídico do procedimento licitatório.

5.7. MODALIDADES DE LICITAÇÃO

Pode se processar a licitação, em várias formas: rápidas, complexas, entre outras. Deste modo o legislador entendeu conveniente relacionar algumas modalidades de licitação. A Lei nº 8.666 disciplinou cinco modalidades no art. 22: a concorrência, a tomada de preços, o convite, o concurso e o leilão. Entretanto, a Lei nº 10.520 de 17 de julho de 2002 institui uma outra modalidade, o pregão.[30] Em apertada síntese, analisar-se-á cada uma.

5.7.1. Concorrência – art. 22, § 1º

Concorrência é a modalidade de licitação aberta entre interessados e que se destina a contratos de elevada expressão econômica ou a outros que a lei expressamente determina a sua adoção.

O art. 23, I e II, diz as faixas de valores que cabem à concorrência.[31] Ressalta-se que em três hipóteses a regra é a utilização desta modalidade, são elas:

- alienação de bens imóveis;
- licitações internacionais;
- licitação para concessão e permissão de serviços públicos.

O instrumento convocatório da concorrência é o edital, este fixa requisitos para participar do pleito; qualquer licitante deve preenchê-los para apresentar as propostas.

Pode qualquer pessoa participar desta licitação, basta que para isto preencha os requisitos previstos no edital.

5.7.2. Tomada de preços – art. 22, § 2º

Tomada de preços é a modalidade de licitação aberta entre pessoas previamente cadastradas[32] no ramo do objeto pretendido pela Administração, ou entre não cadastrados que demonstrem previamente no prazo legal, que atendem aos requisitos exigidos para o cadastramento e que se destina a contratos de vulto médio.

---

[30] Criado inicialmente por Medida Provisória, posteriormente a Lei nº 10.520/2002 veio para reger esta modalidade e promover consideráveis mudanças.

[31] O art. 23, I, *c*, dispõe que se utiliza esta modalidade para obras e serviços de engenharia com valores acima de R$ 1.500.000,00 e o art. 23, II, *c*, para compras e outros serviços com valores superiores a R$ 650.000,00.

[32] No SRC (Sistema de Registro de Cadastro).

Esta modalidade de licitação destina-se a uma faixa de valor média (intermediária), prevista no art. 23, I, *b* e II, *b, para a União*.[33]

O procedimento de realização dessa modalidade é menos complicado do que a concorrência, com prazos mais simples, isto pelo próprio universo de pessoas que participam dela, ou seja, já inscritos no Sistema de Registro de Cadastros.

Há dois grupos de pessoas que podem participar:

I – Aquelas previamente cadastradas

Os registros cadastrais são firmados por área de contratação.

Exemplo: Cadastro de fornecedores de leite – toda tomada de preço para fornecimento de leite os cadastrados serão chamados.

II – As não cadastradas que apresentem os requisitos no prazo legal.

Não está cadastrado, mais se apresenta no prazo legal. Entretanto, quem é cadastrado pode substituir a documentação necessária pelo certificado cadastral emitido pela Administração. Portanto, é mais vantajoso estar cadastrado que não estar; isto porque os não cadastrados terão que demonstrar todos os requisitos exigidos pelo cadastramento.

O que pretendeu o legislador é evitar um problema que ocorria anteriormente, de que quem não era cadastrado não podia participar, o que no mínimo era um afronta ao princípio da isonomia. Agora, no prazo de até três dias da data marcada para apresentar as propostas, pode-se chegar à Administração, com os requisitos para cadastramento, e se cadastrar e participar da licitação.

Os documentos previstos para o cadastramento estão arrolados nos arts. 27 a 31 do Estatuto Licitatório conforme a previsão do § 9º do art. 22 do mesmo diploma legal.

Se a Administração exigir requisitos muito rigorosos para o cadastramento, o não cadastrado poderá participar; se no caso concreto, demonstrar que atende só aos requisitos compatíveis para o objeto licitado, para isso basta impetrar um Mandado de Segurança.

Exemplo: O estado de Minas Gerais exige que a empresa tenha o capital social de R$ 10.000.000,00 (dez milhões de reais) para participar de uma licitação cujo valor é de R$ 100.000,00 (cem mil reais). Essa exigência é desproporcional, e não é válida, pois estaria se direcionando o edital às grandes empresas.

[33] O art. 23, I, letra *b*, dispõe que se utiliza esta modalidade para obras e serviços de engenharia com valores até R$ 1.500.000,00 e o art. 23, II, letra *b*, para compras e outros serviços de valores inferiores a R$ 650.000,00.

5.7.3. Convite – art. 22, § 3º

Convite é a modalidade de licitação aberta entre no mínimo três pessoas previamente convidadas, cadastradas, e que atendam as exigências legais e que se destina a contratos de pequeno valor.

O convite é uma modalidade onde o procedimento é mais simples, e o seu processamento é mais ágil. Os valores são os do art. 23, I, *a*, e II, *a*, ou seja, para obras e serviços de engenharia que não ultrapassem a quantia de R$ 150.000,00; e para compras e outros serviços de valores inferiores a R$ 80.000,00.

De acordo com a Lei nº 8.666, dois grupos podem participar do convite, entretanto a doutrina sustenta que são três grupos. Pela lei participariam os convidados e os não convidados cadastrados no ramo do objeto pretendido pela Administração. A doutrina inclui o grupo dos não cadastrados, não convidados, mais que demonstrando previamente atender aos requisitos exigidos para o cadastramento poderão participar.

Os convidados são as empresas, cadastradas ou não, previamente escolhidas pela Administração, sendo essa escolha discricionária. Os convidados recebem uma carta (carta-convite), convidando-os para participar da licitação. A carta é o instrumento convocatório dessa modalidade de licitação fazendo às vezes de edital.

O segundo grupo de possíveis participantes são os não convidados, que, entretanto, estejam cadastrados no ramo do objeto pretendido pela Administração.

A lei autoriza que estes possam participar, mas,com uma exigência: devem no prazo de até 24 horas antes da apresentação das propostas manifestarem seu interesse em participar do procedimento. Entretanto, desde já, deve-se deixar consignado que essa exigência, com antecedência de 24 horas para apresentar-se, é inconstitucional, pois fere a isonomia, a impessoalidade e a eficiência. Não há razão para que se exija que o cadastrado tenha esse ônus, enquanto nada se exige dos convidados não cadastrados, quando deveria ser o contrário. Ademais, inibe a maior competição e conseqüentemente desrespeita a eficiência, bem como, ao optar por determinadas pessoas, estaria sobrepondo o princípio constitucional administrativo da impessoalidade.

O terceiro grupo de participantes é o formado pelos não cadastrados, não convidados, que demonstrem previamente atender aos requisitos exigidos para o cadastramento. A interpretação da doutrina parte do antigo princípio de que "quem pode o mais, pode o menos". Se na tomada de preço, que é mais rigorosa, admite-se essa participação, porque no convite não se aceitaria o mesmo; é uma interpretação sistemática e teleológica, seria ilógico não se admitir a participação dessas pessoas.

Ressalta-se que para que os não convidados tomem conhecimento do pleito, o art. 22, § 3º, prescreve que uma cópia desta carta-convite deverá ser fixada em local aberto ao público, de modo que os não convidados tenham acesso às informações contidas no instrumento convocatório.

5.7.4. Concurso – art. 22, § 4º

O concurso é a modalidade de licitação aberta entre qualquer interessado e que se destina à escolha de trabalho técnico, artístico ou científico, mediante a atribuição de premiação ao vencedor do procedimento.

Portanto, se a Embrapa, por exemplo, resolve abrir um concurso para apresentação de um trabalho que demonstre como pode haver uma melhor produção de uva no sertão nordestino, ela deve fazê-lo por meio de concurso. O seu processamento é disciplinado pelo art. 52 da Lei nº 8.666/1993.

5.7.5. Leilão – art. 22, § 5º

O leilão é a modalidade de licitação aberta entre qualquer interessado e que se destina à alienação de bens. Como é uma modalidade que não se aplica ao setor do agronegócio, não nos interessa seu estudo, já que a preocupação deste trabalho não se relaciona especificamente à licitação e todos seus aspectos jurídicos, mas sim, os recorrentes ao agronegócio.

5.7.6. Pregão – Lei nº 10.520/2002

O pregão é mais nova modalidade de licitação. Esta é aberta para qualquer interessado, destinando-se à aquisição de bens ou de serviços comuns.

O *caput* do art. 2º do projeto de lei do qual resultou a Lei do Pregão, conceituava esse instituto como

> *a modalidade de licitação para aquisição de bens e serviços comuns pela União, Estados, Distrito Federal e Municípios, conforme disposto em regulamento, qualquer que seja o valor estimado da contratação, na qual a disputa pelo fornecimento é feita por meio de propostas e lances em sessão pública, vedada sua utilização na contratação de serviços de transporte e de segurança privada e bancária.*

Esse artigo foi vetado, tendo sido a razão do veto o fato da proibição de utilização dessa modalidade de licitação, para a contratação de serviços de transporte de valores e de segurança privada e bancária. Por este motivo, entendeu o presidente da República vetar o artigo.

Antônio Carlos Cintra do Amaral adverte para problemas decorrentes do veto deste artigo, ponderando que:

> Criou-se uma situação esdrúxula. Não existe na Lei nº 10.520 dispositivo que estabeleça o âmbito de sua aplicação. O dispositivo que constava do projeto aprovado foi vetado e, portanto, não ingressou no mundo jurídico. Mais ainda: pelo mesmo motivo não existe dispositivo estabelecendo que o Pregão pode ser adotado independentemente do valor estimado da contratação. Poder-se-á dizer que o âmbito de aplicação da lei está definido na ementa. Mas isso será total desatino, porque qualquer estudante de Direito aprende logo no 1º ano que a ementa não integra o texto legal. Vale dizer: a ementa de uma lei não é norma jurídica. Além do mais, nem na ementa se diz que o Pregão pode ser adotado qualquer que seja o valor estimado da contratação (Amaral, *A Nova Lei do Pregão*).

Posteriormente, o precitado professor procura encontrar soluções para a interpretação dessa lei, afirmando que:

> É possível que se sustente à tese de que, embora não fique explicitado na lei o âmbito de sua aplicação, ele está implícito no § 2º do art. 2º, no inciso XIV do art. 4º, no art. 7º, no art. 11 e no art. 12. Assim, a Lei nº 10.520 é uma lei nacional, aplicável à União, Estados, Distrito Federal e Municípios, e não federal, aplicável apenas à União. [...] Ainda bem, pelo menos, que não precisamos mais tentar encontrar o inexistente § 2º do art. 1º, a que se referiam o inciso I do art. 4º e o art. 8º. Isso porque a lei foi retificada no *DOU* de 30/07/2002, substituindo-se a menção a esse parágrafo pela menção ao regulamento previsto no art. 2º. Só que o art. 2º também não existe, porque seu *caput*, como vimos, foi vetado. Poder-se-á dizer, em um esforço hercúleo de imaginação interpretativa, que o regulamento a que se referem o inciso I do art. 4º e o art. 8º da Lei nº 10.520 não está previsto nem no § 2º do art. 1º (que não existia sequer no projeto aprovado), nem no art. 2º (cujo *caput* foi vetado e, portanto, também não existe), mas sim no § 2º do art. 2º. Só que o § 2º do art. 2º refere-se apenas à participação das bolsas de mercadorias na realização do Pregão (Amaral, *A Nova Lei do Pregão*).

Destarte, o pregão destina-se à aquisição de bens ou serviços comuns, e qualquer ente da Federação, ou seja, União, Estados-Membros, Municípios e Distrito Federal podem dessa modalidade de licitação se utilizar

A publicidade do pregão será feita por meio da publicação de aviso em Diário Oficial do ente federado que estiver promovendo esta licitação. Se não existir

Diário Oficial na região, basta publicar em jornal local de grande circulação. Além de ser publicado em jornal local, a Administração deverá publicar via Internet. Entretanto, esta publicação eletrônica não exclui a outra, já que nem todos têm acesso aos meios eletrônicos.

O processamento do pregão é diferente dos demais. Ele possui uma ordem invertida, pois a habilitação se dá somente depois fase de lances, bastando para isso comprovar sua regularidade perante da Fazenda Nacional, Estadual ou Municipal (conforme a localidade da licitação), a Seguridade Social e o FGTS, bem como, o atendimento às exigências do edital (é o disposto no art. 4º, XIII).

Ademais, diferentemente da licitação convencional, depois de abertos os envelopes, permite-se uma redução dos preços pelos licitantes que apresentaram valores abaixo do menor preço apresentado.

Uma observação se faz necessária. Se não houver ao menos três licitantes com os valores no teto fixado pelo art. 4º, VIII, ou seja, de 10%, os licitantes que tiverem apresentado as propostas mais baixas, convocar-se-á os demais até completar três propostas, conforme a previsão do art. 4º, IX.

Não tem, a exemplo do leilão, uma comissão que o processa; é o pregoeiro que o faz.

Chegando a melhor proposta, deverá ser aberto o envelope do licitante que a ofereceu, que deverá conter toda a documentação exigida no edital. Verificada a sua adequação, ele será declarado o ganhador do certame. Todavia, se não cumprir a todas as exigências editalícias, o segundo colocado é que será o vencedor se atender as condições do edital, e assim subseqüentemente até que se chegue a um vencedor.

O art. 4º, XVII, abre a possibilidade do pregoeiro negociar com o ganhador para que esse baixe a sua proposta, na tentativa de alcançar o menor preço. Se não conseguir chegar a um preço razoável em termos de mercado, o pregoeiro poderá até *decidir motivadamente a respeito da sua aceitabilidade*, neste caso, se entender necessário, optar pela promoção de outra licitação em que se chegue a um preço compatível com o mercado.

Imediatamente após declarado o vencedor, qualquer dos licitantes poderá manifestar motivadamente a sua intenção de recorrer, quando então, será lhe dado o prazo de três dias para apresentação das razões recursais (por escrito). É bom frisar que as razões recursais devem ser declinadas na sessão pública. Desde já, os demais licitantes poderão impugnar este recurso no mesmo prazo.

A lei fala aqui em contra-razões, entretanto, não tem como contra-razoar sem ter em vista as razões, já que estas serão apresentadas junto com as contra-razões; logo, é melhor falar em impugnação.

5.8. TIPOS DE LICITAÇÃO

Há diferença entre tipos e modalidades. Tipos são as formas pelas quais se julgam as licitações. Já as modalidades são as formas de processamento das licitações, aquelas que foram apresentadas no item anterior.

Quando se pergunta como devem ser julgadas as licitações, está se perguntando quais são os tipos de licitações, que, de imediato, pode-se dizer que são quatro: menor preço, melhor técnica, técnica e preço e maior lance ou oferta.

Esses quatro tipos são obrigatórios para todas as modalidades, exceto para o concurso, já que nesta modalidade não se discute o menor preço, uma vez que este pode vir previamente estabelecido; bem como nem sempre se discute a melhor técnica, pois esta pode não se enquadrar nos objetivos que a Administração pretende alcançar, principalmente pelo excesso de preciosismo.

Nada impede que as leis especiais criem formas específicas de julgamentos, como o fez por exemplo a Lei de Concessões e Permissões de Serviços Públicos (nº 8.987/1995) que estipulou que as licitações para Concessões e Permissões, têm que seguir as regras do art. 15 desta lei.

Portanto, havendo lei especial, estas devem ser seguidas, e não havendo, segue-se a regra geral.

Feitas essas breves considerações, é necessário agora partir para uma breve análise dos tipos de licitação.

5.8.1. Menor preço

Se o tipo de licitação for pelo menor preço, ganha quem apresentar realmente o preço menor, e não nominalmente o menor preço.[34] Entretanto, conforme bem salientou Petrônio Braz, ao analisar-se a proposta apresentada, outros fatores, além do menor preço *aparente*, devem ser observados, como os prazos de pagamento, descontos e carências. O menor preço *real* ou *justo* deve ser

[34] *RDA* nº 111/289: "Concorrência Pública. Preço. Ação Popular. Ato lesivo. Proposta mais barata, na concorrência pública, é aquela que dá como resultado final o preço mais vantajoso. [...]" (TJ/SP, Apelação Cível nº 198.362, Des. Jurandyr Nilsson, 13/04/1972).

apurado pelo confronto de todas as vantagens lícitas ofertadas (Braz, 1995, p. 120)

É importante frisar que, em regra, adota-se esse tipo de licitação. Se não houver previsão legal que excepcione esta regra geral, o tipo é esse.

5.8.2. Melhor técnica

O instrumento Convocatório diz os critérios de avaliação para essa técnica, devendo de antemão fixar no edital o preço máximo a ser pago por essa contratação.

5.8.3. Técnica e preço

Caberá ao edital prever a combinação dos dois, e a Administração apontar a proposta técnica e economicamente mais vantajosa.

A Administração entretanto deverá analisar se o preço apresentado é viável, ou seja, se ele é exeqüível do ponto de vista técnico.[35]

5.8.4. Maior lance ou oferta

Preço maior para aquilo que o Poder Público objetiva, ou seja, a Administração por meio de um leilão pretende alienar um bem inservível, logo o maior lance o oferta é que conduzirá a Administração à alienação do bem.

5.9. PROCEDIMENTO LICITATÓRIO E SUAS FASES: ROTEIRO PRÁTICO PARA LICITAR

5.9.1. Introdução

Licitação é um processo administrativo, portanto pode ser analisado em fases.

Temos um processamento das licitações em geral, logo há exceções, como o pregão por exemplo.

A doutrina tem se dividido quanto ao momento em que se inicia a licitação.

Alguns juristas têm sustentado que ela se inicia no momento em que se dá publicidade ao instrumento convocatório (edital ou carta-convite). Advogando essa tese, encontra-se entre outros Lúcia Valle Figueiredo,[36] Maria Sylvia Di

---

[35] Para aprofundamento no tema, veja RTDP nº 26/273 e nº 31/202.

[36] "A licitação começa para o público com o ato administrativo da abertura consubstanciado no edital" (Figueiredo, 1992, p. 49).

Pietro,[37] Celso Antônio Bandeira de Mello (1985, p. 4), Diógenes Gasparini[38] e Carlos Ari Sundfeld.[39]

Um segundo entendimento ampara-se no art. 38 que afirma que a licitação começa muito antes, inicia-se com a decisão que determina a abertura do processamento, já que os atos praticados no seu processamento, se viciados, causam efeitos também na fase externa, pois como é um procedimento, viciado uma de suas fases, as outras encontrar-se-ão também eivadas de vício. Essa posição é liderada pelo publicista Marçal Justen Filho[40] e também advogamos essa concepção.

Portanto, em que pesem essas divergências doutrinárias, o importante é saber que ela tem duas grandes fases, a fase interna e a externa, e que nenhum desses autores negam a existência delas.

5.9.2. Fases da licitação

5.9.2.1. Doutrina clássica: três fases

Oswaldo Aranha Bandeira de Mello sustenta a existência de três fases na licitação: a pré-licitatória, a licitatória e o acordo conseqüente.

A primeira, segundo o autor,

> envolve o exame da necessidade ou conveniência da compra, da obra, do serviço, ou da alienação e locação, que seria objeto, portanto, da licitação, e, afinal, de eventual acordo de vontades entre a Administração Pública e terceiro; a elaboração das bases da licitação e eventual acordo de vontades; a verificação

[37] "[...] a autorização, a indicação do objeto e dos recursos próprios para a despesa são atos prévios, internos, preparatórios do procedimento da licitação, que, tecnicamente falando, somente se inicia pela convocação dos interessados por meio do instrumento adequado" (Di Pietro, 2001, p. 324).

[38] "A fase de abertura é a primeira etapa do procedimento licitatório. Por ela tem início o procedimento da licitação. É a oportunidade em que a pessoa licitante noticia a abertura da licitação e aguarda a apresentação das propostas pelos eventuais interessados para a realização de negócio de seu interesse. Efetiva-se com o instrumento público convocatório" (Gasparini, 2003, p. 490).

[39] "A instauração do procedimento licitatório ocorre com a publicidade do ato convocatório, que inicia sua fase externa, antes disso, o que há é mera preparação. Todavia, por evidente atecnia, o art. 38, *caput*, diz que 'o procedimento de licitação será iniciado com a abertura de processo administrativo, devidamente autuado'" (Sundfeld, 1994, p. 98).

[40] "[...] Somente após praticados esses atos prévios é que podem desencadear-se as fases subseqüentes da licitação. Como são logicamente indispensáveis para a licitação, tais atos condicionam o curso do procedimento posterior. Logo, os defeitos quanto a esses atos anteriores se refletem em desvios maléficos no momento subseqüente. Daí deriva a concepção de que o procedimento licitatório inicia-se na fase interna e não apenas quando vier a ser divulgado o edital" (Justen Filho, 2001, p. 385).

> da despesa com a compra, obra ou serviço cogitado; e o destino do que viesse a ser apurado na alienação de bem da entidade pública; o levantamento da existência de recursos econômico-financeiros para essa despesa e estudo das medidas para obtê-los; e, afinal, a deliberação, por fim, de proceder-se a licitação nas bases estudadas e segundo os recursos apurados (1985, p. 43).

A segunda fase, denominada licitatória, para o autor se desdobra em três etapas: a preparatória, a conclusiva e a integrativa.[41] A etapa preparatória, ressalta Bandeira de Mello,

> compreende a de abertura da licitação, com o chamamento dos possíveis interessados; a de designação da Comissão Julgadora da licitação; a de apresentação das propostas pelos interessados e seu recebimento pela repartição competente, no local, horário e data preestabelecidos; e a de verificação das habilitações dos interessados, qualificando-os como licitantes (1985, p. 4).

A etapa conclusiva, considerada a de maior importância pelo autor, é aquela que envolve a classificação das propostas habilitadas e a adjudicação do objeto da licitação, ao licitante vencedor do pleito (1985, p. 4).

A última etapa desta segunda fase é a denominada integrativa, esta

> objetiva a apreciação da legalidade e do mérito da proposta adjudicada, a fim de torná-la eficaz e segundo os poderes de controle atribuído ao órgão superior. O controle de legalidade se processa mediante recurso de outros licitantes, e mesmo independente dele, de ofício. Já o de mérito, tão-somente, de ofício (1985, p. 43).

Por fim, e ainda segundo o autor, há o procedimento para formação de acordo de vontades entre a Administração Pública e o adjudicatário. A formalização desse acordo ocorre por meio de manifestação expressa da Administração de que aceitou a proposto, e o seu imediato convite para implementação. A respeito das formalidades exigidas para que ocorra o acordo, o autor adverte que o

> acordo se faz conforme atos jurídicos de estilo: escritura pública, nos relativos a direito real; termo em livro da repartição competente ou no próprio processo de licitação; ou carta contrato; nota de empenho de despesa; autorização de compra; ou ordem de execução de serviço; ou outros instrumentos hábeis, próprios para firmar o acordo de vontades (Mello, 1985, p. 45).

[41] "As diferentes fases, preparatórias, conclusivas e integrativas, com caráter autônomo, deverão ser objeto de atas, lavradas e assinadas pelos órgãos governamentais competentes, e pelos interessados na licitação, nas quais ficarão constando todas as ocorrências havidas, e conseqüentemente decisões, em livro próprio ou documento autenticado. E, outrossim, deverão ser formalizadas, mediante termos, escritos, as reclamações, declarações, impugnações e recursos dos interessados, em livro próprio ou documento autenticado" (Bandeira de Mello, 1978, p. 45).

5.9.2.2. Doutrina contemporânea: duas fases

A doutrina moderna aponta na licitação duas fases, a interna e a externa. A interna é que se fará o planejamento do que será despendido pela Administração a fim de não promover gastos públicos inadequados. A fase externa é o próprio processamento da licitação até a realização da contratação.

a) Fase interna

Esta fase se inicia com a decisão de abertura da licitação e reúne todos os atos que obrigatoriamente devem anteceder o momento em que se dá publicidade ao instrumento convocatório, ou seja, reúnem-se todos os atos do início da licitação até o edital.

Carlos Pinto Coelho Motta, explica:

> Adaptando o exposto, diríamos que este conjunto de atos, que se inicia, basicamente, pela requisição (art. 38), forma o processo, que deve ser devidamente autuado, protocolado e numerado. Deve conter, ademais, autorização específica do ordenador de despesa, indicação do objeto, recurso próprio e, ainda, como anexos obrigatórios: edital, comprovante da publicação, ato de designação da comissão, comprovante de entrega do convite, informações, projetos básico e executivo, planilhas, pareceres, demonstrativos, pesquisa de preços de mercado, parecer sobre o edital, minuta de contrato e outros, conforme recomendam os arts. 7º, 8º, 14, 15, 38, 39 e 40. Por outro lado, o procedimento licitatório propriamente dito ou fase externa, embora se iniciando realmente pela habilitação (arts. 27 a 33), tem sua primeira sinalização com aviso contendo os resumos das condições editalícias (art. 21) publicado no Diário Oficial da União ou no Diário Oficial do Estado, distinguindo-se pela origem dos recursos (art. 21, I e II) e observando os prazos fixados no § 2º do artigo citado (2002, p. 38).

É o que estabelece o art. 38 da Lei nº 8.666/1993, segundo este dispositivo, o procedimento da licitação será iniciado com a abertura de processo administrativo, que deverá ser autuado, protocolado e numerado, devendo ainda conter a autorização respectiva, a indicação sucinta de seu objeto e do recurso próprio para a despesa.

Para que a Licitação seja válida, é necessário que dentro deste processo administrativo previamente instaurado, sejam juntados posteriormente os seguintes atos licitatórios:

a) edital ou convite, que são instrumentos convocatórios da licitação;
b) comprovante das publicações do edital resumido, para as modalidades de licitações que têm como instrumento convocatório o edital (concor-

rências, tomadas de preços, concursos, leilões e pregões); ou o aviso de recebimento da carta-convite para a licitação na modalidade *convite*;[42]

c) documento que comprove o ato de designação da comissão de licitação, do leiloeiro administrativo ou oficial, ou do responsável pelo convite;

d) via original das propostas e dos documentos que as instruírem;

[42] Art. 21.Os avisos contendo os resumos dos editais das concorrências, das tomadas de preços, dos concursos e dos leilões, embora realizados no local da repartição interessada, deverão ser publicados com antecedência, no mínimo, por uma vez: **(Redação dada pela Lei nº 8.883, de 8 de junho de 1994).**

I - no Diário Oficial da União, quando se tratar de licitação feita por órgão ou entidade da Administração Pública Federal e, ainda, quando se tratar de obras financiadas parcial ou totalmente com recursos federais ou garantidas por instituições federais; **(Redação dada pela Lei nº 8.883, de 8 de junho de 1994).**

II - no Diário Oficial do Estado, ou do Distrito Federal quando se tratar, respectivamente, de licitação feita por órgão ou entidade da Administração Pública Estadual ou Municipal, ou do Distrito Federal; **(Redação dada pela Lei nº 8.883, de 8 de junho de 1994).**

III - em jornal diário de grande circulação no Estado e também, se houver, em jornal de circulação no Município ou na região onde será realizada a obra, prestado o serviço, fornecido, alienado ou alugado o bem, podendo ainda a Administração, conforme o vulto da licitação, utilizar-se de outros meios de divulgação para ampliar a área de competição. **(Redação dada pela Lei nº 8.883, de 8 de junho de 1994).**

§ 1º. O aviso publicado conterá a indicação do local em que os interessados poderão ler e obter o texto integral do edital e todas as informações sobre a licitação.

§ 2º. O prazo mínimo até o recebimento das propostas ou da realização do evento será:

I – quarenta e cinco dias para: **(Redação dada pela Lei nº 8.883, de 8 de junho de 1994).**

a) concurso;

b) concorrência, quando o contrato a ser celebrado contemplar o regime de empreitada integral ou quando a licitação for do tipo "melhor técnica" ou "técnica e preço";

II – trinta dias para: **(Redação dada pela Lei nº 8.883, de 8 de junho de 1994).**

a) concorrência, nos casos não especificados na alínea "b" do inciso anterior;

b) tomada de preços, quando a licitação for do tipo "melhor técnica" ou "técnica e preço";

III – quinze dias para a tomada de preços, nos casos não especificados na alínea "b" do inciso anterior, ou leilão; **(Redação dada pela Lei nº 8.883, de 8 de junho de 1994).**

IV – cinco dias úteis para convite. **(Redação dada pela Lei nº 8.883, de 8 de junho de 1994).**

§ 3º. Os prazos estabelecidos no parágrafo anterior serão contados a partir da última publicação do edital resumido ou da expedição do convite, ou ainda da efetiva disponibilidade do edital ou do convite e respectivos anexos, prevalecendo a data que ocorrer mais tarde. **(Redação dada pela Lei nº 8.883, de 8 de junho de 1994).**

§ 4º. Qualquer modificação no edital exige divulgação pela mesma forma que se deu o texto original, reabrindo-se o prazo inicialmente estabelecido, exceto quando, inquestionavelmente, a alteração não afetar a formulação das propostas.

e) atas, relatórios e deliberações da comissão julgadora;
f) pareceres técnicos ou jurídicos emitidos sobre a licitação, dispensa ou inexigibilidade;
g) atos de adjudicação do objeto da licitação e da sua homologação;
h) recursos eventualmente apresentados pelos licitantes e respectivas manifestações e decisões;
i) se houver, despacho de anulação ou de revogação da licitação, fundamentado circunstanciadamente;
j) termo de contrato, acordos, convênios ou ajustes, conforme o caso;
l) quaisquer outros comprovantes de publicações e documentos relativos à licitação devem ser juntados;
m) parecer jurídico dos assessores da Administração, a respeito da validade das minutas de editais de licitação, bem como, das minutas dos contratos, acordos, convênios ou ajustes

É importante consignar que a lei não define a fase interna, o que permite a cada Administração Pública processá-la como quiser, ou seja, um Município poderá editar uma lei que determine como se processará a sua fase interna.

Também, se é feita a reserva do valor orçamentário, será chamada de dotação, em que serão dotados os gastos públicos. O economista Flávio Riani ressalta a importância dos gastos públicos e afirma que eles

> constituem-se na principal peça da atuação do Governo. Através deles, o Governo estabelece uma série de prioridades no que se refere à prestação de serviços públicos básicos e aos investimentos a ser realizados. Os gastos públicos podem, em última instância, ser conceituados com uma escolha política dos Governos no que se refere aos diversos serviços que ele presta à sociedade. Representam o custo da quantidade e da qualidade dos serviços e bens oferecidos pelo Governo (1999, p. 69).

Portanto, o bom administrador público não deve nunca pensar em abrir uma licitação sem levar em conta os reflexos que poderão decorrer desse gasto público. No Brasil como não se respeitava os princípios da boa gestão do dinheiro público, a União "se viu obrigada"[43] a editar a Lei de Responsabilidade Fiscal e conforme preceitua Carlos Pinto Coelho Motta, para abertura de uma licitação deverá agora ser observados no mínimo dois requisitos previstos nos arts. 15 e 16 da precitada lei, ou seja:

a) *estimativa* do impacto orçamentário-financeiro no exercício em que o contrato deva entrar em vigor, e nos dois subseqüentes;

[43] Pelo Fundo Monetário Internacional – FMI.

b) declaração do ordenador de despesa de que esta tem suporte (adequação e compatibilidade) nas leis orçamentárias em vigor (Motta, 2002, p. 39).

Airton Rocha da Nóbrega ressalta a função do processo administrativo, e como ele deve ser gerenciado pelas comissões de licitação, segundo suas lições:

> O processo administrativo se prestará, assim, à adoção de providências básicas e indispensáveis ao regular processamento da licitação. A partir da requisição ou pedido formulado pela área interessada, deverá ser expedida a competente autorização para instauração do processo, com a indicação sucinta do objeto a ser licitado e indicação da existência de recursos orçamentários para a realização da despesa. Tais peças básicas serão autuadas e devidamente numeradas em seqüência, a partir da capa. O processo será identificado mediante registro próprio realizado em protocolo geral ou específico. Cumprida essa etapa prévia, cumpre realizar-se a discriminação do objeto a ser executado, o que se deverá fazer do modo mais completo possível, evitando-se falhas ou omissões indesejáveis, decorrentes de uma imprecisa descrição que apenas se prestará a invalidar o certame ou a acarretar descabido e injustificável prejuízo ao erário, ante a contratação de algo diverso daquele que efetivamente se pretendia. Essa delicada tarefa de definir o objeto que se visa obter consistirá em etapa específica em que não serão dispensados conhecimentos técnicos e onde não haverá campo para especulações ou amadorismo. Providências diversas caberão à Administração adotar consoante se trate de obras, serviços ou compras (1998).

O planejamento das licitações é importante para que se possa definir qual a modalidade de licitação que irá se adotar, pois é considerando o valor estimado da contratação (art. 23) que se escolherá a modalidade adequada e, só após essa definição de valores, é que se determinará o instrumento convocatório adequado.

Há a necessidade de planejamento específico para o objeto a ser contratado. Como o objetivo desse estudo é se ater aos aspectos em que o agronegócio pode incidir, esse planejamento poderá ser em três hipóteses: a) para serviços gerais; b) para serviços técnicos profissionais especializados; c) para compras.

As *licitações para a prestação de serviços* devem conter uma seqüência lógica, que a lei divide em: projeto básico, um projeto executivo, e execução dos serviços, devendo cada etapa ser precedida da conclusão e aprovação da outra, a exceção do projeto executivo, que é indutivo que se realiza em concomitância com a execução dos serviços.

Outra ressalva se faz. Se não houver projeto básico aprovado pela autoridade competente e disponível para exame dos interessados em participar do processo licitatório; se não existir orçamento detalhado em planilhas que expressem a composição de todos os seus custos unitários; se não houver previsão de recursos orçamentários que assegurem o pagamento das obrigações decorrentes dos serviços a serem executados no exercício financeiro em curso, de acordo com o respectivo cronograma; se o produto dela esperado não estiver contemplado nas metas estabelecidas no Plano Plurianual de que trata o art. 165 da Constituição Federal; a licitação estará viciada, e passível de anulação, já que foge à regra instituída no art. 7º da Lei nº 8.666/1993.

Cabe ainda frisar que devem ser incluídas no objeto da licitação as previsões de quantidades ou quantitativos correspondentes às previsões reais do projeto básico ou executivo, quando de fornecimento de serviços.

Na elaboração do edital veda-se, sob pena de nulidade, a inclusão no objeto de bens e serviços sem similaridade ou de marcas, características e especificações exclusivas,a não ser naquelas hipóteses forem tecnicamente justificáveis, ou ainda quando o fornecimento de tais materiais e serviços for feito sob o regime de administração contratada, previsto e discriminado no ato convocatório.

As *licitações para contratação de serviços técnicos profissionais especializados* devem ser vistas sob duas perspectivas:

1ª –A da inexigibilidade por notória especialização prevista no art. 25, II;

2ª –Quando não necessitar de um notório especialista, deve-se abrir a licitação nas modalidades concorrência, tomada de preço ou convite, a depender do valor do objeto contratado.

As *licitações para compras*, ou seja, aquelas destinadas à aquisição de alimentos, insumos e outros bens, devem ser respaldadas nas diretrizes legais. A regra é a constante no art. 14, que dispõe que

> *nenhuma compra será feita sem a adequada caracterização de seu objeto e indicação dos recursos orçamentários para seu pagamento, sob pena de nulidade do ato e responsabilidade de quem lhe tiver dado causa.*

Portanto, primeiramente defini-se o que irá ser adquirido, após far-se-á uma pesquisa para diagnosticar a possibilidade financeira de aquisição. Percebida a viabilidade econômica da aquisição, a Administração irá anotar que modalidade de licitação irá utilizar, observando, é claro, os valores determinantes das modalidades fixados no art. 23, *se destinado à Administração Pública Federal.*

Se depois de realizadas as pesquisas de mercados para verificação dos preços o resultado consistir em dispensa pela regra do art. 24, II, ou seja, para compras nos valores abaixo de R$ 8.000,00 (oito mil reais), entendo necessária, para uma melhor satisfação do *interesse público,* a observância ao se contratar do *Sistema de Registro de Preços* previsto no art. 15, II e §§ 1º a 7º,[44] para aquisição dos produtos. Nesse sentido também, Airton Rocha da Nóbrega,[45] Diógenes Gasparini[46] e Marçal Justen Filho[47].

Entretanto, apesar de ser o Registro de Preço necessário às licitações de compras, não são todas as compras que há a sua incidência, mas sim aquelas de rotina. Como bem frisa Celso Antônio Bandeira de Mello, "o registro de

[44] Diógenes Gasparini ao conceituar o Registro de Preços entende que este instrumento "consiste na estruturação de um arquivo de preços obtidos mediante licitação, onde o edital, em relação às coisas cujos preços unitários deseja-se arquivar ou registrar, deve informar que o pretendido é apenas o registro ou arquivamento dos preços propostos pelos participantes. Esse instrumento convocatório também deve esclarecer que os futuros contratos serão ajustados com os proponentes dos respectivos melhores preços e na medida das necessidades da Administração Pública, ocorridas durante a vigência do sistema de registro de preços, se compatíveis com os de mercado. Esses preços devem ser pedidos pela Administração Pública interessada no sistema de registro de preços tal como negociados no mercado e assim cotados pelos proponentes, isto é, por unidade. Deve-se solicitar para dito fim, *verbi gratia,* o preço de um milheiro de tijolos, de um saco de 60 quilos de arroz, de uma resma de folhas de papel almaço com pauta, de uma hora de mão-de-obra de pintor-oficial de paredes, de uma hora-homem de serviço de vigilância armada e de uma hora de mão-de-obra de serviço de manutenção de aparelhos de ar condicionado. Por conseguinte, a proposta não deve trazer, até porque impossível, o preço global. Não obstante, se o fizerdeverá ser desqualificada, salvo se possível, sem desfigurá-la na essência, a sua redução a preço unitário" (Gasparini, 1997, p. 287-88).

[45] "A intenção claramente explicitada é no sentido de que não se deve dar início à aquisição de bens para a Administração sem prévia definição do que se pretende adquirir e sem que haja recursos previstos para a realização dessa despesa. Outras exigências, no entanto, terão que ser observadas, exigindo-se atenção ao princípio da padronização – de modo a baratear custos de manutenção – a aquisição por meio de registro de preços e a observância de condições semelhantes às do setor privado, admitida, também, a subdivisão em parcelas, visando ao aproveitamento de peculiaridades do mercado (art. 15)" (Nóbrega, 1998).

[46] "A utilização do registro de preços é obrigatória dado que por ele viabiliza-se o princípio da economicidade e dificulta-se a burla ao dever de licitar. [...], o registro de preços de bens e serviços é obrigatório e só através dele as contratações devem ser celebradas, embora a locução sempre que possível, consignada em seu texto, possa levar os menos avisados a entendimento contrário, ou seja, que a adoção desse sistema operacional é facultativa. O registro de preço de bens e serviços é obrigatório sempre que possível, isto é, sempre que viável ou exeqüível. [...]. A regra, portanto, é a contratação via registro de preços. Vê-se que a contratação fora do sistema de registro de preços é exceção" (Gasparini, 1997, p. 295-96).

[47] "Há obrigatoriedade na adoção do sistema de registro de preços, quando viável" (Justen Filho, 2004, p. 147).

preços é um procedimento que a Administração pode adotar perante compras rotineiras de bens padronizados." Ainda ressalta o autor que: "Neste caso, como presume que irá adquirir os bens ou recorrer a estes serviços não uma, mas múltiplas vezes, abre o certame licitatório em que o vencedor, isto é, o que ofereceu a cotação mais baixa, terá seus preços "registrados". Quando a promotora do certame necessitar destes bens ou serviços irá obtê-los, sucessivas vezes se for o caso, pelo preço cotado e registrado (1996, p. 523).

Portanto, o Registro de Preços é obrigatório para esses tipos de compras, principalmente de produtos alimentícios, tais como os hortifrutigranjeiros e outros gêneros perecíveis, que, apesar de figurarem como hipótese de dispensa, devem sim seguir a obrigatoriedade do Registro de Preços. Celso Antônio Bandeira de Mello ressalta que:

> A existência de preços registrados não obriga a Administração a firmar as contratações que deles poderão advir, pois poderá servir-se de outros meios de aquisição, respeitada a legislação de licitações, ficando, entretanto, assegurada ao beneficiário do preço registrado preferência em igualdade de condições (1996, p. 524).

Uma pergunta de cunho prático pode surgir. Como fixar os preços desses produtos, tais como, verduras, frutas, leite, arroz, feijão e outros se eles estão sujeitos às oscilações mercadológicas? A resposta também se apresenta de cunho prático. Aquele que têm registrado o melhor preço no mercado, estatisticamente, vão estar entre os fornecedores que possuem o melhor preço. Nesse caso, cabe à Administração pesquisar entre eles o melhor preço, e realizar o contrato administrativo se a licitação for dispensada.

Portanto, estes são os principais cuidados que se deve ter na fase interna da licitação.

b) Fase externa

É a fase da licitação que tem início com a publicidade do instrumento convocatório, e que reúne todos os atos pertinentes à disputa entre licitantes, o julgamento das propostas e a declaração do vencedor do pleito. Ou seja, aqui vai da proposta até o resultado, é a licitação *strictu sensu*.

A fase externa possui as seguintes etapas fixadas pelo art. 43 do Estatuto Licitatório:

1ª – dar publicidade ao instrumento convocatório (edital ou carta convite);

2ª – apresentação das propostas;

3ª – habilitação (examina a pessoa do licitante);

4ª – classificação (aprecia e julga a proposta).

Na 5ª etapa surge divergência doutrinária:

Uma primeira corrente, composta por Celso Antônio Bandeira de Mello,[48] Antonio Roque Citadini,[49] Marçal Justen Filho,[50] Maria Sylvia Di Pietro,[51] Odete Medauar,[52], Hely Lopes Meirelles,[53] e Diógenes Gasparini,[54] entendem que aqui viria a homologação e na 6ª etapa a adjudicação como ato final.

[48] "Homologada a licitação, segue-se a ela a adjudicação, ato pelo qual o primeiro classificado é definido como futuro contratante e convocado para travar o vínculo" e ainda, "À homologação segue-se a adjudicação, que é o ato pelo qual a promotora do certame convoca o vencedor para travar o contrato em vista do qual se realizou o certame" (Bandeira de Mello, 2000, p. 498 e 525).

[49] "Em seguida à homologação, o administrador promoverá a adjudicação da licitação, que se constitui no ato pelo qual o agente público atribui ao vencedor da disputa a garantia de poder contratar como o Poder Público o objeto licitado, nas condições em que tenha sido proclamada a sua vitória" (Citadini, 1996, p. 276).

[50] "A Lei nº 8.666 determina que a autoridade superior realize, primeiramente, a homologação do resultado da licitação. Em momento logicamente posterior, promoverá a adjudicação. Ao menos, é o que se infere da ordem redacional adotada no texto expresso da Lei, ainda que a questão seja dúbia perante o art. 38, VII." O autor ainda ressalta o fato de que Carlos Ari Sundfeld além de entender que a adjudicação é anterior à homologação, sustentar que a adjudicação é ato da Comissão e não da autoridade superior (Justen Filho, 2000, p. 440).

[51] "Com efeito, embora os dois dispositivos sejam contraditórios, há que se observar que o art. 38, VII, não se refere propriamente à seqüência dos atos do procedimento, mas cuida tão-somente de esclarecer quais os documentos e atos que devem constar necessariamente do processo, considerado como conjunto de papéis constantes de uma pasta numerada, autuada pela Administração. Já o art. 43, VI, cuida especificamente do procedimento pela ordem em que as várias fases devem ser observadas. [...] Além disso, parece mais lógico e coerente que a adjudicação ao vencedor somente se faça depois de ter sido verificada a legalidade do procedimento" (Di Pietro *et al.*, 2001, p. 266).

[52] "Em virtude da seqüência estabelecida no art. 43, inciso VI, parece claro que a adjudicação ocorre após a homologação, sendo efetuada pela autoridade superior competente que homologou" (Medauar, 2002, p. 243).

[53] "[...] O procedimento da licitação inicia-se na repartição interessada com a abertura de processo em que a autoridade competente determina sua realização, define seu objeto e indica os recursos hábeis para a despesa. Essa é a fase interna da licitação, à qual se segue a fase externa, que se desenvolve através dos seguintes atos, nesta seqüência: audiência pública; edital ou convite de convocação dos interessados; recebimento da documentação e propostas; habilitação dos licitantes; julgamento das propostas; adjudicação e homologação" (Meirelles, 1997, p. 260).

[54] "Concluída a fase de julgamento. [...] cabe à comissão de licitação preparar pequeno relatório sobre o procedimento onde conste expressamente mencionado o vencedor e remeter o processo à autoridade superior para deliberação, consoante a cronologia fixada pelo art. 43, VI, [...]. Essa deliberação não é outra coisa que não a homologação e a adjudicação. Praticado o primeiro, aguarda-se o prazo de recurso resolvendo-se qualquer medida dessa natureza que seja interposta

Outra corrente entende que adjudicação seria a 5ª etapa e a homologação a 6ª etapa, aqui se encontra Carlos Ary Sundfeld,[55] Carlos Pinto Coelho Motta,[56] Toshio Mukai,[57] e Lúcia Valle Figueiredo.[58]

Essa divergência se dá em face da antítese feita pela Lei nº 8.666, quando no art. 38, VIII, fala primeiro em adjudicação e depois em homologação.

Já o art. 43, VI, inverte a ordem. Por isto formou-se a confusão.

Estudaremos cada um deles a seguir.

1º Instrumento convocatório

Instrumento convocatório é o ato administrativo pelo qual se dá publicidade à licitação, chamando-se os interessados para a apresentação das propostas e fixando-se as regras básicas para o processamento e o julgamento da disputa.

Toda licitação tem um instrumento convocatório, seja carta-convite ou edital, ou seja, ele é o ato normativo que regula aquela licitação.

Em feliz colocação, alguns autores dizem que ele é a "Lei Interna" daquela licitação.

Ele tem que se ater à lei: se for edital, tem que atender aos requisitos previstos no art. 40; para a carta-convite, por analogia aplica-se o art. 40, já que para ela não tem previsão.

Sintetizando o art. 40, apontaremos algumas de suas funções, e se o instrumento convocatório não cumprir estas funções, ele estará viciado e conseqüentemente estará prejudicada a licitação. São funções do instrumento convocatório:

---

para, só então, praticar o segundo. Essa seqüência é mais cautelosa, pois a interposição de recurso contra a adjudicação não alcança a homologação" (Gasparini, 2003, p. 514).

[55] "Verificando-se empate, a classificação será determinada por sorteio, em ato público, ao qual serão chamados todos os licitantes (art. 45, § 2º). [...] O ato subseqüente é a adjudicação, pela Comissão, do objeto do certame ao vencedor (arts. 38, VII e 43, VI), que será feita após a solução dos recursos ou após transposto o prazo pertinente sem qualquer impugnação, ou de imediato, se os licitantes desistirem expressamente do recurso. Seguir-se-á a fase de aprovação do procedimento pela autoridade controladora, que poderá homologá-lo, anulá-lo ou revogá-lo (arts. 43, VI, e 49)" (Sundfeld, 1994, p. 74 e 168-69).

[56] "[...] o caminho mais lógico é proceder primeiramente à adjudicação (ato sob a responsabilidade da Comissão de Licitação), dado o caráter ratificatório e convalidatório da homologação (feita pela autoridade superior)" (Motta, 2002, p. 381).

[57] Veja BLC nº 2, 1998, p. 78.

[58] "É a homologação a fase final do procedimento licitatório" (Figueiredo, 1992, p. 84).

1ª – Dar publicidade à licitação – art. 40, caput

Mas como se dá a publicidade? O art. 21 prevê que o edital deve ser publicado em jornais de grande circulação, e na imprensa oficial.

Entretanto, o edital não necessita de ser publicado na íntegra, pode ser publicada uma síntese dele,[59] que se chama aviso, ela dirá que está aberta a licitação, e deverá conter a data para apresentação da proposta, valores e outras informações, não podendo se esquecer de mencionar o mais importante: onde se encontra o edital (art. 21, §1º). O edital pode ser cobrado, mas somente para repor os valores gastos com as cópias. A publicidade da carta-convite é dada pelo envio a três convidados a participar do pleito.

Publicado o edital ele só pode ser alterado de acordo com os requisitos do art. 21, § 4º, do Estatuto Licitatório.

Publicidade é a ciência aos interessados e, por isso, deve-se fixar um prazo razoável para que as pessoas que quiserem ingressar no certame juntem os documentos necessários para participar.

A Lei nº 8.666, no seu art. 21, prescreve prazos mínimos que devem ser observados (entre o momento da publicação e a apresentação da proposta). Eles variam de acordo com a modalidade, tipo de licitação e espécie de contrato licitado.

Prazos de interstício do art. 21 da Lei nº 8.666/1993 (entre o momento da publicação e a apresentação da proposta)			
Convite	Concurso e Concorrência (na concorrência, quando o contrato a ser celebrado contemplar o regime de empreitada integral ou quando a licitação for do tipo "melhor técnica" ou "técnica e preço")	Concorrência (demais situações) e tomada de preços (na tomada de preços quando a licitação for do tipo "melhor técnica" ou "técnica e preço")	Tomada de Preços (demais situações)
55 dias *úteis*	415 dias	330 dias	115 dias

[59] Já que há editais de até 100 laudas, seria impossível publicá-lo inteiro.

Entretanto, se o prazo mínimo, embora atendida a lei, não for o bastante para reunir os requisitos necessários, ele não será válido, pois se estaria ferindo princípios da licitação tais como o da publicidade e o da competição. Na regra legal, esses prazos serão contados a partir da última publicação do edital resumido ou da expedição do convite, ou ainda da efetiva disponibilidade do edital ou do convite e respectivos anexos, prevalecendo a data que ocorrer mais tarde.

2ª – Identificação do objeto licitado (art. 40, I)

Deve ser feito de forma sucinta e clara, se apresentar uma forma vaga, complicada ao *homem comum*, a descrição é nula, porque as pessoas podem apresentar propostas para realidades diferentes. Exemplo: aberta a licitação para aquisição de tomate,alguém pode apresenta uma proposta para venda de 200 toneladas do produto e o outro uma proposta para venda de 10 toneladas.

Não pode ser detalhado em excesso, isto porque, estaria se fazendo exigências que afastariam pessoas que poderiam competir, mas desistiriam, dadas as essas exigências desnecessárias, como, por exemplo, a Prefeitura quer comprar iogurte para as escolas municipais, todavia, ela estipula no instrumento convocatório que só os comprará se eles vierem num copinho em forma de ursinho.

É com o detalhamento excessivo que a Administração produz o famoso Edital Dirigido que beneficiará algum em pró de outros.

3ª – Delimitação do universo de proponentes

A Administração não pode contratar qualquer pessoa, ela tem que contratar com alguém que lhe dê segurança no cumprimento do contrato, que seja idônea.

Neste momento, fixar-se-á requisitos limítrofes para habilitação, de natureza:

a) técnica (qualificação técnica para o atendimento do objeto, para executar a obra ou prestar serviço);
b) econômica e financeira (certidão negativa de falência ou concordata – esta última somente não afasta a empresa da licitação);
c) jurídica (habilitação para exercer direitos e contrair obrigações, devendo ser observadas as normas que regem pessoas físicas e jurídicas);

d) fiscal (regularidade fiscal não é quitação,[60] a documentação exigida só provará que o licitante atendeu as exigências do fisco. Regularidade pode ter débito consentido, como no caso de uma empresa estar dentro do programa de Refis do Governo federal).

Observe, porém, que esses requisitos tem que ser adequados aos encargos do contrato. Não se pode fixar como requisito que a empresa tenha um capital social de R$ 1.000.000,00 (hum milhão de reais) para fazer um contrato de R$ 40.000,00 (quarenta mil reais). Para proibir esses excessos, a lei fixa limites para esses requisitos nos seus arts. 27 a 31. Pois, a concorrência pública tem por objetivo fazer com que maior número de licitantes se habilitem para o objetivo de facilitar aos órgãos públicos a obtenção de coisas e serviços mais convenientes a seus interesses. Em razão desse escopo, exigências demasiadas e excesso de rigorismo devem ser afastados, principalmente na primeira fase de habilitação, que deve ser de absoluta singeleza.[61]

Nesse sentido, Hely Lopes Meirelles se posiciona:

> Nenhuma outra documentação deve ser exigida, pois o legislador empregou deliberadamente o advérbio "exclusivamente", para impedir que a Administração, por excesso de cautela ou vício burocrático, condicione a habilitação dos licitantes à apresentação de documentos inúteis e dispendiosos, que muitas vezes afastam concorrentes idôneos pela dificuldade em obtê-los (1996, p. 69-70)

4ª – Fixação de campo de admissibilidade de proposta.

Deve vincular o que vai proposto, como por exemplo, a Administração fixar que não aceitará proposta acima de um valor determinado.

5ª – Definição e fixação da modalidade e do tipo de licitação, forma de julgamento, bem como das regras de processamento desta licitação, como datas, a quem se recorre, etc., devendo estar tudo especificado no instrumento convocatório.

6ª – Fixação das cláusulas do futuro contrato deve constar do instrumento convocatório já que elas são vinculantes, pois, o que se espera do futuro contrato, é que delimitará as cláusulas. A minuta do futuro contrato, é obrigatória no Edital de Convocação para licitação, conforme prevê o art. 40 § 2º.

2º Apresentação das propostas

Dois requisitos podem ser visualizados:

[60] Quitação é ausência de débito.

[61] RDP nº 14, p. 240.

1º) Data: na data fixada, as propostas deverão ser apresentadas, esta deve ter prazo mínimo.

2º) Sigilo: em envelopes lacrados/indevassáveis, é crime devassar estes envelopes, passível de aplicação de pena de detenção de dois a três anos, conforme prevê o art. 94 da Lei nº 8.666.

Algumas observações quanto ao número de envelopes a serem apresentados devem ser feitas:

1ª) Quando o tipo for menor preço ou maior lance ou oferta, neste caso teremos dois envelopes: no primeiro, se coloca toda a documentação relativa a sua capacitação profissional e demais requisitos fixados; e no segundo vai a proposta com o respectivo preço ou lance.

2ª) Quando o tipo for melhor técnica ou técnica e preço são necessários que se apresentem três envelopes: no primeiro colocam-se os documentos do licitante; e no segundo e terceiro seguem as propostas, num a proposta técnica e noutro a de preço.

3º Habilitação

Consiste a habilitação na etapa do procedimento licitatório em que são apreciadas as condições técnicas, econômicas, jurídicas e fiscais de cada um dos proponentes.

Seu procedimento se desenvolve da seguinte maneira: abre-se o envelope de documentos do licitante para se verificar se ele atende os requisitos, se algum não for preenchido ele é considerado inabilitado e é excluído certamente.

Da decisão que habilita ou inabilita, cabe um recurso administrativo (art. 109, I, *a* da Lei nº 8.666), tem este efeito suspensivo (a tramitação pára até que ele seja julgado). Os prazos são previstos nos parágrafos do art. 109 (cinco dias para recurso e /ou representação e 10 dias para o pedido de reconsideração).

O licitante dirige o recurso à autoridade superior mas o entrega à comissão de licitação. Esta determina que todos os demais licitantes se manifestem a respeito deste recurso em um prazo. Após esgotado este prazo, ela o examina. Se for procedente o recurso, ela reconsidera a sua decisão (retratação); se for improcedente, ela fundamenta e encaminha à autoridade superior.

Se a comissão reconsiderar, tem que ser aberto novo espaço para os demais recorrerem, para que se respeite a igualdade.

É conveniente ressaltar que, decidido o recurso pela autoridade superior, encerra a instância administrativa, após o prejudicado só pode ir ao Judiciário para tentar resguardar seus direitos, instrumentalizando-se por meio de um Mandado de Segurança.

A habilitação aprecia somente a capacitação do licitante, logo só aqui é que se pode afastá-lo por suas condições pessoais, técnicas, fiscais etc., ou seja, há uma *preclusão administrativa*.

Passada esta fase, não se pode mais analisar essas capacidades. Entretanto, há duas exceções (art. 43, § 5º): a primeira é no caso de haver a ocorrência de fato inabilitador superveniente, como, por exemplo, hipótese em que a documentação estava em ordem, mas depois alguém pediu e foi decretada a falência da empresa; a outra exceção se ocorre quando há a descoberta de um fato inabilitador, que se encontrava oculto no momento da habilitação, por exemplo, descobre-se que havia uma certidão ou atestado falso após a habilitação.

4º Classificação ou julgamento

Julgamento é a etapa do procedimento licitatório em que serão apreciadas e julgadas as propostas dos licitantes habilitados.

Nessa etapa a Administração tem duas funções: verificar proposta por proposta, as que não atendam os requisitos serão desclassificadas, as que atendam serão julgadas posteriormente; e julgá-las todas.

É importante ressaltar que dependerá do tipo de licitação para o processamento, entretanto em qualquer das formas há uma análise de maneira individual das propostas, se elas não preencherem os requisitos, serão desclassificadas.

Segundo o art. 48, *caput,* serão desclassificadas as seguintes propostas:

> *I – propostas que não atendem as exigências do ato convocatório da licitação (48, I).*

Alguns requisitos são implícitos, e mesmo não explícitos têm que ser analisados e desclassificados com base no art. 48, I.

São esses requisitos:

1º) Seriedade da proposta, que está ligada à exeqüibilidade. Deve ser exeqüível do ponto de vista técnico e financeiro, ou seja, não se pode aceitar propostas que têm valor simplório ou irrisório.

2º) Firmeza da proposta. Uma proposta é firme quando ela não está submetida a condições futuras. Como, por exemplo, abre-se uma licitação para compra de milho enlatado, uma empresa que pretende participar do certame coloca em sua proposta: "o milho só será vendido enlatado se até no dia do fornecimento já tiver sido comprado os equipamentos para enlatar".

3º) Concretude da proposta. Concreta no sentido de expressar o seu próprio conteúdo sem fazer remissão a propostas de terceiros. As propostas em si devem apresentar o que se está propondo, o seu conteúdo não pode ser verificado, forma externa. Como, por exemplo, a empresa XYZ estipula que o valor de sua proposta é 10% menor do que a da menor proposta, isto é proibido.

II – Também serão desclassificadas de imediato as propostas que (art. 48, II):

1 – For apresentada em valor acima do *limite máximo* do edital ou carta-convite. Entretanto, esta previsão é redundante, já que o inciso I já o engloba.

2 – For apresentada em valor abaixo do *parâmetro mínimo* do edital ou carta-convite sem demonstração de execução do contrato abaixo do parâmetro traçado. A lei admite que o instrumento coloque um limite máximo, entretanto, veda a colocação de limite mínimo, o art. 40 é que veda o preço mínimo, mas em que pese o art. 40, ele deixa claro que *"embora a lei não admita um limite mínimo"*, ela *"admite que se fixe um parâmetro mínimo"*, no sentido de que quem apresentar uma proposta abaixo deste parâmetro deverá demonstrar como vai conseguir executar o contrato com esses valores, se não o fizer a Administração irá desclassificar a proposta. A fixação do parâmetro mínimo pela Administração não é obrigatória.[62] Se a Administração não colocá-la e alguém apresentar uma proposta de valor irrisório, ela será desclassificada com fulcro, no inciso II do art. 48 ou 44, § 3º, já que a proposta não é seria séria.

Assim atender-se-á as exigências do art. 48, §§ 1º e 2º. O § 1º fixa o preço manifestamente inexeqüível,[63] já o § 2º exige do licitante cujo valor da proposta foi inferior a 80% a do menor valor a prestação de garantia adicional.

Se houver alguma vantagem extraordinária dada pelo licitante, esta deve ser ignorada.[64]

---

[62] Num caso específico, a lei obriga a Administração a colocar o parâmetro mínimo em caso de serviços e obras de engenharia, conforme o art. 48, §§ 1º e 2º. Mas somente nestes casos a lei obriga, nos demais não.

[63] Para melhor estudo veja Motta, 2002, p. 408.

[64] A vantagem extraordinária (não prevista no instrumento convocatório) deve ser ignorada, e a parte correta considerada normal. Pois se fosse considerada essa vantagem, ferir-se-ia a igualdade, já que se ofertou mais do que pedido e sem oportunidade para outros ofertarem também (art. 44, § 2º).

O processamento da fase de classificação se dará conforme o tipo de licitação,ou seja há uma variação. Analisar-se-á os tipos de processamento.

1º – Menor preço ou maior lance ou oferta

É simples, a comissão de licitação vai abrir todos os envelopes na data marcada verificando propostas por proposta, desclassificadas e classificadas, sendo que estas últimas é que serão julgadas. No final, faz o julgamento e publica o vencedor.

2º – Melhor técnica – 46, § 1º

É mais complexa, pois tem dois envelopes: o envelope de proposta técnica e o envelope da proposta de preço.

Primeiramente abrem-se os envelopes da proposta técnica, para classificá-los ou desclassificá-los. Então a Administração procederá o julgamento técnico. Findo este, vai se abrir o envelope de preço, se o tipo for melhor técnica, não teremos o julgamento pelo preço, do contrário a Administração pega a proposta de menor preço e faz uma análise comparativa com o da proposta vencedora do julgamento técnico, duas hipóteses:

a) A melhor técnica (quem venceu este julgamento) tem o preço aceitável.
b) Se não tiver, a Administração proporá a redução do valor da proposta, se ele aceitar ele é declarado o vencedor, agora se ele não aceitar, a comissão de licitação pode descartar o 1º colocado e passar para o 2º classificado, se o preço proposto for razoável, ele é vencedor, do contrário, tenta um acordo; se houver, ele ganha, e assim segue até encontrar o vencedor. É lógico que este tem que ter o preço bem abaixo do 1º colocado, porque senão não se justifica.

Veja:

Melhor técnica	Preço
1º Colocado A	100
2º Colocado B	50
3º Colocado C	20

Se a comissão achar que o valor de A é muito alto, ela negocia para redução (de 100 para 70, por exemplo). Se A não concordar com a redução, ou esta for insuficiente (de 100 para 90, por exemplo), contata-se com B.

A crítica que se faz é que o tipo melhor técnica não é exclusivamente a *técnica melhor*, porque o preço é levado em conta (até mais que a técnica).

c) Técnica e preço – 46, § 2º

A comissão abre a proposta técnica e a examina para verificar se ela atende aos requisitos (julgamento técnico).

Abre-se, após, o envelope de preço; então, ao se ser aberto, irá avaliar primeiro se ela atende aos requisitos, se atender ela será classificada.

Após, a Administração faz a combinação do dois critérios e estabelece, por meio de uma tabela, por exemplo, o critério final do julgamento.

Normalmente se dá por notas ou pontos, a Administração é que coloca esses pontos/notas, de acordo com a técnica e preço.

Aqui não há negociação de preço, há julgamento de preço. Se houver empate, e os critérios do art. 3º, § 2º, não desempatar, faz-se o sorteio (45, § 2º). Há quem entenda que este art. 3º, § 2º, teria restado inconstitucional dado ao fato de que a Emenda Constitucional nº 6, de 1995, aboliu a preferência,[65] entretanto, discordo dessas respeitosas opiniões, pois o que não existe mais é a *garantia constitucional*; a preferência persiste.

5º Adjudicação e homologação

Conforme foi mencionado, nesta etapa tem-se dois entendimentos a respeito da sua ordem tramitação. A primeira corrente entende que, primeiro se faz a homologação e depois é que ocorre a adjudicação. Já a segunda defende que a adjudicação vem antes da homologação.

A lei é confusa, porque o art. 38 fala da abertura do processo licitatório, e ao enumerar os atos que devem ser juntados aos autos do processo licitatório, ele diz que devem ser juntados (conforme o art. 38) primeiramente os atos de adjudicação e em seguida a homologação (38, VII). Entretanto, o art. 43 fala das etapas, como elas devem ser processadas e julgadas, e fala em homologação primeiro e depois em adjudicação, ou seja, a lei faz uma confusão e a doutrina acabou entrando em divergência, para resolver este conflito, é necessário conceituar cada uma dessas etapas para melhor posicioná-las.

---

[65] "Creio, pois derrogadas as preferencialidades contidas nos incisos em questão (do art. 3º, § 2º). O texto constitucional não privilegia mais o tratamento a empresa brasileira, prevalecendo a igualdade entre empresas" (Motta, 2002, p. 408). Também adotam essa posição o professor Toshio Mukai (In: BLC nº 10, 1997, p. 475) e a professora Grotti (1996, p. 65).

A *Adjudicação é o ato administrativo pelo qual se reconhece como satisfatória a proposta vencedora da licitação e se declara o desejo de que seja celebrado o contrato licitado o proponente vencedor do certame.* É quando a Administração diz: "Adjudico o objeto licitado com o vencedor".

A *Homologação consiste em um ato administrativo praticado por autoridade superior e em que se manifesta a concordância com a legalidade e a conveniência de ato jurídico do procedimento licitatório.*

Em regra, o processamento da licitação foi julgado pela Comissão de Licitação e exige a lei que uma autoridade superior passe a analisá-lo para ver se atende à legalidade e à conveniência, se ilegal anula-se o processo, se inconveniente a revogação se dará.

A ordem (duas correntes):

1ª corrente:

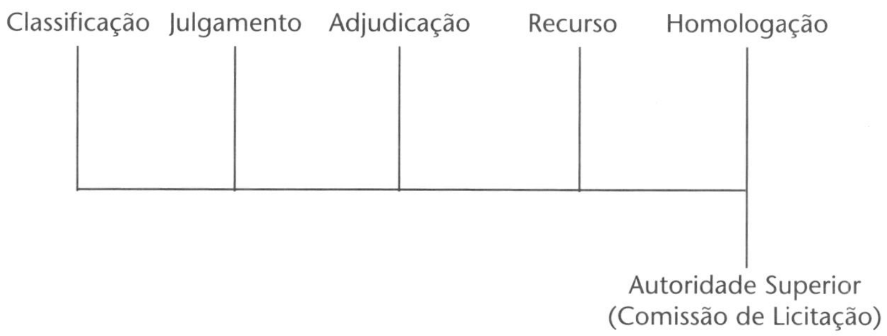

A comissão de licitação processa a classificação, e ela própria adjudica o objeto licitado ao vencedor.

Eles dizem que o julgamento da licitação seria a classificação mais a adjudicação (a reunião deles).

Para estes autores o recurso do art. 109 seria interposto depois da adjudicação, já que este recurso se interpõe depois do julgamento.

Julgado o recurso, o processo então é remetido para autoridade superior que faz a homologação.

2ª corrente:

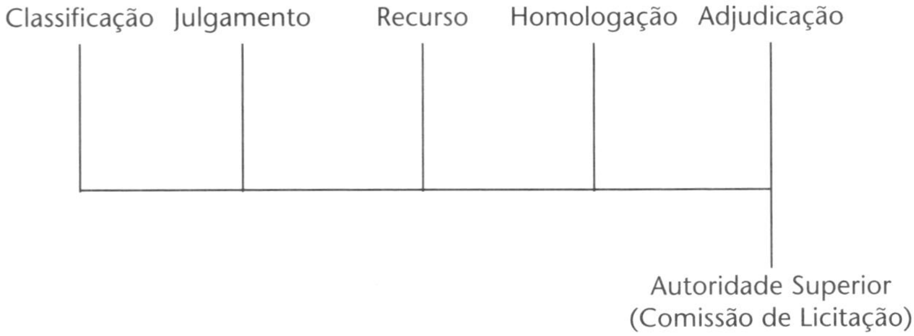

Para esta corrente, o julgamento seria a classificação, assim o recurso poderia ser interposto logo em seguida à omissão de licitação proceder com a classificação.

Após o julgamento do recurso, seria remetido para autoridade superior que homologaria e adjudicaria o contrato.

Para se identificar a forma mais correta, são necessários alguns apontamentos:

1º) O art. 38, VII, fala dos atos que devem ser juntados aos autos do processo licitatório, e na seqüência ela dispõe:

Adjudicação (1º) ⟶ Homologação (2º)

Como já foi demonstrado, autores renomados e de extrema competência tais como, Lúcia Valle de Figueiredo, Carlos Pinto Coelho Motta, Toshio Mukai e Carlos Ari Sundfeld advogam desta tese, este último diz que a regra do art. 38, VII, é mais específica que a do art. 43, VI.[66]

[66] "[...] A primeira impressão é, assim, de que a adjudicação seria posterior à homologação, surgindo como conseqüência desta. [...] Parte dos estudiosos entendem a adjudicação como ato da Comissão Julgadora, subseqüenteao julgamento e antecedente da aprovação (homologação)." Aqui o autor cita a professora Lúcia Valle de Figueiredo como defensora dessa idéia. "[...] Outros visualizam-na como o ato, da autoridade competente para decidir pela contratação, por meio do qual se atribui ao licitante melhor classificado o objeto do certame, após a constatação de sua regularidade formal e da conveniência da celebração do ajuste." O autor cita Celso Antônio Bandeira de Mello como autor dessa opinião, e em seguida manifesta a sua visão: "A nosso ver, seja em decorrência do texto da lei, seja em virtude da sistemática global do procedimento licitatório, é preferível a primeira visão. É certo haver contradição entre os arts. 38-VII e o 43-VI, mas aquele é mais específico e direto que este; deve, por isso, prevalecer" (Sundfeld, 1994, p. 74 e 168).

2º) O art. 43, VI, trata das etapas do processo da licitação e menciona a homologação e adjudicação.

Homologação ——→ Adjudicação
(1º) (2º)

A forma mais correta é a segunda, já que o art. 43 traz a seqüência da licitação, e se ele se refere à seqüência, indica as etapas; já o art. 38 fala do que deve ser juntado aos autos de licitação, e, neste momento, *data maxima venia*, o legislador se confundiu. Pois é inconcebível que a adjudicação seja o penúltimo ato, como sustenta a primeira posição, isto porque é neste ato que se procede a entrega do objeto licitado, e esta entrega deve ser o último ato da licitação.

Porém, o processar não traz vício/nulidade efetiva porque não há prejuízo decorrente a ser afirmado; portanto, não há ilegalidade alguma em ser processada da primeira ou da segunda forma.

BIBLIOGRAFIA

ALESSI, Renato. *Instituciones de Derecho Administrativo.* Tomo I. Barcelona: Bosch, 1970.

______. *Principi di Diritto Amministrativo,* v. I. Milão: Giuffré, 1971.

______. *Principi di Diritto Amministrativo,* v. II. Milão: Giuffrè, 1974.

______. *Sistema Istituzionale del Diritto Amministrativo Italino.* 3ª ed. Milão: Giuffrè, 1960.

AMARAL, Antônio Carlos Cintra do. *A Nova Lei do Pregão.* Fonte: http://www.temas.com.br/artigo9.html

______. "Conceito de serviço público." Disponível na internet em http://www.celc.com.br. Acesso em 21/05/2007.

AMARAL, Diogo Freitas do. *Curso de Direito Administrativo,* v. I. 2ª ed. Coimbra: Almedina, 2001.

______. *Curso de Direito Administrativo,* v. II. Coimbra: Almedina, 2001.

AMARAL FILHO, Marcos Jordão Teixeira do. *Privatização no Estado Contemporâneo.* São Paulo: Icone, 1996.

ANGELI, José Mauro. "Neo-imperialismo: uma chave de leitura da globalização?" In: *Cultura Vozes* 6, nº 91, São Paulo: Vozes, 1997.

ARAGÃO, Alexandre Santos de. *Delegações de Serviço Público.* In: Revista *Interesse Público* nº 40. Porto Alegre: Nota, dez. 2006.

ATALIBA, Geraldo. *República e Constituição.* 2ª ed., 3ª tiragem atualizada por Rosalea Miranda Folgosi. São Paulo: Malheiros, 2004.

BACELLAR FILHO, Romeu Felipe. *Direito Administrativo.* São Paulo: Saraiva, 2005.

BANDEIRA DE MELLO, Celso Antonio. *Curso de Direito Administrativo.* 10ª ed. São Paulo: Malheiros, 1998.

______. *Curso de Direito Administrativo.* 12ª ed. São Paulo: Malheiros, 2000.

______. *Curso de Direito Administrativo.* 15ª ed. São Paulo: Malheiros, 2003.

______. *Curso de Direito Administrativo.* 17ª ed. São Paulo: Malheiros, 2004.

______. *Curso de Direito Administrativo.* 18ª ed. São Paulo: Malheiros, 2005.

______. *Natureza e Regime Jurídico das Autarquias.* São Paulo: RT, 1968.

______. *Prestação de Serviços Públicos e Administração Indireta.* 2ª ed. São Paulo: RT, 1987.

BANDEIRA DE MELLO, Oswaldo Aranha. *Princípios Gerais de Direito Administrativo,* v. I. Rio de Janeiro: Forense, 1969.

______. *Da Licitação.* São Paulo: José Bushatsky, 1978.

______. *Licitação.* São Paulo: RT, 1985.

______. *Princípios Gerais de Direito Administrativo,* v. I. 3ª ed. São Paulo: Malheiros, 2007.

BASTOS, Celso. *Dicionário de Direito Constitucional.* São Paulo: Saraiva, 1994.

BAZILLI, Roberto Ribeiro. "Serviços públicos e atividades econômicas na Constituição de 1988." In: *Revista de Direito Administrativo,* v. 1, julho-setembro de 1994. nº 197. Rio de Janeiro: Renovar, 1994.

BERNSTEIN, Marver H. de. *Regulating business by independent comission.* Nova Jersey: Princeton University Press, 1955.

BILAC PINTO, Olavo. "O declínio das sociedades de economia mista e o advento das modernas empresas públicas." In: *RDA* 32/1, FGV, 1953.

BOBBIO, Norberto *et. ali. Dicionário de Política,* v. 2. 12ª ed. Brasília: UNB, 2002.

BRAZ, Petrônio. *Processo de Licitação.* Leme: Livraria de Direito, 1995.

BRITO, Carlos Ayres, "Privatização das empresas estatais à luz da Constituição". In: *RTDP,* v. 12, Malheiros, 1995, p. 125-133.

BRUNO, Reinaldo Moreira. *Direito Administrativo.* Belo Horizonte: Del Rey, 2005.

BUCCI, Maria Paula Dallari. "Processo administrativo: perspectivas modernizantes decorrentes da nova legislação." In: CARDOZO, José Eduardo Martins; QUEIROZ, João Eduardo Lopes; SANTOS, Márcia Walquiria Batista dos (coords.). *Curso de Direito Administrativo Econômico,* v. III. São Paulo: Malheiros, 2006.

CAETANO, Marcello, *Princípios Fundamentais do Direito Administrativo,* reimpr. portuguesa da edição brasileira de 1977. Coimbra: Almedina, 1996.

______. *Manual de Direito Administrativo.* Tomo I. 10ª ed. Coimbra: Almedina, 1996.

______. *Manual de Direito Administrativo.* Lisboa: Coimbra Editora, 1965.

CAMMAROSANO, Marcio. "Servidores públicos: um enfoque atual", palestra publicada no *Boletim de Direito Administrativo,* Editora NDJ, julho de 2005, p. 761-770.

CANOTILHO, J. Gomes. *Direito Constitucional e Teoria da Constituição.* 2ª ed. Coimbra: Almedina, 1998.

CARDOZO, José Eduardo Martins. *A Discricionariedade e o Estado de Direito.* In: *Discricionariedade Administrativa.* Coordenação de Emerson Garcia. Rio de Janeiro: Lúmen Júris, 2005.

______. "Princípios Constitucionais da Administração Pública." In: MORAES, Alexandre de (coord.) *Os 10 anos da Constituição Federal.* São Paulo: Atlas, 1998.

CASSAGNE, Juan Carlos. *La Intervencíon Administrativa.* 2ª ed. Buenos Aires: Abeledo-Perrot, 1994.

CAVALCANTI, José Paulo. *Tridimensionalidade e outros erros.* Recife: Edição do autor, 1996.

CAVALCANTI, Francisco de Queiroz Bezerra. "A independência da Função Reguladora e os Entes Reguladores Independentes." In: *Revista de Direito Administrativo.* Rio de janeiro: Renovar, v. 219, jan-mar de 2000.

CAVALCANTI, Themístocles Brandão. *Princípios Gerais de Direito Público.* Rio de Janeiro: Borsói, 1966.

______. *Princípios Gerais de Direito Público.* São Paulo: Atlas, 1946.

______. *Tratado de Direito Administrativo*, v. III, 1956, *apud* MEDAUAR, Odete, *Direito Administrativo Moderno.* 4ª ed. São Paulo: RT, 2000.

______. *Princípios Gerais de Direito Público.* Rio de Janeiro: Borsói, 1966.

CHIAVENATO, Idalberto. *Introdução à Teoria Geral da Administração.* 4ª ed. São Paulo: Makron Books, 1993.

CICERO, Karina Nidia. *Servicios Públicos: Control y Protección.* Buenos Aires: Ciudad Argentina, 1996.

CINTRA, Antônio Carlos de Araújo. *Motivo e Motivação do Ato Administrativo.* São Paulo: RT, 1978.

CITADINI, Antonio Roque. *Comentários e Jurisprudência sobre a Lei de Licitações Públicas.* São Paulo: Max Limonad, 1996.

CRETELLA JR., José. *Curso de Direito Administrativo.* Rio de Janeiro: Forense. 2002.

______. *Manual de Direito Administrativo.* 5ª ed. Rio de Janeiro: Forense, 1989.

D'ÁVILA, Vera Lúcia Machado *et al, Temas Polêmicos sobre Licitações e Contratos.* 5ª ed. São Paulo: Malheiros, 2001.

DALLARI, Dalmo. *Elementos de Teoria Geral do Estado.* 24ª ed. São Paulo: Saraiva, 2003.

DI PIETRO, Maria Sylvia Zanella. *Discricionariedade Administrativa na Constituição de 1988.* São Paulo: Atlas, 1991.

______. *Parcerias na administração pública: concessão, permissão, franquia, terceirização e outras formas.* 2ª ed. São Paulo: Atlas, 1997.

______. *Direito Administrativo.* 13ª ed. São Paulo: Atlas, 2001.

______. *Direito administrativo.* 14ª ed. São Paulo: Atlas, 2002.

______. *Parcerias na Administração Pública – Concessão, Permissão, Franquia, Terceirização e outras Formas.* 4ª ed. São Paulo: Atlas, 2002.

______. "500 anos de Direito Administrativo Brasileiro." Disponível em www.direitopublico.com.br. Acessado em 27/10/2006.

______. SANTOS, Márcia Walquiria Batista dos; RAMOS, Dora Maria de Oliveira; D'ÁVILA, Vera Lúcia Machado. *Temas Polêmicos sobre Licitações e Contratos.* 5ª ed. São Paulo: Malheiros, 2001.

DROMI, Roberto. *Derecho Administrativo.* 9ª ed. Buenos Aires: Ciudad Argentina, 2001.

DUGUIT, Léon. *Traité de Droit Constitutionnel,* v. II. 2ª ed. Paris: Fontemoing et Cie,1923.

DWIGHT, Waldo. *Estudo da Administração Pública.* Rio de Janeiro: Usaid, 1964.

ENTERRÍA, García; FERNANDEZ, Ramón. *Curso de Derecho Administrativo I.* 8ª ed. Madri: Civitas, 1998.

FAGUNDES, Miguel Seabra. *O Controle dos Atos Administrativos pelo Poder Judiciário.* Rio de Janeiro: Freitas Bastos, 1941.

FALLA, Fernando Garrido. *Tratado de Derecho Administrativo,* v. 1. Madri: Instituto de Estudios Politicos, 1958.

FERRAZ, Sérgio; FIGUEIREDO, Lúcia Valle. *Dispensa e Inexigibilidade de Licitação.* 3ª ed. São Paulo: Malheiros, 1994.

FERREIRA, Sérgio de Andréa. *Direito Administrativo Didático.* Rio de Janeiro: Forense, 1981.

FIGUEIREDO, Lúcia Valle. *Curso de Direito Administrativo.* 7ª ed. São Paulo: Malheiros. 2005.

______. *Direito dos Licitantes.* 3ª ed. São Paulo: Malheiros, 1992.

FILHO, Marçal Justen. "O Princípio da Moralidade Pública e o Direito Tributário." In: *RTDP*, nº 11, 1995.

FLEINER, Fritz. *Les principles généraux du droit administratif allemand.* Paris: Delagrave, 1933.

FONSECA, João Bosco Leopoldino da. *Lei de Proteção da Concorrência (Comentário à Legislação Antitruste).* 2ª ed. Rio de Janeiro: Forense, 2001.

FOS, José Antonio García-Trevijano. *Princípios Jurídicos da Organização Administrativa.* Madri: Instituto de Estudos Políticos, 1957.

FRANCO SOBRINHO, Manoel de Oliveira, *Comentários à Reforma Administrativa Federal*. São Paulo: Saraiva, 1975.

______. *Curso de Direito Administrativo*. São Paulo: Saraiva, 1979.

______. *Prova Administrativa*. São Paulo: Saraiva, 1973.

______. *Fundações e Empresas Públicas*. São Paulo: RT, 1972.

FREITAS, Juarez. *O Controle dos Atos Administrativos e os Princípios Fundamentais*. 2ª ed. São Paulo: Malheiros, 1999.

FRIEDE, Reis. *Curso de Direito Administrativo*. 2ª ed. Rio de Janeiro: Forense Universitária, 1996.

FURTADO, Lucas Rocha. *Curso de Direito Administrativo*. Belo Horizonte: Fórum, 2007.

GARCIA, Maria (coord). *Estudos Sobre a Lei de Licitações e Contratos*. Rio de Janeiro: Forense Universitária, 1995.

GASPARINI, Diogenes. *Direito Administrativo*. São Paulo: Malheiros, 1989.

______. *Direito Administrativo*. 4ª ed. São Paulo: Saraiva, 1995.

______. *Direito Administrativo*. 7ª ed. São Paulo: Saraiva, 2002.

______. *Direito Administrativo*. 8ª ed. São Paulo: Saraiva, 2003.

GRAU, Eros Roberto. "Poder Discricionário." In: *Revista de Direito Público,* nº 93, 1990.

GROTTI, Dinorá Adelaide Musetti. "Teoria dos serviços públicos e sua transformação." In: SUNDFELD, Carlos Ari. *Direito Administrativo Econômico*. São Paulo: Malheiros, 2000.

______. "Intervenção do Estado na Economia." In: *RTDP*, nº 14, 1996.

______. *O Serviço Público e a Constituição Brasileira de 1988*. São Paulo: Malheiros, 2003.

GUIDO, Diogo Freitas do Amaral, *Curso de Direito Administrativo*, v. I. 2ª ed.

HAURIOU, Maurice. *Précis de Droit Administratif et de Droit Public*. Paris: Laroise, 1927.

JELLINEK, Walter. *Verwaltungsrecht*. Berlin, 1929; § 7, III, p. 111 *apud* LIMA, Ruy Cirne. *Princípios de Direito Administrativo*. 7ª ed. revista e reelaborada por Paulo Alberto Pasqualini. São Paulo: Malheiros, 2007.

JÈZE, Gaston. *Principios Generales del Derecho Administrativo*. Tomo II. Buenos Aires: Depalma, 1948.

JUSTEN FILHO, Marçal. *Comentários à Lei de Licitações e Contratos Administrativos*. 10ª ed. São Paulo: Dialética, 2004.

______. "Serviço público no Direito Brasileiro." In: CARDOZO, José Eduardo Martins; QUEIROZ, João Eduardo Lopes; SANTOS, Márcia Walquiria Batista dos. *Curso de Direito Administrativo,* vol. 1. São Paulo: Malheiros. 2006.

LANDI, Guido; POTENZA, Giuseppe. *Manuale de Diritto Amministrativo.* 6ª ed. Milão: Giuffré, 1978.

LAUBADÈRE, Venezia e Gaudemet. *Traité de Droit Administratif.* Tomo I. 14ª ed. Paris: L.G.D.I, 1996.

LEVI, Lucio. "Legitimidade." In: BOBBIO, Norberto *et. al. Dicionário de Política,* v. 2. 12ª ed. Brasília: UNB, 2002.

LIMA, Ruy Cirne. *Princípios de Direito Administrativo.* 7ª ed. revista e reelaborada por Paulo Alberto Pasqualini. São Paulo: Malheiros, 2007.

MADEIRA, José Maria Pinheiro. *Administração Pública Centralizada e Descentralizada.* Rio de Janeiro: América Jurídica, 2001.

MAQUIAVEL, Nicolau. *O Príncipe.* Rio de Janeiro: Paz e Terra, 1996.

MARQUES NETO, Floriano Azevedo. "Discricionariedade Administrativa e Controle Judicial da Administração." In: Revista Fórum Administrativo, abr de 2002.

______. "As Agências Reguladoras no Direito Positivo Brasileiro." In: CARDOZO, José Eduardo Martins; QUEIROZ, João Eduardo Lopes; SANTOS, Márcia Walquiria Batista dos. *Curso de Direito Administrativo Econômico,* v. III. São Paulo: Malheiros, 2006.

______. "Repristinação de ato revogatório de Licitações." Disponível em: http://www.mundojuridico.adv.br/sis_artigos/artigos.asp?codigo=329. Acesso em 22/11/2007.

MASAGÃO, Mário. *Curso de Direito Administrativo.* 3ª ed. São Paulo: Max Limonad, 1960.

MATTOS, Paulo Todescan Lessa. "Regulação econômica e democracia: contexto e perspectivas na compreensão das agências de regulação do Brasil." In: *Regulação Direito e Democracia.* São Paulo: Editora Fundação Perseu Abramo, 2002.

MAURER, Hartmut. *Elementos de Direito Administrativo alemão.* Porto Alegre: Sérgio Fabris, 2001.

MEDAUAR, Odete. *Controle Administrativo das Autarquias.* São Paulo: Bushatsky, 1976.

______. "Serviço público." In: *Revista de Direito Administrativo,* nº 189. Rio de Janeiro: Renovar, 1992.

______. *Direito Administrativo Moderno,* 4ª ed. São Paulo: RT, 2000.

______. *Direito Administrativo Moderno.* 6ª ed. São Paulo: RT, 2002.

______. *Direito Administrativo Moderno.* 3ª ed. São Paulo: RT, 1999.

______. *A processualidade no Direito Administrativo.* São Paulo: RT, 1993.

______. "Serviço público." In: *Revista de Direito Administrativo,* nº 189. Rio de Janeiro: Renovar, 1992.

MEIRELLES, Hely Lopes. *Licitação e Contrato administrativo.* 11ª ed. São Paulo: Malheiros, 1996.

______. *Licitação e Contrato administrativo.* São Paulo: Malheiros, 1990.

______. *Direito Administrativo Brasileiro.* 22ª ed. São Paulo: Malheiros, 1997.

______. *Direito Administrativo Brasileiro.* 27ª ed. atualizada por Eurico de Andrade Azevedo, Délcio Balestero Aleixo e José Emmanuel Burle Filho. São Paulo: Malheiros, 2002.

MODESTO, Paulo. "Notas para um Debate sobre o Princípio Constitucional da Eficiência." In: *Revista Diálogo Jurídico,* v. I, nº 2, Salvador: CAJ - Centro de Atualização Jurídica. maio de 2001. Disponível em: http://www.direitopublico.com.br. Acesso em: 13 de março de 2007.

MORAES, Alexandre de. *Direito Constitucional.* 10ª ed. São Paulo: Atlas, 2001.

MORALES, Carlos Antonio. "Nem privado nem estatal: em busca de uma nova estratégia para a provisão de serviços públicos." In: *Revista do Serviço Público,* ano 49, nº 4, Brasília: Enap, out-dez de 1998.

MOREIRA NETO, Diogo de Figueiredo. *Curso de Direito Administrativo.* 3ª ed. Rio de Janeiro: Forense, 1976.

______. *Direito de Participação Política.* Rio de Janeiro: Renovar, 1992.

______. *Curso de Direito Administrativo.* 11ª ed. Rio de Janeiro: Forense, 1998.

______. *Curso de Direito Adminstrativo.* 14ª ed. Rio de Janeiro: Forense, 2005.

______. *Mutações do Direito Administrativo.* Rio de Janeiro: Renovar, 2000.

______. *Mutações do Direito Administrativo.* 2ª ed. Rio de Janeiro: Renovar, 2001.

______. *Direito Regulatório,* Rio de Janeiro: Renovar, 2003.

______. *Curso de Direito Adminstrativo.* 14ª ed. Rio de Janeiro: Forense, 2005.

MOREIRA, Vital. *Administração Autónoma e Associações Públicas.* Coimbra: Coimbra Editora, 1997.

MOTTA, Carlos Pinto Coelho. *Eficácia nas Licitações & Contratos.* 9ª ed. Belo Horizonte: Del Rey, 2002.

MUKAI, Toshio, *Manual de Iniciação ao Direito.* São Paulo: Pioneira, 1999.

______. *"As normas gerais sobre licitações e contratos."* In: *Suplemento Jurídico.* São Paulo: Cedro/DER, nº 136/15.

NEWMAN, William H. *Ação Administrativa.* Rio de Janeiro: Guanabara Koogan, 1964.

NÓBREGA, Airton Rocha. "O planejamento da licitação." In: *Jus Navigandi,* Teresina, ano 3, nº 27, dez. 1998. Disponível em: http://jus2.uol.com.br/doutrina/texto.asp?id=417. Acesso em 14/12/2006.

ORTIZ, Gaspar Ariño. *Principios de Derecho Público Económico*. 2ª ed. Granada: Editorial Comares, 2001.

OTERO, Paulo. *Privatizações, Reprivatizações e Transferências de Participações Sociais no Interior do Sector Público*. Coimbra: Coimbra Editora, 1999.

PEDROSO DA SILVA, Beatrice Maria. "Agentes Públicos." In: *Curso de Direito Administrativo Econômico*, v. III, São Paulo: Malheiros, 2006.

PEREIRA, Luiz Carlos Bresser. "Estratégia e estrutura para um novo Estado." In: *Revista do Serviço Público*, Brasília. ano 48; nº 1, jan. de 1997.

PINTO, Bilac. *Regulamentação efetiva dos serviços de utilidade pública*. 2ª ed. Atualizado por Alexandre Santos de Aragão. Rio de Janeiro: Forense, 2002.

PRICE, Don K. "Administração democrática." In: *Elementos de Administração Pública*. São Paulo: Atlas, 1968.

QUEIRÓ, Afonso Rodrigues, *Reflexões sobre a Teoria do Desvio de Poder em Direito Administrativo*. Coimbra: Coimbra Editora, 1940.

______. *Estudos de Direito Administrativo*, Coimbra: Atlântida, 1968.

QUEIROZ, João Eduardo Lopes; SANTOS, Márcia Walquiria Batista dos. *Curso de Direito Administrativo*, v. 1. São Paulo: Malheiros, 2006.

RAMOS, Dora Maria de Oliveira *et al*. *Temas Polêmicos sobre Licitações e Contratos*. 5ª ed. São Paulo: Malheiros, 2001.

REALE, Miguel. *Teoria do Direito e do Estado*. 2ª ed. São Paulo: Martins, 1960.

______. *Revogação e Anulamento do ato administrativo*, Rio de Janeiro: Forense, 1968.

______. *Lições preliminares de Direito*. 22ª ed. São Paulo: Saraiva, 1995.

RIANI, Flávio. *Economia do Setor Público: uma abordagem introdutória*. 3ª ed. São Paulo: Saraiva, 1999.

RIGOLIN, Ivan Barbosa. *Comentários ao regime único dos servidores públicos civis*. 5ª ed. atualizada e aumentada. São Paulo: Saraiva, 2007

RIVERO, Jean. *Direito Administrativo*. Coimbra: Almedina, 1981.

ROCHA, Cármen Lúcia Antunes. *Princípios Constitucionais da Administração Pública*. Belo Horizonte: Del Rey, 1994.

RODRIGUES, Carlos Alberto Martins. "A crise e a evolução do conceito de serviço público." In: *Revista de Direito Público*. São Paulo, v. 13, nº 57/58, jan-jun, 1981.

ROSE, Jonathan. *About the United States History – Leif Ericson to 1865*. The United States Information Agency, 1986; *apud:* SILVEIRA, Paulo Fernando. *Freios & Contrapesos (Checks and Balances)*. Belo Horizonte: Del Rey, 1999.

SADDI, Jairo. *Crise e regulação bancária: navegando em mares revoltos*. São Paulo: Textonovo, 2001.

SALOMÃO FILHO, Calixto. *Regulação da Atividade Econômica (princípios e fundamentos jurídicos)*. São Paulo: Malheiros, 2001.

SCAFF, Fernando Facury. *Responsabilidade do Estado por Intervenção sobre o Domínio Econômico*. Tese de Doutorado apresentada a USP, 1988.

SEVCENKO, Nicolau. *A corrida para o século XXI: No loop da montanha russa*. São Paulo: Companhia das Letras, 2002.

SILVA, Augusto Vinícius Fonseca. *"Município e Prefeitura: técnica, distinções conceituais e conseqüências processuais. Reflexos da dicotomia em face do mandado de segurança."* In: *Jus Navigandi*, Teresina, ano 9, nº 543, 1 jan. de 2005. Disponível em: http://jus2.uol.com.br/doutrina/texto.asp?id=6143.

SILVA, José Afonso da. *Comentário Contextual à Constituição*. 2ª ed. São Paulo: Malheiros, 2006.

______. *Direito Administrativo Moderno*. 4ª ed. São Paulo: RT, 2000.

SILVEIRA, Paulo Fernando. *Freios & Contrapesos (Checks and Balances)*. Belo Horizonte: Del Rey, 1999.

SOARES, Fabiana de Menezes. *Direito Administrativo de Participação*. Belo Horizonte: Del Rey, 1997.

SOUSA, António Francisco de. *Conceitos indeterminados no Direto Adminstrativo*. Coimbra: Almedina, 1994.

SOUTO, Marcos Juruena Villela. "Agências Reguladoras." In: *Revista de Direito Administrativo*. Rio de Janeiro: Renovar, v . 216, abr-jun de 1999.

______. *Desestatização: Privatização, Concessões, Terceirizações e Regulação*. Rio de Janeiro: Lumen Juris, 2001.

______. *Direito Administrativo Regulatório*. Rio de Janeiro: Lumen Júris, 2002.

______. *Direito Administrativo Regulatório*. 2ª ed. Rio de Janeiro: Lumen Júris, 2005.

______. *Direito Administrativo Contratual*. Rio de Janeiro: Lumen Júris, 2004.

SPITZCOVSKY, Celso. *Direito Administrativo*. 3ª ed. São Paulo: Paloma, 2001.

______."Princípios do Direito Administrativo Econômico." In: CARDOZO, José Eduardo Martins; QUEIROZ, João Eduardo Lopes; SANTOS, Márcia Walquíria Batista dos (coord.). *Curso de Direito Administrativo Econômico,* v. I. São Paulo: Malheiros, 2006.

STASSINOPOULOS, Michel. *Traité des Actes Admininstratifs*. Paris: Librairie Sirey, 1954.

SUNDFELD, Carlos Ari. *Direito Administrativo Ordenador*. São Paulo: Malheiros, 1993.

______. *Direito Administrativo Ordenador,* 2ª tir. São Paulo: Malheiros, 1997.
______. *Licitações e Contrato Administrativo.* São Paulo: Malheiros, 1994.
______. *Fundamentos de Direito Público.* 3ª ed. São Paulo: Malheiros, 1998.
TÁCITO, Caio. *Direito Administrativo.* São Paulo: Saraiva, 1975.
______. "Serviço de utilidade pública. Autorização. Gás liquefeito de petróleo." In: *Temas de Direito público.* v. 2. Rio de Janeiro: Renovar, 1997.
______. "O Princípio de Legalidade: Ponto e Contraponto." In: *Direito Administrativo e Constitucional - Estudos em Homenagem a Geraldo Ataliba,* v. 2. Coordenado por Celso Antônio Bandeira de Mello. São Paulo: Malheiros, 1997.
______. "Improbidade administrativa como forma de corrupção." In: *Revista Diálogo Jurídico.* Salvador: CAJ – Centro de Atualização Jurídica. v. I, nº 8, novembro de 2001. Disponível em: http://www.direitopublico.com.br. Acesso em: 21 de fevereiro de 2007.
______. *Desvio de Poder em matéria administrativa,* 1951 (tese).
TANAKA, Sônia Yuriko. *Estudos Sobre a Lei de Licitações e Contratos.* Coordenação de Maria Garcia. Rio de Janeiro: Forense Universitária, 1995.
TELLES, Antônio A. Queiroz. "Breves Anotações sobre a Fundação no Direito Público." In: *Revista da Faculdade de Direito de São Bernardo do Campo,* v. 5, 1999.
TEMER, Michel. *Elementos de Direito Constitucional.* 20ª ed. São Paulo: Malheiros, 2000, p. 150.
TOLEDO, Carlos José Teixeira de. "Atos Administrativos." In: QUEIROZ, João Eduardo Lopes; SANTOS, Márcia Walquíria Batista dos e CARDOZO, José Eduardo Martins (coords.). *Curso de Direito Administrativo Econômico.* v. III. São Paulo: Malheiros.
VENÂNCIO FILHO, Alberto. *A Intervenção do Estado no Domínio Econômico: o Direito Público Econômico no Brasil,* edição fac-similar. Rio de Janeiro: Renovar, 1998.
WALDO, Dwight, *Estudo da Administração Pública.* Rio de Janeiro: USAID, 1964.
ZANCANER, Weida. *Da Convalidação e da Invalidação dos atos administrativos.* 2ª ed. São Paulo: Malheiros, 1996.
______. "Razoabilidade e Moralidade: princípios concretizadores do perfil constitucional do Estado Social e Democrático de Direito." In: *Revista Diálogo Jurídico.* Salvador: CAJ – Centro de Atualização Jurídica, ano I, nº 9, dez de 2001. Disponível em: http://www.direitopublico.com.br. Acesso em: 21 de março de 2007.
ZANOBINI, Guido. "Decentramento amminstrativo." In: *Scritti Minori,* reimpressão da edição de 1950, v. 2.
______. *Corso di Diritto Amministrativo,* v. III. 2ª ed., Milão: Giuffrè, 1957.
______. *Corso di Diritto Ammnistrativo,* v. I. 7ª ed. Milão: Giuffrè, 1954.

Cadastre-se e receba informações sobre nossos lançamentos, novidades e promoções.

Para obter informações sobre lançamentos e novidades da Campus/Elsevier, dentro dos assuntos do seu interesse, basta cadastrar-se no nosso site. É rápido e fácil. Além do catálogo completo on-line, nosso site possui avançado sistema de buscas para consultas, por autor, título ou assunto. Você vai ter acesso às mais importantes publicações sobre Profissional Negócios, Profissional Tecnologia, Universitários, Educação/Referência e Desenvolvimento Pessoal.

Nosso site conta com módulo de segurança de última geração para suas compras.
Tudo ao seu alcance, 24 horas por dia.
Clique **www.campus.com.br** e fique sempre bem informado.

www.campus.com.br

É rápido e fácil. Cadastre-se agora.

Outras maneiras fáceis de receber informações sobre nossos lançamentos e ficar atualizado.

- ligue grátis: **0800-265340** (2ª a 6ª feira, das 8:00 h às 18:30 h)
- preencha o cupom e envie pelos correios (o selo será pago pela editora)
- ou mande um e-mail para: **info@elsevier.com.br**

ELSEVIER

CAMPUS

Nome: ____________________

Escolaridade: ____________ ☐ Masc ☐ Fem Nasc: __/__/__

Endereço residencial: ____________________

Bairro: ________ Cidade: ________ Estado: ________

CEP: ________ Tel.: ________ Fax: ________

Empresa: ____________________

CPF/CNPJ: ____________ e-mail: ____________

Costuma comprar livros através de: ☐ Livrarias ☐ Feiras e eventos ☐ Mala direta ☐ Internet

Sua área de interesse é:

☐ **UNIVERSITÁRIOS**
- ☐ Administração
- ☐ Computação
- ☐ Economia
- ☐ Comunicação
- ☐ Engenharia
- ☐ Estatística
- ☐ Física
- ☐ Turismo
- ☐ Psicologia

☐ **EDUCAÇÃO/ REFERÊNCIA**
- ☐ Idiomas
- ☐ Dicionários
- ☐ Gramáticas
- ☐ Soc. e Política
- ☐ Div. Científica

☐ **PROFISSIONAL**
- ☐ Tecnologia
- ☐ Negócios

☐ **DESENVOLVIMENTO PESSOAL**
- ☐ Educação Familiar
- ☐ Finanças Pessoais
- ☐ Qualidade de Vida
- ☐ Comportamento
- ☐ Motivação

Cartão Resposta
050120048-7/2003-DR/RJ
Elsevier Editora Ltda
CORREIOS

ELSEVIER

CAMPUS

CARTÃO RESPOSTA
Não é necessário selar

O SELO SERÁ PAGO POR
Elsevier Editora Ltda

20299-999 - Rio de Janeiro - RJ